西南大学农林经济管理一流培育学科建设系列丛书（第一辑）

农民合作经济组织在农业
社会化服务体系中的作用研究

The Role of Farmer Cooperatives in the
Agricultural Service System

杨 丹 刘自敏 著

本书受国家社会科学基金青年项目"农民合作经济组织和农业社会化服务供给模式创新研究"（12CGL063）、国家社会科学基金青年项目"农村新型合作组织的扶贫效应及相关政策研究"（16CGL036）、国家自然科学基金国际（地区）合作与交流项目"老龄化背景下农业社会化服务的供给侧管理研究"（71661147002）、重庆市教育委员会人文社会科学重点研究项目"重庆市实施乡村振兴战略的路径和策略研究"（18SKSJ003）等资助。

科学出版社
北 京

内 容 简 介

　　本书从理论和实证角度出发，研究农民合作经济组织在农业社会化服务体系中的作用。研究表明：不同类型的农业社会化服务具有不同的经济属性，应采取不同的供给制度；农民合作经济组织不仅能够作为农业社会化服务的供给主体，给内部成员提供具有俱乐部产品性质的内部农业服务，也能够作为农户需求表达的载体，帮助农户获取外部农业服务，同时还能够与其他供给主体形成竞争合作关系，完善农业社会化服务体系。因此，政府应采取相关措施推动农民合作经济组织在农业社会化服务体系中发挥重要作用。

　　本书既可为农业经济学研究者提供借鉴，也可为各级政府部门提供决策依据，还可为农民合作经济组织和农业社会化服务实践者提供行动参考。

图书在版编目（CIP）数据

农民合作经济组织在农业社会化服务体系中的作用研究 / 杨丹，刘自敏著. —北京：科学出版社，2019.3
　（西南大学农林经济管理一流培育学科建设系列丛书. 第一辑）
　ISBN 978-7-03-057053-6

　Ⅰ. ①农… Ⅱ. ①杨… ②刘… Ⅲ. ①农业合作组织-作用-农业社会化服务体系-研究-中国 Ⅳ. ①F321.42 ②F326.6

中国版本图书馆 CIP 数据核字（2018）第 056035 号

责任编辑：马　跃　李　嘉 / 责任校对：王丹妮

责任印制：张　伟 / 封面设计：无极书装

科 学 出 版 社 出版
北京东黄城根北街 16 号
邮政编码：100717
http://www.sciencep.com

北京虎彩文化传播有限公司印刷
科学出版社发行　各地新华书店经销

*

2019 年 3 月第 一 版　　开本：720×1000　B5
2019 年 3 月第一次印刷　　印张：20 1/2
字数：414 000

定价：168.00 元
（如有印装质量问题，我社负责调换）

谨以此书追忆我们携手共度的十载青春芳华!

作 者 简 介

　　杨丹，女，湖北宜昌人，西南大学农林经济管理学博士，西南大学经济管理学院教授，博士生导师。主要从事农业经济学、发展经济学、应用计量经济学等领域的研究。法国图卢兹第一大学图卢兹经济学院访问学者，美国南卡罗莱纳大学摩尔商学院访问学者、浙江大学中国农村发展研究院高级访问学者、国际食物政策研究所（IFPRI，北京）访问学者。亚洲开发银行咨询专家、中国农业技术经济学会理事、中国现场统计研究会经济与金融统计分会常务理事、重庆市立法咨询委员、重庆市区域经济学会常务理事。先后主持亚洲开发银行国际项目 2 项、国家社会科学基金项目 2 项，以及国家社会科学基金重大项目子课题、教育部人文社会科学项目、重庆市教育科学规划重点项目等十余项学术研究项目；曾在 *China Agricultural Economics Review*、*Journal of the Asia Pacific Economy*、*Journal of Economic Surveys*、*Economic Modelling* 等社会科学引文索引（Social Sciences Citation Index，SSCI）、科学引文索引（Science Citation Index，SCI）期刊，以及《经济研究》、《管理世界》、《中国农村经济》、《经济学动态》、《经济科学》与《数量经济与技术经济研究》等中文社会科学引文索引（Chinese Social Sciences Citation Index，CSSCI）期刊中公开发表多篇学术论文。曾获重庆市优秀博士学位论文奖、重庆市发展研究奖、重庆市社会科学优秀成果奖、重庆市优秀教育科研成果奖、CAER-IFPRI 国际学术会议最佳论文奖等奖项；研究成果多次被引用和转载，政策建议多次被重庆市相关政府部门采纳。

　　刘自敏，男，四川德阳人，中国社会科学院数量经济学博士，西南大学经济管理学院教授，博士生导师。主要从事农业产业组织、信息经济学与机制设计等领域的研究。哈佛大学访问学者，在芝加哥大学、北京大学、中国人民大学接受过培训。中国现场统计研究会经济与金融统计分会理事。入选"国际清洁能源拔尖创新人才培养项目"，主持包括国家自然科学基金、国家社会科学基金重大项目子项目、教育部人文社会科学基金、中央高校重大项目等多项纵向课题。在 *Journal of the American Medical Association*、*The Journal of Mental*

Health Policy and Economic、*China Agricultural Economic Review*、*Economic Modelling* 等 SSCI、SCI 期刊，以及《经济研究》、《统计研究》、《经济学动态》、《数量经济与技术经济研究》与《经济理论与经济管理》等 CSSCI 期刊中公开发表学术论文 30 余篇。获得重庆市发展研究奖三等奖、重庆市优秀教育科研成果奖二等奖、中国数量经济学会优秀论文一等奖、香樟经济学优秀论文奖、中国产业经济研究学术年会优秀论文奖等多项奖励。研究成果多次被《新华文摘》《中国人民大学复印报刊资料》《中国反垄断与规制经济学学术年鉴》引用与收录。

序 一

    党的十九大报告明确提出实施乡村振兴战略，确定了"产业兴旺、生态宜居、乡风文明、治理有效、生活富裕的总要求"，并提出"构建现代农业产业体系、生产体系、经营体系"，"发展多种形式适度规模经营，培育新型农业经营主体，健全农业社会化服务体系"[①]。这不仅明确了新时期中国农村经济社会发展的方向，也进一步确立了农民合作经济组织发展和农业社会化服务体系建设在乡村振兴战略中的重要地位和作用。在中国农业生产经营的现代化进程中，建立和完善农业社会化服务体系是至关重要的一环，而农民合作经济组织在农业社会化服务体系中扮演着重要角色，发挥着关键作用。农民合作经济组织在中国蓬勃发展，在新的时代背景下迎来了新的发展机遇。该书正是基于这样的现实背景，致力于探讨农民合作经济组织在农业社会化服务体系中的作用原理和路径，为乡村振兴战略的实施贡献力量。我认为该书的特色主要体现在以下几个方面。

    一是建立了统一的分析框架来分析农民合作经济组织在农业社会化服务体系中的作用。现有研究对农民合作经济组织和农业社会化服务体系两个领域都有涉及，但并未把二者放在统一的框架中进行分析，而是相对独立地分析农民合作经济组织的作用和内部治理，以及农业社会化服务体系的内涵和主体构成。该书在一个统一的分析框架中探讨农民合作经济组织在农业社会化服务体系中如何扮演供给主体、需求主体、供需匹配的桥梁等多重角色，以及如何发挥其主体作用和桥梁作用促使农业社会化服务体系的进一步完善和发展。

    二是采用了理论与实证相结合的研究方法，在对农民合作经济组织在农业社会化服务体系中的作用的理论分析的基础上，结合多种实证方法进行验证。该书基于公共选择理论分析农业社会化服务的多元经济属性，并在此基础上探讨不同经济属性的农业社会化服务的合适供给制度；采用俱乐部理论分析农民合作经济组织对内提供农业社会化服务的机理；采用分工理论和交易成本理论分析农民合

[①] 习近平在中国共产党第十九次全国代表大会上的报告. http://cpc.people.com.cn/n1/2017/1028/c64094-29613660.html，2017-10-28.

作经济组织帮助成员获取外部化农业服务的机理。在此基础上采用中国的微观调查数据建立计量模型并用典型案例剖析的方法进行实证验证。

三是提出了一系列具有创新性的观点。这些观点包括：农业社会化服务的产生有其必然性和必要性；不同类型的农业社会化服务具有不同的经济属性，具有不同经济属性的农业社会化服务应采取不同的供给制度；农民合作经济组织作为农业社会化服务的重要供给主体，具有明显的俱乐部性质，能够给内部成员提供具有俱乐部产品性质的内部化农业服务；农民合作经济组织能够作为农户需求表达的载体，帮助农户获取其他供给主体提供的外部化农业服务；农民合作经济组织能够与农业社会化服务体系中的其他供给主体形成竞争协作的关系，共同促进农业社会化服务体系的完善和发展。

杨丹博士于 2014 年到国际食物政策研究所（IFPRI，北京）访问，和我一起进行合作研究，我们交流颇多。她与刘自敏博士合著的《农民合作经济组织在农业社会化服务体系中的作用研究》一书即将出版，请我作序，我欣然同意！国际食物政策研究所（IFPRI，北京）主要关注低收入国家和地区的发展，尤其关注这些国家和地区的贫困群体，也欢迎致力于农业经济学、发展经济学领域研究的学者共同交流和探讨，共同为此领域的学术研究和农村减贫做出贡献。杨丹博士在国际食物政策研究所（IFPRI，北京）访问期间就已经开始构思该书的研究和写作，也多次与我交流和探讨。她和刘自敏博士是多年的学术合作伙伴，希望他们能在学术研究的道路上继续携手前行，谱写更加美好的科研华章！

国际食物政策研究所（IFPRI）东亚东南亚和中亚办公室主任、高级研究员

2018 年 11 月 6 日于北京

序　二

　　农民合作经济组织是农业生产经营的重要主体，在农村经济社会发展中发挥着重要作用。2017 年底，全国人大常委会表决通过了修订的《中华人民共和国农民专业合作社法》，并规定自 2018 年 7 月 1 日起正式实施。这离 2007 年中国首次实施《中华人民共和国农民专业合作社法》正好十周年。经历十年，中国的农民合作经济组织发展已成蓬勃之势，并在提高小农的组织化程度、联结市场和小农、激发农业生产内生动力等方面发挥了重要作用。而随着农业分工深化和农业专业化的发展，农业社会化服务日益成为农业生产经营的重要组成部分。中央一号文件多次提出建立健全农业社会化服务体系的政策思路，并多次强调农民合作经济组织在农业社会化服务体系中的重要作用，逐渐明确了农业社会化服务在农业生产经营过程中的重要作用，也明确指出农民合作经济组织作为农业生产经营的重要主体，在农业社会化服务体系建设中扮演着重要的角色。因此，探讨农民合作经济组织在农业社会化服务体系中的作用也成为日益重要的研究课题。

　　杨丹和刘自敏博士的专著《农民合作经济组织在农业社会化服务体系中的作用研究》从理论和实证两个角度出发，论证了农民合作经济组织在农业社会化服务体系中的重要作用，并在以下几个方面形成了具有理论探讨和实践意义的初步结论。

　　首先，关于不同类型农业社会化服务的经济属性问题。现有文献主要集中于对中国农业社会化服务供给和需求现状的描述，而该书结合公共选择理论进一步明确了不同类型农业社会化服务的不同经济属性，以及不同经济属性的农业社会化服务应采取的不同供给制度。该书指出完全具备非排他性与非竞争性的农业社会化服务具有纯公共品性质，应由政府供给；不完全具备非排他性与非竞争性的农业社会化服务具有准公共品性质，可以基于自愿交换理论、产权理论、自愿供给理论、多中心供给理论采取多种形式的供给制度，而农民合作经济组织是重要的供给主体；完全具有排他性与竞争性的农业社会化服务具有私人品性质，应由市场供给。不同供给主体应有明确的边界，并在农业社会化服务供给中发挥不同作用。

其次，农民合作经济组织担任农业社会化服务供给主体重任的问题。该书采用俱乐部理论明晰了农民合作经济组织的俱乐部性质，提出农民合作经济组织能够给内部成员提供具有俱乐部产品性质的内部化农业服务。内部化农业服务是指农民合作经济组织只对组织内部成员提供，而不对非组织成员提供的农业服务。农民合作经济组织由于具有排他性、拥挤性和趋同性而具有典型的俱乐部性质。因此，农民合作经济组织能够通过其自愿供给机制、沟通机制、声誉机制和集体行动逻辑来实现俱乐部产品性质农业社会化服务的有效供给。对于包括有形产品和无形服务的农业社会化服务而言，通过关系契约和捆绑销售的方式能够帮助农民合作经济组织实现农业社会化服务的有效供给。因为农民合作经济组织更有优势供给无形服务，尤其是和有形产品结合的无形服务。该内容的研究是在现有文献主要集中于对农民合作经济组织的服务功能探讨基础上的进一步推进。

再次，农民合作经济组织扮演农户需求表达载体角色的问题。农民合作经济组织是联结小农与市场的有效组织平台这一观点已经在诸多文献研究中达成共识。该书正是以此观点为基础，采用合作社理论进一步提出农民合作经济组织能够作为农户需求表达的载体，帮助农户获取其他供给主体提供的外部化农业服务。外部化农业服务是指农民合作经济组织以外的其他供给主体向组织内部成员提供的农业社会化服务。农民合作经济组织在获取外部化农业服务的过程中扮演着农户需求表达的载体、农业社会化服务供需匹配的桥梁等重要角色。具有公共品性质的农业社会化服务缺乏价格机制，且农户自身素质较低，无法正确地表达某些具有长远利益的公共品性质的农业社会化服务需求，导致农户对公共品性质的农业社会化服务的需求表达存在困难。而农民合作经济组织通过选择性激励方式不但能够帮助农户建立有效的需求表达机制，而且有助于农业社会化服务供需双方节约交易成本，还能够满足农户对农业社会化服务的多样性需求，因此帮助组织成员获取外部化农业服务有其可行性。

最后，农民合作经济组织与其他供给主体之间的竞争协作关系问题。现有文献指出了中国农业社会化服务体系中的多主体并存局面，该书基于博弈理论提出农民合作经济组织能够与农业社会化服务体系中的其他供给主体之间形成竞争协作的关系，共同促进农业社会化服务体系的完善和发展。这也是在现有研究基础上的创新之处。农业社会化服务体系中的利益相关主体主要包括作为供给方的政府、村集体、科研院所、农民合作经济组织、企业、其他经济社会组织，以及作为需求方的农户、农民合作经济组织等。竞争关系主要体现在农业社会化服务的市场化供给过程中，农民合作经济组织和其他供给主体如企业等之间形成的市场竞争关系方面。协作关系主要体现在农业社会化服务的供给和需求匹配过程中，农民合作经济组织和其他供给主体之间形成的协作关系方面。农民合作经济组织通过和不同供给主体协作，联合供给不同性质的农业社会化服务，并作为农户需求的有效载体，帮助农户获取其他供给主体提供的农业社会化服务。

我与杨丹博士多次在中国农业经济学领域的各种学术活动中见面，她也多次到南京农业大学经济管理学院进行学术研讨，并与南京农业大学的年轻学者有着广泛的交流。杨丹博士两次参加在北京大学中国经济研究中心（现在的北京大学国家发展研究院）举办的中国女经济学者研究培训项目，而我本人是该项目的首期参加人。我很高兴看到杨丹博士和刘自敏博士成为农业经济学研究领域的后起之秀，在农民专业合作社这一"三农"领域的重要议题上有深入的思考和观点贡献，并很高兴为他们合著的《农民合作经济组织在农业社会化服务体系中的作用研究》一书作序。希望他们能在学术研究的道路上继续前行，为中国农业经济的学术发展和中国乡村振兴的实现贡献力量！

同时，南京农业大学经济管理学院也欢迎致力于农业经济学领域研究的学者共同交流和探讨，对此领域的学术研究和农村经济社会发展做出贡献。

南京农业大学经济管理学院院长、长江学者、教授

2018 年 11 月 6 日于南京

前　言

中国的农业生产经营实践表明，建立和完善农业社会化服务体系十分必要，而农民合作经济组织在农业社会化服务体系中发挥着尤为重要的作用。在中国现有的农业生产经营条件下，农业社会化服务体系建设的必要性日益凸显。首先，中国的家庭联产承包责任制导致的农地细碎化，以及农业生产主要以家庭为单位进行经营活动的方式导致的农业生产经营规模超小化，使单个分散农户的小生产与大市场的矛盾日益尖锐，单个分散的农户完成农业生产经营全过程的效率不高，而农业社会化服务能够为其提供帮助。其次，中国正在进入快速工业化和城镇化的发展过程，一些高素质的农业劳动力大量转移到非农部门，农业生产经营主体的数量和质量被严重削弱，现有的留存农业生产经营者更需要农业社会化服务体系为其提供帮助。最后，随着农业分工的演进，农业服务逐渐从农业生产中分离出来，由专门的组织或部门为农业生产经营提供相应的农业社会化服务成为农业发展的必然趋势。专业化的农业服务必然带来更高的服务效率，为农业增效、农户增收和农村发展提供更大的动力。随着中国农村改革的不断深化以及农村经济的不断发展，农民合作经济组织作为农业社会化服务体系中的重要力量，扮演着越来越重要的角色。其一，农民合作经济组织作为农业社会化服务的重要供给主体，通过充分了解农户的需求，不仅能够为其成员农户提供高效的农业社会化服务，还能够在一定程度上惠及非成员农户。其二，农民合作经济组织作为农户需求表达的载体，能够帮助农户接受政府、企业、科研机构等主体提供的农业社会化服务，同时也能够帮助这些服务供给主体降低农业社会化服务的交易成本。其三，农民合作经济组织和农业社会化服务体系的其他利益主体之间能够形成相互竞争和合作的关系，进一步促进农业社会化服务体系健康和谐发展。

从现有文献来看，和本书主题相关的国内外研究主要从两个侧面展开：一是围绕农业社会化服务体系的研究；二是围绕农民合作经济组织的研究。围绕农业社会化服务体系的研究主要是从定性的角度来界定农业社会化服务和农业社会化服务体系的相关概念，描述农业社会化服务体系的主体构成，论述农业社会化服务的功能和意义等。当然这些文献不可避免地涉及农民合作经济组织，因为农民合作经济组织作为农业生产经营的一类重要经济活动主体，也扮演着农业服务供给主体的角色。但这些研究大多较为零散。这些研究重点关注了农村公共服务和农业技术推广服务，农村公共服务中和农业生产经营相关的部分也属于农业社会化服务，但更多内容涉及农村居民的生活服务，和农业社会化服务并不完全相同；而农业技术推广服务是农业社会化服务中的重要内容。围绕农民合作经济组织的研究主要关注农民合作经济组织的内部治理及其绩效，以及农民合作经济组织所处的环境及其与外部主体之间的关系。农民合作经济组织的内部治理及其绩效研究的内容主要包括对农民合作经济组织的内涵界定、成员状况、资产结构、社会资本等内部治理机制等，以及其对农民合作经济组织功能或绩效的影响等。农民合作经济组织所处的环境及其与外部主体之间的关系研究的内容包括农民合作经济组织的功能及重要地位和作用等论述，农民合作经济组织所处的宏观政策、法律、社会、经济环境对其发展的影响，以及其与政府、企业、科研机构等其他利益相关主体之间的关系。这些研究也涉及农民合作经济组织的农业服务功能，以及其在农业社会化服务体系中的作用，但这些文献更多地关注农民合作经济组织向组织内部成员提供农业生产经营相关服务，并视其为农民合作经济组织的一项基本功能，作为绩效评价的一个维度来进行研究。因此，现有的研究并未把农业社会化服务体系和农民合作经济组织的研究放在统一的分析框架下，系统深入地探讨农民合作经济组织在农业社会化服务体系中的地位和作用，也并未深入探讨在中国特有的现实背景下农民合作经济组织的作用机理，如农民合作经济组织发挥作用基于哪些基本原理？其作用的路径是什么？其作用的发挥受到哪些约束和限制？又如何突破和发展？这些都是值得深入研究而现有文献并未探讨的问题。

基于以上现实背景和学术背景，本书试图在现有研究成果的基础上建立一个统一的分析框架，系统深入地研究农民合作经济组织在农业社会化服务体系中的地位和作用。一方面，从农业社会化服务的需求和供给角度描述农业社会化服务体系建设的现状，并比较不同主体提供农业服务的效率差异，提出改善农业社会化服务供给效率的途径；另一方面，探讨农民合作经济组织作为农业社会化服务的有效供给主体，以及农民需求表达的有效载体，在农业社会化服务体系中的重要作用，并通过国内典型案例的剖析与国外发达国家与发展中国家的经验总结和借鉴，提出充分发挥农民合作经济组织在农业社会化服务体系中的作用的政策建议。总之，国内外现有研究成果为本书提供了深厚的理论基础和逻辑支持，而其存在的不足为本书留下了一定的研究和探索空间。

因此本书要探讨的科学问题是：农民合作经济组织在农业社会化服务体系中

的角色定位及其作用原理。具体研究内容包括以下几个方面。

第一，农业社会化服务的经济属性和供给制度选择。首先，建立农业社会化服务的概念框架，对本书所涉及的相关概念进行界定。其次，从农户生产经营背景、分工和专业化、成本收益权衡、制度变迁等角度解释农业社会化服务供给的必要性。再次，基于公共选择理论分析农业社会化服务的多元经济属性，并针对不同经济属性的农业社会化服务选择不同的供给制度。最后，在分析农业社会化服务体系中的各利益主体之间相关关系的基础上，明确农民合作经济组织在农业社会化服务体系中的作用。

第二，中国农民合作经济组织和农业社会化服务的供求现状。描述中国现有农业生产经营背景下农民合作经济组织的发展情况；分析不同区域农户对农业社会化服务的认知和态度、支付意愿和能力，以及不同约束条件下的不同类型农户对农业社会化服务的需求差异；描述不同主体提供的农业服务数量、内容和质量，描述农户对已采纳农业服务的满意程度。

第三，农民合作经济组织作为供给主体，提供内部化农业服务。界定内部化农业服务，基于俱乐部理论，从排他性、拥挤性、趋同性角度分析农民合作经济组织的俱乐部性质。从农民合作经济组织的自愿供给、沟通机制、声誉机制和集体行动的逻辑分析农民合作经济组织给内部成员提供具有俱乐部产品性质的内部化农业服务的可能性，并从有形产品和无形产品的划分及关系契约的作用这一角度来分析农民合作经济组织供给农业社会化服务的思路。分析农民合作经济组织的成员状况、信息状况、俱乐部成本、需求显示状况对农民合作经济组织服务绩效的影响。利用微观调查数据描述调查区域农民合作经济组织内部化农业服务供给现状以及影响农民合作经济组织内部化农业服务绩效的因素，并结合国内典型案例进行分析佐证。

第四，农民合作经济组织作为需求载体帮助成员农户获取外部化农业服务。基于外部化农业服务的界定，描述农民合作经济组织的角色界定，并从农户需求表达困境、交易双方的交易成本约束、农户服务需求的多样性等角度分析农民合作经济组织帮助其成员农户获取外部化农业服务的必要性，再从需求偏好显示、交易成本节约、多样性需求满足等视角分析农民合作经济组织帮助其成员农户获取外部化农业服务的可行性。在此基础上利用微观调查数据描述调查区域农民合作经济组织帮助成员农户获取外部化农业服务的现状，并结合国内典型案例进行分析佐证。

第五，农民合作经济组织与其他供给主体之间的竞争合作关系。农民合作经济组织不仅能够作为供给主体提供农业社会化服务，也能够作为需求主体帮助农户获取外部的农业社会化服务，还能够和其他供给主体之间形成竞争合作关系，完善农业社会化服务体系，并提升农业社会化服务绩效。在描述农业社会化服务多元供给主体的现实和理论背景的基础上，分析农民合作经济组织的竞争优势，并基于博弈分析方法建立合作社与企业的竞争模型，通过对合作社与企业不同目标函数的刻画，以及不同场景下合作社与企业市场竞争及其均衡特征下的价格、市场份额、福利等的分析，研究在不同市场主体提供农业社会化服务的过程中农户福利的变化。

本书是在笔者主持的第一个国家级项目，也是以良好等级结项的国家社会科学基金青年项目"农民合作经济组织和农业社会化服务供给模式创新研究"（12CGL063）的研究报告的基础上修改完成的。本书的完成也得到了国家社会科学基金青年项目"农村新型合作组织的扶贫效应及相关政策研究"（16CGL036）、国家自然科学基金国际（地区）合作与交流项目"老龄化背景下农业社会化服务的供给侧管理研究"（71661147002）、重庆市教育委员会人文社会科学重点研究项目"重庆市实施乡村振兴战略的路径和策略研究"（18SKSJ003）等的资助。本书从 2012 年开始构思，到 2015 年完成初稿，之后一直修改和完善，直到出版前夕。

本书的完成得益于许多良师益友的支持和帮助。首先要感谢西南大学经济管理学院的李容教授，作为我的博士生导师，李容教授是我在学术研究道路上的引路人，她给予了我无限的无私帮助。她严谨的治学态度和心无旁骛的治学精神始终影响着我、引领着我、感染着我。感谢为本书所采用的微观调查数据采集做出贡献的一大批人，包括重庆市农村合作经济经营管理站李廷友站长，被调查区县农委的领导、合作社负责人、被访农户，由项目研究团队成员和一大批研究生、本科生构成的调研团队等。感谢参与课题研究的团队成员，包括刘自敏博士、杨尚威博士、谭崇静博士，研究生李荣耀、黄凤、吕唯因等；谭崇静博士参与了本书第二章部分内容的写作，李荣耀、黄凤、吕唯因同学分别参与了本书第三章、第五章和第七章数据描述部分的写作。感谢在本书的写作过程中持续给我提供帮助的众多专家和学者，包括我在法国图卢兹第一大学图卢兹经济学院（Toulouse School of Economics，TSE）访问交流期间的合作导师 Zohra Bouamra-Mechemache 教授和 Vincent Réquillart 教授等；我在浙江大学中国农村发展研究院（China Academy for Rural Development，CARD）做高级访问学者期间的合作导师黄祖辉教授，以及徐旭初教授、郭红东教授、梁巧博士、吴彬博士、高钰玲博士、傅琳琳博士等；农业农村部管理干部学院的邵科博士；以及我在国际食物政策研究所（International Food Policy Research Institute，IFPRI，北京）访问时的合作导师陈志钢高级研究员，以及唐轲博士等。在与这些专家学者的交流合作中，我的学术研究水平进一步提高，对于学术问题的把握和领悟更加深刻。感谢我已经工作了 14 年的西南大学经济管理学院的众多领导和同事，包括温涛教授、祝志勇教授、张应良教授等。感谢我的研究生张慧伟、唐羽、曾巧等的文字校对工作。

　　本书是由我和先生刘自敏教授共同完成的。在学术研究的道路上，他是和我磨合多年的默契合作伙伴。我们在西南大学经济管理学院携手度过了十载有余，一直在学术研究的道路上比肩前行，也留下了和西南大学有关的青春记忆。本书的出版是对我们过去十年学术生涯的阶段性总结。未来探索真理的道路还很漫长，然而我们的步伐依然坚定，因为真理之光永远闪耀。愿我们在追求真理的道路上逐渐把自己雕塑成器，大放异彩。

杨　丹

2018 年 10 月

重庆　北碚

目　　录

Contents

第一章 导 论

本章基于中国农村经济发展的现实背景和相关研究领域的学术背景提出本书的研究问题，即农民合作经济组织在农业社会化服务体系中的角色定位及其作用原理，并对该研究问题相关的现有文献进行回顾和述评，在此基础上介绍本书的研究思路和主要研究内容，并介绍本书所采用的不同类型的研究数据和主要来源，以及本书主要采用的研究方法，最后探讨本书可能的创新之处。

第一节 研究问题的提出

本节主要基于中国农村经济发展的现实背景和相关研究领域的学术背景提出本书的研究问题，即农民合作经济组织在农业社会化服务体系中的角色定位及其作用原理，并指出本书的理论意义和现实意义。

一、研究背景

本书主要立足于中国农村经济发展的现状和当前的农村政策背景，农民合作经济组织发展情况和农业社会化服务体系建设情况等现实背景，以及农民合作经济组织在农业社会化服务体系中发挥作用的相关学术研究背景，提出本书的研究问题。

（一）现实背景

党中央关于建立农业社会化服务体系的政策文件经历了一系列演变。从最初提出农民合作经济组织要把农业社会化服务领域延伸到农业生产的产前和产后领域，到提出构建以公共服务机构、合作经济组织、龙头企业及其他社会力量为服务主体，服务内容不仅涵盖公益性服务与经营性服务，还包括专项服务和综合服务的新型农业社会化服务体系；再到提出通过主体多元化、形式多样化，推行包括合作式、订单式、托管式等多种模式服务等方式，健全农业社会化服务体系。这一系列政策文件逐渐明确了农业社会化服务在农业生产经营过程中的重要作用，也明确指出农民合作经济组织作为农业生产经营的重要主体，在农业社会化服务体系建设中扮演着重要的角色。

中国现有的农业生产经营条件下，农业社会化服务体系建设的必要性日益凸显。首先，中国的家庭联产承包责任制导致了农地被分割成细小的地块，而农业生产经营主要以家庭为单位进行导致了生产经营规模的超小化。而家庭生产方式和农地细碎化背景下小生产与大市场的矛盾日益尖锐，单个农户难以高效地完成农业生产经营的全部过程，需要农业社会化服务提供帮助。其次，中国正在进入快速工业化和城镇化的发展过程，一些高素质的农业劳动力大量转移到非农部门，农业生产经营主体的数量和质量都被严重削弱，留下来从事农业生产经营活动的职业农民更需要农业社会化服务为其提供帮助。最后，随着农业分工的演进，农业服务逐渐从农业生产中分离出来，由专门的组织或部门为农业生产经营提供相应的农业社会化服务成为农业发展的必然趋势。专业化的农业服务必然带来更高的服务效率，为农户增收、农业增效和农村发展提供更大的动力。

随着中国农村改革的不断深化及农村经济的不断发展，农民合作经济组织作为农业社会化服务体系中的重要组成部分，扮演着越来越重要的角色。从 1980年中国出现第一个农村专业技术协会开始，这种农业经营组织形式在中国大地悄然兴起。而 2007 年 7 月 1 日，《中华人民共和国农民专业合作社法》的正式实施更成为农民合作经济组织发展的重要契机，其发展日益规范和成熟。首先，农民合作经济组织作为农业社会化服务的重要供给主体，通过充分了解农户的需求，不仅能够为其成员农户提供高效的农业社会化服务，还能够在一定程度上惠及非成员农户。其次，农民合作经济组织作为农户需求表达的载体，能够帮助农户接受政府、企业、科研机构等第三方服务供给主体提供的农业社会化服务，同时也能够帮助第三方服务供给主体降低农业社会化服务的交易成本，提高农业社会化服务效率。最后，农民合作经济组织和农业社会化服务体系的其他利益主体之间的相互竞争和协作关系能够形成博弈的均衡，从而促使农业社会化服务体系健康和谐发展。

（二）学术背景

现有文献对农民合作经济组织和农业社会化服务体系两个主题的研究都有涉及，但专门针对农民合作经济组织在农业社会化服务体系中的作用的研究还存在明显的不足之处。

　　国内外相关文献主要围绕两条主线展开：一条主线是围绕农业社会化服务及农业社会化服务体系的研究。这类文献涉及两个方面的内容：一是专门针对农村公共服务的研究和农业技术推广服务的研究。农村公共服务中和农业生产经营相关的部分也属于农业社会化服务，但更多内容涉及农村居民的生活服务，和农业社会化服务并不完全相同；而农业社会化服务应该包括农业技术推广服务。二是和农业社会化服务直接相关的文献，主要是从定性的角度界定农业社会化服务和农业社会化服务体系的相关概念，描述农业社会化服务体系的主体构成，论述农业社会化服务的功能和意义等。当然这些文献不可避免地涉及农民合作经济组织，因为农民合作经济组织作为农业生产经营的一类重要经济活动主体，也扮演着农业服务供给主体的角色。但这些研究较为零散。

　　另一条主线是围绕农民合作经济组织开展的研究。这类文献也涉及两个方面的内容：一是关注农民合作经济组织的内部治理及其绩效。其研究内容主要包括对农民合作经济组织的内涵界定、成员状况、资产结构、社会资本等内部治理机制等，以及其对农民合作经济组织功能或绩效的影响等。二是主要关注农民合作经济组织所处的环境及其与外部主体之间的关系。主要研究内容包括农民合作经济组织的功能、重要地位和作用等的论述，农民合作经济组织所处的宏观政策、法律、社会、经济环境对其发展的影响，以及其与政府、企业、科研机构等其他利益相关主体之间的关系。这些文献在研究的过程中不可避免地涉及农民合作经济组织的农业服务功能，以及其在农业社会化服务体系中的作用，但这些文献更多地关注农民合作经济组织向组织内部成员提供农业生产经营相关服务，并视其为农民合作经济组织的一项基本功能，作为绩效评价的一个维度来进行研究。

　　因此，从现有文献来看，国内外文献论述了农业社会化服务的重要作用及农业社会化服务体系建设的重要意义，并在描述农业社会化服务的供给和需求现状的基础上分析了影响农业社会化服务供求的因素，指出不同主体提供农业服务的效率差异，认为农民合作经济组织是农业社会化服务的有效供给主体，并进一步指出影响农民合作经济组织农业服务绩效的因素。但现有研究缺乏一个统一的分析框架对农民合作经济组织和农业社会化服务体系进行研究，鲜有对农民合作经济组织在农业社会化服务体系中的地位和作用的探讨，更未在中国特有的现实背景下剖析农民合作经济组织的作用机理。一些重要问题，包括农民合作经济组织在农业社会化服务中发挥作用基于哪些基本原理，其作用的路径是什么，其作用的发挥受到哪些约束和限制，如何突破和发展，这些都是值得深入研究而现有文献并未探讨的问题。因此，国内外现有研究成果为本书提供了理论支持，而存在的不足则为本书留下了研究空间。

　　基于以上现实背景和学术背景，本书旨在立足现有研究成果，应用分工理论、交易成本理论、公共选择理论、制度变迁理论、农户经济理论及合作经济理论等分析工具，采用逻辑思辨分析、理论模型分析、实证模型分析、典型案例分析和多重比较分析相结合的研究方法，建立一个统一的分析框架，对农民合作经济组织在农业社会化服务体系中的作用进行更合理、更深入的解释，以期探寻中国农民合作经济组织及农业社会化服务体系发展的未来方向。

二、研究目的

1. 研究的总目的

本书的主要目的在于探寻农民合做经济组织在农业社会化服务体系中的角色定位及其作用原理，并在此基础上形成相应的政策建议，促进农民合作经济组织健康发展及农业社会化服务体系逐渐完善，以发挥其促进农业经济健康发展的重要作用。

2. 研究的具体目的

具体而言，本书所做的研究有三个方面的目的：一是探讨农民合作经济组织作为农业社会化服务的重要供给主体，如何为其成员农户提供高效的农业社会化服务；二是探讨农民合作经济组织作为农户需求表达的有效载体，如何帮助农户接受政府、企业、科研机构等第三方组织或部门提供的农业社会化服务；三是探讨农民合作经济组织在农业社会化服务体系中如何与其他利益主体之间相互竞争和协作，以及如何形成博弈的均衡，从而促使农业社会化服务体系健康和谐发展。

三、研究意义

本书着眼于中国家庭生产方式背景下农民合作经济组织在农业社会化服务体系中的角色定位及其作用原理的分析和探讨，具有重要的理论和现实意义。

（一）理论意义

本书的理论意义主要包括以下几个方面。

一是有利于拓展和完善农民合作经济组织和农业社会化服务体系的研究框架。从农业分工演进和制度变迁的角度揭示农业社会化服务产生的必要性，并解释在家庭生产方式下，农民合作经济组织如何为农户提供高效的农业社会化服务，如何作为农户需求表达的载体帮助农户获取第三方供给主体的农业社会化服务，以及如何与其他供给主体形成竞争协作关系以促进农业社会化服务体系的进一步完善，从而丰富农民合作经济组织和农业社会化服务的研究内容，完善农民合作经济组织和农业社会化服务体系的研究框架。

二是有利于丰富农民合作经济组织和农业社会化服务的相关理论。本书基于对农业社会化服务的经济学属性的界定，借助公共选择理论分析具有俱乐部性质的农民合作经济组织如何为组织成员提供具有俱乐部产品性质的农业社会化服务；基于分工和交易成本理论分析农民合作经济组织如何作为农户需求表达的载体，帮助农户获取其他供给主体的农业社会化服务；基于博弈理论分析农民合作经济组织如何与其他供给主体形成竞争协作关系，促进农业社会化服务体系的进一步完善，从而在农业经济领域完善公共选择理论、分工理论、交易成本理论。因此，本书有助于深刻理解不同农业社会化服务所具有的公共品（public goods）、私人品（private goods）、准公共品等不同性质，以及不同性质农业社会化服务的不同供给制度选择，有助于揭示家庭生产方式背景下农民合作经济组织在农业社会化服务体系中的角色定位及其作用原理，从而丰富农民合作经济组织和农业社会化服务理论。

（二）现实意义

本书的现实意义主要体现在以下几个方面。

一是有助于找出我国现阶段农业社会化服务供求矛盾的内在原因，搭建农户农业社会化服务需求与供给主体有效农业服务供给之间的桥梁。农业社会化服务的供给和需求能够有效匹配和对接，农业社会化服务绩效才能有效提升，从而真正帮助农户解决农业生产经营困难问题，增加收入，促进农业经济发展。

二是有利于在保持现有农业生产经营体制不变的条件下，选择合适的农业社会化服务供给方式。不同农业社会化服务具有纯公共品、准公共品、私人品等不同的经济属性，不同属性的农业社会化服务应有不同的供给制度。本书有助于厘清农民合作经济组织在农业社会化服务体系中的角色定位及其作用原理，探寻以提升农业社会化服务绩效为目标的农民合作经济组织发展的合理途径和有效的推进方式，为农业现代化发展提供有力保障和支持。

三是有助于为促进农民合作经济组织发展和农业社会化服务体系完善提供合适的政策思路。在现有家庭生产经营方式下，农业分工演进和制度变迁诱使了农业社会化服务的产生。而农民合作经济组织在农业社会化服务体系中扮演着重要的角色。本书能够为相关政府部门制定相应政策以促进农民合作经济组织发展和农业社会化服务体系完善提供理论和实践依据。

第二节　已有文献的回顾和评述

现有相关文献主要围绕农业社会化服务的功能及其体系构成、农业社会化服务的需求和供给现状、农业社会化服务供求的影响因素、农民合作经济组织的功能及其在农业社会化服务体系中的作用等几个方面展开。

一、农业社会化服务的功能及其体系构成

（一）农业社会化服务的功能

"农业社会化服务"和"农业社会化服务体系"是中国特有的提法，国外相近的提法有"农业服务"（agricultural service）、"农村服务"（rural service）、"农业推广服务"（agricultural extension service）、"农业支持服务"（agricultural support service）和"农业推广体系"（agricultural extension systems）等。国内外文献对农业社会化服务的功能进行了研究，主要观点集中于以下三个方面。

一是农业社会化服务可以提高农民收入。优质的农业服务可以遏制传统农作物产量下降，甚至还能增加产量，并且可以提高经济作物的价值（Anderson and Feder，2004）。农业技术服务有助于提高农业的现代化水平，促进农民收入增加（Nakano et al.，2018）；农业推广服务在解决贫困问题时能起重要作用（Farrington et al.，2002）；农业社会化服务可以减少贫困（Cunguara and Moder，2011），提高农户的福利水平（Evenson，2001；Anderson and Feder，2007）。农业生产性服务业有助于缩小城乡差距（鲁钊阳，2013）。

二是农业社会化服务可以提高农业生产经营效率。农业社会化服务可以提高农业生产率（Evenson，2001；Liu et al.，2018），增加农户的农业产出（Spielman et al.，2011）。农业社会化服务使农产品产量大幅度增加，实现了农业的高产、优质和高效的目标（郭翔宇和范亚东，1999）。农业技术推广活动对生产成本节约、农户技术采用及技术转化都能起到重要促进作用（Birkhaeuser et al.，1991）。

三是农业社会化服务可以推动农业经济发展。农业社会化服务是社会分工和专业化程度提高的必然产物（龚道广，2000）；农业社会化服务是发展现代农业的重要途径（仝志辉和侯宏伟，2015）。农业社会化服务可以加速农业科技成果转化，促进农业经济发展，对发展中国家的农业经济发展具有重要意义（Banerjee and Chatterjee，2014）。农业生产性服务的发展是我国实现农业转型

的重要途径（董欢和郭晓鸣，2014）。农业社会化服务能够提高农户抵御风险的能力、优化配置农业资源（张艺萍，2001），对稳定家庭联产承包责任制、促进农村社会生产力发展具有重要意义（李炳坤，1999）。农业社会化服务是农业分工不断深化的结果，也是推动农业产业持续发展的要求，健全农业社会化服务体系是稳定和优化家庭联产承包经营的出路，是推动中国特色农业现代化的战略引擎（李春海，2011）。

（二）农业社会化服务体系的构成

国内外学者指出，农业社会化服务体系是由不同主体构成的，供给主体呈现出多元化趋势，包括政府、非营利组织等，而不同的供给主体在提供农业社会化服务的过程中应该发挥不同的作用。有学者指出，现有的农业社会化服务体系已经从单一的服务供给主体转变成了多元化的服务供给主体并存的局面（高强和孔祥智，2013；仝志辉，2016），合作经济组织、企业、公共服务部门和其他组织都成了农业社会化服务体系的供给主体（李春海，2011）。金融服务支持主体主要包括政府机构主体、金融机构主体、政府机构与金融机构联合主体等（张晨和秦路，2014）。农村信用合作社是农业社会化服务体系的重要组成部分，主要通过为农户提供资金服务来促进农村经济发展（张启文和吴刚，2000）；供销社能够借助其完善的销售网络成为农业社会化服务体系中农产品销售服务的主要供给主体（暴丽艳，2009）。政府机构和村集体作为农业社会化服务供给主体具有较高程度的外部性（孔祥智和徐珍源，2010）。而公益性服务组织也是提供农业社会化服务的重要主体（鲁可荣和刘红凯，2012）。

二、农业社会化服务的需求和供给现状

（一）农业社会化服务的需求现状

国内外的研究表明农业社会化服务的需求日益增长，而不同区域、不同经营类型、不同特征的农户对农业社会化服务的需求呈现出不同的特点。研究表明，加拿大农业对生产性服务的消耗率呈现持续增长的趋势，意味着农业对生产性服务的需求呈现上升的势头（Postner and Gilfix，1975）。国外学者对不同国家的调查发现，农民对农业信息服务需求较强，如尼日利亚农民需要有助于提升经济地位、改善农业生产效益等方面的农业信息服务，乌干达农民需要更有效地定位市场和把握市场价格变化的农业信息服务，马来西亚农民需要更好地维持家庭等方面的农业信息服务。随着中国农业专业化、现代化水平的不断提高，农户对系统而全面的农业社会化服务的需求也越加强烈，全程化、个性化和综合性已经成

为新型经营主体对农业社会化服务的需求的特点（高强和孔祥智，2013）。对中国不同地区①的调研数据分析表明，农户对种苗、工具、技术等农业生产的耐用品或重要的农业服务产品的购买渠道选择是政府和集体渠道，趋同性选择程度较高，其主要原因是政府和集体渠道比市场和其他渠道更具有质量保证。由于农户能够根据个人偏好很方便地从市场上购买生产资料，因而并未过多地依赖集体和政府（孙剑和黄宗煌，2009）。对中国 17 个省份的调查数据分析表明，农户最需要的综合类服务依次是信息服务、技术服务、资金服务和保险服务；产前服务成为种植业农户最迫切的需求，而种植业农户对产后服务和产中服务需求相对较弱；产中服务是养殖业农户最迫切的需求，而养殖业农户对产前服务和产后服务需求相对较弱（庞晓鹏，2006）。对四川省成都市的调查数据分析表明，农户最需要的综合性服务首先是农业技术服务，其次是农业信息服务，最后是农村金融和保险服务及法律服务；最需要的产前服务是良种、化肥和农药的购买服务；最需要的产中服务是灌溉、栽培管理和病虫害防治服务；最需要的产后服务是产品运输、储藏和销售服务（熊鹰，2010）。对山东、陕西、山西 3 省的调研数据分析表明，农户需求较为强烈的农业社会化服务首先是农业生产技术指导服务，其次是农产品价格和农业政策、法律等信息服务，农业信贷服务和组织外出打工等服务（孔祥智，2009）。对广东省的荔枝种植户调查表明，农户需求最强烈的是农资服务、技术服务和销售服务，这主要是由荔枝的种植和销售特点决定的（庄丽娟等，2011）。调查发现，农户和农产品加工企业等信息用户对农村市场信息的需求很高（魏秀芬，2005）；多数农户愿意接受有偿的农业技术服务，而农户家庭劳动力中非农就业劳动力的比例、农户的耕地规模（王玄文和胡瑞法，2003）、农业收入占家庭总收入的比例、农户在生产中遇到过技术难题（黄武，2010）等因素，都会促使农户接受有偿农业技术服务的意愿增强。

（二）农业社会化服务的供给现状

国外对农业社会化服务的供给研究表明，美国形成了完整、高度发达的农业社会化服务体系，为农民提供生产、销售等专业的农业服务和仓储、电话、电力等辅助性的农业服务。美国政府主要是通过农业推广、农业教育和农业科研三个方面进行现代农业服务社会化体系建设。从科研、教育到推广，从产前、产中到产后，从政府、合作社到私人公司，各个方面形成了完整、高度发达的农业服务社会化体系，为农民提供生产、销售等专业的农业服务和仓储、电话、电力等辅助性的农业服务。尼日利亚农业推广服务的主要目标是为农村居民提供支持服

---

① 样本区域包括三个县市：一是江苏省的新沂市，代表农业经济较发达的东部地区；二是湖北省中北部的随州市，代表农业经济发展一般的中部地区；三是湖北省西部的竹溪县，代表农业经济发展较为缓慢的西部地区。

务，使他们可以更好地利用资源，联邦政府和州政府控制资金，传播改善的农业技术给农民，主要是提供咨询服务，以及培养技能和知识，但物质投入和信贷服务较少。在秘鲁农业技术推广与信息服务体系发展的过程中，随着非政府性服务组织和私人企业的出现，政府对农业服务的参与变得越来越有限，各个服务组织间缺乏互动联系和政策引导，导致农业服务市场较为混乱（Ortiz，2006）。私有化的农业咨询服务对欧洲的小规模农场起到了积极的促进作用（Labarthe and Laurent，2013）。

此外，不同国家对不同的服务供给主体的服务绩效进行了对比，得出了不同的结论。巴基斯坦政府倾向于农业推广服务私有化，认为无论是私有服务还是公有服务，都依赖于与农民的联系。有学者认为政府是农业服务的重要供给主体，因为有些农业服务由政府提供会更便宜、更有效，且私人不能提供足够的公共效益（Kidd et al.，2000）；而私人部门推广服务更倾向于满足生产经营规模较大、拥有丰富资源禀赋的农民的需要，因为创造利润往往是私人部门的主要目的（Davidson et al.，2001）。虽然很多类型的农业信息服务可以由营利性组织提供，但具有较大社会收益特性的农业信息服务由政府部门或非营利组织提供，可以提高农业信息资源的社会消费水平，实现效用最大化（Umali and Schwartz，1994）。

国内对农业社会化服务的供给研究表明，中国农业社会化服务体系虽然在不断调整和完善，但仍然存在农业社会化服务供求不平衡（孔祥智，2009）、供求结构差异（庞晓鹏，2006）等问题。中国自上而下的农业推广服务体系和早期的商业化改革使大多数农户无法获取农业推广服务，而 2005 年开始试行的包容性的农业推广服务体系更好地满足了小规模农户多样化的需求（Hu et al.，2012）。农民对农业社会化服务需求逐渐由单一的生产环节服务向综合性服务扩展，但现有的服务组织往往只注重产前和产中服务，缺乏农产品保鲜和加工、农产品仓储和运输、农产品销售等产后服务及农业金融服务、农业保险服务、农业信息服务等（关锐捷，2012）。对浙江省的调查发现，不同类型农户迫切需要的农业服务包括农田水利灌溉设施建设和耕地土壤改良服务、病虫害防治服务、化肥农药投入和使用服务、农业信贷和保险服务等；而现有的农业社会化服务难以满足农户对农业社会化服务的这些需求，成了农民增收和农业现代化的发展障碍因素（鲁可荣和郭海霞，2013）。对中国 17 个省份的调查数据分析表明，农业社会化服务供需仍不平衡，主要表现为农业社会化服务总供给不足、农户获得农业社会化服务的渠道较少、农户及村干部对现有服务项目的满意程度不高、农户仍需要自给各项农业服务（庞晓鹏，2006）。农业产业化龙头企业在服务全面性、服务专业性、服务满足农户个人需求等方面都还有不足之处（李东等，2011）。就农业技术服务而言，由于农业技术产品消费活动的双重性以及中国农民对农业技术的私人消费态度依然不坚决，以国家投入为主的科技服务体系仍应占主导地位（扈映和黄祖辉，2006）。

三、农业社会化服务供求的影响因素

（一）农业社会化服务供给的影响因素

国内外学者对农业社会化服务供给的影响因素进行了研究，认为农业社会化服务供给主体的收益，以及农业服务人员和机构的素质决定了农业社会化服务的效率（Hu et al.，2009），缺少信息和反馈是降低农业推广服务有效性的一个重要因素（Anderson and Feder，2007），而社会网络是促进农业推广服务供给的一个有利因素。也有学者指出了影响新型农业社会化服务体系发展的因素，如公共服务机构的服务效率、合作经济组织的运营和服务绩效、龙头企业提供农业社会化服务的现状等服务供给主体方面的因素，以及资金投入水平及使用效率、农业社会化服务的数量和质量、农民农业服务需求表达路径和机制的完善程度等因素（关锐捷，2102；仝志辉，2106）。

对不同国家的农业社会化服务供给绩效评价表明，发展中国家由政府主导农业服务的做法是有效的，因为由私人企业提供农业服务能够促进农业增产，却无法达到促进农村发展的目标（Hulme，1983）。对土耳其的研究表明，对于进行大规模商业化生产的农民来说，完全商业化和私人化的推广服务是有效的（Kidd et al.，2000）。通过对不同国家的比较发现，除了在基础设施建设、农业科研与推广、农业信贷与保险等方面为农民提供服务之外，发达国家的政府在农业社会化服务体系中的地位和作用并不明显，而发展中国家政府对农业社会化服务组织进行了较大程度的干预（张启文等，1999）。农业社会化服务供给无法满足农民的需求是降低农业社会化服务绩效的重要原因（李荣耀，2105），农民自身文化素质和经济支出能力的局限导致了农业服务难以产生良好效果（徐斌和应瑞瑶，2015）。

一些学者不仅指出了不同服务供给主体的不足之处，还提供了提升不同主体服务绩效的途径。例如，有学者认为公共部门应该不断提高商品化和私有化的比重，使农业服务更具活力，因为政府提供的农业服务往往缺乏针对性，导致其影响力不够，难以保证公平和效率（Umali and Schwartz，1994）；也可以通过治理来提高政府提供服务的有效性（Mackinnon，2003）；还可以通过增加财政支持，并保持资金支出的灵活性来提高公共服务水平。也有学者认为应该提高农业推广服务人员和机构的素质以提高农业推广服务效率（Anderson and Feder，2007）。Smith（1998）认为政府对农业支持服务应该分散进行，一方面由政府或非营利组织提供支持服务，另一方面政府通过支持私人组织满足市场服务需求，这样可以提高对农业服务支持的效率。私人农业推广体系是政府农业推广体系失败的一种替代方案（Banerjee and Chatterjee，2014）。私人部门提供农业推广服务能够通过提高农户的满意度来提高服务绩效（Knutson，1986）。对非洲国家的研究表明，多元化农业技术服务供给商的引入能够提高农户的满意度（Chowa et al.，2013）。

很多学者都关注到了不同服务供给主体之间的合作，认为政府公共部门与非营利组织应建立合作关系，公共部门通过合同转包的形式把一部分农业科技研究与推广交由那些最具经济活力的供应商去完成（Maalouf et al.，1991）。政府也可以与私人企业进行合作，利用其在调用广播、电话、网络等媒体方面的低成本优势，来促进科学技术和信息的传播与推广（Carney，1995）。也有学者指出了在农业研究领域公私部门形成伙伴关系的约束性因素，同时指出如果给予适合的激励，能够产生双方合作的空间，从而使双方的效率都得以提高。尤其是在农业技术研究和发展服务方面，政府或科研机构主导的公益机构也应该加强与公共部门的合作，通过非营利组织的市场化运作把农业服务技术迅速高效地向市场转移（Umali and Schwartz，1994）。非营利组织依赖政府经费支持超过私人慈善捐赠的趋势逐渐加强，因此两者间由传统竞争关系转为相互依赖合作关系（Kidd et al.，2000）。

（二）农业社会化服务需求的影响因素

学者从不同角度研究了农业社会化服务需求的影响因素，其中研究颇多的是对农业技术服务需求的影响因素，如认为新技术的进入门槛和技术采纳的机会成本共同影响着农户采纳农业新技术的可能性（孔祥智等，2004），而在不同类型技术的采纳研究中发现，经营规模越大，采纳新技术的可能性越大，尤其是就较为复杂的技术而言（Khanna，2001）。Mittal 和 Kamakura（2001）认为人口背景特定属性的分布特征是影响农民购买农业技术服务的因素。农民的个体特征和家庭特征、农民的风险偏好程度、农民对农业技术的选择、政府服务情况等多种因素会影响农民对科技培训服务的需求意愿（徐金海等，2011）。除此之外，Feder 等（1985）认为农民受教育程度的高低与农民是否采用服务呈高度正相关关系，这一点对于新服务的早期采用者来说尤其明显。对于农户对改进的农业推广服务的支付意愿的研究表明，绝大多数被访者都愿意为能够满足需求的农业推广服务付费，而被访农户的个体特征对支付意愿有显著影响（Ozor et al.，2013）。对法国、尼加拉瓜等国农户的调查也得出了类似的结论，大多数农户都愿意或者已经通过不同方式为农业服务支付了一定的费用（Ameur，1994；

Wilson，1991；Keynan et al.，1997）。地区文化风俗、民族特点对农民的信息需求感知和农业信息服务效果有重要影响（Sturges and Chimseu，1996）。国内学者认为家庭户主是家庭经营活动的决策者，其背景特征是影响家庭对农业服务购买的主要因素（牛若峰和夏英，2000）。农户普遍都需要农业服务，而农户的区域分布和收入状况、农业服务的购买方式等因素都会影响农户对农业服务的购买意愿（王钊等，2015）。荔枝主产区农户的自身特征对农户的农业技术选择影响最大（庄丽娟和贺梅英，2010）。对 450 户荔枝种植户的调查得出了包括文化素质、年龄、性别的农户自身特征及获得农业技术的渠道对农户选择农业技术的影响强烈（庄丽娟等，2011）。农户的收入变化、收入来源、地区分布、购买方式等特征变量是影响农户农业服务渠道选择趋同的主要因素（孙剑和黄宗煌，2009）。

四、农民合作经济组织的功能及其在农业社会化服务体系中的作用

（一）农民合作经济组织的功能

国内外学者的研究表明，农民合作经济组织的功能主要体现在以下几个方面。

一是农民合作经济组织能够服务于小农户，解决其生产经营困难问题。农民合作经济组织是基于农业的家庭经营（黄祖辉，2008）和农户的农业社会化服务需求（韩瑜，2010）而形成的，其主要作用是为农户提供生产经营服务（Giannakas and Fulton，2005；Hellin et al.，2009）。农民合作经济组织能够为农户提供有效的农业信息和必要的市场信息（Wills，1985），使农户能够调整自己的生产决策，确保产品销路（Hoffmann，2005；杨丹和刘自敏，2017）。农民合作经济组织能够帮助农户购买化肥、种子，获得信贷支持（Hellin et al.，2009），在农产品营销中起到积极作用（Bijman et al.，2010）。农民合作经济组织可以通过向其成员农户提供统一的农资供应、农产品精加工和包装、农业技术和信息、农产品销售等服务，来帮助小农户解决其在市场中遇到的各种问题（Sanderson and Fulton，2003）。合作社为成员服务，使成员从合作社经营中获取最大收益（Cook et al.，2004）。合作社可为社员农户提供市场或政府不能提供的服务和要素，使其更好地适应市场化需求，增强其抵御风险的能力，包括应对农业生产的生物特性所导致的风险（黄祖辉等，2008）。

二是农民合作经济组织能够促进农业技术进步和农业经济发展。农民合作经济组织可以帮助小农户获取新的生产技术和发展资金，帮助农户适应技术革新。农民合作经济组织能够在引进新品种、推广新技术等方面减少机会主义行为

（Staatz，1984），有效实现农业技术推广（黄季焜等，2000）。农民合作经济
组织以提供技术、信息服务为主，随着技术要求的提高和资产专用性的增强，农
民合作经济组织的必要性也随之增加（黄祖辉和王祖锁，2002）。专业合作经济
组织是公共技术创新体系重要的制度保障（国鲁来，2003）。农民专业合作经济
组织是农业科技推广体系建设的重要力量，由于其成员集组织所有者、技术的推
广者和使用者于一身，故在农业技术推广中其具备三个优势：推广效果显著、推
广成本低、有助于提高农民应用技术的主动性和积极性（苑鹏，2008）。农民合
作经济组织能够促进农业分工，提高农业生产率（Liu et al.，2018），推动农业
经济发展（刘自敏和杨丹，2013）。

三是农民合作经济组织能够提高农户的市场地位，促进公平的市场交易。农
民合作经济组织可以帮助小农户获取新的生产技术和发展资金，提高农产品质
量，提升营销水平；可以帮助农户适应技术革新，增强进入市场的能力；能够提
供各项服务，包括信贷等，减少交易成本，提高小农讨价还价的能力；而农户也
可以通过农民合作经济组织寻求一些抗衡力量（Rhodes，1983）。合作社能提高
农户进入市场的组织化程度，改善其市场谈判地位（黄祖辉等，2008），可以在
"集体行动"的条件下节约市场交易成本，并帮助单个农户提高谈判能力，能够
形成对市场交易中垄断谈判权力者的抗衡力量，帮助农户、消费者和其他弱势群
体获得市场谈判权力（唐宗焜，2007）。农民合作社还能够促进市场竞争
（Rogers and Petraglia，1994），使市场竞争更加激烈，消除市场上的超额利润
（Helmberger and Hoos，1962）。农民合作经济组织能够提高农户的经济竞争力
（夏英和牛若峰，1999），弥补市场机制的缺陷并补充政府部门的功能（张晓山
等，1997），促进平等、有序的竞争和健康发达的市场经济的形成（牛若峰和夏
英，2000）。

四是农民合作经济组织能够提高农户收入，促进农村经济发展。农民合作
经济组织是追求效用最大化群体的联盟（Cook et al.，2004），农民合作经济组
织产生的一个重要原因在于其能够为农民的利益服务（Helmberger，1966），
并能提高农户收益（Sexton，1986）。农民合作经济组织能通过获得大量的经
营业务达到规模经济（Sexton，1986）；可以帮助农户降低农产品市场营销的
成本，使农户获得更多经济收益（Di Falco et al.，2008）；可以降低单个农户
的交易成本，使农户获得相对稳定的收益（Sexton and Iskow，1988；Ollila and
Nilsson，1997）；能够提高农产品的商品化率，并减少贫困（Francesconi and
Heerink，2011）。合作社有利于提高农民收入，并能够维持就业，在农村经济
发展方面发挥了较大的作用（Staatz，1984）。农民合作经济组织还能通过减
少交易成本和风险并建立垂直合作的信任等途径来实现农业产业化，增加农户
收入（Francesconi and Heerink，2011；Yang and Liu，2012；杨丹和刘自敏，

2017）。"合作社+农户"模式不但降低了农户的市场交易费用，而且把供应链中的各个环节所形成的经济剩余保留在农业内部，增强了农业自身积累和发展的潜力（黄祖辉和梁巧，2009）。合作社能够显著降低农户的交易费用，增加农户的纯收入（蔡荣，2011；刘自敏和杨丹，2014）；能够较好地解决小农户和大市场之间的矛盾，不仅能够为组织成员服务，还能辐射带动周边农户，同时实现合作社自身的可持续发展（黄祖辉和徐旭初，2003）。农民合作经济组织能够保护农户自身利益（黄祖辉和王祖锁，2002），在一定程度上帮助小规模农户生产者分享来自加工和销售环节的利润（黄宗智，2010）。农民合作社能对成员及其所在社区农民的就业与收入增长发挥积极作用（黄祖辉等，2008）。

（二）农民合作经济组织在农业社会化服务体系中的作用

国内外研究表明，不同的服务供给主体在农业社会化服务体系中都发挥着重要作用，尤其是农民合作经济组织，这与农民合作经济组织自身的服务功能特性密不可分。政府与非营利性服务组织在农业服务支持体系中发挥着重要作用（Umali and Schwartz，1994）。在欧美发达国家农业现代化的过程中，农民专业合作社自始至终扮演着重要的角色，也发挥着重要的作用（Chaddad and Cook，2004）。私人企业的利益增进是以"资本"为导向的，而合作经济组织则是以"使用者"为导向的，因此合作经济组织是农村经济发展的助推器（Umali and Schwartz，1994）。许多学者认为政府主要从供给方意愿出发，提供农业服务往往缺乏公平和效率；私人部门不能满足全部农户的需求（Labarthe et al.，2009）。研究表明，各国农业推广服务的私有化改革减少了农户获取的农业推广服务（Cary，1998；Feder et al.，1999）。在市场和政府提供农业推广服务失败的背景下，农民合作经济组织可以成为提供农业社会化服务的重要力量和主要方式（唐宗焜，2012），不但能够对社会问题做出快速反应，提供具有准公共物品性质的农业社会化服务，而且比公共服务部门和私人部门更具优势（苑鹏，2011）。当前农民对农业科技服务的需求与政府供给之间失衡，农民对政府提供的农业科技服务的满意度不高，农民专业合作社可以加以弥补（石绍宾，2009）。合作经济组织能够通过提高组织成员之间的信任程度，提升农业科技服务体系的创新效率（胡中应和余茂辉，2013）。但我国农民合作经济组织仅局限于提供一些生产资料购买、产品代购代销和市场信息等基本服务，缺少流通环节、农产品储藏加工等方面的服务，服务内容单一，服务水平较低，并且以对内服务为主，对外服务较少（邵喜武等，2010）。

研究表明，农民合作经济组织服务功能的发挥会受很多因素的影响。例如，合作社主营产品的特性、合作社成员拥有的资源状况、合作社社长拥有的企业家才能、合作社对社长的激励程度等合作社内部因素，以及产业集群状况、政府的资金扶持等外部因素都会显著影响合作社服务功能的实现程度（黄祖辉和高钰玲，2012）。合作社人才建设和品牌建设对合作社食品安全服务功能有显著影响（陈新建和谭砚文，2013）。

五、对现有研究的评述

现有研究主要对农业社会化服务的功能和体系构成、农业社会化服务的供给和需求、农业社会化服务的供求影响因素、农民合作经济组织在农业社会化服务体系中的作用进行了研究。从侧重农业社会化服务的研究来看，虽然国内外文献对农业社会化服务的定义有一定区别，但研究的主要对象范围基本一致，并重点关注农村公共服务和农业技术推广服务，研究也较为深入。农村公共服务中和农业生产经营相关的部分也属于农业社会化服务，但更多内容涉及农村居民的生活服务，和农业社会化服务并不完全相同，因此本书仅综述了涉及农业生产经营的农村公共服务的研究内容；而农业技术推广服务是农业社会化服务中的一项重要内容，本书较多综述了这方面的研究内容。而国内文献重点研究了农业社会化服务及农业社会化服务体系的概念界定，对农业社会化服务体系构成的描述，以及对农业社会化服务的功能、农业社会化服务体系建设重要意义的论述等。这些研究都不可避免地涉及农民合作经济组织，因为农民合作经济组织作为农业生产经营的一类重要经济活动主体，在提供农业服务方面发挥着重要的作用，但这些研究都是从农业服务的视角出发，对于农民合作经济组织的研究大多较为零散。

从侧重农民合作经济组织的研究来看，国内外文献主要关注农民合作经济组织的内部治理及其绩效，以及农民合作经济组织所处的外部环境及其与外部主体之间的关系。其研究内容主要包括对农民合作经济组织的内涵界定、成员状况、资产结构、社会资本等内部治理机制等，以及对农民合作经济组织的绩效评价及其影响因素分析等。农民合作经济组织所处的宏观政策和法律环境、社会和经济环境对其发展的影响，以及其与政府、企业、科研机构等其他利益相关主体之间的关系，这些研究也不可避免地涉及农民合作经济组织的农业服务功能，以及其在农业社会化服务体系中的作用的研究，但这些文献更多地关注农民合作经济组织向组织内部成员提供农业生产经营相关服务，并视其为农民合作经济组织的一项基本功能，作为绩效评价的一个维度来进行研究。

因此，从现有文献来看，现有的研究并未把农业社会化服务体系的研究和农民合作经济组织的研究放在统一的分析框架下，系统深入地探讨农民合作经济组织在农业社会化服务体系中的地位和作用，也并未深入探讨在中国特有的现实背景下农民合作经济组织的作用机理。因此，本书试图在现有研究的基础上建立一个统一的分析框架，系统深入地研究农民合作经济组织在农业社会化服务体系中的地位和作用。一方面，从农业社会化服务的需求和供给角度描述农业社会化服务体系建设的现状，并分析影响农业社会化服务的需求和供给的因素，比较不同主体提供农业服务的效率差异，提出改善农业社会化服务供给效率的途径；另一方面，探讨农民合作经济组织作为农业社会化服务的有效供给主体，以及农民需求表达的有效载体，在农业社会化服务体系中的重要作用。并通过国内典型案例的剖析与国外发达国家和发展中国家的经验总结和借鉴，提出充分发挥农民合作经济组织在农业社会化服务体系中的作用的政策建议。总之，国内外现有研究成果为本书提供了深厚的理论基础和逻辑支持，而存在的不足则为本书留下了一定的研究和探索空间。

第三节　研究思路和内容

本节主要介绍本书的研究所遵循的逻辑思路，以及本书所涉及的主要研究内容。

一、研究的逻辑思路

本书基于分工视角，以新公共服务理论、供求理论、资源配置效率理论、制度创新理论为基础，对以农民合作经济组织为基础的农业社会化服务供给模式创新开展系统研究。在总结已有文献成果的基础上，阐明农业社会化服务供给产生的必要性；通过分析中国农业社会化服务供求现状，探寻供求矛盾形成的内在原因；通过比较不同主体的供给模式和绩效，阐明农民合作经济组织有效提供农业社会化服务的相对优势；在此基础上分析农业社会化服务供给模式创新的内在机理以及农民合作经济组织在农业社会化服务供给模式创新中的作用；通过农业社会化服务供给模式创新的约束条件和要素保障分析，提出农业社会化服务供给模式创新促进农户增收、推动农业经济发展的政策建议。研究的逻辑思路如图 1-1 所示。

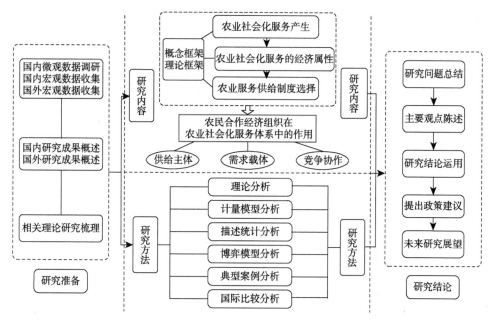

图 1-1　研究的逻辑思路

二、主要研究内容

本书的主要研究内容包括以下几个部分。

1. 农业社会化服务的经济属性和供给制度选择

首先，建立农业社会化服务的概念框架，对本书所涉及的相关概念进行界定。其次，从农户生产经营背景、分工和专业化、成本收益权衡、制度变迁等角度解释农业社会化服务供给的必要性。再次，基于公共选择理论分析农业社会化服务的多元经济属性，并针对不同经济属性的农业社会化服务选择不同的供给制度。最后，在分析农业社会化服务体系中的各利益主体之间相关关系的基础上，明确农民合作经济组织在农业社会化服务体系中的角色定位及其作用原理。

2. 中国农民合作经济组织和农业社会化服务的供求现状

描述中国现有农业生产经营背景下农民合作经济组织的发展情况；分析农户对不同类型农业社会化服务的需求现状和优先序，比较不同区域农户对农业社会化服务的认知和态度、支付意愿和能力，以及不同约束条件下不同类型农户对农业社会化服务的需求差异；描述不同主体提供的农业服务数量、内容和质量，描述农户对已采纳农业服务的满意程度。

3. 农民合作经济组织作为供给主体提供内部化农业服务

界定内部化农业服务，基于俱乐部理论，从排他性、拥挤性、趋同性角度分析农民合作经济组织的俱乐部性质。从农民合作经济组织的自愿供给、沟通机制、声誉机制和集体行动的逻辑分析农民合作经济组织为内部成员提供具有俱乐部产品性质的内部产品化农业服务的可能性，并从有形产品和无形产品的划分及关系契约的作用的角度来分析农民合作经济组织供给农业社会化服务的思路。分析农民合作经济组织的成员状况、信息状况、俱乐部成本、需求显示状况对农民合作经济组织服务绩效的影响。利用微观调查数据描述调查区域农民合作经济组织内部化农业服务供给现状以及影响农民合作经济组织内部化农业服务绩效的因素，并结合国内典型案例进行分析佐证。

4. 农民合作经济组织作为需求载体帮助成员获取外部化农业服务

基于外部化农业服务的概念，描述农民合作经济组织的角色界定，并从农户需求表达困境、交易双方的交易成本约束、农户服务需求的多样性等角度分析农民合作经济组织帮助其成员获取外部化农业服务的必要性，并从需求偏好显示、交易成本节约、多样性需求满足等视角分析农民合作经济组织帮助其成员获取外部化农业服务的可行性。在此基础上，利用微观调查数据描述调查区域农民合作经济组织帮助成员获取外部化农业服务的现状，并结合国内典型案例进行分析佐证。

5. 农业社会化服务多元供给主体的竞争合作分析

在描述农业社会化服务多元供给主体的现实和理论背景的基础上，分析农民合作经济组织的竞争优势，并基于博弈分析方法建立合作社与企业的竞争模型，通过对合作社与企业不同目标函数的刻画，以及不同场景下合作社与企业市场竞争及其均衡特征下的价格、市场份额、福利等的分析，研究不同市场主体在提供农业社会化服务的过程中农户福利的变化，以此来分析农业社会化服务体系中多元供给主体的竞争与合作。

6. 国外农民合作经济组织和农业社会化服务体系的经验借鉴

以美国、日本、荷兰等发达国家为例，分析其农民合作经济组织的发展现状、农业社会化服务的供需现状，以及农民合作经济组织在农业社会化服务体系中的作用。以印度、泰国、巴西等发展中国家为例，分析其农民合作经济组织发展现状、农业社会化服务的供需现状，以及农民合作经济组织在农业社会化服务体系中的作用。在此基础上总结发达国家和发展中国家农民合作经济组织发展、农业社会化服务体系建设，以及农民合作经济组织在农业社会化服务体系建设中充分发挥其作用的经验，为中国农业社会化服务体系的建设和发展提供依据。

7. 发挥农民合作经济组织在农业社会化服务体系中的作用的政策思路

在研究结论的基础上，设计相关的政策思路，从供给方面促进农民合作经济组织健康发展，并促使农业社会化服务相关供给主体之间形成竞争合作关系，并设计相关的政策思路，从需求方面完善农户的需求表达机制，促使农户真实地表达对农业社会化服务的需求，提高农业社会化服务绩效，实现农户增收和农村经济发展。

第四节　研究方法和数据来源

本节主要介绍本书采用的研究方法，以及几种主要的研究数据类型及这些数据类型的来源。

一、研究方法

本书综合运用了理论研究方法、实证研究方法、案例研究方法、博弈研究方法、比较研究方法等，各种方法的具体应用如下所述。

1. 理论研究方法

运用农户经济理论、分工理论和制度变迁理论分析农业社会化服务产生的必要性，基于公共选择理论分析农业社会化服务的多元经济属性，并在此基础上针对不同经济属性的农业社会化服务选择合适的供给制度。基于俱乐部理论分析农民合作经济组织对内提供农业社会化服务的机理。基于分工理论和交易成本理论分析农民合作经济组织帮助成员获取外部化农业服务的机理。

2. 实证研究方法

一方面，利用中国的宏观统计数据，分析中国农业生产经营特征和农民合作经济组织发展情况；另一方面，利用对中国农户和农民合作经济组织的抽样调查数据，通过描述统计方法分析现有农业社会化服务供给和需求现状，比较不同农业服务供给主体提供农业社会化服务的差异，以及农户的绩效评价差异。并通过建立计量经济学模型研究农民合作经济组织提供的农业社会化服务绩效的影响因素。

3. 案例研究方法

通过选取国内中、东、西部地区不同经营类型的典型农民合作经济组织，分别从农民合作经济组织为内部成员提供俱乐部产品性质的农业服务，以及农民合作经济组织帮助内部成员获取外部第三方供给主体提供的农业社会化服务两个方面进行案例剖析，以深入探讨农民合作经济组织在农业社会化服务体系中的作用机理。并对美国、日本、荷兰等发达国家和印度、泰国、巴西等发展中国家的农民合作经济组织和农业社会化服务进行案例剖析。

4. 博弈研究方法

利用博弈研究方法探讨农民合作经济组织和其他农业社会化服务供给主体之间的竞争合作关系，并以农民合作社与企业之间的竞争为例，分析在企业纯寡头竞争转化为混合寡头竞争、合作社纯寡头竞争转化为混合寡头竞争、企业纯寡头竞争转化为合作社纯寡头竞争三种不同情形中，农户在竞争性服务供给下获得的福利改善，以此来剖析农民合作社相对于企业而言对农户提供农业社会化服务的绩效优势。

5. 比较研究方法

在描述分析中从不同地区，农民合作经济组织、政府、企业、科研机构、其他供给主体等不同供给主体，不同性质农户等多个角度进行比较，分析其农业社会化服务供给和需求的差异和特征。在国际案例分析中，借鉴美国、日本、荷兰等发达国家和印度、泰国、巴西等发展中国家的农民合作经济组织发展和农业社会化服务经验，对比中国和这些国家农民合作经济组织发展与农业社会化服务的异同。

二、数据来源

本书所使用的数据资料主要包括四个部分：一是在中国农村采用抽样调查方法收集的微观数据资料；二是在中国农村采用典型调查方法收集的访谈数据资料；三是公开发布的中国宏观统计数据资料；四是公开发布的国外宏观统计数据资料。

1. 中国农村抽样调查数据资料

中国农村抽样调查数据资料主要来自本书研究团队于 2013 年调查的微观数据。该调查的调查对象主要是农民合作经济组织负责人和农户，受经费、人力和时间等限制，在抽样上选择了具有一定代表性的地区，包括中国东部、中部、西部共计 15 个省份的 33 个地区。具体样本分布见表 1-1。

表 1-1　微观数据样本分布

地区	省份数	市（县）数目	合作社数	农户数
东部	5	10	32	145
中部	4	7	15	90
西部	6	16	35	161
合计	15	33	82	396

该调查采用入户问卷调查的方式，调查时间为 2013 年 6 月至 9 月。2013 年 6 月在重庆地区进行了 3 次预调查，并对问卷进行了反复修改。最终的正式调查从 2013 年 7 月开始。在整个调查过程中，由经过严格培训的调查员亲自询问并填写问卷，对调查对象提出的问题进行解释，并由本书研究团队负责人和核心成员逐一核实甚至重访，确保了数据的准确性和有效性。最终，该调查共获得有效问卷 478 份，包括 396 份有效农户问卷及 82 份有效农民合作经济组织问卷。由于该调查没有严格按照随机抽样的方式，故并不能由本书的研究结果推断总体，但希望能在一定程度上说明中国农民合作经济组织在农业社会化服务体系中的作用的基本情况。

2. 中国农村典型调查数据资料

本书研究团队通过确定典型调查对象，于 2013 年同时进行了典型调查，收集到了一系列访谈数据资料。典型调查对象的确定是在抽样调查的代表性地区选择具有代表性的样本县，然后在样本县中选取运行规范、经营状况良好的农民合作经济组织，并对组织的负责人和部分组织成员以及该组织所在村的非组织成员进行访谈。在充分考虑地域分布情况和农民合作经济组织经营农产品类型情况后，本书共选取了四个典型农民合作经济组织进行访谈，具体包括：安徽省马鞍山市当涂县龙升粮油合作社（以下简称龙升粮油合作社）、四川省成都市郫县唐元镇锦宁韭黄生产专业合作社（以下简称锦宁韭黄合作社）、浙江省台州市临海市永丰鲜果专业合作社（以下简称永丰鲜果合作社）、湖北省黄冈市罗田县锦秀林牧专业合作社（以下简称锦秀林牧合作社）。这四个典型组织涵盖了中国的东、中、西部三个区域，并涉及种植和养殖等不同农业类型。

3. 中国宏观统计数据资料

这部分数据资料一部分来源于世界银行（World Bank）的世界发展指标（World Development Indicators，WDI）数据库中的中国宏观经济数据，主要用于描述中国的农业生产经营状况；另一部分来源于中国各部门的宏观统计数据，包括国家工商行政管理总局、农业部（现为农业农村部）、中华全国供销合作总社的统计资料，以及来自各种出版物的数据①。这两部分数据主要用于描述中国的农民合作经济组织发展状况。

4. 国外宏观统计数据资料

本书选择了美国、日本、荷兰三个典型发达国家，以及印度、泰国、巴西三个典型发展中国家，作为国外经验借鉴的典型代表。这些国家的宏观数据资料一部分来源于世界银行的世界发展指标数据库中各国的宏观经济数据；另一部分来源于各国的农业部门和农民合作经济组织相关管理部门的统计资料。例如，美国的合作社数据来源于美国农业部（United States Department of Agriculture，USDA）的统计资料，日本的农协数据来源于日本农林渔业部（Ministry of Agriculture，Forestry and Fisheries，MAFF）的统计资料，荷兰的合作社数据来源于荷兰中央统计局②、荷兰国家农业合作社理事会③的统计数据，泰国的合作社数据来源于泰国农业与合作部（Ministry of Agriculture and Cooperatives，MOAC）、泰国合作社促进部（Thailand Cooperative Promotion Division，CPD）和泰国合作社审计部（Thailand Cooperative Audit Division，CAD）的统计资料，而印度相关的合作社数据主要来源于《印度统计年鉴》等统计出版物。还有一部分数据资料来源于其他的相关出版资料。

需要说明的是，由于微观层面的数据来自本书研究团队 2013 年的调查，相应的宏观数据也只截取了 2013 年的截面数据，以及 2013 年之前的时间序列数据，少部分宏观数据更新到了 2014 年，以保证分析的一致性。本书的分析结论也是基于这些数据得出的。

第五节　可能的创新之处

本书尝试对现有相关研究做出可能的边际贡献，可能的创新之处主要包括研究框架的创新、研究思路的创新、研究内容的创新及研究方法的创新。

---

① 这些出版物包括学术期刊论文、学术性专著、学术性研究报告等，具体出处在本书相应章节有详细的说明。

② 荷兰中央统计局，荷兰文为 Centraal Bureau voor de Statistiek，CBS，英文为 Statistics Netherlands，又称荷兰统计局。

③ 荷兰国家农业合作社理事会，荷兰文为 National Cooperative Raad voor land-en-Tuinbouw，NCR，英文为 Dutch National Agricultural Cooperatives Council。

一、研究框架的创新

本书拓展和完善了农民合作经济组织和农业社会化服务体系的研究框架，分别从三个方面系统而深入地研究了农民合作经济组织在农业社会化服务体系中的角色定位及其作用原理，即农民合作经济组织作为供给主体给组织成员提供农业社会化服务，作为需求载体帮助成员获取其他供给主体提供的外部化农业服务，与其他农业社会化服务供给主体之间形成竞争合作关系共同促进农业社会化服务体系的发展与完善。

二、研究思路的创新

本书基于理论分析与实证检验两条主线，一方面从理论的视角探讨农民合作经济组织在农业社会化服务体系中的角色定位及其作用原理；另一方面基于调研数据的描述揭示农业社会化服务的供需矛盾，分析农民合作经济组织提供或获取农业社会化服务的相对优势，并用国内外的典型案例进行验证，在研究思路上突破传统。

三、研究内容的创新

本书并不是对农业社会化服务的一般性的探讨，而是通过农业社会化服务产生的必要性的分析以及农业社会化服务经济属性的界定，从不同属性的农业社会化服务供给角度探讨农民合作经济组织所起的作用，研究内容比以往的研究更系统、完善。

四、研究方法的创新

本书结合了多种研究方法，理论研究方法中基于俱乐部理论、分工理论、交易成本理论、公共选择理论、合作社理论等，采用逻辑分析方法、制度分析方法、博弈研究方法研究农民合作经济组织在农业社会化服务体系中的角色定位及其作用原理；实证研究方法中采用了描述统计分析方法、计量经济学模型分析方法、典型案例分析方法、国际比较分析方法等对农民合作经济组织在农业社会化服务体系中的作用进行了实证检验。通过这些方法的综合运用，更加深入系统地对研究主题进行研究。

第二章　研究框架和理论分析

首先，对农民合作经济组织和农业社会化服务体系相关概念进行界定；其次，从农户生产经营背景、分工和专业化、成本收益权衡、制度变迁等角度解释农业社会化服务供给的必要性；再次，通过厘清农业社会化服务的经济属性和功能特征，探讨不同经济属性的农业社会化服务的不同供给制度选择；最后，在分析农业社会化服务体系中的各利益主体相互关系的基础上，明确农民合作经济组织在农业社会化服务体系中的地位和作用。

第一节　相关概念界定

本书所用到的核心概念包括服务与农业服务、农业社会化服务、农业社会化服务体系、合作与农民合作经济组织等。本节先对相关概念的内涵和外延做明确的界定，以便后文分析中的正确理解。

一、服务与农业服务

（一）服务

经济学和管理学的研究学者从不同角度对服务进行了不同的定义。传统经济学把服务定义为一种非生产性劳动，也称劳务。斯密（Smith，1776）认为不能在物上增加价值的劳动就是服务，因此也可以把服务称为非生产性劳动。马克思认为服务是具有物质内容的使用价值，服务的使用价值就是劳动本身，提供服务的劳动是直接进入消费过程中的。Hill（1977）认为服务可以发生在人身上，也可以发生在属于某个经济主体的物身上，是一种状态的变化，这种状态的变化是另一个经济主体的劳动成果。由服务的定义演变可以看出服务理论经历了从古典经济服务理论到服务价值理论的转变。以斯密为代表的古典经济学派仅从劳动性质的角度来观察服务经济的功能，认为从事非生产性劳动的工作人员只能获得收入之外的报酬，因此，由于非生产性劳动不能增加社会财富，从事非生产性劳动的人员越多，经济增长就越慢，甚至还会下降，从而提出服务的低产出和低资本密集的理论（Smith，1776）。而服务价值理论更多地从国民收入分配、产业结构、国民经济核算等多个视角来分析服务经济的各项功能。萨伊认为服务劳动属于生产劳动（Say，2001）；西尼尔（Senior，1836）进一步指出价值不是由生产商品所耗费的劳动创造的，而是取决于效用、供给有限性和可转移性；巴师夏（Bastiat，1800）认为没有必要争论服务到底是生产性劳动还是非生产性劳动，他认为一切服务都是生产，劳动就是人们提供的服务。

管理学对服务的定义较多，如美国市场营销协会（American Marketing Association，AMA）把服务定义为伴随着货物的出售一并提供给顾客的利益、满足感及其他活动。其后来补充认为生产服务有时可能不需要利用实物，即使需要借助某些实物协助生产服务，这些实物的所有权也不涉及转移的问题。Regan（1963）认为服务是顾客购买商品时所得到的一种无形的满意结果，或者是有形和无形相结合的一种活动。Judd（1964）认为服务是一种市场交易活动，这种活动的最大特点是不牵涉所有权的变更。Blois（1974）指出服务是一种用于销售的活动，可以让顾客满足或者为顾客带来利益，但不会改变商品的物质形态。Gummesson（1987）指出服务是一种可以用来买卖的无形物品。Gronroos（2000）认为服务是在员工向顾客提供问题解决方案的有形资源互动关系中进行的一系列具有无形特征的活动构成的过程。经济合作与发展组织（Organization for Economic Co-operation and Development，OECD）认为服务是变化多端的经济活动群，是给予帮助、方便或照顾，提供经验、信息或其他的智力内容，而且大多数价值是无形的，并不存在于任何物质产品之中。

从以上定义来看，经济学侧重从劳动的角度对服务进行定义，认为服务的实质是非物化的劳动；而管理学从市场交换的角度对服务进行定义，认为服务实质是生产者向消费者提供的不涉及所有权转移的无形利益满足。基于以上定义，本书认为服务是指一方向他方提供的，并能使后者从中受益的一种有偿或无偿的活动，服务的生产可能与某一实物产品有关，也可能无关。

（二）农业服务

由于农业领域对于现代科学技术成果的广泛运用，农业生产也开始向服务经济思维方式转变（Stahel，2010）。国外的农业服务包括所有的涉农服务，如农资购销、农业机械、信息咨询、技术指导、基础设施建设、医疗保健、心理健康、社会治安、贫困救助、气象和能源等（Evenson，2001；Anderson and Feder，2007）。联合国粮食及农业组织及世界银行的农业服务和支持服务包括为农民提供的有关农业产前、产中和产后的劳务、技术和信息咨询等服务。美国的"农业服务"专指为农业生产阶段提供的诸如植保、兽医及农场管理等产中服务。国内众多学者也对农业服务的内涵进行了界定。有学者认为农业服务与生产是相对的，站在农业部门的立场，服务就是农产品从生产到消费的社会生产总过程中不属于动植物自然生长过程且由生产者自己完成的生产环节（龚道广，2000）。有学者指出农业服务是指利益相关者运用物质或非物质手段，在农业产前、产中和产后提供的有形的生产性服务和无形的非生产性服务（孔祥智等，2012）。李志萌（1998）认为农业服务属于专业化分工的范畴，是指不同的市场主体独立进行专业化的生产或服务，各自完成产品生产的一部分生产环节，然后通过市场把这些环节有机联结成一个完整的社会生产总过程。有学者认为农业服务是指各社会团体或个人根据农村社会分工和市场经济发展的客观要求，为提高农民收入和发展农业经济，向农业生产经营过程中的主体提供直接或间接的服务。仝志辉和侯宏伟（2015）认为农业服务是实现农业生产专业化、社会化的具体形式，是直接从事农业生产的部门与间接从事农业生产的部门之间的一种经济关系。农业服务的内容主要包括农业技术服务、农业信息服务、农产品流通服务、农产品质量安全服务、农业金融服务、农业产业链一体化服务等。还有学者把农业服务分为"体内循环型"与"体外循环型"两种类型，"体内循环型"是指农业生产流通全过程所需的服务完全由产业内的部门提供，"体外循环型"是指除农业生产以外其他环节的服务由产业以外的其他部门提供（樊亢和戎殿新，1994a）。

基于现有文献，本书认为农业服务是指与农业生产相关的所有服务活动，包括有形的生产性服务和无形的非生产性服务。农业服务的具体类型可以从两个角度来进行划分：一是从产业链的角度划分为产前服务、产中服务和产后服务等不同的农业生产环节服务；二是从内容和功能的角度划分为农业生产资料服务、农业技术服务、农业机械服务、农业信息服务、农产品销售服务、农业金融服务、农业基础设施建设服务等不同类型的服务。

二、农业社会化服务

"社会化"是社会学范畴的概念，是指个体通过把社会文化和规范内在化，并不断通过知识的学习，而逐渐从生物人转变成为社会人的过程，而该过程往往伴随着文化传统的变化。但随着研究的不断深入，"社会化"概念的内涵也在不断地拓展，逐渐由狭义上有关个体发展的研究扩展到社会分工扩大的范畴。农业社会化服务的概念正是基于社会分工的角度提出来的。

　　国外的农业社会化服务虽然有不同的称谓，如农业服务、农业支持服务（agricultrual support service）、农业推广服务（agricultrual extension service）等，实际上也因为具有专业化和社会化的性质，而属于农业社会化服务的范畴。中国国务院在 1991 年的《国务院关于加强农业社会化服务体系建设的通知》中对农业社会化服务的内涵做出了正式的界定：农业社会化服务，是包括专业经济技术部门、乡村合作经济组织和社会其他方面为农、林、牧、副、渔各业发展所提供的服务。此后，国内众多学者对农业社会化服务的概念进行了进一步界定。有学者认为农业社会化服务就是有关农业生产的各种产前、产中、产后服务（仝志辉，2007）。有学者认为农业社会化服务是指服务的社会化，是农业作为经济再生产的一个基本环节，他们认为农业再生产需要其他部门的配合才能完成，个别生产经营者很难独立完成（孔祥智和郭艳芹，2006）。有学者认为农业社会化服务是由不同的市场主体各自独立地、专业化地进行的生产或服务，首先由各个不同的市场主体各自完成部分农产品生产环节，然后通过市场把这些环节联结成一个完整的社会生产总过程，本质上就是专业化分工（龚道广，2000）。有学者认为农业社会化服务是在农户专业化、农业商业化和农业产业化不断推动的作用下发展起来的，针对个体小农无法独立完成整个生产过程而产生的，是不同服务主体为农户生产经营所提供的各种服务，这些服务主体包括政府机构、龙头企业、科研机构、专业合作经济组织和其他社会组织等，而服务内容涵盖产前、产中、产后各个环节。还有学者提出农业社会化服务内容包括"硬服务"和"软服务"，"硬服务"是指各种生产要素的支持，而"软服务"是指政府的宏观政策扶持（段大恺，1990）。

　　基于现有文献，本书把农业社会化服务定义为不同的市场主体相对独立地、专业化地为农业的产前、产中、产后提供优质、高效、全面、配套的公益性或经营性服务、专项或综合服务。从纵向产业链的角度来看，农业社会化服务包括产前、产中、产后服务等不同生产环节服务；从横向服务内容和功能角度来看，农业社会化服务包括农业生产资料服务、农业技术服务、农业机械服务、农业信息服务、农产品销售服务、农业金融服务、农业基础设施建设服务等不同类型服务。由此可见，农业服务和农业社会化服务的概念内涵区别并不明显，最重要的区别在于农业社会化服务强调农业服务的供给并不是农户自给自足的，而是由专门的服务供给主体提供的，具有相对独立性、专业化、社会化等重要特征。图 2-1 详细展示了农业社会化服务的内容框架。

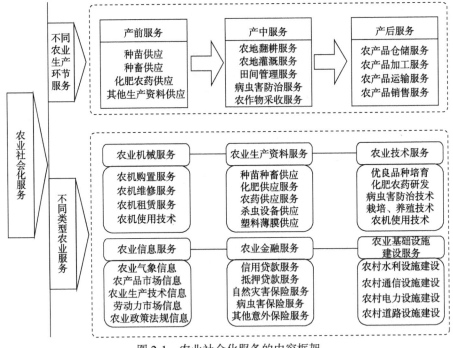

图 2-1　农业社会化服务的内容框架

三、农业社会化服务体系

农业社会化服务体系概念是基于农业社会化服务的概念而提出来的。中国国务院 1991 年在《国务院关于加强农业社会化服务体系建设的通知》中对农业社会化服务体系做出了明确界定：农业社会化服务的形式，要以乡村集体或合作经济组织为基础，以专业经济技术部门为依托，以农民自办服务为补充，形成多经济成分、多渠道、多形式、多层次的服务体系。此后，学者也对农业社会化服务体系的内涵进行了界定。有学者认为农业社会化服务体系是一个总称，包括一系列组织机构和方法制度（仝志辉，2007）。也有学者认为农业社会化服务体系是指随着农业生产力和商品经济的发展及经营规模的不断扩大，直接从事农业生产的劳动者越来越少，越来越多的人专门从事为农业生产提供生产必需的生产资料等产前服务，农产品收购、储存、加工和销售等产后服务，以及生产过程中各种生产性的产中服务，并且通过签订正式的合同或者非正式的协议联结各个社会化服务的企业或个人而形成的体系（宣杏云和徐更生，1993）。还有学者认为农业社会化服务体系是指传统由农民自己直接承担的生产环节从农业生产过程中分离出来，由独立的涉农经济部门或组织通过市场交换同农业生产建立稳定的相互依赖关系，从而形成的一个庞大的经济系统、科技系统和社会系统的有机整体。从生产的角度可以分为产前、产中、产后服务；从服务内容的角度可以分为科技、信息、采购、销售、加工、信贷、生活等服务；从服务系统的角度可以分为私人服务系统、公共服务系统和合作服务系统（樊亢和戎殿新，1994b）。农业社会化服务体系是指向农业经营主体提供各项服务的一个完整结构，这里的农业经营主体包括农户、农民合作经济组织、农业企业等，而各项服务包括农业经营主体经营所需要的生产要素和各种投入品服务，信息、会计、法律等经营性劳务服务、营销服务及安全保障服务等（黄青禾，1994）。农业社会化服务体系是指与农业相关的社会经济组织为满足农业生产经营的需要，给从事农业生产的经营主体提供各种服务所构成的一个网络体系（郭翔宇，2001）。农业社会化服务体系是指为各个农业生产环节提供服务的个人和组织机构形成的网络，该网络的服务具有社会化性质，而其组织机构具有系统性特征。服务具有社会化性质体现在农业再生产环节和其他产业部门的服务活动之间有紧密的依赖关系；组织机构具有系统性特征体现在不同服务供给主体围绕农业再生产环节形成了一个有机结合、互相补充的组织体系（农业部农村经济研究中心课题组，2005）。

　　基于现有文献，本书认为农业社会化服务体系是指不同的农业服务的社会化供给主体通过不同的农业社会化服务供给模式向不同的农业服务的需求主体提供专业化、社会化、系统化的农业服务而使不同供需主体之间紧密联系而形成的一套有机整体。本书提出的不同社会化服务供给主体包括政府部门、企业、村集体、农民合作经济组织、科研院所、其他经济社会组织等；不同的农业社会化服务即前文所定义的不同类型、不同内容、不同功能的农业社会化服务。不同的农业社会化服务供给模式可以从多个不同角度进行划分，如从供给决策方式角度可以划分为自下而上的需求诱导型供给模式和自上而下的直接供给模式；从供给主体角度可以划分为市场供给模式、政府供给模式、混合供给模式和多中心供给模式；从供给产生方式角度可以划分为自愿供给模式和强制供给模式；等等。

四、合作与农民合作经济组织

（一）合作

　　《大不列颠百科全书》将"合作"解释为"联合行动或共同努力"。《现代汉语词典》（1985）把"合作"定义为"人们为了一定的目的联合行动或共同完成某项任务"。《辞源》把"合作"定义为"两个或两个人以上共同创造"。

众多学者探讨了合作行为的产生，如汉密尔顿（Hamilton，1964）基于达尔文的自然选择理论提出亲缘选择（kinship selection）促使了合作的产生，他认为动物自私的基因使其合作行为局限在亲缘关系以内，这是动物趋向于使和自己相同的基因得到最大限度的复制和保存的一种自然选择行为。随后特瑞弗斯（Trivers，1971）提出互惠利他（reciprocity altruism）模型，指出合作盈余引起了一个有机体的利他行为，并且不期待其他有机体提供任何报酬，促进了整个生物群落的合作联系。

基于以上文献，本书把合作定义为：为了共同的目标和利益而进行自愿联合的行为。

（二）农民合作经济组织

国内外文献对农民合作经济组织进行了不同的界定。本书的农民合作经济组织是指在家庭承包经营方式背景下，农民在农业生产经营过程中为了追求自身经济利益，基于自愿原则形成的互助性的合作经济组织。该组织是农民基于农民合作经济组织理论建立的，通过一系列契约关系联结起来的经济组织。我国现有的农民专业合作社、农民股份合作社、农民合作社联社和农民专业协会等都属于农民合作经济组织的范畴。农民合作经济组织通常有横向联结、纵向联结、混合联结等方式。横向联结方式是指从事相同或相近的农业生产经营活动的农民之间相互合作形成农民合作经济组织。纵向联结方式是指以农业生产经营的全过程为纽带，把各个环节联合起来形成农民合作经济组织，即生产、销售、加工、流通等环节被集中到一个组织中，交易被内部化，组织管理者对各个环节进行监督、控制。混合联结方式是指既包括横向联结也包括纵向联结的方式，既包括从事相同或相近农业生产经营活动的农民之间的相互合作，也包括不同农业生产环节的相互合作。

第二节　农业社会化服务的属性和功能

本节首先从四种不同的逻辑解释农业社会化服务产生的必要性和必然性，进一步分析不同类型农业社会化服务的经济属性，从而定位农业社会化服务的功能和特征。

一、农业社会化服务产生的四种解释逻辑

农业社会化服务的产生具有一定的必要性和必然性，可以从四种逻辑进行解释，包括基于农业生产经营背景的解释逻辑、基于分工和专业化角度的解释逻辑、基于成本收益权衡的效率解释逻辑，以及基于制度变迁角度的解释逻辑。

（一）基于农业生产经营背景的解释逻辑

农业生产过程是自然再生产和经济再生产相交织的特殊生产过程，因此具有生命特性、季节特性、劳动的非连续性、对自然条件的依赖性、特有的产品市场特性等特征。生命特性是指农业生产过程往往伴随着动植物的生命过程，具有周期性和不可逆性。季节特性是指农业生产所伴随的动植物生命过程具有季节性，如不同植物的生长需要有一定的温度、湿度、光照等条件，需要在特定的季节播种，在特定的季节和周期中生长才能成熟，违背其季节特性会导致农产品的品质发生变化，甚至导致无法收获。劳动的非连续性是指农业生产所伴随的动植物生长的生命特性和季节特性所导致的劳动用工的非连续性，如存在劳动用工密集的农忙时节和劳动用工稀少的农闲时节。对自然条件的依赖性是指农业生产需要依赖于一定的自然环境和条件，如土壤类型、地理位置、病虫害情况、气候状况等自然环境和气候条件。有些农作物需要在特定的自然环境和气候条件下才能生长，不同的自然环境和气候条件对农产品的品质和产量都会造成较大影响。农产品特有的产品市场特性通常是指农产品的鲜活性强、易腐性高、产品同质性强、供需弹性小等特征。农产品的鲜活性强、易腐性高是农产品的生命特性所导致的，动物产品需要保证其生命活力才能保证产品品质新鲜，而植物产品一旦离开土地就很容易腐烂变质。农产品的同质性强也是农产品的生命特性导致的，其外形差异较小，很难像工业品一样进行标记。农产品的供需弹性小有两个原因：一是因为农产品的可替代品较少，而且消费者对农产品的需求量变化不大导致的需求弹性较小；二是因为农产品的生产受到土地资源的数量和质量、农作物生产周期及技术进步速度等客观条件的限制，难以在短时间内大幅度增加而导致供给弹性也较小。

而当前中国农业生产经营组织方式是家庭承包生产经营，这导致了农业生产规模超小化和农地细碎化特征明显，单个小农面临激烈的市场竞争，具有弱质性和弱势性特征。单个小农的弱质性是指农户所从事的农业产业特征所导致的本质上的脆弱性，这种脆弱性是农业与生俱来的，经历了漫长的经济社会发展及科技进步过程之后仍然没有发生根本性改变。而单个小农的弱势性是指单个小农相对

于强势的其他市场主体而言的一种弱势状态，是从力量的不均衡性角度来界定的。从上述农业产业特征的分析可以看出，单个小农的弱质性实际上是农业特有的产业特征所造成的，主要表现为：在家庭承包经营的现有农业生产经营组织形式下，农户人口规模超小化所带来的农户劳动力不足、农地细碎化带来的农户土地要素资源禀赋不足、农户受教育程度低导致的农户人力资本禀赋不足、收入过低导致的农户农业投资和融资能力不足，以及由此而导致的单个小农组织化程度不高、抗风险能力低、信息搜集和处理能力较差、谈判能力较低、市场地位不高、市场竞争力不强等。

在这样的背景下，单个小农没有能力自给自足某些农业服务，产生了对农业社会化服务的需求，从而诱发了农业社会化服务供给的产生。从这个角度来看，农业社会化服务的产生有其必然性。对于农田水利设施、大型农业机械、农业科学技术的研发等具有纯公共品性质的农业服务，单个农户没有资金实力自给自足，也没有能力支付该产品消费的排他成本，需要政府等主体进行这类农业服务的社会化供给。除此以外，单个农户在购买农业生产资料如农药、化肥、塑料薄膜、饲料等时，信息搜集能力和议价能力较弱，需要承担较高的交易成本，由农民合作经济组织等主体提供农业生产资料服务便成为必然之需。而农业生产的季节特性和劳动的非连续性需要农业劳动的非均匀性供给。农业生产过程中的农忙和农闲的季节性交替导致农户往往会进行劳动力应急性储备，从而出现农忙时劳动力充分就业和农闲时劳动力隐性失业的现象。这也会导致农村剩余劳动力的增多从而降低农业生产率。因此需要有农业劳动力的社会化供给，以及农业机械的社会化供给以实现对劳动力的替代，从而解决农忙时的劳动力短缺问题，并降低农民的劳动辛苦程度。农产品的鲜活易腐性需要产品包装和交通运输的快捷。产品的初级包装和高级包装可以由专业的农产品加工企业提供。而交通运输基础设施如道路修建及运输设备等也需要专业化的供给。另外，由于农产品同质性较强，需要农民合作经济组织、农业企业等提供农产品品牌和营销等社会化服务。

（二）基于分工和专业化角度的解释逻辑

古典经济学的代表人物亚当·斯密（Smith，1776）首先提出分工理论，全面考察了分工对于提高劳动生产率的作用，他认为人类社会组织的一个显著特点就是分工。分工是劳动生产力提高和经济增长的重要源泉，以绝对比较优势为基础的分工和贸易有利于提升劳动生产力，包括农业劳动生产力，并增加社会总财富。亚当·斯密认为劳动分工的产生是所有人共有的相互沟通、物与物之间的交换、多人相互之间交易倾向的渐进结果。他认为分工有利于资源配置效率的提升、经济的增长和国民财富的增加。此后，巴比奇（Babbage，1833）发展了亚当·斯密的分工经济理论，认为分工可以节省学习时间，因而能加速知识积累。杨格（Young，1928）进一步发扬了亚当·斯密的分工思想，认为高度分工能够产生巨大的市场供给和需求，产业的不断分工和专业化是报酬递增得以实现的过程中的一个基本组成部分。马歇尔（Marshall，1920）用外部经济和内部经济描述了分工协作带来的报酬递增，即分工经济的产生。贝克尔和墨菲（Becker and Murphy，1992）特别强调了劳动分工在整个增长过程中的重要性，认为分工能够获得专业化经济效果。而以罗森（Rosen，1982）、贝克尔（Becker，1991）、博兰（Boland，1997）、杨小凯和黄有光（杨小凯，2003；杨小凯和黄有光，1999）等为代表的新兴古典经济学派认为分工和专业化经济来源于专业化带来的规模经济性、技术和制度创新、知识外溢效应等，不仅包括由分工和专业化生产方式对生产率的提高与生产资源的节约带来的直接经济性，还包括由分工和专业化生产方式产生的创新引致的生产率提高与生产资源节约带来的间接经济性。从上述有关分工和专业化的理论论述可以看出，分工能够提高劳动生产率、提高资源配置效率、获得专业化经济收益，从而促进经济增长；而随着经济水平的提高和商品经济的发展，分工会逐步深化。

而农业社会化服务正是农业领域内分工深化的产物。根据亚当·斯密的理论，农业分工起源于农业领域内的商品交换，而随着商品经济的发展，农业分工得以逐渐深化，进一步促进农业经济发展。因此，农业社会化服务的产生有两个前提条件：一是农业分工；二是商品交换。农业分工是指农业领域的各项活动相互分离开来。由于农业生产往往伴随着动植物的生命过程，分工受到一定的限制，但并不意味着各项活动不能分离开来。例如，在农业生产初期，农业从业者会自给自足农业生产经营的全过程，包括产前、产中、产后的所有生产和服务环节。而随着农业经济的发展，一部分从业者专门从事农业生产，而另一部分从业者专门从事农业生产技术的研发，如良种的培育、先进的种植或养殖技术的发展、农业机械设备的研发和生产等。专门从事某种活动的从业者在各自的领域内不断重复劳动达到熟能生巧的目的，从而获得专业化水平的提升，并进一步通过商品交换而获得各自比较优势带来的收益及消费多样性的满足。这样，农业服务逐渐和农业生产分离开来，形成了农业服务的社会化供给。

因此，农业分工、农业社会化服务和农业经济发展三者之间的相互关系和作用路径主要体现在两个方面：一方面，农业经济发展诱致农业分工演进，并促使农业社会化服务产生。农业服务从农业生产中分离出来是商品交换的结果，也是分工演进的结果。分工是经济增长的源泉，农业经济发展必须建立在分工发展的基础上。分工的内生和外生动力促使农业服务从农业生产中分离出来，形成了农业服务的社会化供给。另一方面，农业分工发展促进农业生产的专业化和农业服务的社会化。农业生产的专业化和农业服务的社会化是互为条件、相互促进的。

专业化促进了生产效率，因此对于农业生产者来说，他可以把以前需要自己完成的各个不同的生产环节进行转移，通过寻找一些专业的服务部门或个人来实现这些环节，这又导致服务需求的增加，所以这一过程存在着内在的正反馈机制。换言之，农业生产领域的分工和专业化使农业服务从农业生产中分离出来，形成农业服务的社会化；而农业社会化服务又促进了农业生产的分工和专业化。

图 2-2 描述了基于分工视角的农业社会化服务的产生条件。随着分工程度（D）的增加，专业化经济效益即农业社会化服务绩效（B）和交易成本（C）都会上升，但上升的速率不同，交易成本（C）的增速更快。图 2-2 中点 A 和点 F 之间阴影部分为分工净收益为正的区域，即由分工带来的专业化经济效益的提升，也就是农业社会化服务绩效（B）的提升在扣减由分工所带来的交易成本（C）之后还有剩余。而点 A 左边和点 F 右边农业社会化服务绩效（B）和交易成本（C）曲线所夹的区域为分工净收益为负的区域。因此，能够得到分工净收益曲线（B_N），当分工程度为 D^* 时，分工净收益达到最大值，即点 B_N^*；当分工程度在 D_1 和 D_2 之间时，分工净收益为正值；当分工程度小于 D_1 或者大于 D_2 时，分工净收益为负值。因此，从分工和专业化角度解释农业社会化服务产生的条件即分工程度介于 D_1 和 D_2 之间。

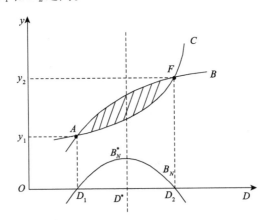

图 2-2　基于分工视角的农业社会化服务的产生条件

（三）基于成本收益权衡的效率解释逻辑

萨缪尔森（Samuelson，1951）认为效率是指最有效地使用社会资源以满足人类的愿望和需要。效率通常取决于边际成本和边际收益之间的对比，当边际收益大于边际成本时有效率，反之则无效率。古典经济学的重要代表人物亚当·斯密首先论述了分工效率和竞争效率。分工效率是指社会分工可以提高劳动生产率，从而增加国民财富。竞争效率是指竞争能够优胜劣汰，使更有效率的经济主体得以生存和发展，因而是民富国强的根本途径和制度保障。而李嘉图作为古典经济学的另一个重要代表人物，在亚当·斯密的分工效率理论基础上，进一步提出了比较优势理论（Ricardo，1891）。他认为分工是一种必然趋势，有利于提高生产效率。随后，新古典经济学派抛弃了亚当·斯密的分工效率理论，用配置效率，即帕累托效率替代了亚当·斯密的竞争效率。此后新奥地利学派和新制度经济学派提出了动态效率理论。诺斯（North，1990）提出用制度适应性效率来反映与时间进程中的经济变化相适应的制度效率。他认为制度适应性效率是指在不确定性条件下经济主体随着时间的推移，逐渐了解问题的环境和性质，在对环境的适应中可以获得各种知识、技能及建立学习机制，并恰当地解决问题所获得的经济效率。取得适应性效率的关键是具有能够保证私人边际收益率等于社会边际收益率的制度。总之，效率原则是经济学最核心的主题，效率反映的是投入与产出的对比关系，遵循成本最小和收益最大原则，是在资源稀缺性和经济人这两大经济学前提假设之下人们最优化决策的要求。

由此可见，农业社会化服务能否产生还取决于效率，即成本和收益的比较。相对于农户自给自足农业服务而言，农业服务的社会化供给的成本更低、收益更高，从而能够提高农业生产经营效率。从这个角度来看，农业社会化服务有其产生的必要性。农业服务的社会化供给收益相对更高主要是因为农业服务的社会化供给能够获得更多规模经济效益和专业化经济效益。贝克尔和墨菲（Becker and Murphy，1992）指出，专业化的经济效果可以通过分工获取，相对于非专门化的工人，如果工人从事的是专门化的业务，那么他们可以获得更多的报酬。农业服务从农业生产环节中分离出来之后，能够获得专业化经济收益和规模经济收益，这些收益在扣除由分工而产生的交易成本之后仍有较多剩余，比单个农户自给自足农业服务的收益更高。农业服务的社会化供给成本相对更低主要体现为农户可以因此而降低机会成本、资产专用性成本等。例如，农户若自己购买专用性的农业机械设备而不通过专业化的农业机械服务供给主体获得机械服务，不仅会支付更多固定资产投入成本，还会因为这些固定资产的专用性而承担资产专用性带来的风险成本。因为农业机械不仅具有物质资产专用性，还具有因使用时间的限制而导致的较强的时间资产专用性，会给单个农户带来风险损失。另外，由于农户的资金有限，在购买了这些专用性的农业机械设备之后就没有足够的资金购买其他的农业机械设备或者获取先进的农业技术，从而会造成机会损失，这也是农户需要承担的机会成本。因此，农户作为农业服务的需求主体，会权衡其自给自足农业服务和享受社会化农业服务的成本和收益，并在这两种状况中选择更有效率的方式。而上述分析表明，农业服务的社会化供给明显效率更高，因此农业服务的社会化供给得以产生。

（四）基于制度变迁角度的解释逻辑

新制度经济学派认为，制度是决定经济发展的重要因素，制度创新可以促进经济发展。制度变迁包括强制性制度变迁和诱致性制度变迁两种基本模式。强制性制度变迁是指由政府通过命令和法律引入实施的制度变迁；而诱致性制度变迁是指行动主体自发倡导组织变更或替代现行制度安排，产生的原因往往是在原有制度安排下无法得到获利机会。诺思指出对更有效的制度绩效的需求导致了制度变迁。农业社会化服务的产生具有诱致性制度变迁过程所特有的营利性、自发性和渐进性的特征，从这个角度来看，农业社会化服务的产生发展过程具有明显的诱致性制度变迁特征。

首先，农业服务的社会化供给主体和需求主体都具有营利性特征，而且其利益追求具有一致性。营利性是指当制度创新的预期收益大于预期成本时，制度变迁才得以进行。农业服务的社会化供给主体在专业供给农业服务的过程中能够获得比较优势带来的收益及专业化经济收益和规模收益，以及资源优化配置带来的收益，从而能够带来农业生产效率的提升。而农户接受专业化的服务供给能够降低自己的生产投入成本，从而提高农业生产效率。正是因为农业服务的社会化供给和需求双方都预期到农业社会化服务的产生能够带来更多的净收益，才诱使了农业社会化服务供给的产生。

其次，农业社会化服务的产生具有自发性特征。自发性是指诱致性制度变迁是有关群体对制度不均衡的一种自发性反应，而外部利润的存在往往是自发性反应的诱因。从上文的分析可知，农业社会化服务的产生并不是由政府命令和法律引入施行的强制性制度变迁，而是随着农业分工的深化和商品经济的发展，在农业产业特征和家庭生产方式的限制下，以及成本和收益的权衡比较下，农业生产经营者自发产生的需求，农业服务的社会化供给主体自发产生的供给，内在的利益驱动才是第一推动力。

最后，农业社会化服务的产生过程具有渐进性特征。渐进性主要体现为制度的转换、替代、扩散都需要时间，从发现外在利润到内化外在利润要经历许多复杂的环节，因此诱致性制度变迁是从局部到整体的一种制度创新过程。而农业社会化服务的产生过程充分体现了其渐进性的特征，随着农业分工的不断深化，越来越多的农业服务逐渐从农业生产过程中分离出来，越来越多的供给主体也开始加入农业社会化服务供给的队伍中来，农业社会化服务的深化和普及要经历相当长的渐进演化过程。农业服务的社会化是贯穿于由传统农业向现代农业转变全过程的深刻革命，其发育、成长、成熟的过程较长，并且要逐步完善，经历从不规范到规范的路径。

（五）四种解释逻辑的比较分析及启示

上述四种解释逻辑分别从不同的角度探讨了农业社会化服务供给的必要性和必然性。基于农业生产经营背景的解释逻辑反映的是农业社会化服务需求主体，即农户的特点；基于分工和专业化角度的解释逻辑反映的是农业社会化服务产生的前提条件；基于成本收益权衡的效率解释逻辑反映的是农业社会化服务的经济性；基于制度变迁角度的解释逻辑反映的是农业社会化服务形成的动态演变过程。从上述分析可以看出，农业社会化服务是社会分工扩大和商品经济发展的必然产物，也是现代农业发展的必然趋势，在现有的农业生产经营背景下农业社会化服务供给有其产生的必然性和必要性。图 2-3 清晰地描述了农业社会化服务的产生逻辑。

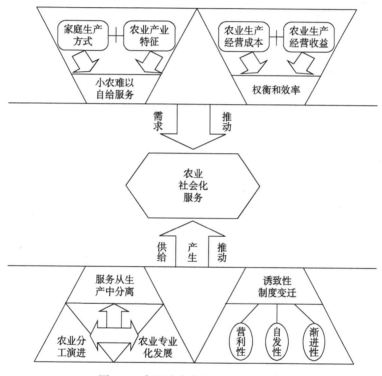

图 2-3　农业社会化服务的产生逻辑

二、农业社会化服务的经济属性

根据经济物品的类型和特征，可以把不同内容的农业社会化服务划分为纯公共品、准公共品和私人品等具有不同经济属性的农业社会化服务。

（一）经济物品的类型和特征

众多学者对公共品理论进行了研究，形成了丰富的研究成果。霍布斯（Hobbes）和休谟（Hume）等最早开始关注公共品问题，随后斯密（Smith）、李嘉图（Ricardo）、马歇尔（Marshall）、帕累托（Pareto）、庇古（Pigou）、凯恩斯（Keynes）、林达尔（Lindahl）等若干经济学者也对这一问题进行了研究和探索，萨缪尔森（Samuelson，1954）对公共品的定义进行了比较精确的描述。他指出公共品是指每个人对这种物品的消费都不会导致其他人对于该物品消费的减少的物品，他同时指出私人品是一种能够加以分割因而每一部分能够分别按竞争价格卖给不同的个人，而且对其他人没有产生外部效果的物品。但现实生活中存在着大量的准公共品，很难将其完全归属于萨缪尔森所定义的公共品之中，于是后来的一些学者对萨缪尔森的公共品定义进行了拓展，颇具影响的主要有马斯格雷夫（Musgrave）、布坎南（Buchanan）、奥尔森（Olson）、布朗德尔（Blundell）、奥斯特罗姆夫妇（V. Ostrom and E. Ostrom）、维莫尔（Weimer）、闻宁（Vining）、萨瓦斯（Savas）等。马斯格雷夫（Musgrave）把所有物品区分为公共物品、有益物品（merit goods）和私人物品。布坎南（Buchanan，1965）把介于私人物品和公共物品之间的物品称为俱乐部物品。美国经济学家奥尔森（Olson）指出无论是何种物品，对于同一个集团中的任何人来说，都可以消费它，则称其为公共品或集体物品。奥斯特罗姆夫妇把所有物品分为私人物品、公共资源（common pool resources）、收费物品（toll goods）和公共物品四类。日本经济学家植草益（Masu Vekusa）认为经济物品可以分为私人物品、公共物品、第Ⅰ类和第Ⅱ类准公共物品。还有学者进一步把准公共物品具体划分为六类（Weimer and Vining，1992）。萨瓦斯（Savas）把所有物品分为个人物品、可收费物品、共同资源和集体物品四类。

基于上述对公共品的理论研究可以看出，主流经济学家主要把经济物品分为公共品和私人品，而进一步把公共品分为纯公共品和准公共品。准公共品由公共池塘类资源产品（common pool resources goods）和俱乐部产品组成，如图2-4所示。

主流经济学家对经济物品的分类通常是根据其获益的排他性与消费的竞争性来进行划分的，如表2-1所示。非排他性（non-excludability）是指不论个人是否愿意购买，都能使整个社会每一成员获益（Samuelson，1954）。非竞争性（non-rivalry）是指每个人对这种物品的消费都不会导致其他人对该物品消费的减少（Samuelson，1954）①。

---

① 现代经济学派对公共品的研究始于1954年和1955年保罗·萨缪尔森发表的两篇文章：《公共支出的纯理论》和《公共支出的理论图解》。

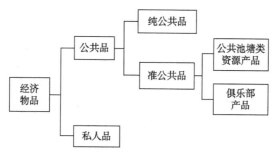

图 2-4　经济物品的类型

表 2-1　经济物品类型及其划分标准

竞争性/排他性	竞争性（私益）	非竞争性（公益）
可排他（低成本）	私人品	俱乐部产品
不可排他（高成本）	公共池塘类资源产品	纯公共品

对不同类型的公共品进行如下划分：

$$g_i = g/N^\theta, 0 \leq \theta \leq 1 \tag{2-1}$$

式（2-1）中，g_i 表示某一消费者消费的物品数量；g 表示物品的供给总量；N 表示人口规模；θ 为拥挤系数。

若 $\theta = 0$，则 $g_i = g$，即所有人的消费量都相同且等于该物品的供给总量，即该物品的消费是不可分割的，则这种物品就是纯公共品。

若 $\theta = 1$，则 $g_i = g/N$，即每个消费者平均消费该物品，该物品的消费是可以分割的，则这种物品就是私人品。

若 $0 < \theta < 1$，则该物品存在拥挤效应，这种物品就是准公共品。

私人品能够被划分开来，而划分开之后的每一部分能够分别以竞争性的价格卖给不同的个人，而且对他人不产生外部效应（Samuelson，1954）。私人品具有消费的竞争性与受益的排他性。竞争性是指一个人对私人品的任何额外消费都将完全以另一个人放弃该消费为代价，也就是说，增加一个消费者需要减少其他消费者对这种物品的消费。排他性是指产品一旦生产出来，需要付费才可以使用。通常由市场经济中的私人部门提供私人品。

公共品是指不论消费者是否愿意消费，都能使整个社会的每个成员获得收益的物品，这意味着每个人消费这种物品都不会减少其他人对于该物品的消费（Samuelson，1954）。公共品具有获益的非排他性与消费的非竞争性的特征。

纯公共品具备完全的非排他性与非竞争性这两项特征。纯公共品最基本的特征就是非竞争性，而且必须能让所有成员平均地消费（Samuelson，1954）。在实际情况中，很少有产品和服务符合纯公共品的定义，大部分物品都或多或少地具有一定的竞争性或排他性，因此准公共品是一个并无确定边界，而且范围广泛的领域。

准公共品是指不完全具备非排他性与非竞争性这两项特征的公共产品，它介于私人品与纯公共品之间，具有受益的部分排他性，以及消费的部分竞争性，同时还具有一定的公共性，但成本和收益主要在有限的成员之间分担和分享（Buchanan，1965）。准公共品也可以被看作具有外部性的私人产品，其消费具有部分竞争性。这意味着当公共品的数量一定时，允许更多的消费者使用该产品存在着机会成本。这是因为多一个人消费该公共品并不会影响已经使用的人对该公共品的消费，但会导致先前使用者的收益减少。这种部分竞争的现象在经济学中称为拥挤（congestion），而准许对公共品更多地使用带来的机会成本被称为拥挤成本。准公共品一般都具有拥挤性的特点，即当消费者的数目增加到某个值后，就会出现边际成本为正的情况，产生拥挤成本。准公共品往往被划分为不能实现排他但存在竞争性的公共池塘资源产品与能够实现排他但不具备竞争性的俱乐部产品。

公共池塘资源产品也称公有私人物品，具有消费上的竞争性，但无法有效地排他（Ostrom，1998）。俱乐部产品也可以被称为私有的局部公共品（Buchanan，1965）。消费共享、不完全具备非竞争性是俱乐部产品的特点，这意味着俱乐部产品的消费人数不超过拥挤点时并不具有消费的竞争性，而一旦超过拥挤点后就会出现拥挤效应；而且俱乐部产品可以在技术上实现排他，其收益也可以定价（Ostrom，1998）。

（二）纯公共品属性的农业社会化服务

根据纯公共品的定义，可以把完全具备非排他性与非竞争性的农业社会化服务归纳为具有纯公共品属性的农业社会化服务。理论研究表明，非排他性主要体现在以下四个方面：一是没必要排他，当增加一个消费者的消费，其边际成本为零时，就没必要将其排除在消费之外；二是不应该排他，这种非排他性主要从社会伦理、道德考量，即使物品的消费具有竞争性，排他成本很低，但从社会公正角度出发不应该排他；三是排他成本太高，难以阻止消费者的搭便车（free riding）[1]行为，因为排他成本太高以至于排他是低效的，这主要针对排他的技术成本而言；四是无法排他，任何人都必须消费某种产品，即使本人不愿意，也无法使自己被排除在该产品的消费之外。非竞争性主要体现在三个方面：一是供给

---

① 搭便车是指某种事情产生了正外部性，从而使他人不支付成本也能享受收益，最初由曼柯·奥尔逊在《集体行动的逻辑：公共利益和团体理论》一书中提出。

者不需要为增加一个消费者而追加投入，也就是说，公共品的边际生产成本等于零；二是任何人的消费都不影响其他人的消费数量和质量，不存在拥挤现象，也就是说，公共品的边际拥挤成本也等于零；三是同一产品可重复使用，不会影响产品本身效能，而且消费者可在不同时间使用该产品。

具有纯公共品属性的农业社会化服务主要包括以下内容：①农产品安全设施体系，如保障食物安全的粮食储备体系服务，与食品安全相关的食品检测、监督设施和机构体系服务，保证农产品安全生产的环境保护体系服务等；②具有公共消费特征和公益性特征的农村通信设施、大型骨干水利工程等农业基础设施建设服务；③普及性和公益性的植物种植技术和动物养殖技术、植物的病虫害防治技术和动物的疫病防治技术等农业技术服务；④普及性和公益性的天气信息、价格信息、雇工信息、政策法律信息等农业信息服务。而从产业链角度分类的产前、产中和产后服务中一些具有共同消费特征和公益性特征的农业社会化服务也具有纯公共品性质，如产前服务中和种苗种畜培育紧密联系的科技研发具有纯公共品性质；产中服务中的农产品质量监测、畜禽大病防疫防治、普及性的农业机械操作技术等也具有纯公共品性质。

这些农业社会化服务在消费上具有非竞争性，如一个农户享受了大型骨干水利工程给农业灌溉带来的好处，并不会减少其他农户享受大型骨干水利工程给农业灌溉带来的好处；同时这些农业社会化服务在消费上具有非排他性，即农户即使不愿意付费，也能够获得大型骨干水利工程给农业灌溉带来的好处，即获取搭便车的好处。这种纯公共品类型的农业社会化服务通常以政府供给为主，并通过税收的方式间接付费。这些农业社会化服务除了具有纯公共品所具有的非竞争性和非排他性以外，还具有以下特征：一是具有消费的不可分割性（non-divisibility）特征。具有纯公共品性质的农业社会化服务具有消费的不可分割性，如大型农田水利设施等公共品是面向全体农业生产经营者共同提供的，具有共同获益或联合消费的特点，其效用不能划分开来分配给不同的单个农户，而应该让全体农业生产经营者共享。二是具有公益性（commonweal）的特征。具有纯公共品性质的农业社会化服务往往是具有公益性的。纯公共品供给的目的就是实现公共价值，满足公共利益，如大型农田水利设施等公共品一旦被生产出来，在一定范围内便是全体农业生产经营者或绝大多数农业生产经营者共同受益的。三是具有外部性（extenralities）特征。具有纯公共品性质的农业社会化服务具有外部性特征。外部性是指某一行为主体的活动对其他行为主体的成本与收益产生直接影响，这使得成本与收益不能在个人或组织间恰当地进行分配，以至于人们宁肯放弃他们本来应该获得的利益。由于具有纯公共品性质的农业社会化服务具有收益的非排他性和消费的不可分割性，其供给者就无法排除其他非供给者对公共品的消费，即公共品的消费者在消费公共品时，可能对其他此类公共品的非消费者产生一定的有利或有害的影响。四是具有垄断性（monopoly）特征。由于纯公共品的非竞争性、公共经济资源的短缺以及政府对公共部门拥有直接管理权的合法存在，垄断性成为纯公共品的一个显著特点。五是产品属性的可变性。经济产品属性并不是一成不变的，而是会发生变动的。发生变动的原因主要有：①技术水平的提高会改变产品的性质。通常情况下，技术进步使产品的排他性增加而竞争性减弱，也就是说，技术的飞跃使产品的竞争性和排他性发生质变。②制度水平的提高可以改变产品的性质。③随着消费者收入和购买力的提高，公共品趋向于成为私人品。Buchanan（1965）发现多年以前许多农场共享大型机械设备，可是今天每个农场里都可以找到同样大的设备，哪怕让它空闲着。

（三）准公共品属性的农业社会化服务

根据准公共品的定义，可以把不完全具备非排他性与非竞争性的农业社会化服务归纳为具有准公共品性质的农业社会化服务。具体包括：①排他性不强而消费具有一定竞争性的农业生产资料服务，如饲料、化肥、农药、塑料薄膜等；②排他性不强而消费具有一定竞争性的农业技术服务，如作物增产技术、防腐保鲜技术等；③排他性不强而消费具有一定竞争性的农业信息服务，如技术信息、价格信息、雇工信息等；④排他性不强而消费具有一定竞争性的部分农业机械服务，如提供农用机械的租赁或买卖等服务；⑤排他性不强而消费具有一定竞争性的部分农产品销售服务，如对农产品进行质量等级认证、统一农产品的品牌后进行销售、对农产品进行营销宣传、建立稳定的销售渠道并帮助农户和交易对手进行讨价还价等。而从产业链角度分类的产前、产中和产后服务中，也有一些具有准公共品性质的农业服务，这些农业服务往往具有排他性不强而且消费有一定竞争性的特征，如产中服务中的播种、施肥、打药、锄草、剪枝、灌溉、机耕、收获、畜禽屠宰等生产环节的服务。例如，若应用航化作业技术治理病虫害，很难排除相邻土地上的作物也会受益，体现了非排他性。如果甲农户购买了防治病虫害服务而其相邻农户不进行防治，也会影响甲农户的防治效果，体现出技术的非竞争性。因此，病虫害防治技术服务具有准公共品的特性。

在这些具有准公共品属性的农业社会化服务中，有些农业社会化服务是能够由俱乐部提供的俱乐部产品。农民合作经济组织作为一种典型的俱乐部，可以为内部成员提供具有俱乐部性质的农业社会化服务。这些农业社会化服务能够消费共享，消费者的规模没有达到拥挤点时消费不具有竞争性，一旦消费者的规模超过拥挤点后就会出现拥挤效应，但是可以在技术上实现排他。例如，农民合作经济组织在成员规模未达到拥挤点时，可以给组织成员有效地提供小型灌溉服务、作物病虫害防治服务、动物疫病防治服务、农业技术服务、农业机械服务等农业服务。从产业链视角来看，农业产前、产中、产后的一些服务也可以通过俱乐部来提供。具体来说，对于农机代耕技术而言，需要先进的农机具和专业人员，而单个农户购买大型农机具很困难。因此，在国家的政策扶持下，一些农户联合购买大型农机具，组织成立农机合作经济组织，形成一种俱乐部组织，该农机合作经济组织给成员提供的农机代耕技术就具有俱乐部产品的特性。农机合作经济组织内部所有成员共享这项技术，并分摊投入成本费用和分享提供农机代耕技术对外服务所取得的收益。

当然，具有准公共品属性的农业社会化服务供给存在的拥挤问题是准公共品供给的最大困境。第四章会专门分析具有俱乐部性质的农民合作经济组织的拥挤问题。

（四）私人品属性的农业社会化服务

根据私人品的定义，可以把完全具有排他性与竞争性的农业社会化服务归纳为具有私人品性质的农业社会化服务。具有私人品性质的农业社会化服务具有清晰的产权界定，能够形成明确的市场价格并在市场上进行交易，因此可以通过私人部门来进行市场化供给。从农业产业链角度来看，产前的可商品化的种子、种苗、种畜等供应，产中的可市场交易的播种、施肥、打药、锄草、剪枝、灌溉、机耕、收获等服务，产后的可以形成市场价格的保鲜、储存、分级、加工、包装、运输等服务都属于私人品性质的农业社会化服务。从不同的农业服务内容来看，农业生产资料的提供服务，如提供可以形成统一市场价格的农药、地膜、化肥、饲料等；农产品销售服务，如能够进行市场交易的农产品品牌、广告宣传、销售渠道、联系买家、讨价还价等；农业金融服务，如提供信用担保、介绍贷款渠道、组织农户联保贷款、提供农业保险服务等，都属于私人品性质的农业社会化服务。

这些具有私人品性质的农业社会化服务的供给者的建设和经营资金主要来源于向使用者或受益者收费，当然由于农业的产业特征也有可能来源于政府给予的补贴。

综合以上分析，农业社会化服务的经济属性可以从其竞争性和排他性的强弱程度具体划分为具有纯公共品属性的农业社会化服务、具有准公共品属性的农业社会化服务（包括公共池塘类资源产品属性的农业社会化服务和俱乐部产品属性的农业社会化服务），以及具有私人品属性的农业社会化服务。而不同类型的农业社会化服务（…，i，j，k，…）由于其竞争性和排他性的强弱程度不同而表现出不同的经济属性，如图 2-5 所示。

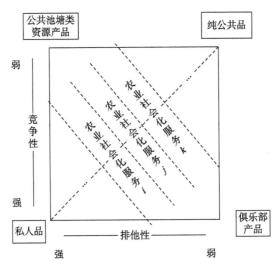

图 2-5　农业社会化服务的经济属性

　　受研究时间和精力的限制，本书重点讨论农民合作经济组织为成员提供的具有俱乐部产品性质的农业社会化服务，以及农民合作经济组织帮助其成员获取其他供给主体提供的具有纯公共品性质和私人品性质的农业社会化服务。

三、农业社会化服务的功能及特征

（一）农业社会化服务的功能

　　农业社会化服务的功能主要包括：缓解农业产业特征和家庭生产方式对农业生产经营的约束，促进农业分工演进、提升农业服务的专业化水平，改善农业生产经营环境，降低农业生产经营成本、提高农业经济效益，促进现代农业发展。

　　农业社会化服务能够缓解农业产业特征和家庭生产方式对农业生产经营的约束，主要体现在农业社会化服务能够帮助单个农户降低农业生产经营的风险和投入成本，提高农业生产经营的收益。家庭承包经营方式是我国农业生产经营的基本组织形式，在家庭联产承包责任制下，没有农业社会化服务业难以实现农业现代化。现有的家庭承包经营方式导致土地经营规模小且地块细碎化分散、经营效益较差，以家庭为单位的小生产经营已经难以适应大市场的要求，农业社会化服务能够帮助小规模农户扩大经营规模，也能够帮助单个小农分担劳务和减轻风险。

　　农业社会化服务能够促进农业分工演进、提升农业服务的专业化水平。这是因为农业服务从农业生产中分离出来本身就是农业分工深化的表现，而专业的农业服务供给能够通过熟能生巧的方式提升农业服务的专业化水平。例如，完善的农机社会化服务不仅能够使农机作业、技术培训、农机具维修、配件供应等一系列服务从农业生产过程中分离出来，还能够通过不断提供专业化的农机服务提升农机社会化服务的专业化水平，进而促进农业机械化水平的整体提升。又如，农业技术服务不仅能够使农业科技研发从农业生产过程中分离出来，还能够提升农业科技研发实力，推动农业科技进步，从而提升农业技术服务的专业化水平，最终使农业技术在生产经营中被广泛应用，转变成现实的生产力。

农业社会化服务能够改善农业生产经营环境，主要体现在农业社会化服务中的生产资料供应服务保证了农户能够优质高效地对农业生产进行投入；农业信息服务为农户提供了全面准确的信息，降低了单个农户信息收集和处理的成本；农业金融服务保障了农户有充足的资金，确保了农业生产能够正常运转；农产品销售服务确保了农户能够实现农产品的商品化转换。而农业社会化服务中的产前、产中、产后服务能够帮助农户在遵循农业的自然生命过程的基础上提供更好的农业生产经营环境。

农业社会化服务能够降低农业生产经营成本、提高农业经济效益，主要体现在专业化的农业服务能够降低农户的生产经营成本，并能够通过专业化水平的提升来增加农业经济效益。例如，农户通过获取专业的育种服务、作物病虫害防治服务、动物疫病防治服务，能够提升农产品品质、增加农产品产量；通过获取产后的加工服务，提高农产品附加值；通过获取农业机械服务，降低农户的劳动辛苦程度，并节省农业劳动时间，农户有更多的时间和精力从事经营和管理，从而提高农业经济效益。

此外，农业服务业能吸收农业剩余劳动力并提高劳动者素质。发展农业服务业可以为农村劳动力转移提供更多的就业机会，同时通过农业服务业为农民提供技术咨询和培训，将农民培养为有文化、懂技术的新型农民，从而促进农业效益的提高和农业现代化的实现。

（二）农业社会化服务的特征

农业社会化服务具有服务供给社会化、服务水平专业化、服务主体多元化、服务形式多样化、服务手段现代化等特征。

服务供给社会化主要体现在农业服务是随着社会分工的发展而产生出来的，多种类型服务主体的参与形成了农业服务的社会化供给。随着农业生产力的发展和农业商品化程度的逐步提高，传统由农民直接承担的为农业生产经营提供辅助服务的环节越来越多地从农业生产过程中分化出来，并由独立的涉农经济部门专门为农业生产提供所需的各种农业服务。可见，农业社会化服务作为农业生产力和商品经济发展到一定阶段的产物，所提供的服务完全不同于自然经济条件下农民的自我服务，具有社会化性质。

服务水平专业化主要体现在农业分工发展导致的某个服务供给主体专门从事某种特定的服务活动，使其能够在不断重复中积累知识和经验，并提高其专业化水平。例如，专门从事农业科研的部门能够提供更高水平或更适合农业生产的技术；专门从事农产品营销的部门能够帮助农户把农产品销售得更好，获得更多销售利润。因此，相对于自给自足农业时期农户自我提供农业服务而言，专业化的农业服务供给能够带来专业化水平的提升和效益的增加，农业社会化服务水平具有专业化的特征。

服务主体多元化主要体现在农业社会化服务的供给主体不是单一的，而是多元化的。多元化主体包括政府、涉农企业、涉农事业单位（如各级农业技术推广站、水利站、水产站等）、村集体、科研机构（如农业院校、农业科研院所等）、农民合作经济组织、其他经济组织等。不同的服务供给主体有各自的农业社会化服务供给边界，各市场化供给主体之间存在竞争关系，但不同类型的供给主体之间又能够相互合作，形成有机联系的农业社会化服务供给体系。

服务形式多样化主要体现在农业社会化服务供给的多种模式并存，并互为补充。例如，自上而下的供给推动型服务模式、自下而上的需求诱导型服务模式互相补充；从被动服务到主动服务、从常规服务到个性化服务、从专项服务到综合服务的各种类型服务并存；依托政府公共服务机构的农业社会化服务模式、村集体提供农业社会化服务模式、农民合作经济组织服务模式、农业产业化龙头企业与农户联结服务模式、不同民间主体服务模式的相互融合等。

服务手段现代化主要体现在农业社会化服务运用现代科学方法，优质高效全方位地服务于农业生产。例如，借助于发达的信息传播工具，利用互联网等先进科学技术，为农户传递信息、技术；使用先进的农业大型机械设备为大规模农作物种植户提供先进的农业机械服务，包括用小型飞机播种、喷洒农药，用大型联合收割机对稻谷进行收割、脱粒等。

第三节　农业社会化服务的供给制度选择

具有不同经济属性的农业社会化服务应该采取不同类型的供给制度，不同的供给制度应该明确合适的供给主体和供给边界。本节分别探讨纯公共品性质、准公共品性质及私人品性质的农业社会化服务所应该采取的不同供给制度。

一、纯公共品性质农业社会化服务的政府供给

纯公共品性质的农业社会化服务主要由政府提供，政府供给纯公共品性质的农业社会化服务具有其合理性，但政府需要明确其供给的边界，并充分发挥其在纯公共品性质的农业社会化服务供给中的重要作用。

（一）政府供给的合理性

由于市场供给或私人供给纯公共品会出现市场失灵的问题，故政府供给纯公共品性质的农业社会化服务具有合理性。市场失灵是指市场机制在资源配置的某些领域运作不灵：一是具有纯公共品性质的农业社会化服务具有外部性特征。由政府来供给具有纯公共品性质的农业社会化服务，可以对具有负外部性的公共品征收庇古税（Pigouvian Tax），而对有正外部性的公共品提供补贴来增加供给量。二是农户在消费纯公共品性质的农业社会化服务时会存在搭便车行为。也就是说，农户得到一种农业服务的收益但并未为此而支付费用。因为纯公共品通常具有正外部性和消费的不可分割性，消费者会隐藏自己的真实偏好，降低自己的需求表达成本，让别人表达自己的真实偏好，并且不支付费用，通过搭便车行为来享受纯公共品带来的好处。如果受益者无法被强迫贡献其"公道的份额"，每个自利的个人都会希望由别人来承担公共品的成本。三是纯公共品供给者与使用者对公共品信息的不对称。信息的严重不对称可能导致市场功能无法发挥。双方的不对称信息差实质上也是一种公共品，而交易的双方都无力（或不愿）去提供这种产品，此时可能需要一个外在于市场的机构，即政府来提供或迫使优势一方提供。基于上述原因，私人部门没有足够的激励去提供纯公共品。因为在技术上无法将不付费的人排除在外，或者排除的成本太高，以至于使以营利为目的的私人部门所花费的成本无法得到补偿，也很难获取一定的收益。而且私人部门要准确确定公共品的有效供给量很困难。因为公共品具有消费的非排他性和不可分割性而无法形成市场价格，如果按照私人边际成本等于私人边际收益的原则来确定公共品的价格和数量，就不能弥补全部的生产成本，这样会导致公共品的供给量低于有效率的供给水平。

而政府具有供给纯公共品的独特优势，因此政府供给纯公共品性质的农业社会化服务具有合理性。一是对于全体社会成员来说，政府是具有普遍性这一特征的组织，相对于其他经济组织，政府具有强制力，这是其他经济组织所不具备的，因而政府可以通过行政权力禁止某些在宏观上看来无效率的活动，也可以通过行政处罚权实施更严厉的处罚，而这些是私人合同无法做到的。二是政府相对其他组织而言交易费用更低，因而能够提高纯公共品供给的效率。三是政府供给

纯公共品能够避免公共品供给中的搭便车问题。斯蒂格利茨（Stiglitz）认为政府能够有效地解决公共品供给中的搭便车问题，舍弃政府而重新创建新的自愿联合组织来供给公共品是没有必要的。

从政府职能来看，政府供给纯公共品性质的农业社会化服务也具有合理性。由政府来提供公共品，其供给成本可以通过税收解决，政府也可以通过税收的方式实现社会公平，因而提供公共品是国家或政府的一项重要职能。实际上，现代政府的产生是社会成员"权力让渡"的结果，政府提供公共品的目的是维持一种社会秩序，以实现其统治和管理。前文论述中具有纯公共品性质的农业社会化服务，如农产品安全设施体系、具有公共消费特征和公益性特征的农业基础设施建设服务、普及性和公益性的农业技术服务及农业信息服务等，其供给在技术上存在过高的排他成本，难以对消费者收取费用，由私人来经营的话，私人的收益在边际上必然要小于给社会带来的收益，而由政府来提供则可以充分发挥其优势，实现社会公平。

Bowen（1943）首次对公共品局部均衡分析中需求曲线是垂直相加，而不是像私人品那样横向加总的特征做出了说明。如图 2-6 所示，直线 D_1、D_2 和 D_3 分别是不同消费者对公共品性质农业社会化服务的个体需求，加粗的折线 D_D 表示所有消费者对公共品性质农业社会化服务的总需求。当供给曲线由 S_a 移动到 S_b 时，均衡点为 E_b，此时公共品性质农业社会化服务的均衡供给数量为 Q_E，均衡供给价格为 P_E。而在均衡的供给量 Q_E 下，对应的个体消费者需要承担的公共品性质农业社会化服务的价格（通常以税收的形式实现）分别为 P_1、P_2 和 P_3。

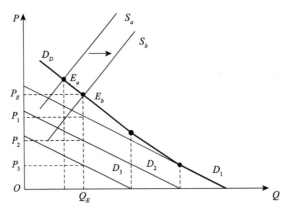

图 2-6　公共品性质农业社会化服务的供给

（二）政府供给的边界

有学者认为纯公共品具有两个特征（Atkinson and Stiglitz，1980）：一是某个消费者的使用并不会减少其他消费者的消费数量，这意味着将一个固定量纯公共品供应给另一个人的成本为零；二是不可能对某种特定商品的使用进行收费，或者收费成本很高，也就是说，不可能将无贡献者排除在外。庇古（Pigou，1920）通过对灯塔的分析指出私人供给公共品是低效率的，而私人合作提供纯公共品会出现公地悲剧，应该由政府提供纯公共品。林达尔（Lindahl，1958）探讨了政府供给公共品的效率解，政府将提供公共品的成本以税收的方式分配给消费者，并不断地调整税额，直至消费者对公共财政支出的偏好相同为止，这就是政府调节下的公共品的帕累托最优供给。

因此，政府供给农业社会化服务的边界为：政府只供给那些同时具有非竞争性和非排他性、具有纯公共品性质的农业社会化服务，这些具有纯公共品性质的农业社会化服务在一定时空条件下不会发生拥挤；除此以外，政府还可以供给那些出现市场失灵和慈善失灵的具有公共品性质的农业社会化服务，以及全社会或社会大多数成员所需要的具有公共品性质的农业社会化服务，如在农业生产经营和交易过程中的公平和秩序等。

（三）政府的作用

政府在供给纯公共品性质的农业社会化服务的过程中主要需要发挥以下作用：首先，政府需要发挥保护产权的作用。政府具有其他经济社会组织所不具备的强制力，因此可以对产权进行保护，保证产权所有人能够获取相应的产权收益。这是市场运行的基础和保障，因此保护产权是政府的首要职能。其次，在保护产权的基础上维护市场秩序，包括制定某些规则等。在农业生产经营和交易的过程中，政府需要制定一些交易的规则，建立一系列规范性的市场制度，保证不同农业社会化服务的市场化供给主体之间能够公平竞争，同时保证农业社会化服务的供给和需求双方能够公平交易，并在此基础上保证农业生产经营及农业经济发展能够健康有序地运行。这些都是除了政府以外的其他经济社会组织无法办到的。最后，创造公平的机会。社会公平需要政府来维护，没有公平的效率是不可持续的效率。为了使农业生产经营能够持续健康运行，需要政府来创造公平的机会，使参与农业生产经营的各方都能获得应有的收益。

政府在整个农业社会化服务体系的正常运行中也需要发挥作用。这意味着政府供给纯公共品性质的农业社会化服务的制度安排与其他供给主体供给其他性质的农业社会化服务的制度安排之间存在着相互联系，而政府应该在这些供给制度的联系之间发挥重要作用。首先，政府要为农业社会化服务的其他供给制度提供制度激励，这包括对具有公共品性质的农业社会化服务的产权进行界定，并给予某些激励措施等，从而为其他供给制度提供具有公共品性质的农业社会化服务创造良好的制度环境。其次，其他供给制度提供具有公共品性质的农业社会化服务可能会出现某些负外部性问题，对此政府要进行必要的规制。再次，在其他供给制度提供具有公共品性质的农业社会化服务的过程中，政府有必要给予具有公共品性质的农业社会化服务的消费者一定的支持。最后，政府要为其他主体供给具有私人品性质的农业社会化服务提供制度和环境保障。

二、准公共品性质农业社会化服务的供给

本部分主要基于自愿交换理论的服务供给、产权理论的服务供给、自愿供给理论的服务供给、多中心供给理论的服务供给等角度来分析准公共品性质农业社会化服务的供给。

（一）基于自愿交换理论的服务供给——林达尔效率解

自愿交换理论的思想最先由维克塞尔提出，后由其学生瑞典经济学家林达尔（Lindhal）加以发挥并使之模型化，其后由约翰森、鲍温加以扩展。该理论假定准公共品配置中人们会如在私人品市场中一样自愿表现出真实偏好，交纳相应的费用换取相应的合意准公共品供给。在政府没有直接参与、没有政府强制的条件下，准公共品的消费者自愿联合起来，通过协商谈判的形式来解决准公共品的生产及成本补偿问题，不仅能够实现整体利益的最大化，而且能够实现个人私利的最大化，这样就能实现准公共品的有效提供。自愿交换理论的价值在于，在市场价格不能真实地反映准公共品的供求关系，从而不能通过直接交换来解决准公共品的生产和消费时，只要赋予消费者一种自由选择的权利，那么以追求私利为目的的个人也会自愿联合起来，通过模拟市场运行机制来达到准公共品的最优供给。林达尔的分析说明了消费者在公共品的供给数量及消费者的税收分配之间讨价还价的机制，并得出了实现林达尔均衡的效率条件，即使其讨价还价的结果满足公共品消费的边际效用价值等于税收价格。

具有准公共品性质的农业社会化服务，如排他性不强而消费具有一定的竞争性的部分农业生产资料服务、农业技术服务、农业信息服务、农业机械服务、农产品销售服务，以及从产业链角度分类的产前、产中和产后服务中一些具有排他性不强而消费具有一定竞争性的部分农业社会化服务等，都可以基于自愿交换理论实现其服务供给，从而实现林达尔均衡效率。

图 2-7 描述了准公共品性质农业社会化服务供需的林达尔均衡。横轴表示准公共品性质农业社会化服务的供给数量，纵轴自下而上代表消费者 1 为准公

共品性质农业社会化服务的提供所分摊的税收份额（r），自上而下代表消费者 2 所分摊的税收份额（$1-r$）；D_1 和 D_2 分别为消费者 1 和 2 对准公共品性质农业社会化服务的需求曲线。从图 2-7 中可看出，若初始的税收份额为 r_a 和（$1-r_a$），在这一份额下，消费者 1 对准公共品性质农业社会化服务的需求量 Q_1^a 小于消费者 2 的需求量 Q_2^a，因此需要调低消费者 1 的税额，同时提高消费者 2 的税额。若调整后的税收份额为 r_b 和（$1-r_b$），在这一份额下，消费者 1 对准公共品性质农业社会化服务的需求量 Q_1^a 大于消费者 2 的需求量 Q_2^a，因此需要调高消费者 1 的税额，同时降低消费者 2 的税额。经过反复调整，直到使消费者自愿缴纳的税额恰好能够保证提供消费者共同需要的准公共品性质农业社会化服务为止，也就是图 2-7 中 E 点对应的税收份额，此时消费者 1 和消费者 2 对准公共品性质农业社会化服务的需求量 Q_E 正好相等，即形成了林达尔均衡。

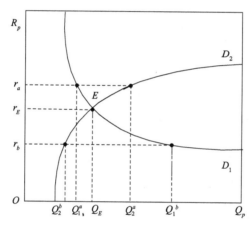

图 2-7　准公共品性质农业社会化服务供需的林达尔均衡

（二）基于产权理论的服务供给——科斯的产权分析

准公共品都具有外部性，而科斯通过对物品产权的研究，提出了解决物品经济外部性的有效途径，即通过产权界定或产权转让交易来达到物品供给的市场效率解。科斯定理认为，在交易成本为零的情况下，清晰的产权界定可以使市场配置资源达到帕累托最优。这为准公共品的供给提供了可行的思路。但现实情况下，准公共品的产权往往不容易界定清楚，或者界定产权的成本极高，导致无法通过产权交易来实现准公共品的最优供给，这也是现实中存在的主要问题。

针对具有准公共品性质的农业社会化服务，可以尝试通过对产权进行界定，并建立一定的产权保护制度，基于产权进行交易，使消费者在享受具有准公共品性质的农业社会化服务时需要为此而支付费用，从而保障具有准公共品性质的农业社会化服务的供给主体能够获得相应的供给收益。有学者以具有准公共品性质的农田水利设施建设服务为例，基于产权界定探讨了农民合作经济组织在提供具有准公共品性质的农业服务时的有效途径，认为组织会员制、产权股份制、服务合同制的服务协会形式可以有效解决具有准公共品性质的农田水利设施建设服务的问题（苑鹏，2000）。

（三）基于自愿供给理论的服务供给——沃尔的中性定理

沃尔提出了有关私人供给准公共品的中性定理，他认为在未改变捐献者消费组合的前提下，捐献者间的收入再分配，不会改变公共品的供给。伯内姆也提出了类似的观点。此后还有很多学者进行了进一步的研究。伯格斯托姆指出，对于特定公共品，每个消费者的个人偏好取决于私人消费和个人自愿提供的总量。科内斯和桑德勒、斯坦伯格、安德罗尼通过实证分析认为，消费者效用不仅取决于消费总量，还依赖于自己的捐献。比罗迪乌和斯利文士基指出，众多慈善机构或其他非营利性组织通过私人捐款方式提供各种组合的公共产品和服务。而私人建立和经营此类机构的动机在于影响公共品的组合。

农民合作经济组织即自愿供给主体主动给组织成员提供专业化、社会化的农业服务。农民合作经济组织自愿供给准公共品的动机主要有两个方面：一是出于理性选择的动机。奥尔森的理性选择理论认为，人们主动自愿提供公共品的动力在于获得某种私人品或选择性激励（collective incentive）。Mitchell（1989）也指出，试图获得公共利益的集团有必要提供私人品来作为一种正向激励，个人只有作为集体利益集团的成员，才能获得这些属于个人的非集体性物品。布坎南认为，如果没有政府强制，具有私利性质的公共品消费者可以通过自愿协商方式达成一种联合供给契约，以解决公共品供给问题。这种方式能够同时实现各自私利及集体利益的最大化，但需要满足一些严格的假定条件。二是出于利他主义的动机。Landesman（1995）指出，功利主义即高度利他主义的人能够不图任何回报地自愿供给公共品；而部分利他主义和混合利他主义的人具有经济人和道德人的双重属性，可能出于利他主义的动机将他人的福利纳入自己的效用函数中，在自愿供给公共品的过程中获得自我满足的效用，从而自愿供给有激励措施的公共品。农民合作经济组织带头人成立农民合作经济组织给农户提供农业服务，一方面，其是出于功利主义的动机牵头成立农民合作经济组织。因为这些人往往是本村或本地区具有较高威望或能力较强的人，通过创立农民合作经济组织，不仅能够带来自身经济利益的增加，还能够通过为本地区农民谋取利益，并带动本地区的农业经济发展来提升自己的声誉。另一方面，农民合作经济组织带头人也可能出于部分利他主义和混合利他主义创立农民合作经济组织，将他人的福利纳入自己的效用函数中，在通过农民合作经济组织自愿提供农业服务为农户谋福利的过程中，也获得了通过发展农民合作经济组织获取经济收益或精神收益的自我满足，最终完成个人财富的积累及个人声誉（personal reputation）和威望的提升。

（四）基于多中心供给理论的服务供给——奥斯特罗姆的竞争性供给

奥斯特罗姆等提出了多中心供给理论，为准公共品的竞争性供给提供了方法。通过允许多个生产者以及具有替代性服务供给者的存在，公益品供给能取得近似于市场竞争的收益。奥斯特罗姆强调"多中心秩序"，指出个人或社群可以在可替代的公共服务生产者之间进行选择。蒂布特（Tiebout，1956）提出的"以足投票"模型，则强调个人或社群可从一个社区向另一个社区迁移。社群可以通过多中心秩序直接决定所要解决的共同问题，然后通过与某些组织签约来实现服务的供给。"多中心"主要强调的是自主治理的选择机会，而这种机会是在竞争中实现的，对于俱乐部产品及社区性准公共品的有效供给具有更大价值。

对于某些准公共品，由政府供给很难将这种物品的外部性内在化，导致政府提供的公共品数量相对较少；而由市场供给时，可以通过专利保护将这类准公共品的外部性很好地内部化，导致企业在追求最大化利润的条件下生产出更多的公共品（Tullock，1996）。当政府与企业签订比较完备的合同时，市场供给公共品更具有效率，即使合同不完备，竞争会使企业不断提高产品质量，建立自己良好的信誉，取得更好的社会绩效（Shleifer，1998）。政府垄断供给公共品存在社会经济效率损失（Tullock，1996），政府可以通过与私人企业签订较完备的合同提高私人生产效率，即使合同不完备，由于竞争的存在，私人企业也会通过不断提高产品质量来建立良好的信誉，从而取得更好的社会绩效。伍思努（Wuthnow）提出的政府、市场、非营利组织的相互依赖理论表明，产权界定不明晰和搭便车现象的存在导致私人供给公共产品的失效，但政府也存在着"政府失灵"，若能将政府与私人供给相结合则能够提高供给效率（Montgomery and Bean，1999）；而对于有限利益集团间的公共品，各利益集团通过约束和激励机制进行联合提供，可以促使各方能尽量发挥自身优势，获取更多收益，从而实现共赢（Brasington，1999）。

三、私人品性质农业社会化服务的市场供给

私人品性质的农业社会化服务主要依靠市场来提供，市场供给具有其合理

性，但市场也需要明确其供给的边界，并在私人品性质农业社会化服务的供给中发挥重要作用。

（一）市场供给的合理性

私人品具有竞争性、排他性和可分性，这类物品只能属于其产权所有者，排斥其他消费者对其消费或使用，而且私人品还能够区分为不同的生产和消费单位来出售和消费。当然，私人品的所有者有权出售私人品，其他消费者也有权购买私人品。

私人品性质的农业社会化服务具有以下特征：第一，私人品的清晰产权界定决定了私人品性质农业社会化服务的消费能够实现排他。私人品的所有权界定往往可以根据该物品的自然边界来进行划分，容易给出私人品的清晰边界。例如，农户可以根据市场价格从农业机械生产企业手中购买微耕机，购买后就能够拥有这部微耕机的全部产权，能够使用该微耕机进行耕种，其他消费者若要使用这台机器必须购买或支付租金。第二，私人品的清晰产权界定也决定了私人品性质农业社会化服务具有消费的竞争性。例如，农民在使用其所购买的微耕机进行耕种时，其他农民无法使用。第三，私人品具有效用可分割的特点，消费对象可以区隔，消费数量可以累加，易于准确地确定不同消费者所需品种、数量及质量，从而降低私人品性质农业社会化服务的交易成本。例如，农户需要购买新的水稻种子，在确定的市场价格下，农户可以明确自己所需的水稻品种、种子的数量等，然后根据市场价格购买。

由此可见，明晰的私人产权是构成市场交易契约的微观基础。正是由于产权具有排他性，因而要取得交易对方的使用价值必须在自愿的基础上进行；正是因为这种排他的所有权可以转让，因而可以通过交易方式互通有无；正是由于产权的拥有可带来相应的收益，因而交易应按有偿的原则进行。因此，具有私人品性质的农业社会化服务的供给可以采用市场化的机制，如私人企业通过市场化方式提供具有私人品性质的农业社会化服务，通过价格来弥补成本，并获得利润。

图 2-8 描述了私人品性质农业社会化服务局部均衡分析中需求曲线是横向加总的特征，图中直线 D_1、D_2 和 D_3 分别是不同消费者对私人品性质农业社会化服务的个体需求，加粗的折线 D_D 表示所有消费者对私人品性质农业社会化服务的总需求。当供给曲线由 S_a 移动到 S_b 时，均衡点为 E_b，此时私人品性质农业社会化服务的均衡供给价格为 P_E，相应的均衡供给数量为 Q_E；而在均衡的供给价格 P_E 下，对应的个体消费者的需求量分别为 Q_1、Q_2 和 Q_3。

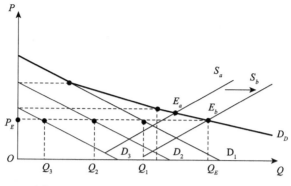

图 2-8 私人品性质农业社会化服务的供给

（二）市场供给的边界

有研究表明，可排他的公共品可由私人部门有效提供，而非排他公共品的私人提供却不现实。因此，市场供给农业社会化服务的边界在于：对于能够清晰界定产权，能够用市场机制形成市场价格的具有私人品性质的农业社会化服务主要通过市场供给；能够轻易地实现排他或者排他成本很低，以及消费具有竞争性的农业社会化服务，可以通过市场方式进行供给。

（三）市场的作用

市场的作用主要体现在以下几个方面：一是市场为具有私人品性质的农业社会化服务提供交易的场所。对于具有完全的排他性和竞争性的农业社会化服务，能够通过市场机制对其进行定价，因此这种具有私人品性质的农业社会化服务供需双方能够通过价格机制来进行交易，市场则提供了这种交易的场所。二是市场能够形成一种规范和机制，促进自由和公平的市场竞争。市场化供给农业社会化服务的过程中，同一类型的农业社会化服务会形成多个不同的供给主体，这些供给主体能够在市场上进行公平自由的竞争，让消费者和供给者之间进行自由选择和匹配。三是市场能够保证交易双方各自获取自己的收益。不仅能够保证产权方获取服务供给应有的收益，也能够保证消费者享受服务能够支付成本。

第四节　农民合作经济组织的地位和作用

要明确农民合作经济组织在农业社会化服务体系中的角色定位及其作用原理，首先要明确农业社会化服务体系中包括哪些主体，在此基础上明确农民合作经济组织与农业社会化服务体系中的其他主体之间的关系，以此来明晰农民合作经济组织在农业社会化服务体系中的地位和作用。

一、农业社会化服务体系的主体构成

根据前文的界定，农业社会化服务体系是指不同的农业服务的社会化供给主体采用不同的农业社会化服务供给模式向不同的农业服务需求主体提供专业化、社会化、系统化的农业服务而使不同主体之间紧密联系形成的一套有机整体。而本书界定的不同农业社会化服务的供给主体是指农业社会化服务的生产者和提供者，具体包括政府部门、企业、村集体、农民合作经济组织、科研院所、其他经济社会组织等。而农业社会化服务的需求主体是指从事农业生产经营的农业从业者，主要是指农户，也可以包括农户的一些自发组织，如农民合作经济组织，以及从事农业生产经营的农业企业等[①]。在中国目前的背景下，直接从事农业生产经营的人就是大部分农民和少部分务农工人，而这些人的组织形式大多数是以家庭为单位的农户，或者是由分散的小农户自发联合而形成的农民合作经济组织，而少部分务农工人往往是在涉农企业的雇佣下完成农业生产经营过程的。

对农业社会化服务供给主体的界定需要明确农业社会化服务生产者和农业社会化服务提供者两个概念的区别。农业社会化服务生产者是指直接组织生产或直接向消费者提供产品、服务的主体，可能是政府机构、私人企业、社团组织，还可能是消费者自身。农业社会化服务提供者，也称农业社会化服务安排者，也可能是部分服务的直接生产者，但更多的情况下扮演着把生产者生产出来的服务安排给消费者的角色。服务提供者与服务生产者有着重要的区别，服务提供者是整个多元供给体系的核心，由其来决定哪些物品由谁来提供，以及怎样提供，提供多少，怎样付费等（张昕竹，2000）。在市场经济条件下，对服务提供者与生产者是合一还是分离做出合理的选择具有重要意义（Ostrom et al.，1961）。对于不同的公共品和服务选择不同的供给方式，从而提高供给绩效，需要正确区分公共品和服务的提供者、生产者和消费者（贾康和孙洁，2006）。只要服务提供者与生产者分离时的总成本小于服务提供者和生产者合一时的总成本，就应该把服务提供者和生产者分开（Williamson，1979）。众多经济学家指出服务生产者与服务提供者可以分属于不同主体，使公共品供给能形成多种不同的制度安排。本书并不着重探讨农业社会化服务生产者和提供者是否分离的问题，书中所指的农

---

① 农民合作经济组织作为农户需求表达的载体，可以帮助农户获得农业社会化服务，最终的需求主体仍然是农户，后文中会详细论述。农业生产企业作为从事农业生产经营的从业者，也会雇佣农民或产业工人从事具体的农业生产，本书并未作深入探讨。

业社会化服务供给主体是指农业社会化服务的提供者。农业社会化服务体系的供给主体主要包括以下几类。

第一类是政府部门。政府部门是指由中央到地方的各级政府职能部门，主要包括政府涉农行政部门、各级基层政府、乡镇级派出机构。政府涉农行政部门包括农业局、林业局、科技局、畜牧局等；乡镇级派出机构包括农机站、水利站、农技推广站、畜牧兽医站、林业站、经管站等。政府部门主要为农业生产经营提供一些公益性服务，如农业生产经营的基础设施建设、良种推广、动植物疫病防治、科技宣传与培训等。这些公益性服务为农户进行有效生产经营奠定了坚实的基础。政府部门的农业社会化服务供给主要依靠国家财政拨款，政府部门本身不以营利为目的，主要通过税收等方式来弥补其成本支出。因此，政府部门是公益性服务的主要供给者，是农业社会化服务体系中的主导力量。

第二类是村集体。村集体作为农村基本经营制度"统"这一层次的重要承担者，在提供具有准公共品性质的农业社会化服务方面发挥着重要作用，如在农村水利设施建设、农田灌溉、机耕道路维修等公益事业方面发挥着重要的统一服务功能。此外，村集体还通过"村集体+农民合作经济组织+农户"、"村集体+基地+农户"和"村集体+龙头企业+农户"等多种形式为农户提供农资购买服务、技术服务、销售服务、土地流转服务等农业社会化服务。村集体是农业社会化服务体系中的重要力量。

第三类是涉农企业。常见的涉农企业主要包括以下几种：一是从事农业生产资料生产和经营的涉农企业。这类涉农企业通常以营利为目的，通过市场方式为农户提供产前的农业生产资料供应服务，以及和农业生产资料使用相关的农业技术服务。二是农业产业化龙头企业。这类涉农企业通常专业从事某一类农产品的生产、加工、销售等一体化经营，这些企业通常需要在规模和经营指标上达到相应标准，并经政府有关部门认定。农业产业化龙头企业往往通过一定的利益联结机制与农户达成合作，通过准市场的方式为农户提供贯穿整个农业生产经营环节的各项服务。三是专业提供某一类农业服务的涉农企业，如农产品加工企业、农产品销售企业、农机服务企业等。这类企业往往通过市场化的方式和农户形成合作关系，并为农户提供专业化的农业社会化服务，并从中赚取利润。涉农企业是私人品性质农业社会化服务的主要供给者，是农业社会化服务体系中的骨干力量。

第四类是农民合作经济组织。农民合作经济组织类型多样，中国现有的各种农民专业合作社、农民股份合作社，各种协会、联合社，以及农民供销合作社和农村信用合作社等都属于农民合作经济组织。这些不同形式的农民合作经济组织都是基于自愿和民主的原则成立的农民之间的互助性的合作经济组织。农民专业合作社通常是专门从事某种特定农产品生产经营的农户为解决农业生产经营困难而成立的；农民股份合作社主要包括土地股份合作社、社区股份合作社等，通过吸纳股份制的优势，充分发挥资本的作用。农民协会最初只是一种比较松散的农民合作经济组织形式，逐步演变成为指导各专业合作社发展的行业协会。联合社是同类型的农民专业合作社的联合组织，增强了各专业合作社的实力和规模，能够在更高层面上维护合作社成员的利益。而农民供销合作社和农村信用合作社都经历了一个长时间的演变过程，有待于进一步完善，但它们在农民合作经济组织中仍然发挥着重要作用。农民合作经济组织是农业社会化服务体系中的基础力量。

第五类是农业院校及科研院所。农业院校及科研院所主要包括各高等农业院校、综合性大学中的涉农院系、涉农的科学研究院所等，主要从事农业科学研究、技术咨询与指导、农业技术推广、人才培养与教育、人员培训等工作。农业院校及科研院所通常承担着农业科学技术研发的重要工作，并通过与农业技术推广机构进行合作，向农业生产经营者推广农业技术，把自己的农业科研成果转化成现实生产力。农业院校及科研院所通过建立产学研示范基地，并向基地提供种苗、技术、管理等综合性农业服务，以基地的示范带动作用，将农业科研成果与先进技术推广到农户。高等农林院校及专门农业科学研究机构也通过与农民合作经济组织及村集体合作对农民进行科技培训和再教育。因此，高等农林院校及专门农业科学研究机构是农业科学研究、教育与推广的重要推动者，是农业社会化服务体系中的中坚力量。

第六类是其他经济社会组织。其他经济社会组织是自发建立的各类服务组织，较少受到政府行政权力和企业资本的干预，具有较强的自治性和民间性，但制度正规性较差、组织经济实力往往较弱。这类组织包括服务联合体，个体私营性质的加工、运输、农机租赁组织，小额信贷组织，农资商店，农民经纪人，种养大户和科技示范户等。因此，其他经济社会组织是农业社会化服务体系中的补充力量。

二、农民合作经济组织的地位和作用

农民合作经济组织在农业社会化服务体系中的地位和作用主要体现在：农民合作经济组织既能够成为农业社会化服务的供给主体，也能够成为农业社会化服务的需求载体，还能够与农业社会化服务的其他供给主体之间形成竞争与协作的关系，共同促进农业社会化服务体系的完善和发展。

（一）农业社会化服务的供给主体

农民合作经济组织是一类重要的农业社会化服务供给主体，主要通过农户之间的自愿联合形成俱乐部性质的组织，来向组织内部成员提供具有准公共品性质的农业社会化服务。农民合作经济组织主要从事经济活动，是以追寻内部服务最大化为目标的非营利性组织，具有组织成员间的互助性及公平性等特征。农民合作经济组织是一种典型的俱乐部，具有俱乐部的一系列性质。主要体现在三个方面：一是农民合作经济组织具有排他性，只允许合作组织内部成员对合作组织提供的俱乐部产品性质的农业社会化服务进行消费，并把非成员排除在外。二是农民合作经济组织具有拥挤性，在农民合作经济组织成员规模达到一定数额之前，成员对农民合作经济组织提供的农业社会化服务的消费不具有竞争性，但当成员规模超过一定数额之后，会产生拥挤。三是农民合作经济组织具有特殊的成本分摊和收益分享机制。农民合作经济组织成员共同分摊具有俱乐部产品性质的农业社会化服务的成本，并共同分享这些具有俱乐部产品性质的农业社会化服务所带来的收益。而农民合作经济组织能够为农民合作经济组织成员提供具有俱乐部产品性质的农业社会化服务，是因为农民合作经济组织具有一系列优势。农民合作经济组织是具有相似需求的农户之间的自愿联合，沟通和信息交流的成本较低，能够提供服务供给的效率。而且农民合作经济组织具有规模经济优势、交易成本优势，能够更好地为组织成员提供农业社会化服务。

当然农民合作经济组织作为一类重要的农业社会化服务供给主体，也可以向非组织成员提供具有私人品性质的农业社会化服务，并利用市场价格机制对这些私人品性质的农业社会化服务进行收费。在这种情况下，由于具有私人品性质的农业社会化服务具有消费的排他性和竞争性，产权界定也很清晰，农民合作经济组织就可以通过市场交易向非组织成员提供社会化服务，而非组织成员按照服务的市场价格支付享受服务的费用，用于弥补组织的成本支出和利润①。

（二）农业社会化服务需求表达的载体

Rhodes（1996）对公共品供给的研究表明，公共品享用者的联合不但可以增加自身公共品的供给能力，还可以形成一个更有影响力的团体，迫使政府和其他主体供给公共品。农民合作经济组织通过对相似需求的农户之间的自愿联合，首先可以自我提供纯公共品性质和准公共品性质的农业社会化服务，还可以作为农户需求表达的载体，帮助农户更有效地获取外部供给主体提供的农业社会化服务，如帮助农户获取政府提供的具有纯公共品性质的农业社会化服务，帮助农户获取企业提供的具有私人品性质的农业社会化服务，帮助农户获取村集体、科研院所、其他经济组织提供的具有准公共品性质的农业社会化服务。

农民合作经济组织能够作为农户需求表达的载体，帮助农户获取其他主体提

---

① 由于篇幅的限制，本书重点探讨农民合作经济组织向组织内部成员提供具有俱乐部产品性质的农业社会化服务，对农民合作经济组织向非组织成员提供具有私人品性质的农业社会化服务仅作一般性的分析。

供的农业社会化服务，主要基于农民合作经济组织的自身特点：一是农民合作经济组织能够建立有效的需求表达机制。农民合作经济组织是农户之间的自愿联合，是农户的自治性组织，遵循"一人一票"的决策机制，组织成员能够真实地表达自己的需求意愿。而农民合作经济组织也能够有效收集和表达单个农户的需求偏好。二是农民合作经济组织能够帮助单个农户和农业社会化服务供给主体供需双方降低交易成本，提高农业社会化服务的效率。例如，能够通过节约单个农户搜寻服务供给方信息的成本、降低单个农户和服务供给方讨价还价的谈判成本、降低单个农户在服务供给过程中的监督成本等方式降低单个农户的交易成本。同时，农民合作经济组织也能够帮助服务供给方节约针对单个农户进行服务的交易成本。例如，在农业技术推广的过程中，供给方若针对单个农户一对一进行服务，成本较高，而以农民合作经济组织为单位进行的推广则可以大大节约农业技术推广成本。而且服务供给方分别去考察单个农户的需求需要付出大量的考核成本，而通过农民合作经济组织则可以大大降低该考核成本。三是农民合作经济组织提供农业社会化服务的能力毕竟有限，难以满足内部成员农户的多样化需求，通过帮助农户获取其他供给主体提供的农业社会化服务能够起到补充和完善作用，从而满足农户多样化的服务需求。

（三）与其他主体间的竞争与协作

农民合作经济组织不仅扮演着农业社会化服务的供给主体和需求表达载体的角色，还与农业社会化服务其他相关利益主体之间存在着竞争与协作的关系。农业社会化服务相关利益主体主要包括供给方和需求方两大类。供给方主要包括政府、村集体，也包括企业、农民合作经济组织、科研院所、其他经济社会组织等；需求方主要包括农户、农民合作经济组织等。供给方之间的竞争关系主要体现在农业社会化服务的市场化供给过程中，农民合作经济组织和其他供给主体如企业等之间形成的市场竞争关系，其竞争机制主要通过市场价格机制来实现。研究表明，农民希望通过农民合作经济组织寻求和企业等市场主体之间的抗衡力量（Rhodes，1983），避免遭受过多的剥削[①]。协作关系主要体现在农业社会化服务的供给过程及供给和需求匹配的过程中。一方面，对于具有公共品性质的农业社会化服务，农民合作经济组织可以和政府相互协作进行联合供给；对于具有准公共品性质的农业社会化服务，农民合作经济组织也可以和科研机构协作进行联合供给；对于具有私人品性质的农业社会化服务，农民合作经济组织还可以和企业协作进行联合供给。通过这些协作不仅可以为组织成员提供农业服务，还可以

---

① 在后文的分析中，将会利用博弈论的分析方法重点探讨在农民合作经济组织和企业之间的竞争关系中，农户的利益分配问题。

给非组织成员提供农业服务。另一方面，农民合作经济组织作为农户需求表达的有效载体，帮助农户获取其他供给主体提供的农业社会化服务，在这个过程中农民合作经济组织难免会和其他供给主体之间进行沟通和协调，形成协作关系以促使农业社会化服务的有效供给。

因此，农民合作经济组织不仅能够作为供给主体向农户提供农业社会化服务，也能够帮助农户获取其他服务主体提供的农业社会化服务，还能和其他利益相关主体之间形成竞争协作关系，更好地为农业生产经营服务。因此，农民合作经济组织在农业社会化服务体系中的地位和作用可以用图 2-9 表示。

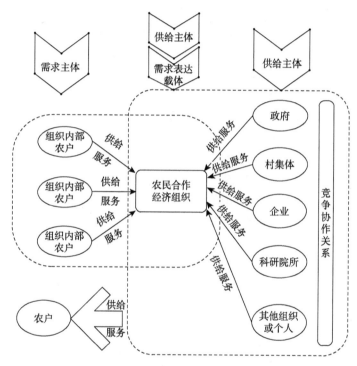

图 2-9 农民合作经济组织在农业社会化服务体系中的地位和作用

第五节 本章小结

本章在对农民合作经济组织和农业社会化服务体系相关概念界定的基础上，对农业社会化服务产生的必要性进行了解释，厘清了农业社会化服务的经济属性和功能特征，探讨了不同经济属性的农业社会化服务的供给制度选择，并对农业社会化服务体系的构成和内部关系进行了梳理，得出了以下主要观点和结论。

　　第一，农业社会化服务的产生有其必然性和必要性。主要体现在四个方面：一是从农业生产经营背景来看，农业生产过程是自然再生产和经济再生产相交织的特殊生产过程，因此农业具有生命特性、季节特性、劳动的非连续性、对自然条件的依赖性、特有的产品市场特性等特征。而当前中国的家庭承包生产经营方式导致了农业生产规模超小化和农地细碎化，单个小农面临激烈的市场竞争，具有明显的弱质性和弱势性。因此单个小农没有能力自给自足某些农业服务，产生了对农业社会化服务的需求，从而诱发了农业社会化服务供给的产生。二是从分工和专业化角度来看，农业社会化服务是农业领域内分工深化的产物。农业经济发展诱使了农业分工的深化，促使农业社会化服务产生。农业分工发展又促进了农业生产的专业化和农业服务的社会化。三是从成本收益权衡的效率角度来看，农业服务的社会化供给成本更低、收益更高，能够提高农业生产经营效率。农业服务的社会化供给收益相对更高，主要体现在农业服务的社会化供给能够获得更多规模经济效益和专业化经济效益。农业服务的社会化供给成本相对更低，主要体现在农户可以因此而降低机会成本、资产专用性成本等。因此农户作为农业服务的需求主体，会权衡其自给自足农业服务和享受社会化农业服务的成本和收益，并在这两种状况中选择更有效率的方式。四是从制度变迁角度来看，农业社会化服务的产生具有诱致性制度变迁过程所特有的营利性、自发性和渐进性的特征。

　　第二，农业社会化服务具有纯公共品、准公共品和私人品等多元经济属性。根据纯公共品的定义，可以把完全具备非排他性与非竞争性的农业社会化服务归纳为具有纯公共品性质的农业社会化服务。因此具有纯公共品属性的农业社会化服务具体包括农产品安全设施体系服务、具有公共消费特征和公益性特征的农业基础设施建设服务、普及性和公益性的农业技术服务、普及性和公益性的农业信息服务等。而从产业链角度分类的产前、产中和产后服务中一些具有共同消费特征和公益性特征的部分农业社会化服务也具有纯公共品性质。根据准公共品的定义，农业社会化服务并不具备完全的非排他性及非竞争性，可以归纳为具有准公共品性质的农业社会化服务。具体包括排他性不强而消费具有一定竞争性的部分农业生产资料服务、农业技术服务、农业信息服务、农业机械服务、农产品销售服务等。而从产业链角度分类的产前、产中和产后服务中一些具有排他性不强而且消费具有一定的竞争性的部分农业社会化服务也具有准公共品性质。根据私人品的定义，可以把完全具有排他性与竞争性的农业社会化服务归纳为具有私人品性质的农业社会化服务。从农业产业链角度来看，产前、产中、产后的可市场交易的生产环节服务，可商品化的生产资料供应服务、农产品销售服务、农业金融服务等都属于私人品性质的农业社会化服务。

　　第三，具有不同性质的农业社会化服务应采取不同的供给制度。具有纯公共品性质的农业社会化服务应由政府进行供给，具有准公共品性质的农业社会化服务可以基于自愿交换理论、产权理论、自愿供给理论、多中心供给理论采取多种形式的供给制度，具有私人品性质的农业社会化服务应由市场进行供给。不同供给主体应有明确的边界，并在农业社会化服务供给中发挥不同的作用。

第四，农业社会化服务体系由多个不同主体构成，农民合作经济组织在其中发挥着重要作用。农业社会化服务体系的主体构成主要包括供给主体和需求主体，需求主体是指从事农业生产经营的农业从业者，主要是指农户，也包括农户的一些自发组织如农民合作经济组织，以及从事农业生产经营的农业企业等。农业社会化服务的供给主体是指农业社会化服务的提供者，具体包括政府部门、企业、村集体、农民合作经济组织、科研院所、其他经济社会组织等。农民合作经济组织在农业社会化服务体系中居于重要地位并发挥着重要作用。一是农民合作经济组织作为供给主体，不仅能够通过俱乐部产品供给机制为成员农户提供俱乐部产品性质的农业社会化服务，也能够通过市场机制为非成员农户提供私人品性质的农业社会化服务。二是农民合作经济组织作为农户需求表达的载体，能够帮助农户接受政府、企业、科研院所等第三方组织或部门提供的外部化农业服务，并帮助农业社会化服务的供需双方降低交易成本，提高农业社会化服务效率。三是农民合作经济组织和农业社会化服务体系的其他利益相关主体之间能够形成竞争和协作的关系，促使农业社会化服务体系的健康和谐发展。

第三章 中国农民合作经济组织
和农业社会化服务现状

对中国农民合作经济组织的发展情况及农业社会化服务供需现状进行梳理和描述，是深入分析农民合作经济组织在农业社会化服务体系中重要作用的基础。本章利用中国的宏观统计资料描述中国农业生产经营情况及农民合作经济组织发展情况，并基于本书研究团队调研获取的中国农村抽样调查微观数据资料，对中国农业社会化服务的供给和需求现状进行描述。

第一节 中国农业生产经营及农民合作经济组织
发展情况

本节基于世界银行的宏观数据描述中国 2003~2013 年的农业生产经营情况，并在此基础上基于中国国家工商行政管理总局和中华全国供销合作总社的数据描述农民合作经济组织发展情况。

一、中国农业生产经营情况

据世界银行的统计数据可知，2013 年中国陆地面积为 933 万平方千米，耕地面积为 112 万平方千米，约占总陆地面积的 12%；2013 年中国总人口 13.6 亿，人口密度为每平方千米 146 人；农业国内生产总值（gross domestic product, GDP）为 9 250 亿美元，占总 GDP 的 10%，人均耕地面积为 0.08 公顷；2013 年中国人均 GDP 为 6 794.1 美元，人均农业 GDP 为 680.1 美元。这些数据充分表明：中国地广人稠，人口密度高，人均耕地面积小，虽然农业 GDP 总量高，但人均农业 GDP 较低，如表 3-1 所示。

表 3-1　2003~2013 年中国农业生产经营情况

年份	人口密度/（人/千米²）	农业 GDP/亿美元	农村人口比重	农业劳动力比重	人均耕地面积/公顷	人均 GDP/美元	人均农业 GDP/美元
2003	138	2 100	60.1%	49.1%	0.09	1 271.3	162.8
2004	139	2 590	58.6%	46.9%	0.09	1 484.6	199.2
2005	140	2 740	57.6%	44.8%	0.09	1 738.5	210.8
2006	141	3 020	56.2%	42.6%	0.09	2 068.7	230.5
2007	141	3 760	54.7%	40.8%	0.08	2 643.9	284.8
2008	142	4 850	53.6%	39.6%	0.08	3 424.2	367.4
2009	143	5 160	52.2%	38.1%	0.08	3 751.9	388.0
2010	143	5 990	50.7%	36.7%	0.08	4 425.4	447.0
2011	144	7 350	49.6%	34.8%	0.08	5 462.7	548.5
2012	145	8 300	48.2%			6 096.3	614.8
2013	146	9 250	46.8%			6 794.1	680.1

注：数据来源于世界银行的世界发展指标数据库。表中 GDP 都以美元现价计算。农村人口比重是指居住在农村的人口占全国总人口的比重，农业劳动力比重是指农业劳动力占全国劳动力的比重

从图 3-1 中可以清楚地看到中国半个多世纪以来农业 GDP 比重和农村人口比重的变化情况。中国的农业 GDP 占总 GDP 的比重呈现波动下降的趋势；而表 3-1 表明，农村人口比重也大体呈现下降的趋势，改革开放以来农村人口比重的下降速度明显增快，到 2013 年下降为 46.8%。这表明中国的二、三产业在逐步发展壮大，同时城市化进程也在逐渐加快。

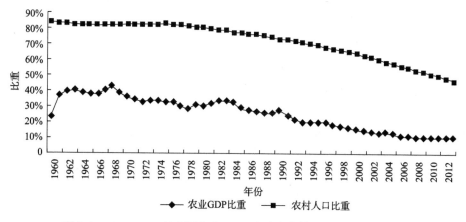

图 3-1　1960~2012 年中国农业 GDP 比重和农村人口比重变化趋势

图中数据是根据世界银行的世界发展指标数据库中相关数据计算得来的。农业 GDP 比重是指农业 GDP 占总 GDP 的比重，农村人口比重是指居住在农村的人口占全国总人口的比重

二、中国农民合作经济组织发展情况

中国农民合作经济组织的发展历程可以分为三个阶段：第一阶段是中华人民共和国成立以前；第二阶段是中华人民共和国成立后到改革开放前；第三阶段是改革开放后。中国的农民合作经济组织在中华人民共和国成立之前就已经开始萌芽。国民政府时期的合作社主要是信贷合作社，随着国民政府《合作社法》的颁布实施，信贷合作社的经济实力得到不断提升。据农业农村部统计，1936 年合作社已经达到3.73万个。中华人民共和国成立后到改革开放前，中国的农民合作经济组织经历了一个曲折的发展过程，从最初的互助组发展到初级社，再到高级社，最终发展成为人民公社。在这个过程中，政府过于关注农业生产的规模效应，忽视了合作社自愿互助的基本原则，最终导致了失败。改革开放以后，中国重新构建了合作制，符合国际合作运动规范的农民合作经济组织逐渐蓬勃发展起来。1984年，中央一号文件首次明确提出支持和鼓励农民合作经济组织发展。2003 年，中国开始启动合作社立法工作，2007 年《中华人民共和国农民专业合作社法》正式颁布实施。随后，补充性的合作社示范章程及合作社的登记管理条例等法规也相继颁布实施，各级地方政府也开始进行合作社相关的实施办法或条例的制定。同时，中央也连续出台多个一号文件，为合作社的发展进一步指明了方向。

基于以上政策和实践背景，改革开放以后中国的农民合作经济组织主要经历了以下三个发展阶段：第一个发展阶段是20世纪80年代至90年代中期，这一阶段中国农民合作经济组织的主要形式为专业技术协会、专业技术研究会等[1]，主要负责提供技术服务，后来也有部分专业协会开始为成员提供仓储、运销等服务。据农业农村部统计，1996 年，中国农民专业技术协会已发展到148万个。第二个发展阶段是20世纪90年代中期以后至21世纪初，这一阶段伴随中国农业产业化发展，实体型组织逐渐发展，各种专业合作社开始涌现，组织形式呈现多样化趋势。而各种专业合作社所涉及的领域也涵盖了粮油作物、水果和蔬菜种植、畜牧和水产养殖及农机服务等多个方面。第三个发展阶段是从 21 世纪初到现在，农民合作经济组织逐渐从原有的不规范向规范运营转变，经济实力也随之不断提升，不断成长为各级示范合作社和优秀合作社；以土地股份合作社、社区股份合作社、信用合作社、合作社联社等为代表的新组织形式也不断出现[2]。据农业农村部统计 2013 年底农业部的统计数据表明，全国已登记的农民合作社已经

---

① 由于改革开放前刚刚经历了合作社实践的失败，这一时期的农民合作经济组织发展比较小心谨慎，都未使用"合作社"进行命名，而是以"协会"和"研究会"的形式开始发展。

② 这一时期也开始出现一些专业技术协会，但这一时期的专业技术协会与改革开放初期的专业技术协会有所不同，大多具有行业协会的性质，主要目的是对相似经营产品类型的农民专业合作社进行规范，并进行一定的约束。

达到 95 万家，入社农户已经达到 0.7 亿户，占全国农户总数的 27.8%。被评为各级示范合作社的已经超过 10 万家，近 2 万家合作社在内部开展了信用合作业务，联合社达到 5 600 多家、联合会达到 2 554 家。还有 1.49 万家合作社开设了其主营产品直销店，累计在 2.7 万个社区设立了 2.3 万个直销店。

改革开放后中国的农民合作经济组织得到了前所未有的发展。2007 年《中华人民共和国农民专业合作社法》的颁布在中国农民合作经济组织发展史上具有重要的里程碑意义。自 2007 年《中华人民共和国农民专业合作社法》颁布以来，中国农民合作经济组织的法律地位得以确认，组织数量得到增加，规模得到扩大，运营也越来越规范。据中国工商总局统计资料，中国各类合作社总数由 2008 年底的 11.09 万个增加到 2014 年 8 月的 121.43 万个，增长了近 10 倍；而合作社的出资总额也由 2008 年底的 0.09 万亿元增加到 2014 年 8 月的 2.51 万亿元，增长了约 26.9 倍；合作社平均出资额由 2008 年底的 79.37 万元增加到 2014 年 8 月的 206.70 万元，增长了约 1.6 倍，详见表 3-2。

表 3-2　2008~2014 年中国合作社数量和规模变化情况

年份	合作社数量/万个	出资总额/万亿元	合作社平均出资额/万元
2008	11.09	0.09	79.37
2009	13.91	0.12	83.27
2010	38.25	0.47	122.88
2011	52.17	0.72	138.01
2012	68.89	1.10	159.67
2013	98.24	1.89	192.39
2014	121.43	2.51	206.70

注：根据中国工商总局发布的历年《全国市场主体发展报告》整理而成，数据统计时间除了 2009 年为 3 月底，2014 年为 8 月底以外，其余年份均为 12 月底

以供销社为基础成立起来的供销合作社在中国合作社体系中占据着重要地位，据中国供销总社统计资料，供销合作社系统直接收购和帮助农民推销农副产品从 2006 年的 1 050.4 亿元增加到 2012 年的 5 181.9 亿元，增长了近 4 倍，详见表 3-3。

表 3-3　2006~2012 中国年供销合作社直接购销农产品情况

年份	直接购销额/亿元	增长率
2006	1 050.4	
2007	1 294.1	23.20%
2008	1 510.2	16.70%

续表

年份	直接购销额/亿元	增长率
2009	1 953.5	29.35%
2010	2 680.4	37.21%
2011	3 887.4	45.03%
2012	5 181.9	33.30%

注：数据来源于中华全国供销合作总社统计资料；表中直接购销额是指供销合作社系统直接收购和帮助农民推销农副产品的总额

第二节　农户的农业社会化服务需求优先序

本节基于本书研究团队调研获取的中国农村抽样调查微观数据资料描述农户的农业社会化服务需求现状，并分析农户的农业社会化服务需求优先序，在此基础上对不同区域的农户农业社会化服务需求优先序进行比较。

一、农户的农业社会化服务需求现状

农户对农业社会化服务的需求状况可以通过农户对不同农业社会化服务的需求程度来描述。本部分利用本书研究团队调研获取的中国农村抽样调查微观数据，通过描述农户对不同类型农业社会化服务、不同农业生产环节农业社会化服务的需求程度，以及对农户的需求程度的排序，来反映农户对不同的农业社会化服务的需求状况。

（一）农户对不同类型农业社会化服务的需求状况

根据本书研究团队获取的中国农村抽样调查微观数据，本书分析了农户对不同类型农业社会化服务的需求迫切程度，结果表明，农户最需要的是农业技术服务、农产品销售服务，其次为农业生产资料采购服务、农业信息服务，再次为农业基础设施建设服务、农业金融服务、农业机械服务等。具体数据分析结果如表3-4所示。

表3-4　农户对不同类型农业社会化服务的需求状况

不同类型农业社会化服务	迫切需要	比较需要	一般	不太需要	完全不需要	需求程度均值排序
农业技术	44.67%	37.31%	14.97%	2.79%	0.25%	1
农产品销售	44.92%	35.79%	15.23%	2.79%	1.27%	2

续表

不同类型 农业社会化服务	迫切需要	比较需要	一般	不太需要	完全 不需要	需求程度 均值排序
农业生产资料采购	27.16%	46.95%	21.83%	3.55%	0.51%	3
农业信息	31.73%	35.03%	23.10%	8.63%	1.52%	4
农业基础设施建设	29.44%	39.85%	22.34%	4.06%	4.31%	5
农业金融	28.75%	29.01%	24.94%	10.94%	6.36%	6
农业机械	13.74%	40.46%	27.99%	10.94%	6.87%	7

注：数据来源于本书研究团队的微观调查数据资料

从表 3-4 的数据分析结果可知，对于农业技术服务而言，44.67%的被访农户表示迫切需要，37.31%的被访农户表示比较需要。这表明，虽然中国已经建立了比较完善的农业技术推广体系，但仍未有效满足农户的农业生产经营需要，农业技术服务仍然是农户迫切需要的农业社会化服务。农户对农产品销售服务的平均需要程度仅次于农业技术服务，44.92%的被访农户表示迫切需要，略高于农业技术服务的占比，35.79%的被访农户表示比较需要。这表明当前中国分散小农户和大市场难以有效对接，农产品销售仍然是小农生产经营的主要困难。对于农业生产资料采购服务而言，27.16%的被访农户表示迫切需要，46.95%的被访农户表示比较需要。这表明，相对于农业技术服务和农产品销售服务而言，被访农户对农业生产资料采购服务的需求并没有那么迫切，大多数农户表示比较需求。对于农业信息服务而言，31.73%的被访农户表示迫切需要，35.03%的被访农户表示比较需要。这表明，中国农业生产经营相关信息网络体系的建设还不完善。调研发现，农户获取信息的渠道十分有限，绝大多数是通过朋友或亲邻间的口头相传，导致农户难以在快速变化的市场环境中准确把握市场前景，因此农户对更专业和及时的信息服务有着很大的需求。而对于具有较强公共品性质的农业基础设施建设服务而言，农户仍然有着较大的需求。这表明，虽然相关政策支持使农村的基础设施建设得到了较快的发展，但依然难以适应农业快速发展的需求，仅有 4.06%的被访农户认为不太需要，4.31%的被访农户认为完全不需要。对于农业金融服务和农业机械服务而言，农户的需求强度相对较低，尤其是不太需要和完全不需要两个选项所占的比例比其他类型服务明显偏高。这是因为在被调查区域内现有农业社会化服务供给主体对这两种类型的服务投入相对更多。

（二）农户对不同生产环节农业社会化服务的需求状况

基于本书研究团队调研获取的中国农村抽样调查微观数据资料，分析农户对不同农业生产环节农业社会化服务的需求，结果表明，农户最迫切需要的是产前服务，其次是产中服务，而对产后各环节的服务需求强度相对较弱，如表 3-5 所示。调查还发现，在产前服务中农户非常迫切需要的是种子、种苗、种畜等供应和生产计划安排服务；在产中服务中农户最迫切需要的是生产管理服务、疾病防治和农产品质量检测服务；在产后服务中，农户最迫切需要的是农产品销售服务，而对农产品加工服务的需求强度较弱。

表 3-5　农户对不同生产环节农业社会化服务的需求状况

不同生产环节农业社会化服务	迫切需要	比较需要	一般	不太需要	完全不需要	需求程度均值排序
产前服务	37.91%	44.27%	12.98%	4.58%	0.25%	1
产中服务	32.23%	52.03%	12.69%	2.28%	0.76%	2
产后服务	24.36%	37.44%	20.26%	15.38%	2.56%	3

注：数据来源于本书研究团队的微观调查数据资料

（三）农户的农业服务需求优先序

为了进一步分析被访农户对不同农业社会化服务的需求程度差异，本部分进行了需求优先序[①]分析。对于优先序的分析方法，国内学者从农户需求视角进行的相关研究给本书提供了较多的借鉴，如有学者运用加权均值法先对不同位次选项进行赋值，再根据总分来判断序次（廖清成，2006）；也有学者运用首选项决定法对受访农户按照自身意愿依据需求迫切程度或者重要程度选出相关选项，然后根据各选项的频数大小判断位次（蒋远胜，2007）；还有学者使用多元统计分析方法中的聚类分析法来改善各选项排序位次不同时的排序有效性，并在此基础上采用最优选项无权重转移法进行改进（孔祥智等，2006）。当然也有学者认为首选项决定法存在缺陷，因为首选项决定法并未考虑到农户对在不同排序位次上的农业服务效用的不同评价；他们认为只选出排序最靠前的前三项或前五项并不会比依次对所有选项进行排序更好，所以应该综合运用几种方法，使各种方法相互补充，以得出具有共性的优先次序（崔登峰等，2012）。为了得出更符合农户真实需求状况的优先次序，本部分综合运用首选项决定法、加权均值法和系统聚类分析法进行需求优先序分析。

根据被访农户对 12 项具体农业社会化服务需求程度的先后次序排列，计算出各项农业社会化服务在不同位次上出现的频数及加权均值，如表 3-6 所示。

---

① 本书的需求优先序是指农户对不同农业社会化服务的需求迫切程度从高到低的排序。

表3-6 农户农业社会化服务需求排序频数统计

不同类型 农业社会化服务	第一	第二	第三	第四	第五	第六	第七	第八	第九	第十	第十一	第十二	总计	均值
生产计划安排	57	37	38	29	22	29	30	42	25	31	12	1	353	5.30
种苗提供	68	69	55	45	24	31	29	17	14	5	7	0	364	3.98
农业生产资料采购	29	50	52	46	43	27	28	29	21	18	5	0	348	4.88
生产管理	13	20	31	50	54	33	35	30	49	21	15	0	351	6.03
农产品加工	8	15	17	30	37	38	28	40	38	57	15	1	324	6.87
农产品销售	76	60	37	44	51	45	24	15	14	14	4	0	384	4.18
农业信息	33	33	43	35	29	39	42	35	40	15	19	0	363	5.62
农业金融	28	36	33	20	23	16	25	27	32	30	47	3	320	6.32
农业技术	43	42	47	50	34	48	37	36	20	13	6	0	370	4.87
农业机械	9	20	24	18	36	24	35	35	41	57	35	0	334	7.08
农业基础设施建设	28	10	14	15	17	24	26	24	26	50	58	7	299	7.39
其他	2	0	0	2	4	2	0	1	0	2	8	20	41	9.71

注：数据来源于本书研究团队的微观调查数据资料；本调查要求受访者选择其迫切需要的农业社会化服务并给出排序，该选择为不定项选择，因此不同服务选项的实际有效频数并不完全相同，后文同

表 3-7 给出了依据首选项决定法和加权均值法得出的受访农户最迫切需要的农业社会化服务优先次序。从表 3-7 中可以看出，根据首选项决定法可以得出被访农户最迫切需要的农业社会化服务是农产品销售服务和种苗提供服务，其次是生产计划安排服务和农业技术服务；而根据加权均值法可以得出被访农户最迫切需要的农业社会化服务是种苗提供服务和农产品销售服务，其次是农业技术服务和农业生产资料采购服务。虽然两者得出的结果稍微有所区别，但是农产品销售服务和种苗提供服务始终是被访农户最迫切需要的农业社会化服务，并且被访农户对农业技术服务的需求程度也较为强烈。

表3-7 农户的农业社会化服务需求排序

选项	第一	第二	第三	第四
首选项排序	农产品销售	种苗提供	生产计划安排	农业技术
加权均值排序	种苗提供	农产品销售	农业技术	农业生产资料采购
选项	第五	第六	第七	第八
首选项排序	农业信息	农业生产资料采购	农业金融	农业基础设施建设
加权均值排序	生产计划安排	农业信息	生产管理	农业金融
选项	第九	第十	第十一	第十二
首选项排序	生产管理	农业机械	农产品加工	其他
加权均值排序	农产品加工	农业机械	农业基础设施建设	其他

注：数据来源于本书研究团队的微观调查数据资料

为了进一步准确了解农户的需求层次和优先序,本部分采用聚类分析方法进行探讨。从图 3-2 中可以看出,农户迫切需要的农业社会化服务可以划分为六种类别,也就是说,农户的农业社会化服务的需求根据其迫切程度可分为六个层次:第一层次是种苗提供和农产品销售服务。这一结论与前两种方法得出的结论吻合,充分表明农户最迫切的需求是种苗提供和农产品销售服务。第二层次是农业生产资料采购服务、农业技术服务、农业信息服务和生产计划安排服务。这四项服务作为农户产前、产中的重要服务内容,能够有效帮助单个分散的农户降低生产成本,提高生产效率,了解市场信息。农民自身的弱势性和弱质性特征导致其难以适应市场的快速变化,也很难对市场前景进行准确的把握,需要更专业和及时的农业社会化服务为农户增收、农业增效和农村发展提供必要的动力。第三层次是生产管理服务。对于农户而言,农业生产管理是较为复杂且技术和信息含量较高的活动,专业的农业生产管理服务是农户普遍需要的。第四层次是农业金融服务、农业基础设施建设服务。这两类服务的需求强度较低,可能是因为农业金融服务获得的难度较大,而且农户对风险厌恶程度较高,不愿意借贷;国家对农村的基础设施建设给予了较大的支持。第五层次是农产品加工服务、农业机械服务。这两项服务的需求强度排序较为靠后,这是因为当前农业生产经营并未形成高附加值的完整产业链,农户并未意识到农产品加工的重要性;而国家出台的一系列农业机械补贴政策及农业机械服务供给的不断增加使农业机械服务已经能够在一定程度上满足农户的需求。第六层次是个别农户提出的其他服务需求。

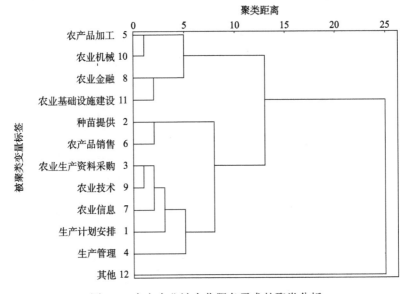

图 3-2   农户农业社会化服务需求的聚类分析

二、农户的农业社会化服务需求优先序的差异

农户对不同农业社会化服务的需求迫切程度会受到诸多因素的影响，不同特征的农户对不同农业社会化服务的需求迫切程度会有所不同。本部分基于本书研究团队调研获取的中国农村抽样调查微观数据资料，进一步分析农户所在的地域、农户是否加入农民合作经济组织、农户生产经营目标类型的不同造成的农户农业社会化服务需求优先序的差异。

（一）不同区域农户的农业社会化服务需求差异

分析发现不同区域农户对不同类型农业社会化服务需求呈现差异①。从被访农户的分布状况来看，三大区域的农户分布较为平均。具体而言，西部被访农户所占比重相对较高，占 40.61%，其次为东部农户，占 32.49%，中部农户所占比重相对较低，占 26.90%，具体分布情况如图 3-3 所示。

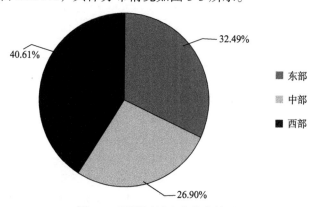

图 3-3　不同区域农户分布情况

表 3-8 给出了东、中、西部农户对不同农业社会化服务需求强度的分析结果。从表 3-8 中对东部地区被访农户的分析结果可知，首选项决定法表明：需求强度排在前五位的农业社会化服务是种苗提供服务、农产品销售服务、生产计划安排服务、农业技术服务、农业生产资料采购服务。种苗提供服务是被访农户最需要的农业社会化服务。聚类分析表明，东部地区被访农户对农业社会化服务需求的优先序可以分为六个层次：第一层次为种苗提供和农产品销售服务，是东部地区被访农户最需要的；第二层次为生产计划安排服务，是东部地区被访农户比较需要的；第三层次为农业生产资料采购服务、农业技术服务、农业信息服务、生产管理服务和农

---

① 为节省篇幅，文中仅给出用首选项决定法和加权均值法分析得出的不同区域农户对不同类型农业社会化服务项目需求的排序状况，略去了聚类分析图，后同。

产品加工服务，是东部地区被访农户需求层次较低的；第四层次为农业金融服务和农业机械服务；第五层次为农业基础设施建设服务；第六层次为其他服务。

表 3-8　不同区域农户的农业社会化服务需求差异

不同类型农业社会化服务	东部		中部		西部	
	首选项频数	加权均值	首选项频数	加权均值	首选项频数	加权均值
生产计划安排	24	4.24	11	5.19	22	5.85
种苗提供	33	3.23	25	3.75	10	4.70
农业生产资料采购	7	4.81	10	4.60	12	5.08
生产管理	3	5.84	5	5.67	5	6.38
农产品加工	0	6.05	5	6.25	3	7.81
农产品销售	26	3.70	13	4.18	37	4.30
农业信息	7	5.83	15	5.87	11	5.04
农业金融	6	6.96	1	7.57	21	4.91
农业技术	12	5.08	13	4.93	18	4.43
农业机械	4	6.99	3	6.89	2	7.11
农业基础设施建设	6	8.68	5	7.01	17	6.44
其他	0	11.93	0	10.75	2	8.00

注：数据来源于本书研究团队的微观调查数据资料

从表 3-8 中对中部地区被访农户的分析结果可知，首选项决定法表明：种苗提供服务、农业信息服务、农产品销售服务、农业技术服务和生产计划安排服务是需求强度依次排在前五位的农业社会化服务。聚类分析发现，中部地区农户迫切需要的农业社会化服务优先序可以分为七个层次：第一层次是种苗提供服务；第二层次是农产品销售服务；第三层次是农业生产资料采购服务、农业技术服务；第四层次是农业信息服务；第五层次是生产计划安排服务、生产管理服务、农产品加工服务、农业机械服务；第六层次是农业基础设施建设服务、农业金融服务；第七层次是其他服务。

从表 3-8 中对西部地区被访农户的分析结果可知，首选项决定法表明：农户的需求强度排在前五位的农业社会化服务是农产品销售服务、生产计划安排服务、农业金融服务、农业技术服务、农业基础设施建设服务。而聚类分析发现，西部地区农户迫切需要的农业社会化服务可分为七个层次；第一层次是农产品销售服务；第二层次是农业技术服务、种苗提供服务、农业金融服务、农业信息服务、农业生产资料采购服务；第三层次是生产计划安排服务、农业基础设施建设服务；第四层次是生产管理服务；第五层次是农业机械服务；第六层次是农产品加工服务；第七层次是其他服务。

综合以上分析发现，种苗提供服务和农产品销售服务是三大区域农户普遍最迫切的需求，三大区域被访农户对农业生产资料采购服务和农业技术服务的需求也比较迫切；农业机械服务、农业基础设施建设服务和其他服务排在最后，表明三大区域被访农户对这三项服务的需求并不太强烈。东、中、西部地区被访农户对不同农业社会化服务的需求程度也存在差异。这些结果表明，东部地区农业经济水平较高，农业生产经营者更关注生产规模扩大、科学合理的生产安排；中部地区农业生产经营环境较好，经济发展水平处于中等水平，农户主要关注种苗提供服务和农产品销售服务等农业生产经营的基本投入和产出服务；西部地区经济发展水平较低，交通运输等基础设施建设水平较低，农业金融环境、市场环境较差，农户迫切需要农产品销售服务、农业技术服务、农业金融服务及农业信息服务来改善其生产经营环境。

（二）是否为合作组织成员农户的服务需求差异

基于本书研究团队调研获取的中国农村抽样调查微观数据资料，分析发现农民合作经济组织成员农户与非成员农户对不同农业社会化服务的需求也呈现出差异。从被访农户是否加入农民合作经济组织的状况来看，75%的被访农户都已经加入了农民合作经济组织，只有 25%的被访农户未加入农民合作经济组织，如图 3-4 所示。

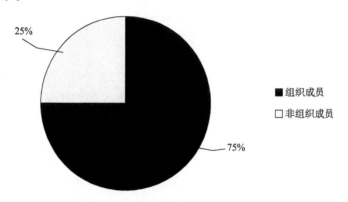

图 3-4　农户加入农民合作经济组织情况

从表 3-9 的分析结果可知，对于加入农民合作经济组织的农户而言，首选项决定法和加权均值法这两种方法得出的结论比较吻合。农产品销售服务、种苗提供服务、农业技术服务、农业生产资料采购服务、农业信息服务和生产计划安排服务都是被访农户需求程度较高的农业社会化服务。聚类分析表明，加入了农民合作经济组织的被访农户对农业社会化服务需求的优先序可分为六个层次：第一层次是农产品销售服务和种苗提供服务；第二层次是农业技术服务、农业生产资料采购服务、农业信息服务和生产计划安排服务；第三层次是农业金融服务和农业基础设施建设服务；第四层次是生产管理服务；第五层次是农产品加工服务和农业机械服务；第六层次是其他服务。

表 3-9 是否为合作组织成员农户的农业社会化服务需求差异

不同类型农业社会化服务	合作社成员（297）		非成员（99）	
	首选项频数	加权均值	首选项频数	加权均值
生产计划安排	38	5.41	19	4.84
种苗提供	50	4.13	18	3.54
农业生产资料采购	25	4.92	4	4.76
生产管理	7	6.13	6	5.69
农产品加工	6	6.89	2	6.78
农产品销售	60	4.00	16	4.70
农业信息	29	5.34	4	6.29
农业金融	23	5.93	5	7.48
农业技术	32	4.89	11	4.75
农业机械	8	7.09	1	7.00
农业基础设施建设	16	7.43	12	7.21
其他	1	10.21	1	7.29

注：数据来源于本书研究团队的微观调查数据资料

　　对于未加入农民合作经济组织的被访农户而言，首选项决定法和加权均值法得出的需求优先序则不太吻合。首选项决定法得出的结论是，生产计划安排服务、种苗提供服务和农产品销售服务是非农民合作经济组织成员农户最需要的服务，其次是农业基础设施建设服务、农业技术服务和生产管理服务，再次是农业金融服务、农业生产资料采购服务和农业信息服务，最后是农产品加工服务、农业机械服务和其他服务。而加权均值法得出的结论是，种苗提供服务、农产品销售服务和农业技术服务是非农民合作经济组织成员农户最需要的服务，其次是农业生产资料采购服务、生产计划安排服务和生产管理服务，再次是农业信息服务、农产品加工服务和农业机械服务，最后是农业基础设施建设服务、其他服务和农业金融服务。很明显，首选项决定法得出生产计划安排服务是农户最需要的服务，其次是种苗提供服务；而加权均值法得出种苗提供服务是农户最需要的服务，其次是农产品销售服务。而聚类分析法得出的结论是，未加入农民合作经济组织的被访农户的需求优先序可分为六个层次：第一层次是种苗提供服务和生产计划安排服务；第二层次是农产品销售服务、农业技术服务；第三层次是农业生产资料采购服务；第四层次是生产管理服务、农业信息服务、农产品加工服务、农业机械服务；第五层次是农业基础设施建设服务、农业金融服务；第六层次是其他服务。

综合以上分析发现，无论是否加入农民合作经济组织，被访农户对于农产品销售服务和种苗提供服务都有着更迫切的需求。而不同的是，加入了农民合作经济组织的被访农户对于农产品销售服务、农业信息服务、农业金融服务的需求相对更为迫切，这表明加入了农民合作经济组织的被访农户由于享受了组织的更多帮助，更关注农业生产经营的发展前景。对于未加入农民合作经济组织的被访农户而言，他们对生产计划安排服务的需求更为迫切，这表明这些农户缺乏农民合作经济组织的帮助，其农业生产经营缺乏科学的指导。

（三）不同类型农户的服务需求差异

基于本书研究团队调研获取的中国农村抽样调查微观数据资料，分析发现不同类型的被访农户对不同农业社会化服务的需求也呈现差异。从不同类型农户的分布状况来看，大多数被访农户属于追求利润型，占 59.39%，其次是自给自足型农户，占 20.56%，劳苦规避型农户和风险规避型农户所占比例较小，分别占 12.94%和7.11%，如图 3-5 所示。

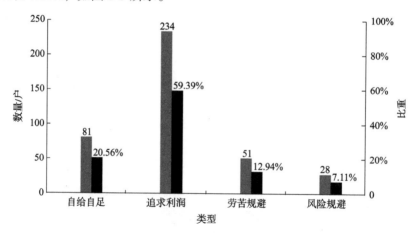

图 3-5　不同类型农户的分布状况

从表 3-10 的分析结果可知，对于自给自足型农户而言，首选项决定法和加权均值法这两种方法得出的结论比较吻合：农产品销售服务、农业信息服务和种苗提供服务是被访农户最迫切需要的农业社会化服务。进一步通过聚类分析发现，自给自足型农户迫切需要的农业社会化服务优先序可以分为七个层次：第一层次是农产品销售服务、农业信息服务和种苗提供服务；第二层次是农业技术服务；第三层次是农业生产资料采购服务、农业金融服务、生产计划安排服务和农业机械服务；第四层次是生产管理服务；第五层次是农业基础设施建设服务；第六层次是农产品加工服务；第七层次是其他服务。

表 3-10 不同类型农户的农业社会化服务需求差异

不同类型农业社会化服务	自给自足型		追求利润型		劳苦规避型		风险规避型	
	首选项频数	加权均值	首选项频数	加权均值	首选频数	加权均值	首选项频数	加权均值
生产计划安排	8	5.88	39	5.12	4	5.48	6	4.46
种苗提供	10	4.51	48	3.71	6	4.61	4	3.65
农业生产资料采购	4	5.35	12	4.76	10	5.09	2	4.48
生产管理	2	6.60	7	5.86	3	5.84	1	6.04
农产品加工	1	7.31	7	7.01	0	5.67	0	6.44
农产品销售	20	3.68	41	4.29	13	3.77	2	5.34
农业信息	13	4.41	14	5.87	3	5.82	3	6.20
农业金融	5	5.68	19	6.48	3	6.47	1	6.52
农业技术	5	4.75	27	4.92	5	4.72	6	4.86
农业机械	4	6.52	5	7.22	0	6.74	0	7.81
农业基础设施建设	7	6.93	14	7.52	4	6.71	3	8.08
其他	1	7.43	1	9.97	0	11.00	0	12.00

注：数据来源于本书研究团队的微观调查数据资料

对于追求利润型农户而言，由首选项决定法和加权均值法两种方法得出的一致结论是：种苗提供服务、农产品销售服务、农业技术服务和生产计划安排服务等需求都排在前四位。聚类分析表明，追求利润型农户迫切需要的农业社会化服务优先序可依次分为四个层次：第一层次是种苗提供服务、农产品销售服务；第二层次是农业生产资料采购服务、农业技术服务、生产计划安排服务、农业信息服务、生产管理服务；第三层次是农产品加工服务、农业机械服务、农业金融服务、农业基础设施建设服务；第四层次是其他服务。

对于劳苦规避型农户而言，首选项决定法和加权均值法这两种方法得出的结论比较吻合：需求优先次序排在前五位的是农产品销售服务、农业生产资料采购服务、种苗提供服务、农业技术服务和生产计划安排服务；而需求优先次序排在后六位的是农业信息服务、生产管理服务、农业金融服务、农业基础设施建设服务、农业机械服务和其他服务。聚类分析表明，劳苦规避型农户迫切需要的农业社会化服务优先序可依次分为六个层次：第一层次是农产品销售服务；第二层次是种苗提供服务、农业技术服务、农业信息服务；第三层次是农业生产资料采购服务、生产计划安排服务、生产管理服务；第四层次是农产品加工服务；第五层次是农业金融服务、农业机械服务；第六层次是农业基础设施建设服务和其他服务。

对于风险规避型农户而言，他们最需要的农业社会化服务是种苗提供服务和生产计划安排服务，比较需要的是生产资料采购服务、农业技术服务和农产品销售服务，其次比较需要生产管理服务、农业信息服务和农产品加工服务，最后比较需要农业金融服务、农业机械服务和农业基础设施建设服务。聚类分析表明，风险规避型农户迫切需要的农业社会化服务优先序可分为六个层次：第一层次是种苗提供服务、生产计划安排服务、农业生产资料采购服务、农业技术服务、农产品销售服务、农业信息服务；第二层次是生产管理服务、农产品加工服务；第三层次是农业金融服务；第四层次是农业机械服务；第五层次是农业基础设施建设服务；第六层次是其他服务。

综合以上分析结果可以得出，四种类型受访农户都对种苗提供服务和农产品销售服务有着共同的迫切需求。自给自足型农户对于农业信息服务的需求程度较为迫切。追求利润型农户对种苗提供服务、农产品销售服务有着相对更为迫切的需求。劳苦规避型农户对农产品加工服务的需求相对较高。风险规避型农户对农产品销售服务需求程度相对较低，而对生产计划安排服务有着较为迫切的需求。这表明农户对农业社会化服务需求的差异化特征是由农户自身特征所决定的。

第三节　农户的农业社会化服务支付意愿

本节基于本书研究团队调研获取的中国农村抽样调查微观数据资料描述农户的农业社会化服务支付意愿，并在此基础上比较农户对不同类型农业社会化服务的支付意愿差异，以及农户对不同生产环节的农业社会化服务的支付意愿差异，并进一步对不同区域的农户农业社会化服务支付意愿进行比较。

一、农户的农业社会化服务支付意愿概况

农户对农业社会化服务的需求状况可以用农户对不同农业社会化服务的支付意愿来进行描述。本部分基于本书研究团队调研获取的中国农村抽样调查微观数据资料，进一步通过分析农户对不同农业社会化服务的支付意愿来深入了解农户的农业社会化服务需求状况。

（一）农户对不同类型农业社会化服务的支付意愿

从表 3-11 的分析结果可以看出，农户对不同类型农业社会化服务的支付意愿存在显著差异，其中农业技术服务的支付意愿均值最高，而农业信息服务的支付意愿均值最低。被访农户对农业技术服务、农业生产资料采购服务、农产品销售服务有相对更高的支付意愿，半数以上的被访农户愿意支付增加收益的至少5%。而被访农户对于农业信息服务的支付意愿最低，有 49.49%的被访农户不愿为农业信息服务支付任何费用。

表 3-11　农户对不同类型农业社会化服务的支付愿意

不同类型农业社会化服务	愿意支付增加收益的10%以上	愿意支付增加收益的5%~10%	愿意支付增加收益的5%	不愿支付费用	支付意愿均值排序
农业技术	8.95%	19.69%	43.48%	27.88%	1
农业生产资料采购	6.09%	18.53%	51.78%	23.60%	2
农产品销售	7.36%	19.80%	42.39%	30.46%	3
农业机械	5.10%	18.37%	46.17%	30.36%	4
农业基础设施建设	9.51%	14.91%	35.22%	40.36%	5
农业金融	6.46%	14.47%	38.24%	40.83%	6
农业信息	4.31%	8.63%	37.56%	49.49%	7

（二）农户对不同生产环节农业社会化服务的支付意愿

从表 3-12 的分析结果可以看出，农户对不同生产环节农业社会化服务的支付意愿也有所不同，农户对产中服务的支付意愿最高，支付意愿均值排序排在第1 位，其中愿意支付增加收益的 10%以上的农户占比为 5.09%，愿意支付增加收益的 5%~10%的农户占比为 22.65%，愿意支付增加收益的 5%的农户占比为49.87%；而不愿支付费用的农户占比为 22.39%，低于产前服务的 25.63%和产后服务的 32.74%。对于产前服务而言，愿意支付增加收益的 10%以上的农户占比为 8.88%，高于产中服务和产后服务。产后服务的支付意愿为生产过程三个环节中最低的。这说明对于不同农业生产环节农业社会化服务而言，农户更注重对产中和产前的服务投入。

表 3-12　农户对不同生产环节农业社会化服务的支付意愿

不同生产环节农业社会化服务	愿意支付增加收益的10%以上	愿意支付增加收益的5%~10%	愿意支付增加收益的5%	不愿支付费用	支付意愿均值排序
产中服务	5.09%	22.65%	49.87%	22.39%	1
产前服务	8.88%	18.78%	46.70%	25.63%	2
产后服务	2.81%	15.35%	49.10%	32.74%	3

注：数据来源于本书研究团队的微观调查数据资料

二、农户的农业社会化服务支付意愿差异

农户对不同农业社会化服务的支付意愿会受到诸多因素的影响，不同特征的农户对不同农业社会化服务的支付意愿会有所不同。本部分基于本书研究团队调研获取的中国农村抽样调查微观数据资料，进一步分析农户所在的地域、农户是否加入农民合作经济组织、农户劳动力禀赋不同造成的农户农业社会化服务支付意愿的差异。

（一）不同区域农户的支付意愿差异

从表 3-13 的分析结果可以看出，不同区域农户对不同类型农业社会化服务的支付意愿呈现出差异性[①]。对东部地区被访农户的分析表明，农户最愿意为农业技术服务和农产品销售服务支付相应的费用，其次愿意为农业生产资料采购服务和农业金融服务支付相应的费用，为农业信息服务和农业机械服务支付相应费用的意愿相对较低；对中部地区被访农户的分析表明，农户最愿意为农业生产资料采购服务和农业机械服务支付相应的费用，其次愿意为农业基础设施建设服务和农业技术服务支付相应的费用，为农产品销售服务、农业金融服务和农业信息服务支付相应费用的意愿相对较低；对西部地区被访农户的分析表明，农户最愿意为农业技术服务和农业生产资料采购服务支付相应的费用，其次愿意为农业基础设施建设服务、农产品销售服务和农业机械服务支付相应的费用，为农业金融服务和农业信息服务支付相应费用的意愿相对较低。

表 3-13　不同区域农户对不同类型农业社会化服务的支付意愿差异

不同类型农业社会化服务	东部地区		中部地区		西部地区	
	支付意愿均值	均值排序	支付意愿均值	均值排序	支付意愿均值	均值排序
农业技术	1.352 9	1	0.811 3	4	1.366 5	1
农业金融	0.979 2	4	0.650 9	6	1.006 2	6
农产品销售	1.215 7	2	0.773 6	5	1.118 0	4
农业生产资料采购	1.098 0	3	0.905 7	1	1.192 5	2
农业信息	0.725 5	7	0.424 5	7	0.894 4	7
农业机械	0.795 9	6	0.905 7	2	1.018 6	5
农业基础设施建设	0.958 3	5	0.858 5	3	1.149 1	3

注：数据来源于本书研究团队的微观调查数据资料

[①] 为节省篇幅，书中仅给出用首选项决定法和加权均值法分析得出的不同区域农户对不同类型农业社会化服务项目需求的排序状况，略去了聚类分析图，后同。

从被访农户的总体支付意愿来看,西部地区的被访农户支付意愿最高,其次为东部的被访农户,中部的被访农户支付意愿最低。具体来看,西部地区的被访农户对农业技术服务的支付意愿更高,这是因为西部地区受到地形、气候等自然条件的影响,人均耕地占有量很少,农业产出也不稳定,农业生产经营者愿意在农业技术上进行更多的投入。而东部地区的被访农户对农业技术服务的支付意愿也相对较高,这是因为东部地区的农业经济更发达,农业技术的支撑力量更大,农业生产经营者享受了农业技术带来的好处,更愿意追加投入。中部地区的被访农户对农业生产资料采购服务支付意愿较高,这是因为农户现有的农业生产资料购买渠道单一,多数农户选择的农业生产资料是以亲朋推荐为主的,因此农户需要通过农业生产资料供给服务来获得价格相对低廉、质量更好的生产资料以控制成本。

从表 3-14 的分析结果可以看出,不同区域的被访农户对不同农业生产环节服务的支付意愿也有所区别。对于东部和中部地区而言,被访农户的支付意愿按照均值从大到小依次为产前服务、产中服务、产后服务;对于西部地区而言,被访农户的支付意愿按照均值从大到小依次为产中服务、产前服务、产后服务。从被访农户对不同生产环节农业社会化服务的支付意愿来看,总体呈现出东部、西部农户支付意愿较高,中部农户支付意愿较低的特点,这与不同区域被访农户对不同类型农业社会化服务的支付意愿特征相似。

表 3-14 不同区域农户对不同生产环节农业社会化服务的支付意愿差异

不同生产环节农业社会化服务	东部地区		中部地区		西部地区	
	支付意愿均值	均值排序	支付意愿均值	均值排序	支付意愿均值	均值排序
产前服务	1.235 3	1	0.896 2	1	1.198 8	2
产中服务	1.235 3	2	0.801 9	2	1.285 7	1
产后服务	1.142 9	3	0.735 8	3	0.900 6	3

注:数据来源于本书研究团队的微观调查数据资料

(二)是否为合作组织成员农户的支付意愿差异

从表 3-15 的分析结果可以看出,被访农户是否加入农民合作经济组织对不同类型农业社会化服务的支付意愿呈现出差异。加入农民合作经济组织的被访农户对农业社会化服务的支付意愿分析显示,农业技术服务的支付意愿最高,而农业信息服务的支付意愿最低;未加入农民合作经济组织的被访农户对农业社会化服务的支付意愿也存在显著差异,其中农业技术服务的支付意愿最高,支付意愿最低的为农业信息服务。

表 3-15 是否为合作组织成员对不同类型农业社会化服务的支付意愿差异

不同类型农业社会化服务	组织成员		非组织成员	
	支付意愿均值	均值排序	支付意愿均值	均值排序
农业技术	1.165 3	1	1.224 5	1
农业金融	0.914 2	6	0.877 6	6
农产品销售	1.012 7	3	1.091 8	3
农业生产资料采购	1.050 8	2	1.183 7	2
农业信息	0.728 8	7	0.704 1	7
农业机械	0.944 4	5	1.030 6	4
农业基础设施建设	1.004 3	4	0.969 4	5

注：数据来源于本书研究团队的微观调查数据资料

从表 3-16 的分析结果可以看出，被访农户是否加入农民合作经济组织对不同生产环节农业社会化服务的支付意愿也呈现出差异。加入农民合作经济组织的被访农户更愿意支付产前服务，其次为产中服务，未加入农民合作经济组织的被访农户则更愿意对产中服务投入。相比较而言，加入农民合作经济组织的被访农户的总体农业社会化服务支付意愿相对较低，而未加入农民合作经济组织的被访农户的总体农业社会化服务支付意愿相对较高。这是因为农民合作经济组织通常免费向组织成员提供农业服务，即使收费也是收取远低于市场价格的费用，因此组织成员不愿意另外支付更多的农业社会化服务费用。

表 3-16 是否为合作组织成员对不同生产环节农业社会化服务的支付意愿差异

不同生产环节农业社会化服务	组织成员		非组织成员	
	支付意愿均值	均值排序	支付意愿均值	均值排序
产前服务	1.105 9	1	1.142 9	2
产中服务	1.067 8	2	1.295 9	1
产后服务	0.888 9	3	0.918 4	3

注：数据来源于本书研究团队的微观调查数据资料

（三）不同劳动力禀赋农户的支付意愿差异

从表 3-17 的分析结果可以看出，拥有不同劳动力禀赋的被访农户对不同类型农业社会化服务的支付意愿也呈现出差异。根据样本情况，本部分按照被访农户所在家庭的劳动力人数把被访农户分为劳动力禀赋低、中、高三组，家庭劳动力人数在 2 人及以下的被访农户被归为低劳动力禀赋组，家庭劳动力人数为 3 人的被访农户被归为中等劳动力禀赋组，家庭劳动力人数在 4 人及以上的被访农户被归为高劳动力禀赋组。从表 3-17 中可以看出，低劳动力禀赋组的被访农户最愿意为农业技术服务和农业生产资料采购服务支付相应费用，其次愿意为农业机械服务、农产品销售服务支付相应费用，为农业金融服务、农业基础设施建设服务、农业信息服务支付相应费用的意愿相对较低；中等劳动力禀赋组的被访农户最愿意为农业技术服务和农业生产资料采购服务支付相应费用，其次愿意为农业基础设施建设服务、农业机械服务和农产品销售服务支付相应费用，为农业金融服务和农业信息服务支付相应费用的意愿相对较低；高劳动力禀赋组的被访农户最愿意为农业技术服务和农产品销售服务支付相应费用，其次愿意为农业基础设施建设服务、农业生产资料采购服务和农业机械服务支付相应费用，为农业金融服务和农业信息服务支付相应费用的意愿相对较低。

表 3-17　不同劳动力禀赋农户对不同类型农业社会化服务的支付意愿差异

不同类型农业社会化服务	低劳动力禀赋		中等劳动力禀赋		高劳动力禀赋	
	支付意愿均值	均值排序	支付意愿均值	均值排序	支付意愿均值	均值排序
农业技术	1.1032	1	1.2609	1	1.2771	1
农业金融	0.9290	5	0.8804	6	0.8280	6
农产品销售	0.9419	4	1.0326	5	1.2667	2
农业生产资料采购	0.9935	2	1.2174	2	1.1146	4
农业信息	0.7032	7	0.6957	7	0.7500	7
农业机械	0.9806	3	1.0330	4	0.8842	5
农业基础设施建设	0.8831	6	1.1630	3	1.1970	3

注：数据来源于本书研究团队的微观调查数据资料

通过对比分析发现，被访农户拥有的劳动力禀赋越多，对不同类型农业社会化服务的支付意愿越高。具体而言，不同劳动力禀赋的被访农户对农业技术服务的支付意愿最高，高劳动力禀赋的被访农户对农产品销售服务的支付意愿更高，中等劳动力禀赋的被访农户对农业生产资料采购服务的支付意愿更高，而低劳动力禀赋的被访农户对农业基础设施建设服务的支付意愿相对更低。

从表 3-18 的分析结果可以看出，拥有不同劳动力禀赋的被访农户对不同生产环节的农业社会化服务的支付意愿也呈现出差异。拥有劳动力禀赋更多的被访农户对不同生产环节农业社会化服务的支付意愿更高，这与上述分析结论一致。不同被访农户对产前和产中服务的支付意愿更高，对产后服务的支付意愿相对较低。中等劳动力禀赋和高劳动力禀赋的被访农户相对更注重产中服务，低劳动力禀赋的被访农户相对更注重产前服务。

表 3-18 不同劳动力禀赋农户对不同生产环节农业社会化服务的支付意愿差异

不同生产环节农业社会化服务	低劳动力禀赋		中等劳动力禀赋		高劳动力禀赋	
	支付意愿均值	均值排序	支付意愿均值	均值排序	支付意愿均值	均值排序
产前服务	1.038 7	1	1.108 7	2	1.177 1	2
产中服务	0.993 5	2	1.163 0	1	1.250 0	1
产后服务	0.851 6	3	0.956 5	3	0.872 3	3

注：数据来源于本书研究团队的微观调查数据资料

第四节　农业社会化服务的供给现状

本节基于本书研究团队调研获取的中国农村抽样调查微观数据资料描述不同农业社会化服务供给主体的供给状况，并在此基础上分析农户对不同类型的农业社会化服务供给的满意程度，并分析农户期望的农业社会化服务供给模式和供给效果。

一、不同主体的农业社会化服务供给

（一）不同主体的服务供给状况

从表 3-19 的分析结果可以看出，不同供给主体提供的农业社会化服务覆盖率有明显差异。农民合作经济组织的服务覆盖率最高，在 396 个被访农户中，有80.30%的被访农户获得了农民合作经济组织提供的农业社会化服务，政府的服务覆盖率位居第二，有 71.21%的被访农户获得了政府提供的农业社会化服务，其次为村集体和农业科研院所的服务覆盖率，企业的服务覆盖率最低，仅占17.17%。不同供给主体提供的农业社会化服务的收费情况也略有差异。企业提供的农业社会化服务绝大多数都是收费服务，农业科研院所提供的农业社会化服务的收费比例略低，而其他供给主体提供的农业社会化服务的收费比例都远远低于企业和农业科研院所。相对而言，农民合作经济组织和政府的免费比例是最高的，分别是 62.37%和 65.91%。

表 3-19 不同供给主体农业社会化服务的覆盖率

服务情况	服务供给主体				
	政府	村集体	农业科研院所	企业	农民合作经济组织
服务人数	282	198	124	68	318

续表

服务情况	服务供给主体				
	政府	村集体	农业科研院所	企业	农民合作经济组织
比例	71.21%	50.00%	31.31%	17.17%	80.30%
不收费人数	261	201	154	111	247
比例	65.91%	50.76%	38.89%	28.03%	62.37%

注：数据来源于本书研究团队的微观调查数据资料

从表 3-20 的分析结果可以看出，从收费的合理性、服务人员素质、服务是否满足需求、服务的总体满意度等四个方面来看，被访农户对不同服务主体提供的农业社会化服务的满意程度略有差异。从收费的合理性来看，被访农户对政府和农民合作经济组织的满意偏高，普遍认为这两类服务供给主体的收费更合理，而对企业的收费合理性满意度偏低，普遍认为企业提供农业社会化服务的收费合理程度更低。从服务人员素质来看，被访农户对农业科研院所的满意程度较高，而对企业的满意度相对较低。从服务是否满足需求来看，被访农户对农民合作经济组织的满意程度较高，而对企业的满意程度相对较低。从服务的总体满意度来看，被访农户对农民合作经济组织的满意度较高，而对企业的满意度相对较低。

表 3-20　农户对不同主体供给农业社会化服务的满意度

满意度评价项目		服务供给主体				
		政府	村集体	农业科研院所	企业	农民合作经济组织
收费的合理性	均值	3.54	3.49	3.47	3.25	3.56
	标准差	0.69	0.73	0.70	0.79	0.76
服务人员素质	均值	3.96	3.82	4.03	3.80	3.94
	标准差	0.75	0.81	0.79	0.90	0.81
服务是否满足需求	均值	2.30	2.33	2.37	2.17	2.40
	标准差	0.61	0.63	0.59	0.63	0.71
服务的总体满意度	均值	3.90	3.75	3.75	3.38	3.97
	标准差	0.76	0.78	0.82	0.85	0.74

注：数据来源于本书研究团队的微观调查数据资料

（二）不同主体服务供给的区域差异

从表 3-21 的分析结果可以看出，不同地区不同供给主体的农业社会化服务覆盖率略有差异。从服务覆盖率最高的农民合作经济组织来看，东部地区农民合作经济组织的服务覆盖率为 75.59%，明显低于中部地区农民合作经济组织 84.91%的服务覆盖率和西部地区农民合作经济组织 82.17%的服务覆盖率。从服务覆盖率最低的企业来看，东部地区企业的服务覆盖率为 4.72%，中部地区企业的服务覆盖率为8.49%，均明显低于西部地区企业33.76%的服务覆盖率。这些数据表明，中部地区和西部地区的农业社会化服务覆盖率普遍较高。这是因为东部地区经济发展水平相对较高，大多数农户的农业生产经营能力相对更强，因此对农业社会化服务的需求相对较弱。而从三大地区的对比分析来看，不同供给主体的农业社会化服务的收费情况也略有差异。企业提供农业社会化服务时，对中部地区农户免费的比例最高，占 41.51%，其次为西部的 30.43%和东部的 14.17%；农民合作经济组织提供农业社会化服务时，对中部地区农户免费的比例最高，占67.92%，其次为西部的 62.73%和东部的 55.12%。这些数据表明中部地区和西部地区的农业社会化服务免费比例明显高于东部地区。这是因为东部地区经济发展水平较高，大多数农户拥有较丰富的资源禀赋，有能力支付农业社会化服务的相关费用。

表 3-21　不同供给主体农业社会化服务覆盖率的区域差异

地区	项目	服务供给主体				
		政府	村集体	农业科研院所	企业	农民合作经济组织
东部	服务人数	91	33	23	6	96
	比例	71.65%	25.98%	18.11%	4.72%	75.59%
	不收费人数	84	40	39	18	70
	比例	66.14%	31.50%	30.71%	14.17%	55.12%
中部	服务人数	78	71	30	9	87
	比例	75.47%	67.92%	28.30%	8.49%	84.91%
	不收费人数	67	65	48	44	69
	比例	63.21%	61.32%	45.28%	41.51%	67.92%
西部	服务人数	111	93	71	53	129
	比例	70.70%	59.24%	45.22%	33.76%	82.17%
	不收费人数	110	96	67	49	101
	比例	68.32%	59.63%	41.61%	30.43%	62.73%

注：数据来源于本书研究团队的微观调查数据资料

从表 3-22 的分析结果可以看出，从收费的合理性、服务人员素质、服务是否满足需求、服务的总体满意度这四个方面来看，不同区域的被访农户对不同服务主体提供的农业社会化服务的满意程度略有差异。东部地区的被访农户认为农民合作经济组织提供的农业社会化服务收费最合理、服务最能满足需求，对农民合作经济组织提供农业社会化服务的总体满意度最高，而且认为农业科研院所提供农业社会化服务的人员素质最高；中部地区的被访农户认为政府提供农业社会化服务的收费最合理，对政府提供农业社会化服务总体满意度最高，认为农业科研院所提供的农业社会化服务最能满足需求，认为企业提供农业社会化服务的人员素质最高；西部地区的被访农户认为农民合作经济组织提供农业社会化服务的收费最合理、服务最能满足需求，他们对农民合作经济组织提供农业社会化服务的总体满意度最高，并且认为农业科研院所提供农业社会化服务的人员素质最高。这些结果表明东部地区和西部地区农民合作经济组织是农业社会化服务的重要供给主体，而被访农户对农民合作经济组织的各方面满意度都较高。

表 3-22　农户对不同主体供给农业社会化服务满意度的区域差异

区域	项目		服务供给主体				
			政府	村集体	农业科研院所	企业	农民合作经济组织
东部	收费的合理性	均值	3.49	3.48	3.35	3.03	3.53
		标准差	0.78	0.73	0.85	0.73	0.72
	服务人员素质	均值	4.16	4.02	4.27	3.88	4.13
		标准差	0.74	0.98	0.75	0.93	0.87
	服务是否满足需求	均值	2.38	2.27	2.31	2.08	2.44
		标准差	0.62	0.65	0.60	0.66	0.65
	服务的总体满意度	均值	4.04	3.89	3.70	3.36	4.12
		标准差	0.85	0.94	0.90	0.77	0.75
中部	收费的合理性	均值	3.56	3.38	3.49	3.45	3.31
		标准差	0.65	0.86	0.71	0.75	0.78
	服务人员素质	均值	3.83	3.61	3.79	3.92	3.66
		标准差	0.67	0.73	0.87	0.96	0.76
	服务是否满足需求	均值	2.25	2.36	2.40	2.24	2.26
		标准差	0.49	0.68	0.64	0.67	0.55
	服务的总体满意度	均值	3.90	3.69	3.68	3.34	3.88
		标准差	0.60	0.75	0.85	0.95	0.72
西部	收费的合理性	均值	3.59	3.61	3.55	3.27	3.79
		标准差	0.60	0.54	0.55	0.80	0.69
	服务人员素质	均值	3.87	3.87	4.00	3.68	3.98
		标准差	0.78	0.70	0.72	0.83	0.73
	服务是否满足需求	均值	2.28	2.35	2.38	2.19	2.46
		标准差	0.66	0.58	0.54	0.60	0.82
	服务的总体满意度	均值	3.77	3.71	3.84	3.41	3.92
		标准差	0.75	0.68	0.74	0.84	0.72

注：数据来源于本书研究团队的微观调查数据资料

二、不同类型的农业社会化服务供给

农户对不同类型的农业社会化服务供给的满意度存在差异，对不同生产环节的农业社会化服务供给的满意度也存在差异。

（一）农户对不同类型农业社会化服务的满意度

表 3-23 列出了农户对不同类型农业社会化服务的满意度。农户对农产品销售服务和农业技术服务的满意程度最高，其次是农业信息服务和农业生产资料采购服务，再次是农业基础设施建设服务、农业金融服务和农业机械服务。

表 3-23　农户对不同类型农业社会化服务的满意度

不同类型农业社会化服务	非常满意	比较满意	一般满意	不太满意	完全不满意	满意度均值
农产品销售	26.91%	37.68%	25.78%	5.95%	3.68%	3.78
农业生产资料采购	17.96%	44.61%	29.64%	5.39%	2.40%	3.69
农业信息	19.10%	38.21%	30.75%	7.46%	4.48%	3.68
农业机械	13.49%	32.87%	39.79%	10.38%	3.46%	3.41
农业金融	13.52%	33.10%	33.10%	17.08%	3.20%	3.35
农业技术	22.66%	43.63%	28.05%	3.97%	1.70%	3.82
农业基础设施建设	16.17%	31.02%	32.01%	15.18%	5.61%	3.37

注：数据来源于本书研究团队的微观调查数据资料；表中的百分比是指对某种类型农业社会化服务达到某种满意程度的农户占总农户的比值，如对农产品销售服务非常满意的农户占总农户数的26.91%

（二）农户对不同生产环节农业社会化服务的满意度

从表 3-24 的分析结果可以看出，农户对不同生产环节农业社会化服务的满意度也略有差异。被访农户对产前服务满意度最高，均值为 3.76，其中，非常满意的农户占比为 24.41%。被访农户总体较满意的是产中服务，其中20.85%的农户非常满意，41.39%的农户比较满意。而被访农户满意度最低的是产后服务。

表 3-24　农户对不同生产环节农业社会化服务的满意度

不同生产环节农业社会化服务	非常满意	比较满意	一般满意	不太满意	完全不满意	满意度均值
产前服务	24.41%	40.00%	26.18%	6.47%	2.94%	3.76
产中服务	20.85%	41.39%	30.82%	5.44%	1.51%	3.75
产后服务	23.82%	35.74%	28.53%	7.84%	4.08%	3.63

注：数据来源于本书研究团队的微观调查数据资料；表中的百分比是指对某个生产环节的农业社会化服务达到某种满意程度的农户占总农户的比值，如对产前服务非常满意的农户占总农户数的24.41%

三、农户对农业社会化服务的期望供给

农户对农业社会化服务的期望供给模式和期望的供给效果往往是农户对农业社会化服务需求的精准表达，是实现农业社会化服务供需平衡的重要基础。

（一）农户期望的农业社会化服务供给模式

从表 3-25 的分析结果可以看出，被访农户所接受的不同主体供给的不同类型农业社会化服务并未完全满足自身农业生产经营的需求。他们针对农业社会化服务的供给现状及自身的实际需求，对现有的农业社会化服务供给模式提出了相应建议。接近 2/3 的被访农户希望农业社会化服务的内容要贴近生产实际，超过 1/2 的被访农户希望增加服务次数，接近 1/2 的被访农户希望服务时间和劳作时间结合，并希望扩大服务范围，以及希望服务保持连贯性、服务形式要灵活多样，还有 1/3 左右的被访农户希望提高服务供给人员的素质及降低服务收费。这表明现有的服务内容并不完全符合农户的农业生产经营实际需要，而且服务不能和农业生产经营的全过程密切吻合，也没有覆盖到农业生产经营的全部需求范围，因此农业社会化服务供给主体应该根据这些现有的不足对农业社会化服务供给进行改进和完善。

表 3-25　农户农业社会化服务供给建议

期望供给模式	频数	频率	次序
服务内容要贴近生产实际	241	61.17%	1
服务的次数要增加	215	54.57%	2
服务时间要结合劳作时间	175	44.42%	3
服务范围要广	173	43.91%	4
服务要保持连贯性	171	43.40%	5
服务形式要灵活多样	162	41.12%	6
提供服务的人员素质要高	139	35.28%	7
服务的收费要降低	105	26.65%	8

注：数据来源于本书研究团队的微观调查数据资料

（二）农户期望的农业社会化服务供给效果

根据前文的分析可知，农业社会化服务应该帮助农户解决农业生产经营困难问题，并帮助农户增加农业收入，促进农业经济发展，但现实情况表明这些目标并未完全实现。从表 3-26 的分析结果可知，增加农业收入是被访农户最期望达到的农业社会化服务效果，占被访农户的 78.17%，其次希望达到的农业社会化

服务效果是提高农产品产量、农产品卖个好价钱、降低生产成本，这些都占65%以上，再次是降低农业风险、减轻劳动强度、扩大农业生产规模、增强谈判能力等。这表明农户最迫切需要解决的是收入增加的问题，而具体在农业生产经营中最困难的是农产品质量不高、销售困难等问题，农业投入过高、风险大、劳动强度大也是被访农户所需要解决和改善的问题。因此农业社会化服务供给主体应该从这几个方面出发，设计农业社会化服务的供给思路和模式，达到农户期望的效果。

表3-26　农户期望的农业社会化服务供给效果

期望效果	频数	频率	次序
增加农业收入	308	78.17%	1
提高农产品产量	293	74.37%	2
农产品卖个好价钱	277	70.30%	3
降低生产成本	257	65.23%	4
降低农业风险	211	53.55%	5
减轻劳动强度	206	52.28%	6
扩大农业生产规模	160	40.61%	7
增强谈判能力	79	20.05%	8

注：数据来源于本书研究团队的微观调查数据资料

第五节　本 章 小 结

本章利用中国的宏观统计资料描述了中国农业生产经营情况及农民合作经济组织发展情况，并基于本书研究团队调研获取的中国农村抽样调查微观数据资料，对中国农业社会化服务的供给和需求现状进行了描述，得出了以下结论。

第一，在中国特定的农业生产经营条件下，农民合作经济组织经历了较长时期的发展和演变过程，现阶段的农民合作经济组织发展呈现出新的特征。中国地广人稠，人口密度高，人均耕地面积小，虽然农业 GDP 总量高，但人均农业 GDP 较低。中国的农业比重在逐步下降，城市化进程也在逐渐加快。中国的农民合作经济组织经历了一个曲折的发展过程，从中华人民共和国成立以前以信贷合作为代表的农民合作经济组织发展，到中华人民共和国成立后至改革开放前人民公社的挫折，最终到改革开放后农民合作经济组织的新发展。改革开放前人民公社遭遇挫折后，中国的农民合作经济组织重新开始发展起来，随着中央政策定位的不断清晰、立法的不断完善，各种形式的农民合作经济组织规模日益壮大，运行日益规范，对于中国农村经济的健康发展起到了重要的推动作用。

第二，农户对农业社会化服务需求迫切，但其需求程度随着农户所在的地域、农户是否加入农民合作经济组织、农户生产经营目标类型，以及农业社会化服务内容不同而呈现出差异化特征。被访农户对不同类型及不同农业生产环节的农业社会化服务都表现出较为迫切的需求。而农户所在的地域、农户是否加入农民合作经济组织、农户生产经营目标类型的不同造成了农户对不同农业社会化服务需求优先序呈现出差异。相对而言，西部地区农户比中部和东部地区农户对农业社会化服务的需求更为迫切；加入农民合作经济组织的农户由于享受了农民合作经济组织提供的服务，比非合作经济组织农户的需求相对更少；而生产经营目标类型不同的农户对不同类型的农业社会化服务需求并不相同。

第三，农户对于农业社会化服务具有较强的支付意愿，农户所在的地域不同、农户是否加入农民合作经济组织、农户所拥有的劳动力资源禀赋不同造成了农户农业社会化服务支付意愿的差异。大多数被访农户对于农业社会化服务具有较强的支付意愿，愿意为不同类型和不同农业生产环节的农业社会化服务支付不同程度的费用，甚至愿意支付增加收益 10%以上的费用。而农户所在的地域不同、农户是否加入农民合作经济组织、农户所拥有的劳动力资源禀赋不同造成了农户农业社会化服务支付意愿的差异。相对而言，中部地区的被访农户支付意愿相对更低；加入农民合作经济组织的农户由于享受了组织提供的低价服务甚至免费服务，对农业社会化服务的整体支付意愿相对更低；低劳动力禀赋的农户支付意愿更低。

第四，不同服务供给主体提供了多样化的农业社会化服务，但现有农业社会化服务供给和需求并不平衡。政府、村集体、企业、农业科研院所、农民合作经济组织等不同服务供给主体都为农户提供了不同程度的不同类型农业社会化服务，不同服务供给主体在农业社会化服务供给中都发挥着重要作用。但相对而言，农民合作经济组织和政府提供的农业社会化服务的特点是：收取费用最低且覆盖率最高；企业提供的农业社会化服务的特点是覆盖率最低但收取费用最高。总体来看，农户对现有农业社会化服务的满意程度处于中等偏上水平，但现有农业社会化服务供给仍然存在和农户的实际需要不相符、服务次数少、服务范围小、不能帮助农户明显增加收入等问题，因此现有农业社会化服务供给模式需要进一步完善，服务绩效需要进一步提升。

第四章　农民合作经济组织提供内部化农业服务的理论分析

农民合作经济组织作为重要的服务供给主体，能够为组织内部成员提供有效的农业社会化服务。本章在厘清内部化农业服务的内涵和属性的基础上界定农民合作经济组织的角色定位；基于公共选择理论和契约理论从农民合作经济组织的自愿供给机制、沟通机制、声誉机制和集体行动的逻辑等角度分析农民合作经济组织给内部成员提供具有俱乐部产品性质的内部化农业服务的可能性，进一步从有形产品和无形产品的划分及关系契约的作用分析农民合作经济组织供给农业社会化服务的思路；并在此基础上分析农民合作经济组织的成员状况、信息状况、俱乐部成本、需求显示状况对农民合作经济组织服务绩效的影响。

第一节　农民合作经济组织提供内部化农业服务的基本界定

为了探讨农民合作经济组织为其成员提供内部化农业服务的机理，本节首先对内部化农业服务的概念进行界定，并在此基础上界定农民合作经济组织在为其成员提供内部化农业服务的过程中所扮演的角色。

一、内部化农业服务的界定

要探讨农民合作经济组织为其成员提供内部化农业服务的机理，首先有必要对内部化农业服务的内涵进行界定，然后在此基础上明确内部化农业服务的经济属性。

（一）内部化农业服务的内涵

本书所指的内部化农业服务是相对于农民合作经济组织而言的，即农民合作经济组织向组织内部成员提供的农业服务称为内部化农业服务。这种内部化主要是从服务范围的角度来进行划分的，并通过农民合作经济组织的成员身份来进行鉴别。也就是说，内部化农业服务是指只对组织内部成员提供，而不对非组织成员提供的农业服务；只有具有农民合作经济组织成员资格的农户才能享受，而非合作经济组织成员无法享受这种农业服务[①]。

有必要说明的是，虽然农民合作经济组织提供的内部化农业服务是一种针对组织成员的自我服务，但也具有社会化服务的性质。这是基于以下三个方面的原因：首先，农民合作经济组织为成员提供的农业服务是建立在社会分工基础上的专业化服务，不同于农民家庭的自给自足的状态。其次，组织成员享受组织提供的服务往往是根据商品交换原则进行有偿支付的。虽然组织的盈余要作为返还金退还给组织成员，但成员与组织之间的业务往来仍然按照市场法则进行。最后，农民合作经济组织不但遵循入社自愿的原则，也遵循退社自由的原则，农户能够自由选择是否加入该农民合作经济组织，也能够自由选择是否接受该农民合作经济组织提供的农业服务（樊亢和戎殿新，1994b）。

（二）内部化农业服务的经济属性

农民合作经济组织向组织成员提供的内部化农业服务主要是典型的具有俱乐部产品性质的农业社会化服务，属于准公共品范畴。因为这种内部化农业服务具有明显的俱乐部产品的特征。一是消费的部分竞争性。当农民合作经济组织成员规模不大时，组织内部成员可以共享这些农业服务，消费具有非竞争性，然而一旦组织成员规模超过一定数量之后，消费的竞争性就会出现。二是排他性。农民合作经济组织可以很轻易地利用组织成员资格来进行排他。这意味着非组织成员无法享受这些农业服务，而只有组织内部成员才能享受这些农业服务。这种排他成本是比较低的。三是拥挤性。农民合作经济组织的成员规模不能无限制扩大，当成员规模超过拥挤点之后，消费就会存在拥挤，从而产生消费的竞争性。也就是说，农民合作经济组织成员消费组织提供的准公共品性质的农业社会化服务会存在拥挤。

当然农民合作经济组织除了向其内部组织成员提供准公共品性质的农业社会化服务以外，也会提供一些私人品性质的农业社会化服务。私人品性质的农业社

---

① 基于该内部化服务的定义，农民合作经济组织通过市场方式向非组织成员提供具有私人品性质的农业社会化服务并不属于本章的讨论范畴，但在后文的论述中会稍微有所提及。

会化服务由于产权能够清晰界定，具有消费的竞争性和排他性，因此可以通过市场价格机制进行供给。有时农民合作经济组织也会给非成员提供一些私人品性质的农业社会化服务。但农民合作经济组织会出于对组织内部成员的利益保护采取一些措施，如低价向组织成员提供私人品性质的农业社会化服务，高价向非组织成员提供一些私人品性质的农业社会化服务。本章第二节、第三节会从农民合作经济组织提供俱乐部产品性质的农业社会化服务的角度进行论述，也会稍微涉及农民合作经济组织提供私人品性质的农业社会化服务。

二、农民合作经济组织的角色界定

农民合作经济组织是具有俱乐部性质的农业社会化服务供给主体，能够为内部成员提供农业社会化服务。俱乐部是一个既能够分担生产成本，又能够分享具有排他性产品收益的自愿联合群体（Sandler and Tschirhart，1980）。农民合作经济组织具有俱乐部性质，主要表现在排他性、拥挤性和趋同性三个方面。

（一）农民合作经济组织的排他性

用俱乐部理论分析公共品供给时最重要的要素就是排他性（McNutt，1999）；在俱乐部理论中，集体消费有一定的排他原则，如会员费。俱乐部产品的供给和使用需要一个能将非成员排除在外的排他性组织，该组织的排他机制能够监督俱乐部产品的利用状况，对会员收费，并禁止非会员使用（Sandler and Tschirhart，1997）。农民合作经济组织通常对成员提供免费或者收费较低的农业社会化服务，对非会员不提供农业社会化服务或者提供收费较高的农业社会化服务。因此农民合作经济组织能够通过成员资格进行有效的排他，是一种具有排他性的组织。

具体来说，俱乐部的排他方式可以分为精细的排他（fine exclusion）和粗略的排他（coarse exclusion）两种（Lee，1991；Helsley and Strange，1991）。粗略的排他是指根据俱乐部成员资格进行排他，即只向使用者收取成员资格费；精细的排他是指根据消费者的消费频率和消费数量收费来进行排他。而农民合作经济组织也能够通过这两种方式进行有效的排他。

农民合作经济组织进行粗略的排他是指通过成员资格进行排他，也就是说，农民合作经济组织可以根据该农户是否加入了组织进行排他。例如，农民合作经济组织给成员农户统一提供优质种苗、种畜等生产资料，并提供生产管理、农业机械、农业技术指导、农产品销售等服务，不给非成员提供这些农业服务，即实现了粗略的排他。而这些农业社会化服务是具有俱乐部产品性质的农业社会化服务，属于准公共品，非俱乐部成员无法消费。粗略的排他是有必要的，如果不进行粗略的排他，所有农户都能享受农民合作经济组织提供的农业社会化服务，这种服务就会成为纯公共品，农户就会面临搭便车的激励而隐藏真实的需求偏好，从而陷入纯公共品供给困境。

农民合作经济组织进行精细的排他是指按消费频率和消费数量收费的方式进行排他。例如，农民合作经济组织给农户提供的服务可以分为以有形产品为载体的服务和纯无形服务两种。农民合作经济组织提供纯无形服务时可以直接用成员资格进行粗略的排他，即只要是农民合作经济组织成员都可以享受到农业信息服务、农业技术服务等，对于组织成员来说，他们对这些纯信息或技术服务的需求是相同或者相似的。但提供以有形产品为载体的服务时则需要进行精细的排他，即需要为每次享受的服务支付费用。例如，成员可以免费享受组织提供的新良种的种植技术服务，但是需要为购买新良种支付费用，而且要根据每次购买的数量重新支付不同的费用。不支付费用的组织成员无法获得该产品和服务，不具有组织成员身份的农户即使希望付费购买也无法享受组织成员的待遇。这是由于组织成员的资源禀赋和要素投入不同，对有形产品所需要的数量和频率也不尽相同。如果只采取粗略的排他方法，会导致组织成员对以有形产品为载体的服务的过度需求，从而导致农民合作经济组织的过度拥挤。研究表明，当消费者的差异程度较低时，粗略的排他可带来更高的社会福利；而差异程度较高时，精确的排他可带来更高的社会福利；当可以对差异程度做出区分时，同时使用精确的排他和粗略的排他可带来最高的福利（Bai et al.，2009）。现有的农民合作经济组织在提供农业社会化服务的过程中往往采用两种排他方式来提高组织成员的福利。

（二）农民合作经济组织的拥挤性

众多学者通过研究俱乐部最优规模和拥挤之间的关系发现：个人对准公共品的大量使用会造成拥挤，这会降低其他使用者的可得收益或服务质量，因此需要排他性的俱乐部限制成员数量（Olson，1965）。众多学者研究了俱乐部最优规模的确定，如认为通行费或拥挤价格的选择有助于确定俱乐部的成员数；若俱乐部中每个成员的使用率固定，则可以通过做出使用决定的人数决定俱乐部的成员数。最优俱乐部规模是使分享成本带来的正外部性与由拥挤或具有外部性的特征带来的负外部性相等的规模（Scotchmer，1997）。拥挤的存在看起来会产生负面的影响，但如果没有拥挤，则无法达到有限且有效的俱乐部规模。不存在拥挤，俱乐部规模会无限扩大，无法达到均衡，俱乐部产品也将变为纯公共品（Ellickson et al.，1999）。而对于农民合作经济组织而言，需要尽可能地避免拥挤，以保护成员的利益。

俱乐部的拥挤包括匿名拥挤（anonymous crowding）和非匿名拥挤（nonanonymous crowding）（Cornes and Sandler，1984；Scotchmer，1997）两种形式。匿名拥挤是指每个消费者的边际访问带来的拥挤量是相同的。非匿名拥挤则在很大程度上取决于成员的身份和特征，不同身份和特征的消费者的通行费不同。对于农民合作经济组织而言，匿名拥挤体现在当农民合作经济组织的成员规模超过最优规模之后，每一个新成员的加入所带来的边际访问拥挤量相同。而农民合作经济组织的非匿名拥挤主要体现在不同身份和特征的成员加入所带来的边际访问拥挤量是不一样的，边际消费量所需支付的费用也有所不同。农民合作经济组织减少匿名拥挤与非匿名拥挤的方式主要有以下几种。

一是通过控制普通成员的数量减少匿名拥挤。农民合作经济组织的匿名拥挤主要来自普通成员的加入，虽然普通成员得到的利益比核心成员少得多，农民合作经济组织也不愿意规模过大，因为农民合作经济组织本身固定资产较少。实际上，农民合作经济组织的普通成员加入是比较容易的，农民合作经济组织是以一种弱制约的方式避免拥挤的。而现实情况中可以观察到农民合作经济组织普遍表现出规模偏小的特征，这是因为现有的农民合作经济组织还未达到能够实现规模经济效应的规模，而且现有农民合作经济组织的规模还远未达到拥挤点。

二是通过成本和收益的权衡减少匿名拥挤。当新成员加入时，农民合作经济组织需要计算其成本和收益，即农民合作经济组织规模扩大获得的规模经济收益与成员增加所带来的管理和协调成本之间的权衡。若规模扩大获得的规模经济收益无法抵扣成员增加所带来的管理和协调成本，则严格控制成员数量的增加。

三是通过控制核心成员的数量减少非匿名拥挤。加入农民合作经济组织成为理事会成员或核心成员比较困难，农民合作经济组织通常以成员的出资额、经营能力、要素资源禀赋等因素来评判该成员是否能够成为核心成员。这是因为更多的核心成员会直接降低核心成员能够分享的俱乐部产品，如声誉、地位、收益等。因此农民合作经济组织对于这种拥挤的制约是强烈的。

四是通过控制加入组织的单位成员的数量减少非匿名拥挤。单位成员和个人成员对农民合作经济组织造成的拥挤有明显的区别。单位成员通常拥有更多的要素资源禀赋，包括社会资本、人力资本与物质资本等，这些要素资源禀赋能够帮助农民合作经济组织提供更高效的农业社会化服务。然而过多的单位成员加入会明显削弱个人成员和普通成员的利益，造成更严重的拥挤，因此农民合作经济组织往往通过控制单位成员的数量减少非匿名拥挤。

图 4-1 描述了农民合作经济组织作为典型的俱乐部所具有的拥挤性特征。横

轴表示农民合作经济组织的成员规模，曲线 B_p 表示农民合作经济组织的组织收益，曲线 C_p 表示农民合作经济组织的组织成本。在农民合作经济组织的成员规模达到拥挤点 N_p^0 之前，随着成员规模的扩大，组织净收益会随之增加；当组织成员规模超过拥挤点之后，随着成员规模的继续扩大，组织净收益会随之减少，甚至组织成本会超过组织收益而导致组织净收益为负值。

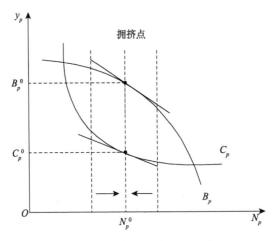

图 4-1　农民合作经济组织的拥挤性

（三）农民合作经济组织的趋同性

农民合作经济组织的趋同性是指组织的成员之间具有利益趋同的特征，这也是俱乐部得以形成和健康发展的重要保障。农民合作经济组织的趋同性主要体现在以下几个方面。

一是组织成员的相对同质性导致组织的利益趋同。农民合作经济组织是农民出于生产经营上共同或相似的需求，自发组成的内部成员之间地位平等、资源共享、互助合作的组织，因此农民合作经济组织具有一定的利益趋同属性。虽然现有研究越来越关注农民合作经济组织内部成员的异质性问题，但相对于非组织成员而言，共同的利益诉求也会导致组织内部成员具有更高的同质性，从而形成相对稳定的联盟，能够发挥单个农户无法具备的优势，因而资源使用效率也较高。

二是组织特有的成本分摊和收益分享机制能够提升组织成员福利，促使组织成员能够共同为组织发展努力。农民合作经济组织是具有消费的部分竞争性，并且排斥非组织成员享受组织提供的产品和服务、分享收益的一种合作组织，具有特有的成本分摊和收益分享机制。成本分摊方式主要有平均分摊方式（Ellickson et al.，1999）和按贡献分摊方式，如根据消费或使用频次来分摊成本

（Scotchmer，1997）。收益分享机制一般与成本分担机制对应，否则会导致非效率。俱乐部能够很好地进行成本分摊（Buchanan，1965）。农民合作经济组织成员通过一次性支付相应费用获得成员资格，从而获得组织对成员提供的普惠性的农业服务；而在每次享受以产品为载体的农业服务时都需要支付相应费用，组织成员支付的这些费用都用于弥补组织的成本。因为农民合作经济组织的成本分摊和收益分享机制的有效运行，当组织的规模比较合理时，组织成员仅支付相对较低的成本就能获得组织提供的具有俱乐部产品性质的农业社会化服务，因此可提高组织成员的福利。

三是组织带给成员的归属感和成就感能够使成员具有一致的利益诉求。组织成员的归属感来源于农民合作经济组织就像一个大家庭，组织成员能够被组织认同，有困难时能够向组织寻求帮助，能够在组织内部建立较为紧密的社会关系，得到精神上的慰藉等。有学者认为，运作良好的农民合作经济组织，其组织成员在许多方面具有高度的一致性，组织成员之间有一种大家庭成员之间的感觉。组织成员的成就感源于成为农民合作经济组织的成员可能是一种能力或地位的象征。现有的农民合作经济组织都设置了一定的条件限制农户的加入，如需要满足相应的农业生产经营内容条件，并达到一定的农业生产经营规模条件才能加入该农民合作经济组织。例如，某些农业机械合作经济组织需要农户拥有一定资产规模的农业机械才能加入该组织。因此，农民合作经济组织的成员能够在组织内部寻求成就感和归属感，从而形成一致的利益诉求。

第二节　农民合作经济组织提供内部化农业服务的机理

本节首先分析农民合作经济组织服务供给的可能性，并在此基础上设计农民合作经济组织供给农业社会化服务的思路。

一、农民合作经济组织服务供给的可能性

农民合作经济组织服务供给的可能性主要来自农民合作经济组织的自愿供给、农民合作经济组织的沟通机制、农民合作经济组织的声誉机制，以及农民合作经济组织的集体行动等几个方面。

（一）农民合作经济组织的自愿供给

农民合作经济组织为组织成员提供具有准公共品性质的农业社会化服务既不属于政府供给行为，也不属于市场供给行为，而是属于自愿供给行为。其供给机制是由组织成员进行民主决策，以组织成员自筹资金为主要资金来源，自我提供、共同消费，主要接受组织成员内部监督的自愿供给机制。农民合作经济组织的自身特性导致其具有进行准公共品自愿供给的可能性。

首先，准公共品供给主体的自愿供给行为产生的"光热效应"是自愿供给行为产生的重要原因，这种"光热效应"其实是一种非纯利他主义，即供给者的效应会随着受益者效应的提高而提高（Offerman et al.，1996；Andreoni，1990）。农民合作经济组织通常是居住在具有熟人社会性质的农村的农户之间的互助性组织，这些农户往往具有一定程度上的利他主义精神，能够从帮助熟人中获得自我满足，因此农民合作经济组织能够基于"光热效应"而产生农业社会化服务的自愿供给行为。

其次，准公共品供给主体的自愿供给行为具有互惠特性（Rabin，1993）。互惠是指在准公共品自愿供给过程中，人们对别人的合作行为给予奖赏，而对别人的不合作行为进行惩罚。准公共品供给主体的自愿供给行为是一种有条件的合作，合作的重要原因就是存在预期的互惠特性（Keser and van Winden，2000）。也就是说，在准公共品的供给博弈中，个人预期别人贡献越多，自己的贡献也越多。加入农民合作经济组织的成员农户是基于互惠特性而加入的，农民合作经济组织成员会寄希望于在帮助其他成员提高效用的同时能够获得别人对自己的帮助。因此农民合作经济组织能够基于互惠特性而产生农业社会化服务的自愿供给行为。

最后，公共品供给主体的自愿供给行为还存在从众（conformity）效应，即个体不仅对自己所在集体的其他个体行为做出反应，还会对与其支付不相关的其他集体的个体行为做出反应。研究表明，从众效应促使自愿供给增加（Bardsley and Sausgruber，2005）。随着农民合作经济组织的不断发展，一些运营规范、业绩突出的农民合作经济组织开始涌现，形成了普通农民合作经济组织效仿优秀农民合作经济组织的竞争效应和示范效应。例如，某个农民合作经济组织能够很好地为成员提供农业社会化服务，也能够让其他农民合作经济组织竞相效仿。我国对农民合作经济组织进行评级和评奖也扩大了这种竞争和示范效应。因此农民合作经济组织能够基于从众效应而产生农业社会化服务的自愿供给行为。

（二）农民合作经济组织的沟通机制

农民合作经济组织可以通过其沟通机制实现农业社会化服务的有效供给。农民合作经济组织通过创造成员之间相互交流和沟通的机会，减少信息不对称，能够更好地为组织成员提供具有准公共品性质的农业社会化服务。研究表明，公共品贡献参与者在做出决策时，如果有机会面对面进行交流，会使公共品的贡献总额保持在一个相当高的水平上（Isaac and Walker，1988）。成员之间的相互沟通和信息交流会促进合作，尤其是面对面的交流在解决公共品供给困境方面有显著作用（Ostrom et al.，1992）。农民合作经济组织具有成员之间有效的沟通和信息交流机制，能够让组织成员面对面进行交流和沟通，减少信息不对称，从而为组织成员提供有效的农业社会化服务。农户不仅可以在日常生活或者农业生产经营过程中和组织的其他成员农户进行沟通和交流，表达自己的农业服务需求；也可以通过全体成员大会或者成员代表大会向组织决策层表达自己的农业服务需求；还可以通过向组织负责人直接反应自己的困难并寻求帮助等方式来表达自己的农业服务需求；甚至可以通过"用脚投票"的方式，以退出组织这种极端的方式来表达自己对现有农业服务供给的不满。这些方式可以促进农业社会化服务供给方和需求方之间的信息沟通，提高农业社会化服务的效率。

（三）农民合作经济组织的声誉机制

声誉能够使承诺的力度增加，并提供一种隐性激励给关心长期利益的参与人，以保证其短期承诺行为，因此声誉可以替代显性合约（Kreps and Wilson，1982）。农民合作经济组织还能够通过其声誉机制实现农业社会化服务的有效供给。对于农民合作经济组织而言，集体声誉（collective reputation）和个人声誉都将产生重要作用。

从供给角度来看，组织的集体声誉有助于组织提供更高效的农业服务。这是因为组织需要提供更好的农业服务，以形成其良好的集体声誉，使组织成员更稳定，并保持组织的团结力和凝聚力，促使组织持续健康发展。对于组织成员而言，理性的农户会对所获取的农业服务绩效进行客观评价，如果能够获取高绩效的农业服务，则会继续留在组织中，对组织给予正向激励，促进组织良性发展。相反，若并不能获取满意的高绩效农业服务，理性的农户往往会选择用各种方式表达对组织的不满，这种负面评价会给组织的发展带来负面影响。而对于非组织成员而言，理性的农户如果预期加入农民合作经济组织后能够获得更好的农业服务，则会给予组织正面的评价，选择加入组织，从而扩大组织规模，促进组织进一步健康发展；否则不会加入组织。因此，农民合作经济组织会通过向组织内部成员提供更好的农业服务来提高声誉，并为了维持声誉，保持组织的团结和凝聚力，不断提供高效的农业服务。

从需求角度来看，组织内部成员在组织中的个人声誉有助于组织提供更高效的农业服务。研究表明，声誉具备信息效应与资本效应，能够使人们合作而不倾向于搭便车（Kreps and Wilson，1982）。这是因为组织内部成员为建立个人的良好声誉，在表达自己的服务需求时不倾向于撒谎、隐瞒和搭便车，每个人都会真实地表达自己的服务需求，从而使服务供给能够更好地满足农户的需求。对于组织内部成员而言，每个人都不想给同伴留下偷懒、欺骗、占便宜等不好的印象，为了维护个人声誉，宁愿花费一些成本，也会更愿意真实地表达自己的需求，如花大量时间和精力经常参加成员大会反应自己的真实需求，而不是等着别人去反应，自己坐享其成。

（四）农民合作经济组织的集体行动

农民合作经济组织可以通过其集体行动实现农业社会化服务的有效供给。Olson（1965）提出"集体行动的逻辑"，说明了消费者合作供给公共品的可能性。Bentley 的群体理论也进一步指出当一个群体所有成员具有共同的利益或目标，并且这一目标的实现会使群体中所有成员的境况得到改善时，那么群体中理性的个人将会为实现这一目标而行动。一些学者也研究了影响集体行动成功的因素，如认为资产分配的不平等能够减少农民合作经济组织内部搭便车的程度，促进集体行动的成功（Vorlaufer et al.，2012），因为对于那些拥有较多资源或财富的成员来说，他们可以从集体行动中获得具有绝对优势的收益份额，因此如果全部组织成本都由其承担，他们采取集体行动的激励依然很强（Baland and Platteau，1999；Cardenas et al.，2002）；而惩罚机制的存在及其可信的威胁能提高并维持公共品供给中的高合作水平，若增加对搭便车者的惩罚，大规模团体也可以像小团体一样对搭便车的行为进行灵活的控制，从而保证对公共品自愿供给的水平（Carpenter，2007）。也有人认为社会资本是实现集体行动以达到更高程度的经济绩效的关键（Ostrom，1998，2000）。还有学者进一步指出，选择性激励、道德规劝、超凡的领袖及强迫或强制手段等是解决集体行动问题以促使集体行动成功的有效方法（Olson，1965）。

对于农民合作经济组织而言，由于其是农户出于共同的利益需求自愿联合而形成的，其成员具有共同的利益和目标，而且这一目标能够使所有成员的境况得到改善，否则成员会在"进退自由"的原则下选择退出组织。因此在自我提供服务的机制下，农民合作经济组织能够提供有效的农业服务。而农民合作经济组织的成员中，虽然资源禀赋差异、出资额不同造成核心成员和普通成员的异质性，仍然有很强的激励促使组织提供高效的农业服务，因为核心成员能够从这些高效的农业服务中获得更大收益。而农民合作经济组织也存在惩罚机制和可信的威胁，能够促使集体行动成功。组织直接接受成员的监督，能够更好地避免组织管理者的"寻租"行为。例如，农民合作经济组织通常采取"一人一票"的制度，当组织提供的农业服务不能满足成员的需求时，成员可以通过投票方式重新进行服务供给的决策，甚至通过民主表决的方式推选出新的管理者。农民合作经济组织还可以通过内部的规章制度惩罚有搭便车行为的成员，如对不参加组织成员大会表达需求，或者不履行惠顾承诺的成员采取一定的经济惩罚或声誉惩罚。因此，组织的惩罚机制和可信的威胁能够促使集体行动达成，并从供给和需求两个方面保证农业社会化服务的有效供给。

综上所述，农民合作经济组织具有典型的俱乐部性质，具有对内部成员提供农业服务的可能性，其逻辑框架如图4-2所示。

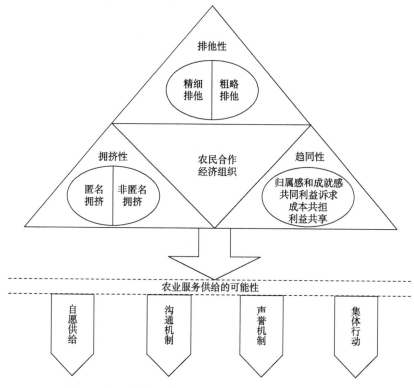

图4-2　农民合作经济组织提供内部化农业服务的可能性

二、农民合作经济组织供给农业社会化服务的思路

设计农民合作经济组织供给农业社会化服务的思路有必要首先区分农业社会化服务提供的是有形产品服务还是无形服务。农民合作经济组织更有优势供给无形服务，尤其是和有形产品结合的无形服务，因此，以关系契约为基础的捆绑供

给是农民合作经济组织供给农业社会化服务的最优思路。

（一）有形产品服务和无形服务

有形产品服务和无形服务是农业社会化服务的常见形态。农业社会化服务中的有形产品服务提供即服务供给主体向服务需求主体提供具有实物形态的产品，如提供具有实物形式的种子、种畜、塑料薄膜、饲料、农业机械等生产资料。农业社会化服务中的无形服务通常有两种形式：一种是和有形产品结合在一起的无形服务，如与新良种结合在一起的良种种植技术，与农药、化肥等有形生产资料结合在一起的农药使用和化肥施用技术，与农业机械结合在一起的农业机械操作和使用技术等；另一种是独立的无形服务，这种无形服务并未和某些有形产品结合在一起，如农作物病虫害测报、水旱灾害应对措施等农业信息服务，以及农业金融、农产品销售等无形服务，如图4-3所示。

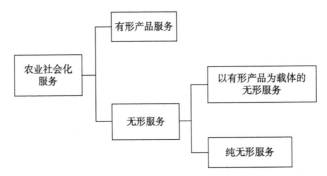

图 4-3 农业社会化服务形式分类

农业社会化服务中具有实物形态的有形产品服务可以直接用于农业生产过程，并且容易对这些有形产品进行计量、定价及质量评价，排他成本和界定产权的成本也很低，因此大多数提供有形产品的农业社会化服务通常具有私人品性质。对于这些具有私人品性质的有形产品而言，可以由市场化的企业等供给主体通过市场供给的方式来提供，并通过销售利润来弥补供给主体的成本。

农业社会化服务中的无形服务在农业社会化服务内容中占据着较大比重，而对于这些无形服务而言，无论是与有形产品相结合的无形服务，还是独立的无形服务，都很难做到技术上的排他，或者排他成本很高，消费的竞争性也很难体现，因此这些无形服务通常具有公共品性质。例如，一些田间管理技术通常都是露天操作，很难排除其他没有支付费用的农户进行模仿。而对于那些受益范围更广、使用效益外溢程度更高的无形服务，则具有更强的公共品属性，因此很难通过市场化的方法进行供给。对于公共属性更强、完全不具备排他性和竞争性的无形服务，也就是具有纯公共品性质的农业社会化服务，通常需要由政府来提供。

而对于公共属性较强、不完全具备排他性和竞争性的无形服务，也就是具有准公共品性质的农业社会化服务，由具有俱乐部性质的农民合作经济组织来提供是一种较为有效的方式。分散经营的农户之间通过签订契约形成农民合作经济组织，并通过这种组织形式确保这些无形服务的收益不会从组织范围内溢出，这些无形服务就成了农民合作经济组织的俱乐部产品。

（二）农民合作经济组织的服务供给

农民合作经济组织更有优势供给无形服务，尤其是和有形产品结合的无形服务。

一方面，这是因为市场制度供给无形服务效率低下。与瞬时完成的有形产品的交易不同，无形服务的交易是一种面向未来的承诺交易，其完成通常需要延续一定的时间，这种承诺必须通过合约来约束履行。但是由于存在信息不对称性或不完全性、无形服务产权界定的复杂性和人的有限理性等因素的影响，无形服务交易合约具有不完全性，极大地限制了通过市场制度供给无形服务的效率。

另一方面，农民合作经济组织供给无形服务能够提高效率。首先，无形服务需求的异质性导致服务供给过程中供需双方所承受的交易成本过高，而农民合作经济组织成员的相对同质性及良好的沟通机制能够降低交易成本，提高服务效率。其次，无形服务的排他成本较高，而农民合作经济组织可以通过俱乐部组织形式进行有效的排他。最后，对于农户来说，无形服务是一种对未来的承诺，农户监督供给方履约的成本及考核供给方的服务质量的成本较高，农民合作经济组织可以通过声誉机制降低农户的监督成本和考核成本。

（三）关系契约和捆绑供给

关系契约理论批判性地继承了古典契约理论，并对关系契约做了明确界定，即指并不对交易的所有细节做具体规定的具有灵活性和适应性的契约。关系契约通过契约双方对未来合作的价值和自身声誉的关注，以及在合作中形成的关系性规则来保证契约的自我履行。研究表明，当资产专用性较强、交易频率较高和不确定性也较大时，可以建立关系型契约，采取科层组织治理方式（Williamson，1985）。而随着契约持续性和复杂性的日益增强，交易治理也主要依赖于关系契约（Macneil，1974）。由于无形服务通常具有资产专用性和交易频率较高、不确定性较大的特征，因此其交易治理方式可以采用关系契约。而农民合作经济组织向内部成员提供无形服务是一种较好地执行关系契约的方式，因为契约双方的关系会在契约的长期安排中发挥关键作用。农民合作经济组织和其成员之间的长期信任和合作保障了组织能够向成员提供更高效的无形服务。例如，农民合作经济组织能够利用与成员之间的信任和长期合作保证提供高效的良种种植技术、病虫害防治技术、田间管理技术等无形服务。

而研究表明，将不同的公共品捆绑供给，或者将某一公共品与私人品一起捆绑供给能改善公共品供给的效率。因此把无形服务和有形产品捆绑起来进行服务供给能够提高服务供给效率。这是因为有形产品的产权容易界定，消费的排他性和竞争性较强，而无形产品由于产权难以界定，服务外溢性较强，难以通过收费的方式弥补成本，因此可以通过捆绑无形服务和有形产品形成联合产品供给来提高无形服务的供给效率。而且，与有形产品相结合的无形服务和有形产品之间很难分割开来。因为这种无形服务需要以有形产品为载体才能提供。例如，新良种的种植技术必须与种子这种有形的实物产品结合在一起才能构成完整的服务；农药使用技术必须与农药这种有形的实物产品结合在一起才能构成完整的服务；化肥的施用技术必须与化肥这种有形的实物产品结合在一起才能构成完整的服务。因此，对于有形产品和无形服务结合的农业社会化服务供给，也有必要通过捆绑销售的方式由农民合作经济组织进行供给。例如，要享受或者消费种植技术服务，必须购买与之相关联的种子等实物产品。

综上所述，对于不同形式的农业社会化服务，农民合作经济组织可以采取不同的供给思路，如图4-4所示。

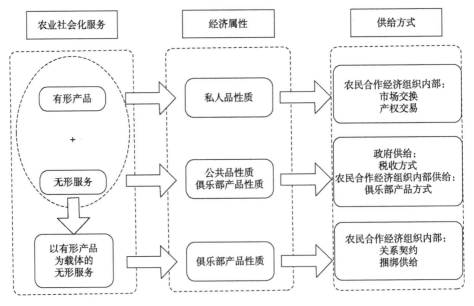

图 4-4　农民合作经济组织供给农业社会化服务的思路

第三节 农民合作经济组织提供内部化农业 服务绩效的影响因素

本节旨在从理论角度，基于农民合作经济组织的成员状况、信息状况、俱乐部成本、需求显示等要素，分析其对农民合作经济组织为成员农户提供内部化农业服务绩效的影响及影响机理。

一、成员状况对农业社会化服务绩效的影响

包括农民合作经济组织内部成员的同质性及异质性、成员的规模等因素在内的农民合作经济组织的成员状况都会对农民合作经济组织为其成员提供内部化农业服务的绩效产生影响。

（一）成员同质性对服务绩效的影响

农民合作经济组织成员的同质性主要体现在：成员生产经营产品种类、生产规模等相同或相似构成的农业生产经营的同质性；成员自然资源、资本资源、人力资源和社会资源等相同或相似构成的资源禀赋的同质性；成员生活地域、文化传统和思维习惯等相同或相似构成的文化特征的同质性；成员出资额、身份或地位相同或相似导致其在组织中的角色和地位的同质性；等等。成员同质性对农民合作经济组织供给农业社会化服务的绩效的影响是双向的。

一方面，成员同质性有利于提高农民合作经济组织的服务供给绩效。主要基于以下两点原因：一是成员同质性能够使具有一定成员规模的农民合作经济组织形成规模经济，有利于提高农民合作经济组织的服务供给绩效。有研究指出，当某一类生产投入具有高度的同质性时，提供这种投入的农民合作经济组织会相当成功（汉斯曼，2001）。二是成员同质性能够降低组织的交易成本，有利于提高农民合作经济组织的服务供给绩效。这种交易成本主要包括组织了解单个成员需求偏好的需求表达成本、组织的决策成本，以及对成员进行监督和激励的成本。这是因为同质性较高的组织成员具有相似的需求和共同的经济利益，需求表达较为真实有效，而且组织成员容易就服务提供的决策达成一致意见，减少讨价还价和摩擦带来的沟通和协调成本。

另一方面，成员同质性也会降低农民合作经济组织的服务供给绩效。这是因为同质性会产生搭便车和囚徒困境风险，从而降低农民合作经济组织的服务绩

效，这主要体现在农民合作经济组织供给具有准公共品性质的农业社会化服务的过程中。准公共品供给的一大困境在于需求显示的不真实性。理性经济人往往降低甚至隐匿自己对准公共品的真实偏好，寄希望于他人能真实表达需求，从而可以通过"免费搭车"来享受准公共品带来的效用。这是因为需求表达需要花费成本，如参加成员代表大会需要耗费时间和精力；或者某项需求的首倡者可能会承担结果不确定、效果不理想的责任，甚至是失败的风险，如引进新的产量更高的品种和种植方法可能会失败，会受到指责。因此，理性的组织成员都会等待他人表达意愿、参与决策。越来越多的组织成员由于搭便车的激励而不表达自己的真实需求，这会导致组织服务供给无法满足成员的真实需求，从而降低农民合作经济组织的服务绩效。

（二）成员异质性对服务绩效的影响

成员异质性和同质性相对，是指组织成员在农业生产经营、资源禀赋、文化特征、角色和地位等方面具有不同的特征。与传统农民合作经济组织成员同质性的假定不同，现代农民合作经济组织成员异质性特征已经越来越突出，一些学者分析了农民合作经济组织成员异质性产生的原因，指出在农民合作经济组织形成的过程中，参与主体的多样性导致以维护小农利益为发展初衷的农民合作经济组织在实践中又不得不依赖于强势地位的大农（黄胜忠，2008）；农民合作经济组织发展缺乏稀缺要素（黄胜忠和徐旭初，2008）以及人力资本的差异（孔祥智和蒋忱忱，2010）是形成组织异质性结构的原因。

而成员异质性对农民合作经济组织提供农业社会化服务绩效的影响也是双向的。

一方面，成员异质性会降低农民合作经济组织的服务供给绩效。这是因为成员异质性可能会使农民合作经济组织承担过高的内部交易成本从而导致服务供给绩效的降低。组织内部交易成本主要体现为内部沟通和协调成本及管理成本。不同农户之间需求差异较大，组织决策者需要花费更大成本收集不同农户的需求信息，还需要在不同农户之间进行协调，决策成本也会更大。而且，异质性成员可能导致农业社会化服务供给的不公平。例如，农民合作经济组织中的核心成员由于拥有更多的资源要素禀赋而往往拥有更大的话语权，因而核心成员的需求更容易受到重视；而普通成员的需求往往得不到应有的重视而导致普通成员的需求可能无法满足，最终导致农业社会化服务的不公平供给。

另一方面，成员异质性也会提升农民合作经济组织的农业社会化服务供给绩效。这可能是由两个原因造成的：一是搭便车的现象会有所减弱。因为需求不完全一致，不可能通过搭便车的方式获得自己所需要的服务，因而农户会有真实表达需求的激励。二是异质性的成员之间可以互通有无，相互学习，产生同群效应，从而降低组织的服务成本。

图 4-5 描述了农民合作经济组织成员异质性状况对农业社会化服务绩效的影响。图 4-5 中纵轴 y^s 表示农业社会化服务绩效，横轴 H_m 表示农民合作经济组织中成员异质性程度，越趋向右边表明成员异质性越强，越趋向左边表示成员同质性越强。曲线 y_1^s 表示成员同质性会降低农业社会化服务绩效，而成员异质性会增加农业社会化服务绩效；曲线 y_2^s 表示成员同质性会增加农业社会化服务绩效，而成员异质性会降低农业社会化服务绩效；曲线 y^s 则表示成员状况对农业社会化服务绩效影响的加总效应，表明当成员的同质性和异质性程度达到某种均衡时，其农业社会化服务绩效最高。

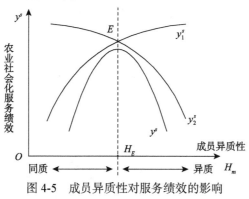

图 4-5　成员异质性对服务绩效的影响

（三）成员规模对服务绩效的影响

成员规模也是影响农民合作经济组织提供的农业社会化服务绩效的一个重要因素。因为农民合作经济组织是具有典型俱乐部性质的组织，成员规模的不断扩大可能导致农民合作经济组织的拥挤，从而导致具有俱乐部产品性质的农业社会化服务的供给绩效降低。有学者指出，在公共品自愿供给的条件下，当拥挤成本与新加入俱乐部的成员所获得的边际收益相等时，俱乐部成员规模就达到了最优，也就是说，当俱乐部既能够避免拥挤又能够实现最高经济效益时就达到了俱乐部的最优规模（Buchanan，1965）。因此，在农民合作经济组织为内部成员提供具有俱乐部产品性质的农业社会化服务的过程中，当农民合作经济组织的成员规模到达拥挤点之前，成员规模扩大对服务绩效会产生正向影响作用，这是因为规模扩大会产生规模经济效应；而当农民合作经济组织的成员规模超过拥挤点之后，成员规模扩大对服务绩效会产生负向影响作用，因为组织内部俱乐部产品性质的农业社会化服务会产生消费的竞争性，此时，组织成员规模越大，单个成员能够分享到的农业服务效用就越低。

而现实情况中，农民合作经济组织的规模逐年扩大，一些小规模的农民合作经济组织还通过联合形成新的规模更大的农民合作经济组织。除此以外，各级政府鼓励农民合作经济组织不断扩大规模；而农民合作经济组织负责人为了响应政府的号召，也不断吸纳更多组织成员，甚至盲目扩大农民合作经济组织规模。从理论的角度来看，无限制地扩大农民合作经济组织规模无疑会损害农民合作经济组织和普通组织成员的经济利益，应充分考虑农民合作经济组织拥挤性的存在，把农民合作经济组织的规模控制在最优规模附近。

二、信息状况对农业社会化服务绩效的影响

农民合作经济组织内部的信息状况也会对农民合作经济组织为其内部成员提供农业社会化服务的绩效产生影响。

（一）信息不对称的理论分析

交易双方信息不对称是指交易的一方不能了解交易对方的全部信息。在交易双方信息不对称的条件下，交易的一方通过把成本转移给他人而享受收益，从而造成他人利益受损的可能性被称为道德风险（moral hazard）。而信息不对称条件下典型的道德风险问题就是委托代理问题。委托代理问题是指在信息不对称条件下，由于委托人无法监督代理人隐藏的行为，代理人会追求自身利益而忽视或牺牲委托人的利益。研究表明，信息不对称、有限理性和生产的不确定性等原因会导致农民合作经济组织内部的委托代理问题（Zusman，1992）。而农民合作经济组织内部还存在双向委托代理关系，即当组织向成员提供契约时，作为委托人的组织管理者无法监督代理人的行为而产生委托代理问题；而当成员向组织提供合同时，作为委托人的组织成员无法监督代理人的行为而产生委托代理问题。设计既能促使农民合作经济组织经营者按照全体成员的利益行事，又能有效防止核心成员损害中小成员利益的治理结构和治理机制是解决农民合作经济组织双重委托代理问题的关键（冯根福，2004）。

关于信息不对称对公共品供给的研究表明，信息的充分程度与获取信息的成本对公共品的供给具有重要影响，在信息不对称的情况下，拥有更多信息的成员或所有者会获得超额租金（Sandler and Tschirhart，1997）。信息的不完全性会增加公共品私人供给的准入成本与风险，进而影响公共品的供给数量与供给效率。代理成本会增加供给公共品的总成本，成本分摊变得更加有利，由此可能会导致更多的成员和更小的供给规模，使俱乐部更加拥挤和不效率（Sandler and Tschirhart，1997）。

（二）信息不对称对服务绩效的影响

理论上，农民合作经济组织是不会存在信息不对称和委托代理问题的，因为作为农民基于自愿原则而联合起来的自治性组织，农民合作经济组织成员既联合起来提供农业社会化服务，同时也消费这些农业社会化服务。但在现实中，农民合作经济组织成员的身份异质性明显存在，其身份有管理者与非管理者之分，而且管理者还有外聘管理人员和具有成员资格的管理人员之分，成员也有核心成员和普通成员之分。因此农民合作经济组织中也存在信息不对称和委托代理问题。而信息不对称和委托代理问题会对农民合作经济组织向内部成员提供的农业社会化服务绩效产生影响。研究指出，农民合作经济组织所有者与惠顾者社员同一的特性，决定了农民合作经济组织经营管理者不能同时掌握相应的剩余索取权，因此其通过努力改善管理所创造的农民合作经济组织收益并不能同步地资本化为管理者的个人财产，缺乏必要的经济激励的情况，必然导致农民合作经济组织中的投机取巧行为要比其他类型的组织更为普遍。

农民合作经济组织在为内部成员提供农业社会化服务的过程中的信息不对称主要来源于两个方面：服务需求信息的不对称及服务供给信息的不对称。服务需求信息的不对称是指单个农户很清楚自己的服务需求，包括服务内容、服务数量、服务质量、服务供给模式等，但农民合作经济组织的供给决策者并不能完全清楚地了解每个成员的需求。这往往是农户作为理性经济人产生的搭便车动机而隐藏自己的真实需求偏好导致的。服务供给信息的不对称是指对于农民合作经济组织提供的服务是否达到了契约承诺的服务质量要求等信息，单个农户是无法完全获知的。这往往是由供给决策者是由经理人担任而产生的委托代理问题导致的。农民合作经济组织成员委托管理者来运作该组织，组织成员无法知道管理者努力程度的全部信息，因此管理者有偷懒或说谎的可能性，从而产生委托代理问题。

当服务需求信息不对称时，组织成员并未对其消费的服务支付相应的成本，农民合作经济组织的服务成本不能得到有效弥补，对于供给方来说会降低其农业社会化服务的供给绩效。当服务供给信息不对称时，由于代理成本的存在，组织成员利益受到侵害，对于需求方而言会降低其获取的农业社会化服务绩效。

三、俱乐部成本对农业社会化服务绩效的影响

农民合作经济组织需要承担的俱乐部成本也会对农民合作经济组织为其内部成员提供农业社会化服务的绩效产生影响。

（一）俱乐部成本的构成

农民合作经济组织是典型的俱乐部组织，具有排他性、部分竞争性、拥挤性、趋同性等特征，能够为组织成员提供俱乐部产品性质的农业社会化服务。而农民合作经济组织作为典型的俱乐部组织，其正常运转需要支付一系列成本，最主要的是排他成本和契约成本。排他成本主要包括两部分：一是用粗略的排他方式排他而产生的排他成本。这种排他方式是通过确定成员资格来完成的，排他成本较低。由于组织成员资格明确，组织成员与非成员的身份容易区分，组织提供的产品和服务，如原材料采购、产品销售、农民合作经济组织内部的技术指导等外溢性较小，将非成员排除在组织供给的产品和服务消费之外的成本较低。二是用精细的排他方式排他而产生的排他成本。这种排他方式是根据消费者的消费频率收费来完成的，排他成本较高。契约成本也包括两部分：一是组织正常运行的缔约成本及执行契约的成本。组织得以正常运行取决于自愿合作的组织成员之间能否维持长期稳定的关系，而这种长期稳定的关系需要契约来维护，是需要支付成本的。二是组织在农业社会化服务供给过程中的缔约成本及执行契约的成本。组织做出供给决策需要支付搜集成员需求的信息搜寻成本、与组织成员进行沟通和协调的成本，以及按照组织成员需求提供相应的服务的履约成本。而组织成员要支付监督服务供给主体是否履约的监督成本等。

（二）俱乐部成本对服务绩效的影响

俱乐部成本对服务绩效的影响主要体现为排他成本和契约成本对服务绩效的影响，这些成本虽然会增加组织的投入，但同时会促使组织更好地提供服务，因此能够在一定程度上提高服务绩效。排他成本对服务绩效的影响主要表现为两点：一是粗略定价方式的排他成本有助于提升服务绩效。通过粗略定价的排他方式，即以确定成员身份的方式进行排他，不但可以限制组织内部成员规模，减少组织内部的拥挤，使组织有限的资源能够用在较少的组织成员身上，而且这种排他成本相对较低，因而能够提高对内部成员的服务绩效。二是精确定价方式的排他成本有助于提升服务绩效。通过精确定价的排他方式，即组织内部成员每次消费都要支付费用的方式进行排他。虽然这种排他成本相对较高，但能够有效减少组织内部成员中不愿意支付费用成员的机会主义行为对已经支付费用的成员的利益造成的损失，因而能够提高对为服务付费的组织成员的服务绩效。对于纯无形服务，如技术培训、市场信息等，组织成员的需求是相同或相似的，因此通过粗略定价的方式即可提高服务绩效；但对于提供有形产品的农业社会化服务而言，由于组织成员的生产内容和规模不同，所需的类型和数量也不相同，因此可以通过精确定价的方式来提高服务绩效；而对于以有形产品为载体的无形服务而言，虽然不同农户的需求不同，但可以对农户的差异程度进行区分，因此同时采用精确定价和粗略定价可以提高服务绩效。

契约成本对服务绩效的影响主要表现为两点：一是组织正常运行的缔约成本及执行契约的成本对服务绩效的影响。维持组织正常运转的契约是组织能够长期健康发展的基础，也是农民合作经济组织能够给组织内部成员提供农业社会化服务的保障，大量研究表明健康的组织运行有利于组织服务功能的发挥，因此组织运行契约成本虽然会增加组织的运营成本，但有助于提升服务绩效。二是组织在农业社会化服务供给过程中的缔约成本及执行契约的成本对服务绩效的影响。虽然组织是成员的利益集合和利益代表，但组织内部的委托代理关系也使得组织在向内部成员提供服务时存在机会主义行为，并使成员面临违约风险。而服务供给契约有助于减少机会主义行为，降低农户可能承受的违约风险，因此服务供给契约成本虽然会增加组织提供服务的成本支出，但仍有助于提高服务绩效。

图 4-6 描述了农民合作经济组织的俱乐部成本对其提供农业社会化服务绩效的影响。当组织契约成本一定，即为 C_c^0 时，排他成本从 C_e^0 上升到 C_e^*，会导致农业社会化服务绩效从 y_s^0 转动到 y_s^*，从而提升农业社会化服务绩效。这表明虽然农民合作经济组织实现有效的排他会增加成本，但是能够有效地保护组织内部成员的利益，从而提高对内部成员提供农业社会化服务的整体绩效。

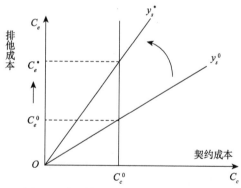

图 4-6　俱乐部成本对服务绩效的影响

四、需求显示对农民合作经济组织服务绩效的影响

农民合作经济组织内部成员对农业社会化服务的需求显示情况也会对农民合作经济组织为其内部成员提供农业社会化服务的绩效产生影响。

（一）农户的需求偏好显示

农户对私人品性质的农业社会化服务的需求偏好可以直接通过市场价格机制显示出来。这是因为私人品性质的农业社会化服务能够清晰地进行产权界定，而且具有消费的竞争性和排他性。而农户对具有公共品性质的农业社会化服务的需求偏好显示则存在困难。首先，这种困难来自公共品市场不可能像私人品市场那样存在价格机制，以便反映私人品的需求信息；其次，由于公共品具有非排他性的特点，每个人都有积极性隐藏个人偏好，从而搭他人的便车。奥斯特罗姆（Ostrom，2000）认为，如果消费者能够无成本地分享由他人努力所带来的利益，就没有动力为共同利益做贡献。这是因为具有公共品性质的农业社会化服务的消费具有非排他性，农户即使不支付成本或者仅支付极低的成本也可以享受该农业社会化服务，这会激励农户隐瞒自己的真实需求。斯密德（1999）指出，如果一种物品存在生产成本或者排他成本，即边际成本不为零，那么非排他的政策将导致过度需求和资源耗竭的后果。也就是说，如果农户披露的对公共品性质的农业社会化服务的偏好只与该类服务的供给数量有关，而与该类服务的价格不相关，就会诱发农户夸大其边际偏好，从而导致公共品性质的农业社会化服务的过度供给；而如果农户披露的对公共品性质的农业社会化服务的偏好与该类服务的价格相关，农户会低估或隐瞒其边际支付意愿，从而导致公共品性质的农业社会化服务的供给不足。

（二）需求偏好显示对服务绩效的影响

农民合作经济组织能够为其成员提供私人品性质的农业社会化服务，由于私人品性质的农业社会化服务能够通过市场机制来进行供给，农户也能够清晰地表达自己的需求数量，农民合作经济组织只需要准确收集和整理单个农户的需求信息，就能够保证服务的有效供给。而对于俱乐部产品性质的农业社会化服务而言，需求偏好显示对服务绩效的影响主要体现在两个方面：一是农户对俱乐部产品性质的农业社会化服务存在需求偏好显示的困难，这会导致农民合作经济组织难以提供真正符合农户需要的农业社会化服务。因此农民合作经济组织需要采取一些措施激励农户显示其需求偏好，这会在一定程度上增加组织的服务投入成本，但同时，农户需求偏好的正确显示有助于组织提供更有针对性的服务，从而提高服务绩效。二是农民合作经济组织也需要收集成员的农业社会化服务的需求信息，这需要耗费信息搜集成本，从而增加组织的服务投入成本，进而降低服务绩效。

综上所述，农民合作经济组织内部的成员状况、信息状况、俱乐部成本、需求显示都会影响组织向内部成员提供农业社会化服务的绩效，其影响机理如图 4-7 所示。

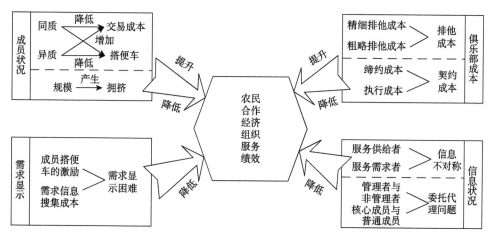

图 4-7　农民合作经济组织内部服务绩效的影响因素

第四节　本　章　小　结

本章在厘清内部化农业服务的内涵和属性的基础上界定了农民合作经济组织的角色定位；从农民合作经济组织的自愿供给机制、沟通机制、声誉机制和集体行动的逻辑等角度分析了农民合作经济组织给内部成员提供具有俱乐部产品性质的内部化农业服务的可能性，进一步从有形产品和无形产品的划分及关系契约的作用的角度分析了农民合作经济组织供给农业社会化服务的思路；在此基础上分析了农民合作经济组织的成员状况、信息状况、俱乐部成本、需求显示对农民合作经济组织服务绩效的影响。主要研究结论包括以下五点。

第一，内部化农业服务是具有俱乐部产品性质的农业社会化服务。内部化农业服务是指农民合作经济组织只对组织内部成员提供，而不对非组织成员提供的农业服务。虽然农民合作经济组织提供的内部化农业服务是一种针对组织成员的自我服务，但也具有社会化服务的性质。这种内部化的农业服务具有明显的俱乐部产品的特征，即具有消费的部分竞争性、排他性和拥挤性的特征。因此农民合作经济组织为组织成员提供的内部化农业服务是具有俱乐部产品性质的农业服务。

第二，农民合作经济组织作为农业社会化服务的重要供给主体，具有明显的俱乐部性质。农民合作经济组织具有俱乐部性质，体现在三个方面：一是农民合作经济组织具有排他性。通过精细的排他和粗略的排他两种方式实现对非成员排他和对未支付费用的成员的排他。二是农民合作经济组织具有拥挤性。农民合作经济组织的拥挤包括匿名拥挤和非匿名拥挤。农民合作经济组织主要通过控制普通成员的数量及成本和收益的权衡减少匿名拥挤，通过控制核心成员和单位成员的数量减少非匿名拥挤。三是农民合作经济组织具有趋同性，即组织成员具有共同利益。这是因为组织成员的相对同质性导致组织的利益诉求一致；组织特有的成本分摊和收益分享机制能够提升组织成员福利，促使组织成员能够共同为组织发展努力；组织带给成员的归属感和成就感能够使成员追求共同利益。

第三，农民合作经济组织具有为内部成员提供俱乐部产品性质农业服务的可能性。农民合作经济组织的自愿供给机制、沟通机制、声誉机制和集体行动保障了农民合作经济组织有对内部成员提供俱乐部产品性质农业服务的可能性。农民合作经济组织的自愿供给机制的建立主要来源于供给俱乐部产品性质农业服务的光热效应、互惠效应和从众效应；农民合作经济组织的沟通机制能够减少信息不对称，解决俱乐部产品性质的农业服务供给的困境；农民合作经济组织的声誉机制主要由个人声誉和集体声誉两个方面组成；农民合作经济组织的一致利益诉求以及惩罚机制和可信的威胁能够促使集体行动的成功。

第四，农业社会化服务通常包括有形产品服务和无形服务，通过关系契约和捆绑销售的方式能够帮助农民合作经济组织实现农业社会化服务的有效供给。农业社会化服务中的有形产品服务提供即服务供给主体向服务需求主体提供具有实物形态的产品。农业社会化服务中的无形服务通常有两种形式：一种是与有形产品结合在一起的无形服务；另一种是独立的无形服务，这种无形服务并未和某些有形产品结合在一起。农民合作经济组织更有优势供给无形服务，尤其是与有形产品结合的无形服务。交易频率和不确定性较高是无形服务的显著特征，同时它还具有较高的资产专用性特点，因此需要用关系契约来进行交易治理。在关系契约缔结各方中，个人关系在契约的长期安排中具有重要作用，因而农民合作经济组织和其成员之间建立的长期信任和合作关系能够保障组织向成员提供更高效的无形服务，因此农民合作经济组织向组织内部成员提供无形服务是一种较好地执行关系契约的方式。

第五，农民合作经济组织给内部成员提供的内部化农业服务绩效受成员状况、信息状况、俱乐部成本、需求显示等多种因素的影响。成员状况包括成员同质性和异质性的构成及成员规模。成员构成对内部化农业服务绩效的影响是不确定的，而成员规模的扩大会造成俱乐部的拥挤而降低农业服务绩效。信息不对称会降低农业服务绩效，当服务需求信息不对称时，农户并未对其消费的服务支付相应的成本，农民合作经济组织的服务成本不能得到有效弥补，对于供给方来说会降低其农业社会化服务的供给绩效。当服务供给信息不对称时，由于代理成本的存在，农户利益受到侵害，对于需求方而言会降低其获取的农业社会化服务绩效。由排他成本和契约成本构成的俱乐部成本虽然会增加服务投入，但能够对服务的供给者和消费者进行有效监督和约束从而提高服务绩效。虽然促使农户需求偏好的真实显示需要支付成本，但是一旦能够使农户的真实需求偏好显示出来，就能够促进服务绩效的提高。

第五章 农民合作经济组织提供内部化农业服务的实证分析

农民合作经济组织作为重要的服务供给主体，能够为农民合作经济组织内部成员提供有效的农业社会化服务。本章从实证分析的角度，利用本书研究团队微观调查数据描述被调查区域农民合作经济组织内部化农业服务供需现状，并建立计量经济模型探讨影响农民合作经济组织内部化农业服务绩效的因素，再结合国内典型案例剖析农民合作经济组织为内部成员提供农业社会化服务的机理和绩效影响因素。

第一节 农民合作经济组织内部化农业服务的供需描述

本节基于本书研究团队调查获取的中国农村抽样调查微观数据，首先描述组织的内部化农业服务供给现状，在此基础上分析组织内部化农业服务供需比例差异及组织内部化农业服务供需费用差异。

一、组织的内部化农业服务供给现状

组织的内部化农业服务供给现状分析包括不同经营类型、不同合作模式、不同地区农民合作经济组织内部化农业服务的供给差异分析。

（一）不同经营类型组织内部化农业服务的供给差异

根据本书研究团队收集的微观数据特征，被调查的农民合作经济组织的经营类型可以分为粮油类、水果类、蔬菜类、牲畜养殖类、水产养殖类、花卉苗木

类、农机类和其他类型①。数据显示，在 82 个被调查的农民合作经济组织中，主营产品为蔬菜、牲畜和水果的比重相对较大，其中，蔬菜类以 32% 的比例居于首位，其次是占比为 23% 的牲畜养殖类，再次为水果类，占到了 16%（图 5-1）。牲畜养殖类农民合作经济组织中，生猪养殖的比例较高，在整个牲畜养殖类中占比达到了 37%。

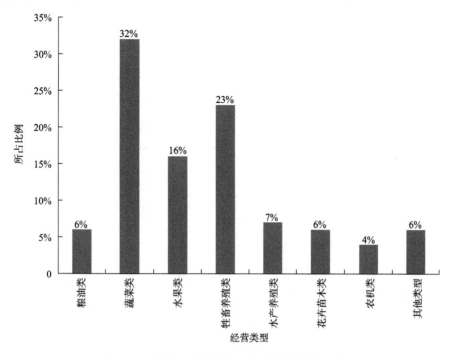

图 5-1　不同经营类型农民合作经济组织分布情况

由研究团队的微观调查数据可知，相同经营类型的农民合作经济组织提供的不同农业服务的覆盖率②有所不同，而相同农业服务在不同经营类型的农民合作经济组织之间的覆盖率也表现出差异。从表 5-1 的分析结果可知，农业服务覆盖率最高的是主营粮油类产品的农民合作经济组织，其农业服务覆盖率的平均值达到 85.42%，其次是水果类和水产养殖类的农民合作经济组织，它们的农业服务覆盖率的平均值分别达到 73.38% 和 73.08%，农业服务覆盖率最低的是农机类农民合作经济组织，仅为 43.03%。从农业服务的类型看，覆盖率最高的是农业技术服务和农业信息服务两类，分别达到 84.71% 和 83.54%，农产品营销服务覆盖

---

① 其他类型包括主营产品为药材、烟草和工艺品等内容的农民合作经济组织。
② 覆盖率是指农民合作经济组织的全部成员中接受了某种类型农业服务的成员所占的比重。覆盖率可以作为农民合作经济组织的农业服务供给绩效的一项衡量指标，反映农民合作经济组织提供的农业服务所惠及的范围。

率也较高,达到 79.56%,覆盖率最低的是农业金融服务,仅为 35.11%,农业基础设施服务的覆盖率也较低,为 48.65%。

表 5-1　不同经营类型农民合作经济组织的各项服务覆盖率

组织经营类型	平均农业服务覆盖率									
	产前服务	产中服务	产后服务	农业技术	农业金融	农产品营销	农业生产资料采购	农业信息	农业机械	农业基础设施建设
粮油类	98.00%	99.80%	79.00%	99.00%	55.00%	97.80%	99.80%	99.80%	83.00%	43.00%
蔬菜类	71.92%	68.81%	75.85%	80.50%	36.73%	82.58%	74.19%	90.96%	57.31%	52.69%
水果类	86.62%	76.92%	69.00%	92.38%	23.85%	91.15%	87.38%	85.77%	66.15%	54.62%
牲畜养殖类	67.79%	75.16%	55.83%	80.79%	48.76%	77.58%	63.05%	71.11%	54.88%	65.18%
水产养殖类	58.33%	75.00%	65.00%	83.33%	46.67%	86.67%	93.33%	73.33%	82.50%	66.67%
花卉苗木类	90.00%	88.00%	91.00%	88.00%	34.00%	89.00%	86.00%	85.00%	48.80%	28.00%
农机类	40.00%	50.00%	40.00%	56.67%	13.33%	26.67%	50.00%	63.33%	63.33%	27.00%
其他类型	97.00%	53.00%	77.00%	97.00%	22.50%	85.00%	98.00%	99.00%	36.00%	52.00%

注:数据来源于本书研究团队的微观调查数据资料;平均农业服务覆盖率是指某一经营类型的农民合作经济组织所提供的各项农业服务覆盖率的平均值

由研究团队的微观调查数据可知,不同经营类型的农民合作经济组织向其内部成员提供农业服务时的收费情况也有所不同。在被调查的农民合作经济组织中,蔬菜类、牲畜养殖类和水果类是三种最主要的经营类型,因此本部分重点探讨这三类农民合作经济组织向其内部成员提供各项农业服务的收费情况。

蔬菜类农民合作经济组织内部化农业服务收费情况如表 5-2 所示。数据分析表明大多数农业服务不收取费用或收取较低费用,所有农业服务的价格都不高于市场价格。从不同农业生产环节的农业服务来看,产前服务收费相对较高,产中服务和产后服务收费相对较低。从不同类型农业服务来看,农业机械服务和农业生产资料采购服务按市场价格收费的比重相对较高,分别为 11.54%、7.69%。超过80%的农民合作经济组织为成员提供的农业技术服务和农业信息服务是免费的,其次是免费提供农业基础设施建设服务的农民合作经济组织,比例达到 73.08%,而免费提供农业生产资料采购服务和农业机械服务的农民合作经济组织所占比重相对较低。这是因为服务的收费情况与服务本身的特征和属性有关,如农业技术服务和农业信息服务具有较强的非排他性和非竞争性,是公共品性质较强的农业服务,无法通过市场价格机制来弥补成本,因而此类服务大多是免费的。而提供种子、种苗和种畜的产前服务,以及农业机械的租赁、买卖等服务,则具有明显的私人品性质,可以通过市场价格机制来弥补成本,因此这类农业服务的收费比例较高。

表 5-2　蔬菜类农民合作经济组织内部化农业服务收费情况

不同生产环节/类型农业服务	农业服务不同收费标准所占比重				
	不收取费用	按服务成本收费	低于市场价格	按市场价格收取	高于市场价格
产前服务	34.62%	42.31%	7.69%	11.54%	0.00
产中服务	53.85%	30.77%	7.69%	3.85%	0.00
产后服务	42.31%	42.31%	7.69%	7.69%	0.00
农业技术	80.77%	15.38%	0.00	0.00	0.00
农业金融	61.54%	19.23%	0.00	3.85%	0.00
农产品营销	46.15%	34.62%	15.38%	0.00	0.00
农业生产资料采购	26.92%	46.15%	15.38%	7.69%	0.00
农业信息	88.46%	7.69%	0.00	0.00	0.00
农业机械	38.46%	26.92%	7.69%	11.54%	0.00
农业基础设施建设	73.08%	11.54%	11.54%	0.00	0.00

注：数据来源于本书研究团队的微观调查数据资料

　　牲畜养殖类农民合作经济组织内部化农业服务收费情况如表 5-3 所示。从整体来看，牲畜养殖类农民合作经济组织的各项内部化农业服务收费大部分都比较低，而且所有内部化农业服务的收费均未高于市场价格，这与蔬菜类农民合作经济组织相似。在不同类型农业服务中，按市场价格收取费用的比例都比较低，只有农业生产资料采购服务有 10.53% 的比例是按市场价格收取费用的，其他类型的农业服务收费都相对较低。而不同生产环节的农业服务中，产前服务和产后服务都是低于市场价格进行收费；超过一半的产后服务都是免费的。对于不同类型农业服务，包括农业技术服务、农产品营销服务、农业信息服务等都有较高的免费比例。

表 5-3　牲畜养殖类农民合作经济组织内部化农业服务收费情况

不同生产环节/类型农业服务	农业服务不同收费标准所占比重				
	不收取任何费用	按服务成本收费	低于市场价格	按市场价格收取	高于市场价格
产前服务	47.37%	36.84%	15.79%	0.00	0.00
产中服务	47.37%	26.32%	21.05%	5.26%	0.00
产后服务	63.16%	15.79%	10.53%	0.00	0.00
农业技术	68.42%	21.05%	10.53%	0.00	0.00
农业金融	47.37%	5.26%	21.05%	5.00%	0.00
农产品营销	68.42%	10.53%	21.05%	0.00	0.00

续表

不同生产环节/类型农业服务	农业服务不同收费标准所占比重				
	不收取任何费用	按服务成本收费	低于市场价格	按市场价格收取	高于市场价格
农业生产资料采购	42.11%	26.32%	10.53%	10.53%	0.00
农业信息	78.95%	5.26%	5.26%	5.26%	0.00
农业机械	47.37%	0.00	31.58%	5.26%	0.00
农业基础设施建设	57.89%	26.32%	5.26%	0.00	0.00

注：数据来源于本书研究团队的微观调查数据资料

　　水果类农民合作经济组织内部化农业服务收费情况如表 5-4 所示。从整体情况来看，水果类农民合作经济组织的各项内部化农业服务收费大部分是不收取任何费用的，并且所有内部化农业服务的收费均未高于市场价格，这与前两类农民合作经济组织相似。与蔬菜类农民合作经济组织相同，超过 80% 的水果类农民合作经济组织免费为成员提供农业技术服务和农业信息服务。但是与前两类农民合作经济组织不同的是，92.31% 的水果类农民合作经济组织为成员提供免费的农业金融服务，该比例远远高于前两类农民合作经济组织。有一定比例的水果类农民合作经济组织，其内部化农业服务的收费按照成本费用收取或低于市场价格，但是大部分服务的收费按市场价格的农民合作经济组织是较少的，比重相对较高的是农业机械服务，为 15.38%。

表 5-4　水果类农民合作经济组织内部化农业服务收费情况

不同生产环节/类型农业服务	农业服务不同收费标准所占比重				
	不收取任何费用	按服务成本收费	低于市场价格	按市场价格收取	高于市场价格
产前服务	61.54%	15.38%	15.38%	7.69%	0.00
产中服务	76.92%	15.38%	7.69%	0.00	0.00
产后服务	46.15%	23.08%	23.08%	7.69%	0.00
农业技术	84.62%	15.38%	0.00	0.00	0.00
农业金融	92.31%	0.00	0.00	0.00	0.00
农产品营销	61.54%	23.08%	15.38%	0.00	0.00
农业生产资料采购	53.85%	7.69%	30.77%	7.69%	0.00
农业信息	84.62%	15.38%	0.00	0.00	0.00
农业机械	53.85%	15.38%	15.38%	15.38%	0.00
农业基础设施建设	69.23%	7.69%	15.38%	7.69%	0.00

注：数据来源于本书研究团队的微观调查数据资料

（二）不同合作模式组织内部化农业服务的供给差异

基于研究团队的微观调查数据，可以将农民合作经济组织的合作模式分为能人大户带动型、政府部门主导型、农产品加工营销型和涉农企业诱导型，这四种类型合作模式的农民合作经济组织的具体分布情况如图5-2所示。从图5-2中可以看出，能人大户带动型和政府部门主导型是农民合作经济组织的主要合作模式。

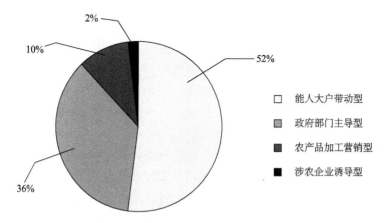

图 5-2　不同合作模式的农民合作经济组织分类情况

从表 5-5 的分析可知，不同合作模式的农民合作经济组织提供的不同农业服务的覆盖率有所不同。在不考虑合作模式差异的条件下，农民合作经济组织提供的农业技术服务、农产品营销服务和农业信息服务的平均覆盖率处于相对较高的水平，农业金融服务和农业基础设施建设服务的平均覆盖率相对较低。而不同合作模式的农民合作经济组织各种农业服务的覆盖率有明显差异。整体来看，农产品加工营销型农民合作经济组织的各类农业社会化服务的平均覆盖率明显高于能人大户带动型和政府部门主导型农民合作经济组织。描述性统计分析显示，在覆盖率较高的农业生产资料采购服务中，农产品加工营销型农民合作经济组织的平均覆盖率高于政府部门主导型农民合作经济组织 16.45%，高于能人大户带动型农民合作经济组织 15.10%；在覆盖率较高的农产品营销服务中，农产品加工营销型农民合作经济组织的平均覆盖率高于政府部门主导型农民合作经济组织 15.78%，高于能人大户带动型农民合作经济组织 14.59%；在覆盖率较高的农业技术服务中，农产品加工营销型农民合作经济组织的平均覆盖率高于政府部门主导型农民合作经济组织 8.89%，高于能人大户带动型农民合作经济组织 13.56%。

表 5-5　不同合作模式组织内部化农业服务覆盖率差异

合作模式	平均覆盖率									
	产前服务	产中服务	产后服务	农业技术	农业金融	农产品营销	农业生产资料采购	农业信息	农业机械	农业基础设施建设
能人大户带动型	70.79%	74.14%	67.55%	81.19%	35.60%	81.16%	76.53%	81.63%	63.62%	43.31%
政府部门主导型	75.17%	68.45%	66.55%	85.86%	29.78%	79.97%	75.18%	85.90%	51.07%	57.89%
农产品加工营销型	94.38%	83.50%	82.75%	94.75%	68.75%	95.75%	91.63%	97.38%	65.63%	72.50%

注：数据来源于本书研究团队的微观调查数据资料；由于样本数据中涉农企业诱导型的农民合作经济组织数量较少，其内部化服务覆盖率的平均值不具有良好代表性，因而本书暂不讨论

数据分析可知，不同合作模式的农民合作经济组织提供的不同农业服务的收费也有所不同。在被调查的农民合作经济组织中，能人大户带动型和政府部门主导型是数量上占有绝对优势的两大合作模式，本部分重点分析这两种模式的农民合作经济组织内部化农业服务的收费问题。

能人大户带动型农民合作经济组织内部化农业服务收费情况如表 5-6 所示。从表 5-6 的数据可以看出，能人大户带动型农民合作经济组织为成员提供的农业基础设施建设服务、农业技术服务和农业信息服务分别有 71.43%、76.70% 和 88.10% 是免费的，除农业生产资料采购服务的服务价格相对较高之外，其他服务大部分向成员免费提供或者按服务成本收取费用。而且，能人大户带动型农民合作经济组织为成员提供的服务均未超过市场价格。

表 5-6　能人大户带动型农民合作经济组织内部化农业服务收费情况

不同生产环节/类型农业服务	农业服务不同收费标准所占比重				
	不收取任何费用	按服务成本收费	低于市场价格	按市场价格收取	高于市场价格
产前服务	44.19%	27.91%	16.28%	6.98%	0.00
产中服务	51.16%	25.58%	16.28%	4.65%	0.00
产后服务	51.16%	18.60%	16.28%	6.98%	0.00
农业技术	76.70%	13.95%	6.98%	0.00	0.00
农业金融	60.40%	9.30%	4.65%	2.33%	0.00
农产品营销	58.14%	18.60%	18.60%	0.00	0.00
农业生产资料采购	39.53%	23.26%	18.60%	16.28%	0.00
农业信息	88.10%	4.76%	2.38%	2.38%	0.00
农业机械	57.50%	15.00%	12.50%	10.00%	0.00
农业基础设施建设	71.43%	7.14%	9.52%	0.00	0.00

注：数据来源于本书研究团队的微观调查数据资料

政府部门主导型农民合作经济组织内部化农业服务收费情况如表 5-7 所示。表 5-7 的数据表明，政府部门主导型农民合作经济组织为成员提供的农业技术服务和农业信息服务分别有 86.21% 和 82.76% 是免费的，与能人大户带动型农民合作经济组织相比，政府部门主导型农民合作经济组织提供的农业机械服务和农业基础设施建设服务收费标准较高，收费标准较低的主要是农业生产产前服务、产中服务和产后服务。而且政府部门主导型农民合作经济组织为成员提供的服务收费都没有超过市场价格。

表 5-7 政府部门主导型农民合作经济组织内部化农业服务收费情况

不同生产环节/类型农业服务	农业服务不同收费标准所占比重				
	不收取任何费用	按服务成本收费	低于市场价格	按市场价格收取	高于市场价格
产前服务	51.72%	31.03%	17.24%	0.00	0.00
产中服务	65.52%	24.14%	10.34%	0.00	0.00
产后服务	55.17%	34.48%	0.00	3.45%	0.00
农业技术	86.21%	10.34%	3.45%	0.00	0.00
农业金融	51.72%	13.79%	6.90%	6.90%	0.00
农产品营销	68.97%	13.79%	17.24%	0.00	0.00
农业生产资料采购	37.93%	27.59%	20.69%	6.90%	0.00
农业信息	82.76%	10.34%	0.00	3.45%	0.00
农业机械	31.03%	20.69%	24.14%	10.34%	0.00
农业基础设施建设	51.72%	27.59%	3.45%	6.90%	0.00

注：数据来源于本书研究团队的微观调查数据资料

（三）不同地区组织内部化农业服务的供给差异

基于研究团队的微观调查数据，东、中、西部地区的被调查农民合作经济组织数量依次为 26 个、21 个和 35 个，所占比重依次约为 31.7%、25.6% 和 42.7%。图 5-3 展示了各地区农民合作经济组织合作模式的结构。东部地区的农民合作经济组织模式绝大部分是能人大户带动型，该模式的占比超过了 60%，其次是政府部门主导型，占比约为 27%；中部地区能人大户带动型和政府部门主导型农民合作经济组织比重相当；西部地区能人大户带动型农民合作经济组织占比较大，其次是政府部门主导型，比重最小的是农产品加工营销型。

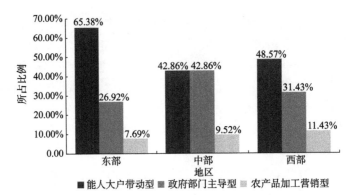

图 5-3　不同地区农民合作经济组织模式分类情况

　　由表 5-8 的数据分析可知，不同地区的农民合作经济组织内部化农业服务覆盖率有所不同。虽然东部和中部地区的农民合作经济组织的样本数量有限，但从现有数据来看，中部地区的农民合作经济组织内部化农业服务的覆盖率比东部和西部地区高。东部地区的农民合作经济组织在多项农业服务的覆盖情况上劣于中、西部地区，尤其是农业金融服务和农业基础设施建设服务方面。西部地区农民合作经济组织内部化农业服务覆盖率整体上处于中间水平，在农业基础设施建设方面的服务覆盖率略高于中部地区，显著高于东部地区，具有明显优势。

表 5-8　各地区农民合作经济组织内部化农业服务覆盖率情况

地区	平均服务覆盖率									
	产前服务	产中服务	产后服务	农业技术	农业金融	农产品营销	农业生产资料采购	农业信息	农业机械	农业基础设施建设
东部	60.81%	63.85%	62.19%	76.58%	27.12%	71.35%	71.58%	82.35%	61.35%	27.73%
中部	90.61%	77.10%	75.71%	94.76%	55.95%	92.76%	89.71%	91.86%	67.05%	65.38%
西部	77.00%	78.34%	70.94%	83.94%	34.09%	84.63%	76.00%	80.29%	54.67%	66.36%

　　注：数据来源于本书研究团队的微观调查数据资料

　　由研究团队的微观调查数据可知，不同地区的农民合作经济组织内部化农业服务收费情况也有所不同。表 5-9 的数据表明，大部分的农民合作经济组织为成员提供超过一半的免费服务，但提供免费的内部化农业服务的组织的占比因服务性质和区域而有所差异。就不同区域而言，东部地区的免费比例最高，其次是中部地区和西部地区；就不同农业生产环节、不同类型的农业服务而言，公共品性质的农业社会化服务如农业技术服务、农业信息服务和农产品营销服务等的免费比例显著高于私人品性质的农业社会化服务，如农业生产资料采购服务、农业机械服务等。

表5-9 农民合作经济组织提供免费内部化农业服务的区域差异

不同生产环节/类型农业服务	不收取任何费用的比重		
	东部地区	中部地区	西部地区
产前服务	50.00%	42.86%	48.57%
产中服务	61.54%	42.86%	57.14%
产后服务	50.00%	57.14%	51.43%
农业技术	88.46%	76.19%	74.29%
农业金融	61.54%	38.10%	62.86%
农产品营销	61.54%	61.90%	60.00%
农业生产资料采购	42.31%	33.33%	37.14%
农业信息	84.62%	85.71%	80.00%
农业机械	53.85%	38.10%	40.00%
农业基础设施建设	73.08%	66.67%	51.43%

注：数据来源于本书研究团队的微观调查数据资料

从表 5-10 的分析结果可知，除了提供免费服务以外，部分农民合作经济组织提供的内部化农业服务是需要收费的，但收费标准均未高于市场价格。整体上看，按服务成本收费的比重相对较高，其次是低于市场价格的收费，按市场价格收费的比重相对较低。就不同农业生产环节农业服务和不同类型农业服务而言，各地区农业基础设施建设服务、农业技术服务、农产品营销服务和农业信息服务中，按服务成本收费的比重差异较为明显。

表5-10 农民合作经济组织内部化农业服务收费区域差异

不同生产环节/类型农业服务	按服务成本收费的比重			低于市场价格收费的比重			按市场价格收费的比重		
	东部	中部	西部	东部	中部	西部	东部	中部	西部
产前服务	23.08%	33.33%	34.29%	11.54%	23.81%	11.43%	11.54%	0.00	2.86%
产中服务	19.23%	33.33%	31.43%	11.54%	19.05%	8.57%	7.69%	4.76%	0.00
产后服务	23.08%	23.81%	31.43%	11.54%	9.52%	5.71%	7.69%	4.76%	2.86%
农业技术	11.54%	9.52%	20.00%	0.00	14.29%	2.86%	0.00	0.00	0.00
农业金融	3.85%	23.81%	14.29%	0.00	19.05%	0.00	11.54%	0.00	2.86%
农产品营销	23.08%	4.76%	28.57%	11.54%	33.33%	8.57%	0.00	0.00	0.00

续表

不同生产环节/类型农业服务	按服务成本收费的比重			低于市场价格收费的比重			按市场价格收费的比重		
	东部	中部	西部	东部	中部	西部	东部	中部	西部
农业生产资料采购	23.08%	28.57%	37.10%	15.38%	19.05%	17.14%	15.38%	19.05%	2.86%
农业信息	3.85%	4.76%	17.14%	0.00	4.76%	0.00	3.85%	4.76%	0.00
农业机械	15.38%	28.57%	17.14%	3.85%	23.81%	20.00%	19.23%	4.76%	2.86%
农业基础设施建设	3.85%	19.05%	25.71%	3.85%	4.76%	11.43%	3.85%	0.00	2.86%

注：数据来源于本书研究团队的微观调查数据资料

二、组织的内部化农业服务供需差异分析

组织的内部化农业服务供需差异主要从农民合作经济组织内部化农业服务的供需比例、供需费用等角度来进行分析。

（一）组织内部化农业服务供需比例差异

就农民合作经济组织提供内部化农业服务而言，比较农民合作经济组织农业服务的供需差异可以通过比较农民合作经济组织提供的农业服务覆盖成员的比例，即覆盖率和该组织成员对农业服务需求的比例，即需求率的对比来进行分析。通过农民合作经济组织对内提供农业服务的覆盖率来表示农民合作经济组织的农业服务供给情况；通过农民合作经济组织内部成员对农业服务的需求率来表示农户的农业服务需求状况。从表 5-11 的分析可知，农民合作经济组织的农业服务供给和需求并不平衡。从农民合作经济组织内部化农业服务的供给覆盖率和需求率之间的差异来看，供需差异较小的主要是不同农业生产环节服务中的产后服务，以及不同类型农业服务中的农业技术服务、农产品营销服务、农业生产资料采购服务和农业机械服务，其供需差异仅在 5% 以内。其中，除农产品营销服务中1.17%的需求未得到满足外，其余四类农业服务的供给均略大于需求，表明农业服务需求得到较好满足，并未出现供给大量过剩的现象。而农业服务供需不平衡主要表现在不同农业生产环节服务中的产前服务和产中服务，其供给覆盖率均小于需求率10%左右，表明这两种农业服务存在供给不足的问题。对于不同类型农业服务而言，供需差异较大的是农业金融服务、农业信息服务和农业基础设施建设服务。其中农业信息服务供给覆盖率超过需求率约15%，表现出较大程度的供给过剩；而农业金融服务和农业基础设施建设服务供给严重不足，尤其是农业金融服务，其供给覆盖率小于需求率约24%，存在非常严重的供需不平衡问题。

表 5-11　农民合作经济组织内部化农业服务供需比例差异

供需对比	不同生产环节/类型农业服务覆盖率									
	产前服务	产中服务	产后服务	农业技术	农业金融	农产品营销	农业生产资料采购	农业信息	农业机械	农业基础设施建设
需求	85.03%	86.05%	64.29%	82.99%	61.77%	83.67%	74.15%	68.71%	55.44%	70.07%
供给	75.35%	73.43%	69.37%	84.38%	37.33%	82.50%	78.14%	83.90%	60.09%	53.55%
供需差异	9.68%	12.62%	−5.08%	−1.39%	24.44%	1.17%	−3.99%	−15.19%	−4.65%	16.52%

注：数据来源于本书研究团队的微观调查数据资料；表格中的"需求"是指被调查的农民合作经济组织成员对各项农业服务"迫切需要"和"比较需要"的人数在总样本量中的占比，若"需求"的数值大，则表示较多的农民合作经济组织成员对相应的农业服务的需求量较大；反之，则较小。表格中的"供给"是指样本中的所有农民合作经济组织提供的服务的平均覆盖率，若"需求"的值为 100%，则表示农民合作经济组织为所有成员提供了对应的该项服务，它的数值大小说明了组织内部化农业服务的供给量的大小。表格中的"供需差异"是指"需求"减去"供给"的差值，它的数值可能为正数、负数或 0，若为较大的正数，则表示该项服务的供给严重小于需求；若为 0，则表示供给与需求相等；若为负数，则表示需求得到满足，并且供给超过了需求。后文同

从表 5-12 可以看出，不同地区的农民合作经济组织内部化农业服务供需比例差异也表现出不同的特征。东部地区农民合作经济组织内部化农业服务供需差异较大，主要表现为供给不足；东部地区农业技术服务和农业机械服务的供需差异非常小；而不同农业生产环节服务中的产前服务、产中服务，以及不同类型服务中的农业金融服务和农业基础设施建设服务则存在较严重的供给不足问题。中部地区农民合作经济组织的内部化农业服务供需差异较小。少数农业服务呈现出供给过度的现象，如农业生产资料采购服务、农业信息服务和农业技术服务等。西部地区农业金融服务供给不足，但农业信息服务和产后服务存在供给过剩的现象。综上所述，农业金融服务存在较大的供需差异，东部地区和西部地区表现为严重的供给不足，而中部地区却表现为一定程度的供给过剩；各地区的农业信息服务存在供给过剩现象，特别是中部地区的供给过剩较为明显；各地区农业基础设施建设服务存在一定程度的供给不足，东部地区尤为明显。

表 5-12　不同地区农民合作经济组织内部化农业服务供需差异

不同生产环节/类型农业服务	东部地区			中部地区			西部地区		
	需求	供给	供需差异	需求	供给	供需差异	需求	供给	供需差异
产前服务	93.62%	60.81%	32.81%	87.64%	90.61%	−2.97%	75.89%	77.00%	−1.11%
产中服务	92.55%	63.85%	28.70%	80.90%	77.10%	3.80%	83.93%	78.34%	5.59%
产后服务	71.28%	62.19%	9.09%	65.17%	75.71%	−10.54%	57.14%	70.94%	−13.80%
农业技术	77.66%	76.58%	1.08%	80.90%	94.76%	−13.86%	89.29%	83.94%	5.35%
农业金融	63.83%	27.12%	36.71%	48.31%	55.59%	−7.28%	70.27%	34.09%	36.18%
农产品营销	89.36%	71.35%	18.01%	82.95%	92.76%	−9.81%	80.36%	84.63%	−4.27%

不同生产环节/类型农业服务	东部地区			中部地区			西部地区		
	需求	供给	供需差异	需求	供给	供需差异	需求	供给	供需差异
农业生产资料采购	79.79%	71.58%	8.21%	70.79%	89.71%	−18.92%	72.32%	76.00%	−3.68%
农业信息	72.34%	82.35%	−10.01%	66.29%	91.86%	−25.57%	67.86%	80.29%	−12.43%
农业机械	60.64%	61.35%	−0.71%	58.43%	67.05%	−8.62%	48.21%	54.67%	−6.46%
农业基础设施建设	57.45%	27.73%	29.72%	74.16%	65.38%	8.78%	76.79%	66.36%	10.43%

注：数据来源于本书研究团队的微观调查数据资料

（二）组织内部化农业服务供需费用差异

根据研究团队的微观调查数据，农民合作经济组织内部成员对农业社会化服务具有较强的支付意愿。由表 5-13 可知，从不同农业生产环节服务来看，支付意愿最高的是产中服务，76.87%的组织成员愿意为所获取的产中服务支付费用；其次是产前服务，74.83%的组织成员愿意为所获取的产前服务支付费用；支付意愿最低的是产后服务，67.46%的组织成员愿意为所获取的产后服务支付费用。从不同类型农业服务来看，支付意愿最高的是农业生产资料采购服务，74.06%的组织成员愿意为所获取的农业生产资料采购服务支付费用；其次是农业技术服务，70.41%的组织成员愿意为所获取的农业技术服务支付费用；支付意愿最低的是农业信息服务，51.02%的组织成员愿意为所获取的农业信息服务支付费用。而被访农户更愿意为农业技术服务和农业基础设施建设服务支付更高的费用，9.18%的组织成员愿意为所获取的农业技术服务支付由服务所带来的增加收益的 10%以上的费用，9.62%的组织成员愿意为所获取的农业基础设施建设服务支付由服务所带来的增加收益的 10%以上的费用。

表 5-13　组织内部成员的服务支付意愿差异

支付意愿	不同生产环节/类型农业服务									
	产前服务	产中服务	产后服务	农业技术	农业金融	农产品营销	农业生产资料采购	农业信息	农业机械	农业基础设施建设
支付收益的 10%以上	7.48%	3.40%	2.74%	9.18%	6.19%	7.14%	4.10%	3.74%	4.11%	9.62%
支付收益的 5%~10%	20.41%	21.77%	14.04%	20.07%	15.12%	19.39%	19.45%	8.50%	19.18%	14.09%
支付收益的 5%	46.94%	51.70%	50.68%	41.16%	41.58%	42.18%	50.51%	38.78%	46.23%	37.11%
不愿支付费用	25.17%	23.13%	32.53%	29.59%	37.11%	31.29%	25.94%	48.98%	30.48%	39.18%

注：数据来源于本书研究团队的微观调查数据资料

从表 5-14 可以看出，绝大部分农民合作经济组织是免费为成员提供各种农业服务的，虽然在农业生产资料采购服务和农业机械服务方面的免费比率稍低，但农民合作经济组织的内部化农业服务费用几乎都低于市场价格。而与需求主体的支付意愿相比，供给的免费比例远远高于不愿支付的比例。因此，从农民合作经济组织提供内部化农业服务的供需费用差异来看，是比较平衡的；而且农民合作经济组织还可以在一定程度上提高收费标准，以弥补服务投入成本，从而进一步提升服务绩效。

表 5-14　组织内部化农业服务的供给收费情况

收费标准	不同生产环节/类型农业服务									
	产前服务	产中服务	产后服务	农业技术	农业金融	农产品营销	农业生产资料采购	农业信息	农业机械	农业基础设施建设
免费	47.56%	54.88%	52.44%	79.27%	56.10%	52.63%	37.80%	82.93%	43.90%	62.20%
按成本收费	30.49%	28.05%	26.83%	14.63%	13.41%	17.89%	30.49%	9.76%	19.51%	17.07%
低于市场价格收费	14.63%	12.20%	8.54%	4.88%	4.88%	27.37%	17.07%	1.22%	15.85%	7.32%
按市场价格收费	4.88%	3.66%	4.88%	0.00	4.88%	0.00	10.98%	2.44%	8.54%	2.44%
高于市场价格收费	2.44%	1.21%	7.31%	1.22%	20.73%	2.11%	3.66%	3.65%	12.20%	10.97%

注：数据来源于本书研究团队的微观调查数据资料

综上所述，从农民合作经济组织内部化农业服务的供需比例差异和费用差异等角度来看，农民合作经济组织内部化农业服务呈现出一定的供需不平衡现象。首先，农民合作经济组织的内部化农业服务在很大程度上满足了其成员对各种农业服务的需求，但是农业基础设施建设服务和农业信息服务分别存在突出的供给不足和供给过剩两种不同类型的服务供需不平衡问题。其次，不同地区农民合作经济组织内部化农业服务供需也存在差异，并表现出不同特征。最后，农民合作经济组织内部化农业服务的需求主体支付意愿较强，而组织提供内部化农业服务的收费整体偏低，农民合作经济组织可以进一步提高收费标准，以弥补服务投入成本，进而提升农业服务绩效。

第二节　农民合作经济组织内部化农业服务的绩效分析

本节旨在从实证角度分析农民合作经济组织为其成员提供内部化农业服务绩效的影响因素及其影响机理。

一、理论分析框架与研究假说

（一）理论分析框架

农民合作社提供的农业社会化服务绩效在理论上可能取决于合作社的一些特征[①]，如合作社的农业社会化服务投入、合作社的经营条件、合作社的治理结构、合作社的企业家才能等。文献研究表明，影响合作社服务功能实现程度的因素主要包括：合作社主营产品的产品特性、成员拥有的资源状况、合作社社长所具备的企业家才能、对社长的激励程度、产业集群、产品认证及政府的资金扶持等（黄祖辉和高钰玲，2012）；而组织的潜在收益、组织的创建方式、组织领导人市场从业经验等人力资本条件和村庄市场条件等对组织的服务功能也有一定影响（黄季焜等，2010）；合作社自身的经济实力也会影响其服务功能（黄祖辉和王祖锁，2002）。还有一些文献研究了农户对合作社及其服务功能的满意度，发现合作社内部治理机制对包括服务满意度在内的社员满意度有影响（黄胜忠等，2008）；"支部+合作社"模式的合作社所提供的各项服务满意度比农民自主成立的合作社更高（韩国明和郭鹏鹏，2011）。不同类型的农民合作社成员对合作社所提供服务的满意程度差异不大，合作社成员对农产品加工营销企业型合作社最满意，其次为社区集体组织型合作社，而其他模式合作社的成员满意度都低于均值（吴晨，2013）。也有学者从价值链整合的角度研究了对合作社提供服务的满意度的影响因素。还有学者研究了企业家才能对企业绩效的影响，认为企业家可以凭借其优于一般人的信息优势和能力优势，对稀缺资源进行有效协调和判断；企业家精神的发挥最终会使企业在发现和利用市场机会、开发新产品和市场、形成组织能力等方面形成独特的优势；而企业家是企业绩效的重要决定变量（李新春等，2006）。

农户对农民合作社提供的农业社会化服务的满意度是一种个体主观评价，而个人偏好、性情及预期等这些不容易被观察的因素往往会影响个体的主观评价，可以通过年龄、性别、受教育程度等个体特征来在一定程度上反映这些因素的影响（Lewis and Pattinasarany，2009；Diaz-Serrano and RodrAguez-Pose，2011）。因此，本部分的计量模型中控制了此类因素。

需要注意的是，农户对农民合作社提供的农业社会化服务的服务人员素质、

[①] 本部分主要以农民合作社为例研究农民合作经济组织内部化农业服务绩效的影响因素。本章主要讨论农民合作经济组织对内部成员提供农业服务的绩效，但实际上农民合作经济组织也会给非组织成员提供农业服务。为了对比农民合作经济组织对内部成员提供农业服务与向非组织成员提供农业服务的绩效差异，在实证研究中包括了成员和非成员在内的所有样本，并控制了是否是合作社成员变量。

服务收费、服务设施、服务满足需求程度这四个方面的评价会直接影响农户对农民合作社提供的农业社会化服务的满意度，而农户的基本特征，以及合作社的农业社会化服务投入、经营条件、企业家才能、治理结构、外部环境特征等，则主要通过影响以上四个方面的满意度评价从而影响其对农民合作社提供的农业社会化服务的满意度。因此，可以将对服务人员素质、服务收费、服务设施、服务满足需求程度这四个方面的评价作为中间变量，将农户的基本特征、农业社会化服务投入、经营条件、企业家才能、治理结构、外部环境特征等因素作为初始变量，通过路径分析，揭示初始变量和中间变量对农民合作社提供的农业社会化服务满意度的影响过程。具体分析框架如图 5-4 所示。

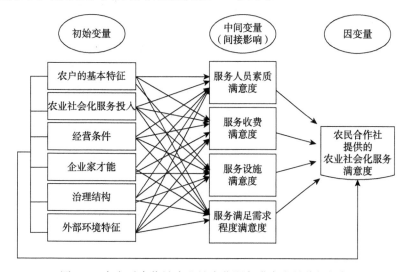

图 5-4　农户对合作社农业社会化服务满意度的分析框架

（二）研究假说

基于前文的理论和文献分析，可以提出以下假说。

假说 1：中间变量（服务人员素质满意度、服务收费满意度、服务设施满意度、服务满足需求程度满意度）会对农民合作社提供的农业社会化服务满意度产生正向影响。若农户对各具体项目的满意度增加，则农户对农民合作社提供的农业社会化服务的总体满意度增加。

假说 2：初始变量通过影响中间变量来影响因变量。农户的基本特征、农业社会化服务投入、经营条件、外部环境特征等通过影响中间变量（服务人员素质满意度、服务收费满意度、服务设施满意度、服务满足需求程度满意度）对农民合作社提供的农业社会化服务满意度产生显著的影响。

二、变量选取与模型设定

(一)变量选取

农户对合作社农业社会化服务满意度评价有两个基本假设:一个基本假设是被调查者有可能回答各种不同的评价结果,而各种评价结果的概率分布满足累积正态分布函数假设条件;另一个基本假设是消除被调查者评价中的策略行为影响可以通过合理设计调查问卷的方法(Brookshire et al., 1982)。根据费耐尔模型(Fornell, 1990),研究团队在调查问卷设计中将农户的满意度评价结果分为五个等级。5 代表"非常满意",表示农户对合作社农业社会化服务的满意度非常高;4 代表"比较满意",表示农户对合作社农业社会化服务的满意度较高;3 代表"一般满意",表示农户对合作社农业社会化服务的满意度一般;2 代表"比较不满意",表示农户对合作社农业社会化服务的满意度较差;1 代表"非常不满意",表示农民没有接受合作社提供的农业社会化服务或者对服务的满意度很差。在调查中通过这种方式,既给被访者明确的等级界定,又可以让被访者有比较自由的选择余地,从而使被访者的回答能够满足农业社会化服务满意度评价方法中的两个基本假设。

根据前文的理论分析和已有的文献基础,本部分选取的被解释变量分别为:服务总体满意度(AS)、服务人员素质满意度(PS)、服务设施满意度(MS)、服务收费满意度(FS)、服务满足需求程度满意度(DS)。本书选取的解释变量包括:①农户的基本特征变量(FMR),包括被访者年龄(AGE)、性别(SEX)、受教育程度(EDU)、是否是合作社成员(COP)、户均耕地面积(LD)等变量;②农业社会化服务投入变量(IPT),包括服务投入经费(SFE)、服务人员数量(SP)、服务专用设施设备(SM)、为成员服务自评(MV)、为非成员服务自评(NMV)等变量;③经营条件变量(OPR),包括示范社级别(CPL)、产品认证数量(CN)、是否有单位成员(UM)等;④企业家才能变量(ENT),包括社长教育程度(LED)、社长是否是党员(PTM)[①]、社长工作经历(LCR)、社长工资(LWG)等;⑤治理结构变量(GVN),包括第一大股东持股比例(SHD)、利益分配方式(DVD)、是否有成员账户(MAC)、社员退出能力(OUT)、监事会次数(SPV)等;⑥外部环境特征变量(EVT),包括政府支持力度(GSP)、政府

[①] 党员在当代中国代表着一种"身份"。有研究发现党员具有产生更高收入的价值(陈钊等, 2009)。有必要对此进行研究。

干预力度（GIT）、市场距离（DIS）、村经济水平（VLV）、村受教育程度
（VED）等。变量选取及赋值如表 5-15 所示。

表 5-15　变量选取及赋值

指标		变量	名称	含义和赋值
服务满意度		AS	服务总体满意度	5=非常满意，4=比较满意，3=一般满意，2=比较不满意，1=非常不满意
		PS	服务人员素质满意度	
		MS	服务设施满意度	
		FS	服务收费满意度	
		DS	服务满足需求程度满意度	
农户的基本特征 FMR		AGE	年龄	
		SEX	性别	1=男，0=女
		EDU	受教育程度	1=不识字，2=小学，3=初中，4=高中（中专），5=大专及以上
		COP	是否是合作社成员	1=是，0=否
		LD	户均耕地面积	单位：亩
农业社会化服务投入 IPT		SFE	服务投入经费	用于技术指导和营销等服务费用（单位：万元）
		SP	服务人员数量	单位：人
		SM	服务专用设施设备 1)	4=很多，3=比较多，2=有一些，1=不多，0=没有
		MV	为成员服务自评	5=非常满意，4=比较满意，3=一般满意，2=比较不满意，1=非常不满意
		NMV	为非成员服务自评	
合作社特征 COP	经营条件 OPR	CPL	示范社级别	0=非示范社，1=县级示范社，2=市级示范社，3=省级示范社，4=国家级示范社
		CN	产品认证数量	合作社拥有的农产品质量认证个数
		UM	是否有单位成员	0=没有单位成员（包括企业、事业单位或者社会团体等），1=有 1~3 个单位成员，2=有 3 个以上单位成员
	企业家才能 ENT	LED	社长教育程度	0=没有接受过正式教育，1=小学，2=初中，3=高中/中专，4=大学/大专，5=硕士及以上
		PTM	社长是否是党员	1=党员，0=非党员
		LCR	社长工作经历	社长工作种类数
		LWG	社长工资	1=社长领取工资，0=社长不领取工资
	治理结构 GVN	SHD	第一大股东持股比例	单位：%
		DVD	利益分配方式	1=有二次返利，0=没有二次返利
		MAC	是否有成员账户	1=有，0=无
		OUT	社员退出能力	1=可以自由退社，0=不能自由退社
		SPV	监事会次数	2012 年召开监事会次数
外部环境特征 EVT		GSP	政府支持力度	5=非常大，4=比较大，3=一般，2=比较小，1=很小
		GIT	政府干预力度	1=过分干预，2=较多干预，3=一般，4=较少干预，5=基本不干预

指标	变量	名称	含义和赋值
外部 环境特征 EVT	DIS	市场距离	离村外最近的农贸市场的距离
	VLV	村经济水平	1=最好, 2=中等偏上, 3=中等, 4=中等偏下, 5=最差
	VED	村受教育程度	村受教育程度为高中及以上的人占比

1）服务专用设施设备：0件为没有，1件为不多，2~3件为有一些，4~5件为比较多，5件以上为很多，分别用0、1、2、3、4、5来表示

1. 农户对合作社提供的农业社会化服务满意度的基本描述

从调查结果来看，当前农户对合作社提供的农业社会化服务满意度并不很高，平均为3.98分，接近"比较满意"。其中，表示"一般满意"的占17.17%，表示"比较满意"的占61.87%，仅有19.19%的农户表示"非常满意"[①]。

2. 中间变量的统计描述

根据调查数据分析可知，当前农户满意度最高的是合作社提供农业社会化服务的服务人员素质，其满意度均值为3.94分，接近"比较满意"；其次是对服务收费的满意度，其满意度均值为3.54，介于"一般满意"和"比较满意"之间；再次是对服务设施的满意度，其满意度均值为3.32，稍高于"一般满意"；满意度最低的是服务满足需求程度，其满意度均值为2.37，稍高于"比较不满意"。从调查结果中的满意度评价差异来看，农户对服务设施满意度的评价差异最大，对服务满足需求程度的满意度的评价差异最小。

3. 初始变量的统计描述

被调查的396个被访农民的平均年龄为44岁，80%的被访者为男性，大多数被访者有初中文化水平，49%的被访农户为合作社成员，户均耕地面积为0.29亩（1亩≈666.7平方米），合作社的平均服务投入经费为10.6万元，平均服务人员数量为3人，大多数合作社有比较多的服务专用设施设备，为成员服务介于"比较满意"和"非常满意"之间，为非成员服务介于"一般满意"和"比较满意"之间，被调查的大多数合作社是省级示范合作社，平均拥有1~2个产品认证，49%的合作社有单位成员，大多数合作社理事长拥有高中文化，平均有2种工作经历，36%的合作社理事长领取工资，第一大股东持股比例平均为37.54%，44%的合作社有二次返利，67%的合作社有成员账户，76%的合作社能够自由退出合作社，平均监事会次数为2次，大多数合作社政府支持力度一般，大多数合作社

---

① 需要说明的是，满意度评价变量为顺序型变量，本来不应该计算均值，但为了方便处理，在满意度描述分析时把满意度评价变量视为数值型变量进行处理，数值越大表明满意程度越高。

认为政府干预较多，市场距离平均为6.92千米，大多数合作社所在村经济水平相对较差，村受教育程度为高中及以上的人平均占24%。

（二）模型设定

根据前文的分析，初始变量通过中间变量影响因变量，即农户的基本特征、合作社的基本特征、农业社会化服务投入及外部环境特征等会通过影响农户四个方面的满意度评价（服务人员素质、服务收费、服务设施、服务满足需求程度）从而影响农户对合作社农业社会化服务的总体满意度，因此需要用路径分析的方法进行分析。而由于中间变量是对农户主观满意度（CSI）的测量，属于顺序变量，研究初始变量对中间变量的影响时需要采用有序 Probit 方法建立 CSI-OProbit 模型进行多元回归分析。而研究中间变量对因变量的影响可以使用多元回归方法。因此本书采用路径分析方法建立 CSI-OProbit 模型进行实证分析。

具体模型形式如下：

$$\begin{cases} AS_i = \beta_0 + \beta_1 PS_i + \beta_2 MS_i + \beta_3 FS_i + \beta_4 DS_i + \nu_i \\ PS_i = \beta_0 + \beta_1 FMR_i + \beta_2 IPT_i + \beta_3 COP_i + \beta_4 EVT_i + \varepsilon_i \\ MS_i = \beta_0 + \beta_1 FMR_i + \beta_2 IPT_i + \beta_3 COP_i + \beta_4 EVT_i + \varepsilon_i \\ FS_i = \beta_0 + \beta_1 FMR_i + \beta_2 IPT_i + \beta_3 COP_i + \beta_4 EVT_i + \varepsilon_i \\ DS_i = \beta_0 + \beta_1 FMR_i + \beta_2 IPT_i + \beta_3 COP_i + \beta_4 EVT_i + \varepsilon_i \end{cases}$$

第一个方程即研究中间变量对因变量影响的多元回归方程；第二到第五个方程分别是研究初始变量对四个不同中间变量影响的回归方程。

三、实证分析结果

（一）中间变量对因变量的影响

基于前文的分析框架，首先利用中间变量对因变量的影响进行多元回归分析，如表5-16所示，模型的解释程度为37.6%，拟合优度较高，而且四个中间变量的回归系数都通过了显著性检验。其中，服务人员素质满意度的影响最大，其标准化回归系数为0.427，其次是服务满足需求程度满意度，回归系数为0.215。因此，在后面的路径分析中，将把这四个满意度中间变量全部纳入回归模型中。

表 5-16　中间变量对因变量回归结果

中间变量	非标准化回归系数	标准化回归系数	T 值
服务人员素质满意度	0.382	0.427***	9.191
服务设施满意度	0.065	0.146***	3.611
服务收费满意度	0.069	0.079*	1.717

续表

中间变量	非标准化回归系数	标准化回归系数	T 值
服务满足需求程度满意度	0.207	0.215***	4.952
常数项	1.527		9.213
样本量		396	
调整的 R^2		0.376	
F 值		60.557***	

***、**、*分别表示在1%、5%、10%的显著性水平上通过检验

（二）初始变量对中间变量和因变量的影响

根据表 5-17，从初始变量对因变量的回归结果来看，模型通过了1%的显著性检验，解释程度为16.8%，虽然具有一定的解释能力，但明显低于中间变量对因变量37.6%的解释能力，说明初始变量可能是通过影响中间变量来影响因变量的，表明假说2得到了验证。除了合作社服务投入有显著影响以外，农户的基本特征、合作社特征也对农户的服务满意度有显著影响，非合作社成员农户对合作社服务满意度相对更高，有单位成员的合作社农户服务满意度相对更高，社长领工资、第一大股东持股比例越高，农户对合作社服务满意度越高。

表 5-17　初始变量对中间变量和因变量的多元回归结果

初始变量		中间变量				因变量
		服务人员素质满意度	服务满足需求程度满意度	服务设施满意度	服务收费满意度	服务总体满意度
农户的基本特征	年龄	−0.006	−0.002	−0.004	−0.007	−0.004
		（−0.894）	（−0.229）	（−0.618）	（−1.021）	（−0.599）
	性别	−0.334**	0.229	−0.094	0.187	−0.347**
		（−1.969）	（1.262）	（−0.594）	（1.081）	（−1.961）
	受教育程度	0.155**	0.013	−0.064	−0.011	−0.069
		（2.175）	（0.165）	（−0.948）	（−0.153）	（−0.919）
	是否是合作社成员	−0.030	−0.016	−0.218***	−0.040	−0.127***
		（−0.883）	（−0.423）	（−6.629）	（−1.137）	（−3.523）
	户均耕地面积	−0.008	−0.040	−0.019	0.014	−0.012
		（−0.321）	（−1.202）	（−0.777）	（0.446）	（−0.427）
农业社会化服务投入	服务投入经费	0.005	−0.008*	−0.002	−0.005	0.007
		（1.123）	（−1.701）	（−0.490）	（−1.081）	（1.269）
	服务人员数量	0.007	−0.005	−0.007	0.102***	−0.021
		（0.422）	（−0.281）	（−0.454）	（5.465）	（−1.176）
	服务专用设施设备	0.047	0.326***	0.145**	0.178**	0.109
		（0.729）	（4.399）	（2.347）	（2.568）	（1.605）

续表

初始变量		中间变量				因变量
		服务人员素质满意度	服务满足需求程度满意度	服务设施满意度	服务收费满意度	服务总体满意度
农业社会化服务投入	为成员服务自评	0.290***	−0.157	0.261**	0.104	0.450***
		（2.578）	（−1.240）	（2.449）	（0.886）	（3.830）
	为非成员服务自评	0.308***	0.481***	0.158**	0.630***	0.323***
		（3.657）	（5.143）	（1.986）	（6.830）	（3.637）
经营条件	示范社级别	−0.024	0.005	0.001	−0.063	−0.177***
		（−0.370）	（0.080）	（0.016）	（−0.939）	（−2.633）
	产品认证数量	0.042	0.184**	−0.139**	0.166**	0.093
		（0.630）	（2.528）	（−2.163）	（2.304）	（1.325）
	是否有单位成员	−0.012	0.271	−0.031	−0.021	0.438***
		（−0.077）	（1.476）	（−0.205）	（−0.125）	（2.583）
企业家才能	社长教育程度	0.003	−0.141	0.367**	−0.406**	−0.020
		（0.022）	（−0.816）	（2.444）	（−2.461）	（−0.119）
	社长是否是党员	−0.222	0.376**	−0.261	−0.467***	−0.131
		（−1.313）	（1.975）	（−1.614）	（−2.625）	（−0.741）
	社长工作经历	−0.069	−0.135*	−0.001	−0.193***	−0.100
		（−0.985）	（−1.709）	（−0.015）	（−2.589）	（−1.345）
	社长工资	0.561***	0.093	0.112	0.208	0.562***
		（3.250）	（0.497）	（0.678）	（1.168）	（3.062）
治理结构	第一大股东持股比例	0.004	0.008**	−0.000	−0.003	0.008**
		（1.333）	（2.423）	（−0.025）	（−1.071）	（2.467）
	利益分配方式	0.265*	0.096	−0.245*	0.809***	−0.210
		（1.802）	（0.615）	（−1.758）	（5.031）	（−1.374）
	是否有成员账户	−0.260*	0.274*	−0.417***	−0.177	−0.101
		（−1.836）	（1.730）	（−3.074）	（−1.186）	（−0.680）
	社员退出能力	−0.370**	−0.170	−0.327*	−0.811***	−0.621***
		（−1.995）	（−0.829）	（−1.841）	（−4.104）	（−3.133）
	监事会次数	0.029	−0.028	0.060***	−0.036*	0.033*
		（1.523）	（−1.294）	（3.204）	（−1.798）	（1.658）
外部环境特征	政府支持力度	0.038	−0.151**	0.029	−0.004	−0.041
		（0.639）	（−2.312）	（0.517）	（−0.063）	（−0.654）
	政府干预力度	0.085	0.267**	0.146	0.284***	0.199**
		（0.894）	（2.486）	（1.610）	（2.806）	（1.990）
	市场距离	−0.020***	−0.002	−0.002	−0.003	−0.015**

续表

初始变量		中间变量				因变量
		服务人员素质满意度	服务满足需求程度满意度	服务设施满意度	服务收费满意度	服务总体满意度
外部环境特征	市场距离	(−3.139)	(−0.327)	(−0.292)	(−0.390)	(−2.270)
	村经济水平	0.175*	0.123	−0.151*	0.028	−0.068
		(1.918)	(1.226)	(−1.733)	(0.294)	(−0.712)
	村受教育程度	−0.005	0.001	−0.001	−0.006	−0.010**
		(−1.158)	(0.320)	(−0.157)	(−1.431)	(−2.171)
Obs		396	396	396	396	396
LR chi2		104.259	98.827	113.338	164.039	131.126
Prob > chi2		0.000	0.000	0.000	0.000	0.000
R^2		0.120	0.138	0.091	0.191	0.168

***、**、*分别表示在1%、5%、10%的显著性水平上通过检验；各回归系数为边际效应系数

从初始变量对中间变量的回归结果来看，四个模型总体上拟合效果良好，都通过了1%的显著性检验。表5-17显示，初始变量对四个中间变量的解释程度最高的是服务收费满意度，解释程度为19.1%，对服务人员素质满意度的解释程度为12.0%，对服务满足需求程度满意度的解释程度为13.8%，对服务设施满意度的解释程度为9.1%。在服务收费满意度模型中，农业社会化服务投入影响最为显著，服务人员数量和服务专用设施设备越多，为非成员服务自评越高，农户对合作社提供的农业社会化服务收费满意度越高。在农户对农业服务人员素质满意度影响因素模型中，除了合作社服务投入对农户满意度有显著影响以外，农户的基本特征和合作社治理结构也对农户满意度有显著影响，农户受教育程度越高，合作社有二次返利，农户对合作社服务人员素质满意度就越高。在服务满足需求程度满意度影响因素模型中，除了合作社服务投入对农户满意度有显著影响以外，合作社经营条件、合作社社长的企业家才能、合作社的治理结构也对农户满意度有显著影响，产品认证越多、社长是党员、第一大股东持股比例越高、有成员账户，农户对合作社服务满足需求程度满意度就越高。在服务设施满意度影响因素模型中，除了合作社服务投入对农户满意度有显著影响以外，农户的基本特征、合作社特征、外部环境特征也对农户满意度有显著影响，非合作社成员农户对合作社服务设施满意度相对更高，监事会会议次数越多、农户所在村的经济水平越高，农户对合作社服务设施满意度就越高。

（三）影响农户满意度的路径分析

表5-18显示了初始变量通过影响中间变量进而影响因变量的过程。其中，

间接影响系数等于初始变量对各个中间变量的回归系数乘以该中间变量对因变量的回归系数，总影响系数等于间接影响系数加上直接影响系数。根据表 5-17 的分析结果，显著性水平大于 0.1 的回归系数未纳入表 5-18 中。路径分析结果表明，农户对合作社农业服务满意度影响较大的因素是农户被访者性别、农户是否是合作社成员、合作社服务投入、是否有单位成员、社长工资、利益分配方式、社员退出能力、政府干预力度，其路径系数的绝对值都为 0.1~0.9。

表 5-18　初始变量对合作社农业社会化服务满意度的路径分析

初始变量		总影响	间接影响				直接影响
			服务人员素质满意度	服务满足需求程度满意度	服务设施满意度	服务收费满意度	
农户的基本特征	年龄						
	性别	−0.474 2	−0.127 4				−0.346 8
	受教育程度	0.059 2	0.059 2				
	是否是合作社成员	−0.141 1			−0.014 1		−0.127 0
	户均耕地面积						
农业社会化服务投入	服务投入经费	−0.001 6		−0.001 6			
	服务人员数量	0.007 0				0.007 0	
	服务专用设施设备	0.089 1		0.067 4	0.009 4	0.012 3	
	为成员服务自评	0.577 3	0.110 9		0.016 9		0.449 5
	为非成员服务自评	0.593 8	0.117 8	0.099 5	0.010 2	0.043 5	0.322 8
经营条件	示范社级别	−0.177 1					−0.177 1
	产品认证数量	0.040 6		0.038 1	−0.009 0	0.011 5	
	是否有单位成员	0.438 1					0.438 1
企业家才能	社长教育程度	−0.004 2			0.023 8	−0.028 0	
	社长是否是党员	0.045 6		0.077 9		−0.032 3	
	社长工作经历	−0.041 3		−0.028 0		−0.013 3	
	社长工资	0.776 1	0.214 3				0.561 8
治理结构	第一大股东持股比例	0.009 1		0.001 6			0.007 5
	利益分配方式	0.141 1	0.101 3		−0.016 0	0.055 8	

续表

初始变量		总影响	间接影响				直接影响
			服务人员素质满意度	服务满足需求程度满意度	服务设施满意度	服务收费满意度	
治理结构	是否有成员账户	−0.069 6	−0.099 2	0.056 7	−0.027 1		
	社员退出能力	−0.839 5	−0.141 2		−0.021 3	−0.056 0	−0.621 0
	监事会次数	0.034 7			0.003 9	−0.002 5	0.033 3
外部环境特征	政府支持力度	−0.031 2		−0.031 2			
	政府干预力度	0.274 1		0.055 3		0.019 6	0.199 2
	市场距离	−0.023 2	−0.007 8				−0.015 4
	村经济水平	0.057 1	0.066 9		−0.009 8		
	村受教育程度	−0.009 7					−0.009 7

接下来，进一步分析各个因素对农民合作社提供的农业社会化服务满意度的影响。

第一，相对于非合作社成员而言，合作社成员对合作社提供的农业服务满意度较低，这是一个有趣的结论。这是因为加入合作社的农户对合作社有更高的预期，一旦这个较高的预期没有得到满足，农户的满意度就会降低。而未加入合作社的农户对合作社并没有太高的预期，若合作社能够提供一些服务，农户的满意度会有大幅度提升。

第二，合作社服务投入中，除了服务投入经费以外，其他因素都会促进农户对合作社提供的农业服务满意度的提升，尤其是合作社为成员和非成员服务的自我评价对农户满意度有很强的正向影响。服务投入经费有负向影响，这是因为合作社的服务资金效率不高，不能满足农户的需求。

第三，合作社有单位成员时，农户对合作社提供的农业服务的满意度相对更高，这是因为单位成员拥有更强的物资资本和社会资本，能够给农户提供更好的农业服务，如提供价格更优惠的农业生产资料，提供更好的农业机械设备等，从而有效满足农户需求，提高农户对农业服务的满意度。

第四，社长工资会促进农户对合作社提供的农业服务满意度的提升，表明对合作社社长的有效激励能够使合作社为农户提供更有效的服务，提高农户对农业服务的满意度。

第五，合作社内部分配利益的方式对农户的满意度有正向影响，这表明合作社如果采取更顾及普通小农的利益分配方式，合作社治理结构更完善，就能够更好地为农户提供农业服务，由此农户对合作社提供的农业服务的满意度也会更高。

第六，社员退出能力对农户满意度有正向影响，表明社员通过拥有退出权保持对合作社的控制或制约，能够使合作社更好地为农户服务，提高农户对农业服务的满意度。

第七，政府干预力度对农户满意度有正向影响，表明政府对合作社的监督使合作社能够更加规范，从而使合作社为农户提供有效服务，提高农户对农业服务的满意度。

（四）稳健性检验

尽管本书在回归模型中控制了一些可能对农业社会化服务满意度产生影响的个体和家庭特征，但主观评价仍然存在不可避免的问题，那就是被访者可能在报告满意度水平时不诚实，一方面可能因为搭便车而低报满意度水平（William et al.，2003）；另一方面也可能出于对调查员的尊重而高报满意度水平（Lewis and Pattinasarany，2009）。在不能观测到具体哪些人会低报或高报满意度水平时，排除这种因素的一个简单办法就是对农户满意度评价等级重新取值[①]，然后再建立 Probit 模型。排除这种因素之后的回归的结果并未发生太大变化，因此，并不需要担心被访者谎报满意度水平的问题。

此外，本书还进行了如下稳健性检验：①增加和减少控制变量，发现主要变量的回归系数和显著性结果都未发生太大改变。②处理了是否是合作社成员变量的内生性问题。因为是否加入合作社是由农户内生决定的，这个变量会导致选择性偏误，使用处理效应模型（treatment effects model）处理了该变量的内生性问题后主要变量的回归系数和显著性结果也没有发生太大变化。因此实证结果是稳健的。限于篇幅，这部分的稳健性检验回归结果均没有列出。

第三节　农民合作经济组织内部化农业服务的典型案例

农民合作经济组织作为农业社会化服务的供给主体，能够为组织内部成员提

---

① 取值的方法是，当被访者由于搭便车而低报满意度水平时，就把"比较不满意"和"完全不满意"统一归为"不满意"一类，并取值为 0，而将"非常满意"、"比较满意"和"一般满意"统一归为"满意"一类，并取值为 1；当被访者出于尊重而高报满意度水平时，就将"非常满意"和"比较满意"统一归为"满意"一类，并取值为 1，而将"完全不满意"、"比较不满意"和"一般满意"统一归为"不满意"一类，并取值为 0。

供农业社会化服务[①]。本节以龙升粮油合作社和锦宁韭黄合作社为典型案例，对农民合作经济组织内部化农业服务供给内容、模式、绩效进行深入分析。

一、安徽省马鞍山市当涂县龙升粮油合作社案例分析

（一）合作社发展情况

龙升粮油合作社成立于2006年8月，位于安徽省马鞍山市当涂县黄池镇，是马鞍山市第一个粮油合作社，以种植和销售水稻、油菜等粮油作物为主营业务。合作社成立初期拥有33名成员，经过7年的发展，成员发展到332名。龙升粮油合作社对加入合作社的成员有一定的要求，如农户家庭收入以粮食和油料作物种植为主，并收取一定的会费，还给成员农户建立个人账户，发放社员证。合作社由于制度规范、经营绩效高，获得了多项荣誉，先后被授予国家级农民合作社示范社、省级示范合作社、市级优秀农民专业合作社等称号。龙升粮油合作社的营业额和利润额不断增加。本书研究团队调查发现，2011年合作社经营收入达到54万元，净利润达到11万元；2012年合作社经营收入达到68万元，在2011年的基础上增加了约26%，净利润增加到24万元，在2011年的基础上翻了一番。

从资产状况来看，龙升粮油合作社在几年间不断发展壮大。据调查，合作社成立之初注册资金为5万元，其中，龙山桥粮油工贸有限公司是出资比例最大的单位成员，出资额为4万元，占总资产的80%，其他农户成员每户出资500~1100元，共出资1万元，占总资产的20%。随着合作社的规模和业务不断扩张，2009年合作社增资为180万元，其中龙山桥粮油工贸有限公司出资150万元，约占总资产的83.3%，农户成员出资30万元，约占总资产的16.7%。2010年马鞍山市供销社也参股了龙升粮油合作社。经过7年的发展，合作社固定资产规模和数量大幅度增加，2013年合作社拥有厂房1个，占地面积600平方米；常温仓库2个，总占地面积800平方米；冻库1个，占地面积200平方米；拥有固定的办公、会议、培训等场所，总面积150平方米；拥有2个市级生产示范基地，总面积180亩；拥有机动喷雾器10台。另外，合作社无形资产也有所增加，2013年拥有1个专利、1个注册商标、1个省级无公害产品质量认证。龙升粮油合作社投资500万元建成的500亩标准化绿色蔬菜种植基地[②]通过财政部、中华

---

① 农民合作经济组织能够为内部成员提供具有俱乐部产品性质的农业服务，也能够为内部成员提供具有私人品性质的农业服务。

② 该基地包括39个85米长、4米高、32米宽的具有喷淋设施的高规格连栋大棚和397亩标准化露地蔬菜栽培基地。

全国供销合作总社联合检查验收项目组验收。

（二）合作社内部化农业服务供给

农民合作经济组织作为典型的俱乐部组织，能够为其内部成员提供具有俱乐部产品性质的农业社会化服务，也能够向其内部成员提供具有私人品性质的农业社会化服务。

从服务内容来看，龙升粮油合作社主要为其成员提供了以下农业社会化服务：一是为成员提供农业生产资料采购服务。龙升粮油合作社通过向成员统一提供优质粮食品种，帮助成员统一采购化肥、农药等农业生产资料，为成员提供农业服务，推进农业标准化生产，并为成员节约农业生产资料采购成本。对于农业生产资料这种有形产品的提供，合作社一般以低于市价的价格销售给成员。二是为成员提供农业技术服务。龙升粮油合作社与当涂县及黄池镇农业部门协作向成员提供多种形式的技术培训，并及时给成员印发病虫防治信息单和技术材料。2012 年合作社聘任服务人员 10 人，聘任专业技术人员 5 名，并聘请 3 名市县农业专家作为技术顾问，支付农技人员工资 8 万元。三是为成员提供农业信息服务。龙升粮油合作社联合相关部门及时向成员发布病虫害预测预报，并提供粮油市场价格变动等信息。2012 年龙升粮油合作社为成员提供的农业信息服务共 8 次。对于农业技术和农业信息这种俱乐部产品性质的农业社会化服务，合作社主要通过粗略排他和精细排他两种方式实现排他性供给。四是龙升粮油合作社为成员提供农产品销售服务。一方面，合作社通过和成员签订销售订单，为成员提供水稻销售服务。2008 年，合作社与成员签订了 0.8 万亩优质水稻生产订单合同，2009 年签订了 2.1 万亩水稻生产订单合同。另一方面，合作社通过农产品品牌建设帮助成员更好地销售农产品。龙升粮油合作社在成功注册"太子仓"商标之后，通过不断提高农产品质量，获得国家绿色食品认证，还通过不断塑造良好的品牌形象，提升品牌影响力，获得"安徽省著名商标"以及 2012 年"中国 20 个具有影响力合作社产品品牌"等称号。合作社的"太白粒粒香"、"青山雪糯"和"江南鼠牙籼"等产品被中国绿色食品发展中心认定为绿色食品。2012 年合作社为其成员生产的农产品营销花费 3 万元。农产品营销服务具有明显的俱乐部产品性质，通常只针对合作社内部成员，非合作社成员很难享受到。

龙升粮油合作社供给农业社会化服务的模式主要体现在服务融资模式、服务决策模式、服务收费模式、服务供给模式等几个方面。合作社为成员提供服务的融资模式主要采取"社员融资+企业融资+政府资金扶持"三位一体的方式。从合作社的资产状况来看，企业是合作社最大的单位成员，在出资额中占据了很大比例，服务资金也主要从该企业中获取。而且，合作社95%的成员都对合作社进行了投资，体现了合作社自我提供服务的机制。除此以外，政府资金扶持也是合作社服务融资的一项重要来源。例如，龙升粮油合作社通过与马鞍山市供销社合作，获得了国家农业综合开发项目用于建设生态蔬菜种植基地，通过该项目龙升粮油合作社直接获得了 98 万元的中央和省级专项扶持资金。民主集中方式是龙升粮油合作社为成员提供服务的主要决策模式。在"一人一票"的基础上，实行全员决策、成员代表大会决策、理事会决策与股东决策相结合的方式。龙升粮油合作社为成员提供服务的收费模式坚持让利给成员的原则，服务收费全部低于市场价格，有的甚至不收费。研究团队在调查过程中了解到，龙升粮油合作社成员对于合作社提供的农业服务普遍表示收费很合理。龙升粮油合作社的服务供给模式形式多样，农业生产资料采取合作社生产和合作社采购相结合的方式；农业技术服务采取课堂培训、田间培训、印发技术资料、提供信息等方式；农业销售服务采取生产加工统一标准、销售统一渠道的一条龙服务方式。

（三）合作社内部化农业服务绩效

龙升粮油合作社的农业服务绩效可以从两个方面来体现：一是成员对合作社提供的农业服务的绩效评价。从合作社成员对已接受的各种农业服务的满意度来看，总体满意度较高，绝大部分成员选择的满意程度为"非常满意"或"比较满意"。从合作社为成员提供各种农业服务的覆盖率来看，合作社为成员提供的各种农业服务基本上实现了 100%的覆盖率。从农户的需求满足程度来看，合作社提供的服务基本上能够满足成员的需求。二是成员通过获取合作社提供的这些农业服务而获得的成本节约和收入增长。据调查，龙升粮油合作社带动当地农户收入增加明显，成员人均年纯收入 3 万元，远高于当地 1.2 万元的平均收入水平。而且农户加入龙升粮油合作社后，都达到了加入合作社前的绝大部分预期目标，包括获得农业生产技术、获得种苗等生产资料支持、解决农产品销售难题和提高农产品质量等。

龙升粮油合作社农业服务绩效高主要源自以下三个因素的重要作用：一是合作社的沟通机制有助于降低信息不对称。龙升粮油合作社的有效沟通使合作社的服务供给决策更科学有效，能够收集农户的真实需求，并提供能够满足农户需求的服务。龙升粮油合作社不断完善内部治理结构，成立了理事会和监事会，设 1 名理事长和 5 名理事，3 名监事，并聘请了兼任经理。龙升粮油合作社自成立以来，平均每年召开 10 次理事会会议、8 次监事会会议、2 次成员大会，通过会议沟通及平时的交流，促进合作社成员之间的信息共享，并促使合作社成员表达真实的需求。二是需求表达机制有助于农户的需求显示。一方面，这是因为合作社的同质性较强，农户的需求较为一致，而且有较强的激励真实地表达自己的需求。合作社绝大部分成员都来自安徽省马鞍山市当涂县黄池镇劳动村，该村的民风淳朴，具有优良的合作传统，平时互帮互助，加入合作社之后集体感更强。另一方面，这是因为合作社建立了完善的信息沟通和需求表达通道，使合作社内部的普通成员也能够有效地向合作社管理层表达自身的需求。三是合作社的声誉机制促使合作社提供更高效的农业服务。龙升粮油合作社通过为成员提供高效的农业服务，获得了良好的声誉，而合作社为了维护集体声誉，需要继续为成员提供更好的农业服务。

（四）案例小结

龙升粮油合作社位于中国华东地区，经营的农产品类型属于粮食作物种植类，这类合作社对于扩大粮食种植规模、保护农民种粮积极性、保障国家粮食安全有着重要意义。通过对龙升粮油合作社向其内部成员提供农业社会化服务的分析可以得出以下结论：一是合作社能够向内部成员提供具有俱乐部产品性质的农业社会化服务，也能够向内部成员提供具有私人品性质的农业社会化服务。提供俱乐部产品性质农业服务的过程中主要通过精细排他和粗略排他方式保障内部成员能够更好地享受服务；提供私人品性质的农业服务时也通过低于市场价格的价格机制保护内部成员利益。二是合作社具有向内部成员提供高绩效农业服务的优势。合作社的声誉机制、沟通机制、需求表达机制有力地保障了合作社能够提供农户真正需要的农业社会化服务，合作社特有的服务融资模式、服务决策模式、服务收费模式、服务供给模式也保障了合作社能够为成员提供更高效的农业社会化服务。

二、四川省成都市郫县唐元镇锦宁韭黄生产专业合作社案例分析

（一）合作社发展情况

锦宁韭黄合作社成立于 2006 年 7 月，位于四川省郫县唐元镇，主要从事韭黄的生产、加工和销售业务。韭黄是一种高档精细蔬菜，具有丰富的营养价值，生产几乎不受季节影响，经济效益较高。唐元镇韭黄种植农户为了扩大韭黄销路，首先成立了唐元韭黄生产协会，后来又通过韭黄营销大户牵头成立了锦宁韭黄合作社，并吸纳了一些韭黄种植大户参与合作社。锦宁韭黄合作社不断发展壮大，从成立初期的 43 户社员，发展为 2013 年的 275 户社员。锦宁韭黄合作社也获得了多项荣誉：2006 年 11 月，锦宁韭黄合作社获四川省"省级农村专业合作经济组织"称号；2008 年获成都市"市级示范农村专业合作经济组织"称号；2009 年被列为成都市市级 20 强示范合作社和四川省省级 100 强示范合作社；2010 年被农业部列为部级示范合作社项目建设单位，成为成都地区唯

一的农业部示范合作社。锦宁韭黄合作社的营业额和利润额不断提升。本书研究团队的调查数据分析表明，2011 年锦宁韭黄合作社已经获得 1 000 万元的经营收入，净利润已经达到200 万元；2012 年已经获得 1 300 万元的经营总收入，在 2011 年的基础上增长了 30%，其中净利润已经达到 300 万元，在 2011 年的基础上增长了 50%。随着经营业务的拓展和市场范围的不断扩大，2012 年锦宁韭黄合作社还和其他同类主营蔬菜种植的合作社联合成立了联合社，而且该联合社的成员已经达到 762 户。

锦宁韭黄合作社拥有 0.86 万亩标准化韭黄生产基地，其中包括 0.4 万亩无公害食品生产基地，0.23 万亩国家地理标志产品保护生产基地，0.12 万亩国家良好农业规范①一级认证生产基地，0.05 万亩绿色食品生产基地，0.02 万亩出口备案生产基地，0.025 万亩有机蔬菜生产基地，0.012 万亩设施农业基地。锦宁韭黄合作社也在不断增加固定资产。截至 2013 年，锦宁韭黄合作社共建设了两个冻库和三个厂房。该合作社建成的用于韭黄深加工的专用设备设施也获得了中国国家良好农业规范一级认证，并达到了唐元镇韭黄出口加工企业备案标准。这些设施设备涵盖了韭黄的分拣、清洗、干燥、保鲜、质检、配送等一系列加工生产环节。同时，锦宁韭黄合作社也在不断增加无形资产。合作社成功注册了"锦宁"牌韭黄商标，并进行品牌营销；同时通过不断提升产品品质，先后获得四川省和农业部无公害农产品认证、国家级地理标志产品和绿色食品认证；合作社的韭黄生产基地因为经营管理规范先后获得出口备案生产基地和无公害农产品生产基地认证。2011 年，唐元韭黄还作为成都市农产品代表参加在法国举行的国际农产品博览会，成功打入国际市场。

（二）合作社内部化农业服务供给

锦宁韭黄合作社主要向其成员提供了以下农业社会化服务：一是为合作社成员提供农业生产资料采购服务。锦宁韭黄合作社向成员提供统一具有私人品性质的韭黄品种、韭黄生产所需的农家肥、农药、塑料薄膜等生产资料等，并以低于市场的价格提供给成员，帮助成员降低生产资料成本，从源头保证韭黄产品的质量。对于生产资料这种有形产品的提供，合作社一般以低于市场的价格销售给农户。二是锦宁韭黄合作社为成员提供农业技术服务。锦宁韭黄合作社不仅向其成员提供韭黄新品种试验和示范，还向成员推广韭黄生产的新技术。例如，锦宁韭

---

① China GAP（China Good Agricultural Practice）即中国良好农业操作规范，是由中国国家认证认可监督管理委员会（中华人民共和国国家认证认可监督管理局）（Certification and Accreditation Administration of the People's Republic of China，CNCA）参照国际上比较有影响力的良好农业规范标准，并结合中国的农业情况而制定的中国农产品种植和养殖规范，主要是为了保证初级农产品生产者生产出安全健康的初级农产品。

黄合作社多次从东部地区引进韭黄生产新技术和新品种，统一向合作社成员推广新品种，并为合作社成员统一提供免费的韭黄新品种栽培技术培训。合作社还制定了一系列韭黄栽培技术规范手册，对合作社成员的韭黄栽培、施肥、病虫害综合防治等生产环节进行科学的指导。本书研究团队调查发现，2008~2013年锦宁韭黄合作社已经开展了48次韭黄种植技术培训，有近0.5万人次参加了培训。2012年，锦宁韭黄合作社用于支付农业技术人员工资等费用达到近5万元。三是锦宁韭黄合作社为成员提供农业信息服务。本书研究团队调查发现，2012年，锦宁韭黄合作社为成员提供了6次农业信息服务，包括合作社经营管理信息、韭黄生产资料价格信息、韭黄生产技术信息、病虫害防治信息、农业用工信息等。四是锦宁韭黄合作社为合作社成员提供农产品加工服务。锦宁韭黄合作社建成的用于韭黄深加工的专用设备设施涵盖了韭黄的分拣、清洗、干燥、保鲜、质检、配送等一系列加工生产环节，为其成员提供了一整套专业化的韭黄加工服务。五是锦宁韭黄合作社为成员提供农业基础设施建设服务。这种服务普遍具有公共品性质，由合作社向其内部成员提供，能够产生更高的效益。例如，合作社利用政府支持资金对韭黄基地内的道路进行加宽改造，方便韭黄生产的田间管理和初级产品的运输；建立建设U型槽和三面光水渠等标准化水渠系统，改善韭黄生产排污条件；统一兴建钢结构绿色防虫网大棚等设施，统一安装频振式杀虫灯等设备，减少农药施用量，保障韭黄的绿色、安全产品品质。六是锦宁韭黄合作社为成员提供农产品销售服务。合作社通过注册"锦宁牌"商标进行品牌营销，一方面通过提升韭黄种植户的生产标准化程度，统一农产品品质；另一方面通过在合作社专门的配送中心基础上建立与超市、企业、农贸市场、学校等终端直接对接的完善销售网络，帮助成员把韭黄销售给人人乐、麦德龙、红旗连锁、德惠、家乐福等多家大型超市，而且帮助成员将韭黄远销至重庆、西安、兰州、拉萨、北京、山东、上海等地。锦宁韭黄合作社还进一步帮助其成员将韭黄产品销往海外。2010~2011年，锦宁韭黄合作社经营的韭黄产品连续5次送检，均符合欧盟和韩国、日本的出口标准，并取得了韩国和日本的订单合同。

锦宁韭黄合作社为其成员提供农业服务的模式主要体现在服务融资模式、服务决策模式、服务收费模式和服务供给模式这四个方面。锦宁韭黄合作社为成员提供服务的融资模式主要采取"发起人投资+银行贷款+企业投资+农技部门投资+政府资金扶持"五位一体的方式。锦宁韭黄合作社的融资渠道主要是外部融资，并辅以内部融资。外部融资渠道包括政府的项目和资金扶持以及税收优惠、农业企业的投资和银行贷款等；内部融资主要是合作社发起人的出资，以及合作社成员的出资，虽然普通成员相对于核心成员而言出资比例并不高，但已经达到了全员出资持股。锦宁韭黄合作社为成员提供服务的决策模式主要采取合作社全体成员大会与成员代表大会相结合的民主决策模式。合作社服务供给决策时按照"一股一票"原则进行。截至调研,合作社有理事会成员 10 人,监事会成员 5 人。合作社每个月都会召开 1 次理事会会议和监事会会议,负责合作社的日常管理和监督工作。锦宁韭黄合作社为成员提供服务的收费模式主要依据让利合作社成员的原则,为成员提供的服务均低于市场价格,绝大部分服务按服务成本收费,甚至免费给成员提供农业信息服务和技术服务。锦宁韭黄合作社采取多样化的供给模式为成员提供农业服务。例如,农业生产资料采取合作社生产和合作社采购两种供给模式;农业技术服务采取课堂培训、田间培训、印发技术资料、提供信息等模式;农业销售服务采取标准化管理、品牌营销、订单生产等模式。

(三)合作社内部化农业服务绩效

锦宁韭黄合作社的农业服务绩效主要体现在两个方面:一是成员对合作社提供的农业服务的绩效评价。本书研究团队调研发现,锦宁韭黄合作社的成员对合作社所提供的各种农业服务的满意度较高,绝大部分成员的满意度处于"比较满意"的层次。而从合作社为成员提供各项服务的覆盖率来看,合作社为成员提供的各项服务基本上都实现了 100%的全员覆盖。从服务的需求满足程度来看,合作社提供的农业服务能够部分满足成员的农业服务需求,还未达到完全满足[1]。在对锦宁韭黄合作社的成员的调查中得知,这些成员加入锦宁韭黄合作社是希望合作社能够给他们提供包括农业生产资料、农业技术和信息、农产品销售等在内的各种农业服务,而这些农户在加入合作社之后也的确获取了这些服务。二是农户通过获取合作社提供的这些农业服务而获得的成本节约和收入增长。本书研究团队调研发现,锦宁韭黄合作社向成员统一提供更优惠的农业生产资料,并提供农资统一供应 10%的资金补贴,年均每亩可节约近 300 元生产投入成本;合作社成员生产的韭黄经过合作社统一质量检测后使用"锦宁牌"商标和无公害标识,每千克价格比普通韭黄贵 0.5 元,因此成员通过商标和标识可以使每亩韭黄平均增加 1000 元的收入;合作成员向合作社交售的优质韭黄产品价格相对更高,而且合作社还会根据成员交售的韭黄数量给成员返利,成员能够得到每千克 0.2~0.4 元的返利收入,因此成员通过合作社更高的收购价格及返利,每亩平均可以增加收入 500~1000 元;合作社成员还能够享受合作社参与各项农业项目建设时的农资补贴,在年终结算时,他们还将获得合作社的按股分红收益。从调研结果来看,该合作社的成员平均每户年收入都超过了 2 万元,加入合作社后的收入比加入合作社前的收入增幅达到 0.2 万~0.8 万元,而且合作社成员比唐元镇普通农户年人均多增收 0.8 万元以上。在对锦宁韭黄合作社的成员的调查中得知,

---

① 本书研究团队对锦宁韭黄合作社的成员进行了访问,大多数成员表示该合作社提供的农业服务能够满足他们的部分农业服务需求,表示能够满足全部需求的成员较少。

这些成员加入锦宁韭黄合作社是希望合作社能够帮助他们降低生产成本、增加农业生产经营收入，而这些成员在加入合作社之后也的确获得了收入的增长。

锦宁韭黄合作社能够实现较高的农业服务绩效，主要是出于以下三个方面的原因：一是成员的同质性促使合作社对内提供农业服务的绩效提升。锦宁韭黄合作社成员的同质性主要体现为生产经营产品种类相同的农业生产经营的同质性，以及成员生活地域、文化传统和思维习惯等相同或相似构成的文化特征的同质性。锦宁韭黄合作社是由生产经营韭黄产品的农户组成的，成员的农业生产经营具有高度的同质性，而且合作社成员都是居住在四川省郫县唐元镇的农户，其生活地域、文化传统和思维习惯也具有很高的同质性。同质性的成员往往表现出一致的农业服务需求，而且能够降低合作社和成员之间的交易成本，并形成服务供给的规模经济，因此能够促使合作社对内提供的农业服务的绩效提升。二是俱乐部的排他成本促使合作社对内提供农业服务的绩效提升。锦宁韭黄合作社通过粗略定价的排他方式把未加入合作社的农户排除在外，使合作社有限的资源能够更好地为合作社成员服务，并通过精细定价的排他方式提升服务绩效。例如，合作社成员种植的韭黄需要严格按照合作社要求的韭黄品种、栽培技术、韭黄品质进行生产，才能使用合作社"锦宁牌"品牌进行销售，即成员享受合作社提供的农产品销售服务需要支付一定的成本。这样可以降低其他不支付成本的合作社成员采取机会主义行为，如生产出低品质的韭黄，也使用"锦宁牌"品牌销售从而降低品牌价值，进而降低合作社提供的农产品销售服务的绩效。三是合作社能够有效降低信息不对称，促使农业服务绩效提升。合作社成员由于具有较强的同质性，能够通过在日常的农业生产经营过程中和其他成员交流，在成员大会或者成员代表大会上与合作社核心成员及普通成员交流，或者直接向合作社理事会反应自己的需求或意见等方式进行有效的沟通，在很大程度上降低信息不对称，使合作社的服务供给决策更科学，也可促进合作社农业服务绩效的提升。

（四）案例小结

锦宁韭黄合作社位于中国西南地区，经营的农产品类型属于经济作物种植类，这类合作社对于增加农民农业生产经营收入、保障农产品质量安全、增强农产品国际竞争力有着重要意义。通过对锦宁韭黄合作社向其内部成员提供农业社会化服务的分析可以得出以下结论：一是合作社是成员对农业社会化服务的需求诱致形成的互助组织，而组织的不断壮大也给为成员提供更高效的农业社会化服务创造了更多机会。由最开始的每家每户分散种植韭黄，到成立组织结构较为松散的韭黄种植协会，到成立组织结构更为严密、运行更加规范的韭黄生产合作社，再到更高级别的唐元韭黄合作社联合社，四川省郫县唐元镇的韭黄生产逐渐向专业化、规模化、产业化、现代化、国际化经营转变；合作社成员也享受到了合作社提供的各种农业服务，获得了农业收入的大幅度提升。二是合作社的俱乐部性质，以及合作社内部成员的同质性、合作社内部的有效沟通机制促使了合作社内部农业服务绩效的不断提升。合作社内部成员的同质性降低了服务供需双方的交易成本，并形成了规模效应；通过对成员进行有效沟通降低信息不对称；通过精细排他和粗略排他相结合的方式保障内部成员利益，不仅使农户的农业服务需求得到了有效满足，也增加了农户的农业生产经营收入，促进了农村经济发展。

第四节　本　章　小　结

本章利用研究团队微观调查数据描述被调查区域农民合作经济组织内部化农业服务供需现状，并建立计量经济模型探讨影响农民合作经济组织内部化农业服务绩效的因素，再结合国内典型案例剖析了农民合作社为内部成员提供农业社会化服务的机理和绩效影响因素。主要结论如下。

第一，农民合作经济组织为内部成员提供的农业社会化服务因农民合作经济组织经营类型、合作模式、所在地域的不同而呈现出不同的特征。不同经营类型农民合作经济组织中，主营粮油类产品的农民合作经济组织的农业服务的覆盖率最高，其次是水果类和水产养殖类的农民合作经济组织。而对于不同的农业服务而言，覆盖率最高的是农业技术服务和农业信息服务，农产品营销服务的覆盖率也较高。大多数农业服务不收取费用或收取较低费用。对于不同合作模式的农民合作经济组织而言，农产品加工营销型农民合作经济组织的各类农业社会化服务的覆盖率明显高于能人大户带动型和政府部门主导型农民合作经济组织。对于不同地域的农民合作经济组织而言，中部地区的农民合作经济组织的内部化农业服务覆盖率高于东部和西部地区。

第二，农民合作经济组织的内部化农业服务供给与内部成员对农业社会化服务的需求之间并不一致。一方面，农民合作经济组织的内部化农业服务覆盖率和成员对农业社会化服务的需求率并不一致。从纵向产业链角度划分的不同农业生产环节服务来看，产后服务的供给需求之间的差异小于产前和产中服务；从横向角度划分的不同类型农业服务比较得出，农业技术服务、农产品营销服务、农业生产资料采购服务和农业机械服务的供需差异小于其他类型农业服务。另一方面，农民合作经济组织内部化农业服务的收费现状与内部成员的农业服务支付意愿之间存在差异。被调查农民合作经济组织对内提供农业服务普遍采取免费和收费较低的方式，而大多数成员有较高的农业服务支付意愿。成员对农业生产资料采购服务和农业技术服务的支付意愿最高，而且更愿意为农业技术服务和农业基础设施建设服务支付更高的费用。这表明农民合作经济组织可以通过向成员农户收取一定费用而提供更高效的农业服务，从而提高农业社会化服务绩效。

第三，农民合作经济组织的内部化农业服务绩效受农民合作经济组织的农业服务投入、成员构成、治理状况，以及政府的干预情况等多种因素的影响。农民合作经济组织的农业服务投入中，由于服务投入资金效率不高，对农户的满意度有负影响，服务人员投入和设施投入对农户满意度都有正向影响。农民合作经济组织的成员构成中单位成员的存在能够提升农户的满意度，因为单位成员拥有更多的物质资本和社会资本，能够给农户提供更好的农业服务。对合作组织负责人的有效激励能够促使合作组织为农户提供更有效的农业服务，提高农户的满意度。合作组织的利益分配方式更顾及分散小农的利益，合作社治理结构更完善，合作组织成员通过拥有退出权保持对合作组织的控制或制约，能够使合作组织更好地为农户服务，提高农户对农业服务的满意度。政府对农民合作经济组织的监督，使农民合作经济组织能够更加规范，从而使农民合作经济组织为农户提供更有效的农业服务，提高农户的满意度。

第四，农民合作经济组织能够向内部成员提供具有俱乐部产品性质的农业社会化服务，也能够向内部成员提供具有私人品性质的农业社会化服务，而且农民合作经济组织具有向内部成员提供高绩效农业服务的优势。龙升粮油合作社和锦宁韭黄合作社的案例剖析表明：农民合作经济组织在提供俱乐部产品性质的农业服务的过程中，主要通过精细排他和粗略排他方式保障内部成员能够更好地享受服务；提供私人品性质的农业服务时也通过低于市价的价格机制保护内部成员利益。合作社的俱乐部性质，以及合作社内部成员的同质性、合作社内部的有效沟通机制能够促使合作社内部农业服务绩效不断提升。合作社内部成员的同质性能够降低服务供需双方的交易成本，并形成规模效应；通过对成员进行有效沟通降低信息不对称；通过精细排他和粗略排他相结合的方式保障内部成员利益，从而提升农业服务绩效。

第六章　农民合作经济组织获取
外部化农业服务的理论分析

农民合作经济组织不但能够作为供给主体，为组织内部成员提供农业社会化服务，而且能够作为需求主体，帮助组织内部成员更好地获取组织以外的其他服务主体提供的农业社会化服务。本章在界定外部化农业服务的基础上，明确农民合作经济组织的功能和角色，并基于公共选择理论和交易成本理论从农户需求表达困境、服务供需双方的交易成本约束、农户服务需求的多样性等角度分析农民合作经济组织帮助其成员获取外部化农业服务的必要性，再从需求偏好显示、交易成本节约、多样性需求满足等视角分析农民合作经济组织帮助其成员获取外部化农业服务的可行性。

第一节　农民合作经济组织获取外部化农业服务的
基本界定

为了探讨农民合作经济组织帮助农户获取外部化农业服务的机理，本节首先对外部化农业服务的概念进行界定，并在此基础上界定农民合作经济组织在帮助农户获取外部化农业服务过程中所扮演的角色。

一、外部化农业服务的概念界定

要探讨农民合作经济组织帮助农户获取外部化农业服务的机理，首先有必要对外部化农业服务的内涵进行界定，然后在此基础上明确外部化农业服务的经济属性。

（一）外部化农业服务的内涵

本书所指的外部化农业服务是指农民合作经济组织以外的其他农业服务供给主体向组织内部成员提供的农业社会化服务。这里的外部化是相对于农民合作经济组织而言的，这意味着农民合作经济组织帮助内部成员获取第三方提供的农业服务即外部化农业服务。本书所指的第三方是相对于农民合作经济组织及其内部成员而言的，是指除了组织内部成员和农民合作经济组织之外的农业社会化服务供给方，包括政府、村集体、企业、科研院所、其他经济社会组织等。

这个外部化主要是从范围的角度来进行划定的，并通过农民合作经济组织的边界来进行鉴别。也就是说，除了农民合作经济组织能够直接给组织内部成员提供农业社会化服务之外，其他供给主体也能够给组织成员提供农业社会化服务，只不过在这个过程中，农民合作经济组织起到了重要的桥梁作用。相对于非组织成员而言，在获取这些非农民合作经济组织提供的农业社会化服务的过程中，组织成员享受到了更多方便快捷、低成本、高质量、大规模，甚至高效率的好处。

（二）外部化农业服务的经济属性

农民合作经济组织帮助组织内部成员获取的外部化农业服务类型是多种多样的，涉及纯公共品性质的农业社会化服务、准公共品性质的农业社会化服务和私人品性质的农业社会化服务等多种性质的农业服务。具体表现在以下几个方面。

一是农民合作经济组织帮助组织内部成员获取政府提供的纯公共品性质的农业社会化服务。例如，农产品安全设施体系服务、大型农业基础设施建设服务、普及性和公益性的农业技术服务和农业信息服务等。这种类型的服务具有典型的非竞争性及非排他性特征，同时也具有消费的公益性、正外部性、不可分割性和垄断性等特征。单个农户为了获取这些具有纯公共品性质的农业社会化服务，往往面临很多困难，如公共品需求显示存在困境、单个农户难以支付过高的交易成本等，而农民合作经济组织能够通过农户之间的联合，帮助单个农户解决这些困难。从这个角度而言，农民合作经济组织是农户有效的需求表达载体。

二是在农户获取政府和其他部门联合提供的具有准公共品性质的农业社会化服务的过程中，农民合作经济组织也发挥着重要作用。具有准公共品性质的农业社会化服务，也就是一些不完全具备排他性和竞争性的农业社会化服务，包括一些不完全具备排他性和竞争性的农业技术服务、农业信息服务、农产品销售服务等。单个农户为了获取这些具有准公共品性质的农业社会化服务，往往也面临很多困难，如信息不对称导致的道德风险和逆向选择问题、搭便车问题等，同时也会存在交易成本过高等问题，而农民合作经济组织也能够通过农户之间的联合，帮助单个农户解决这些困难。

三是农民合作经济组织帮助组织内部成员获取私人部门提供的私人品性质的农业社会化服务，即一些能够清晰地界定产权、完全具备排他性和竞争性的农业社会化服务，包括一些农业生产资料采购服务、农业机械服务、农产品销售服务等。单个分散的农户在获取这些具有私人品性质的农业社会化服务的过程中虽然可以通过市场化价格机制方便地获取，但往往会面临市场信息收集和整理困难、谈判能力弱、市场地位低、交易成本过高等问题，而农民合作经济组织也有助于解决这些问题。

二、农民合作经济组织的角色界定

在农民合作经济组织帮助其成员农户获取外部化农业服务的过程中，农民合作经济组织扮演的角色是农户对农业社会化服务需求表达的载体，以及农业社会化服务供需匹配的桥梁。

（一）需求表达的载体

农民合作经济组织作为农户自愿联合形成的自治性组织，是单个分散农户的一种集合，代表着每个组织内部成员的意志，而且比单个分散农户有着更强的需求表达能力，因而能够成为农户对农业社会化服务需求的有效载体。这具体表现在以下两个方面：一是农民合作经济组织能够清楚地了解和掌握组织内部成员对农业社会化服务的需求。这是因为单个分散农户具有相似的需求是组织成立的基础，而且组织往往通过全体成员大会或成员代表大会对组织的具体决策进行表决，充分考虑组织成员的意愿。组织的负责人是组织成员的利益代表人物，如果组织不能代表组织成员的利益，组织成员会采取措施选举新的管理者，甚至采取"用脚投票"的方式退出该组织。二是农民合作经济组织相对于单个农户而言有更强的需求表达能力。单个分散的农户能力有限，需求的呼声小，对于政府提供的公共品性质的农业社会化服务的需求往往很难送达相关政府部门手中，农户只能通过上访等渠道表达自己的合理需求。而农民合作经济组织由于拥有更多的社会资源和物质资源，有更好的和政府等相关部门沟通的渠道，能较为顺畅地表达自身的需求。

（二）供需匹配的桥梁

农民合作经济组织一头联系着单个分散的农户，另一头联系着农业社会化服务的不同供给主体，能够成为供需匹配的桥梁。这是因为农民合作经济组织作为农户需求的有效载体，不但能够帮助单个分散的农户真实有效地表达自己的需求，而且能够在一定程度上监督和促使农业社会化服务供给主体及时有效地对农户的这些需求做出反应，从而使最终的农业社会化服务供给能够和农户的需求有效匹配。而企业、科研院所等其他农业社会化服务供给主体往往是以自身利益为驱动的，它们即使清楚农户的真实需求，也不愿意或者没有足够的激励和约束机制去提供能够满足农户需求的农业社会化服务。农民合作经济组织可以形成一种激励或约束力量促使企业、科研院所或其他农业社会化服务供给主体针对农户的真实需求供给农业服务，如通过声誉的力量与企业、科研院所或其他农业社会化服务供给主体长期合作等。

第二节　农民合作经济组织获取外部化农业服务的必要性

由于农户对农业社会化服务的需求表达存在困难，农业社会化服务供需交易双方存在交易成本的约束，以及农户对农业社会化服务有多样性的需求，因此农民合作经济组织有必要帮助农户获取其他农业社会化服务供给主体提供的外部化农业服务。

一、农户需求表达存在困境

对农业社会化服务的需求表达是指农业生产经营者通过一定的方式表达自己对农业社会化服务的种类、数量、质量、供给主体、供给方式等偏好的过程。农业生产经营者能够有效地表达自己对农业社会化服务的需求是农业社会化服务得以有效供给的基础和条件。然而多种原因导致了单个分散的农户对农业社会化服务的需求表达存在困难。

（一）价格机制的缺乏

对于具有公共品性质的农业社会化服务而言，因为其公共品性质难以形成市场价格机制，农业生产经营者难以准确描述自己的需求数量，造成了农户需求表达的困难。具有公共品性质的农业社会化服务由于难以进行产权界定，而且往往不完全具备排他性和消费的竞争性，因而难以通过市场价格机制来进行供给，因此农户难以根据价格确定其准确的需求数量，如政府供给的具有纯公共品性质的农业社会化服务，以及农民合作经济组织等其他主体供给的具有准公共品性质的农业社会化服务等。而由于具有私人品性质的农业社会化服务能够明确地界定产权，而且往往完全具有排他性和消费的竞争性，因此能够由市场价格机制形成明确的供求市场，农户能够明确地表示在某一价格水平下自己的需求数量。

（二）自身素质的约束

单个农户由于自身素质不高，无法意识到也无法正确表达某些具有长远利益的公共品性质的农业社会化服务需求。由于农村劳动力的大量转移，高素质的农业劳动力大都从农村转移到了城市，现存的农业生产经营者往往受教育程度较低、见识不多，预见性不强，自身无法意识到对某些能够提升农业生产经营长期利益的公共品性质的农业社会化服务的需求，如大型农田水利设施的建设服务、土壤的改良服务、保护农业生态环境服务等。多数小农户只关心和自身利益密切相关的农业服务，这些服务能够直接带来自身收益的增加。而土壤的改良能够从长远的角度提高农作物生产效率，但由于农户对土壤学、农学等专业知识了解不深、掌握不够，往往意识不到自己对土壤改良服务的需求，因而也无法正确表达自己的需求。

（三）搭便车的激励

文献研究表明，以下几个方面的原因往往会导致搭便车行为的产生：一是公共品的非排他性质。公共品消费的非排他性给予了农户隐瞒自己真实需求很强的激励，消费者只要不被排斥在分享由他人努力所带来的利益之外，就没有动力为共同利益做贡献（Ostrom，2000）。二是公共品消费人数过多。研究表明，对公共品消费的人数越多，搭便车现象就会越严重。原因包括：①公共品消费人数的增加会减少每个个体获取公共品带来的好处；②当公共品消费人数增加时，单一个体对整个集体的相对贡献就会逐步减小，从而减少因个体参与集体行动而得到的自豪感、荣誉感和成就感；③群体内人与人之间进行直接监督的可能性会随着公共品消费人数的增加而降低；④公共品消费的人数增加会提高把该群体成员组织起来参加一个集体行动的成本。总而言之，大群体产生集体行动的成本更高，因此，在一个大群体中，虽然每个个体都想获取公共品，但每个个体都不愿意因此而付出成本，从而造成了搭便车现象。三是信息不对称。研究表明，信息不对称往往导致理性经济人采取机会主义行为。

基于以上三个方面的原因，农业生产经营者往往会出于搭便车的动机隐藏自己的真实需求。大多数农业社会化服务都具有公共品性质，这些具有公共品性质的农业社会化服务无法有效地进行排他；而中国的家庭承包经营体制决定了农业生产经营者是数量众多的分散小农户，他们都具有对农业社会化服务的消费需求；这些农户之间信息往往不对称，农户和农业社会化服务的供给主体之间信息也不对称。因此在这些农户中便产生了搭便车的激励。由于农户对具有公共品性质的农业社会化服务具有相似的需求，而且具有公共品性质的农业社会化服务通常具有正外部性和消费的不可分割性，很难进行排他，或者排他成本很高，因此农户会隐藏自己的真实偏好，降低自己的需求表达成本，让别人表达自己的真实偏好，并且不支付费用，通过搭便车行为来享受具有公共品性质的农业社会化服务带来的好处。这样，理性的农户通常都倾向于不表达或者不完全表达自己的真实需求，导致需求表达的困境。

二、交易双方的交易成本约束

农业社会化服务供需交易双方的交易成本约束主要体现在农业社会化服务供需信息收集成本的约束、农业社会化服务供需交易双方谈判成本的约束，以及农业社会化服务供需交易双方监督履约成本的约束这三个方面。

（一）信息收集成本的约束

对于农业社会化服务供需交易双方而言，都存在信息收集成本的约束。对于农业社会化服务供给主体而言，它们所面对的是单个分散的农户，而每个农户的需求偏好并不完全相同，如不同农户对农业社会化服务内容、数量和质量的需求都不会完全相同，甚至对农业社会化服务的供给模式需求也不完全相同。而农业社会化服务供给主体为了收集单个农户互不相同的需求信息，把这些需求信息进行分类汇总，并加以整理，需要支付较高的信息搜集成本和信息整理成本。对于农户而言，单个农户通过市场交易获取私人品性质的农业社会化服务时往往会面临较高的搜寻成本，包括搜寻服务供给主体、发现交易价格、区分农业服务质量、对众多纷繁复杂的市场信息进行加工整理从而获得准确有效的市场信息等。单个小农户由于技术、知识、能力有限，往往在复杂的市场面前表现出不完全理性，对供给主体、交易价格等情况不能够充分、全面地了解和掌握，决策通常具有一定的盲目性和随机性。而信息不对称也会导致部分农业社会化服务供给主体有时会采取包括欺骗、隐瞒、"敲竹杠"等机会主义行为，使单个农户处于不利地位。市场环境的复杂多变和农户掌握的信息有限也导致了农户面临着大量的不确定性和市场风险。而且每个农户都需要单独搜寻交易对手、交易价格及有用的市场信息，会造成搜寻成本的重复和浪费。因此单个农户的有限理性、交易对手的机会主义行为、单个农户面临的市场不确定性等因素共同导致了其在搜寻交易对手、发现交易价格、加工处理市场信息时需要支付较高的搜寻成本。

（二）谈判成本的约束

农业社会化服务供需双方都存在谈判成本的约束。对于农业社会化服务供给主体而言，它们面临的是多个不同的小农户，这会增加谈判重复的次数，从而增加农业社会化服务供给主体的谈判成本。而对于单个分散的农户而言，主要是因为其面临诸多的不确定性，而弱小的农户无力承担这些不确定性所带来的损失，从而导致其面临高额谈判成本的约束。不确定性是指事物的复杂性和信息不完全导致的事物的属性或状态具有不稳定性，或者说不能确知性。而在具有私人品性质的农业社会化服务的市场化供给过程中，供需双方所面临的不确定性很多，包括市场的不确定性、交易对象的不确定性、交易对手行为的不确定性等，这些不确定性会加大交易对手产生机会主义行为的可能性，从而进一步增加交易双方的谈判成本。

（三）监督履约成本的约束

单个分散的农户在和农业社会化服务供给主体达成交易契约之后，交易双方都需要支付较高的监督履约成本。契约履行需要交易双方的共同努力，单个分散的农户和农业社会化服务供给主体进行交易时，交易双方违约的可能性都比较大。一方面，农业社会化服务供给主体违约会给农户带来较高的违约风险。由于单个农户知识水平低、社会资源贫乏、时间和精力有限、谈判地位和能力较低，往往处于弱势地位，在强势的交易对手违约面前往往束手无策，只能承受交易对手违约带来的损失。另一方面，农户违约也会让农业社会化服务供给主体承担违约风险。由于合同对单个农户的约束力不够，单个农户的违约成本较低，存在道德风险，农户往往会因为其自利倾向而采取机会主义行为。因此，交易双方都存在违约的可能性，都会导致交易成功率不高，而处于弱势地位的农户往往会在长期博弈中承受更多的损失。除此以外，农户和农业社会化服务供给主体需要支付较高的交易纠纷解决费用也进一步提高了交易双方的监督履约成本。交易纠纷解决费用是指交易双方为了防止和解决市场交易纠纷以保障自身权益所发生的各种费用，包括纠纷交涉费用、诉讼费用，以及由前两项而产生的人工费用及差旅费用。由于单个农户素质较低、经营分散、经济实力较弱，往往会无力承担农业社会化服务供给主体违约而带来的风险损失。

三、农户服务需求的多样性

农户对农业社会化服务的需求具有多样性，包括不同农户对农业社会化服务的类型、数量、质量、供给模式，以及农业社会化服务的效果等需求的多样性和不一致性。学者研究发现，在市场化改革和全球化推进的背景下，小规模农户改变了传统的农业生产结构和方式，产生了更加多样化的农业社会化服务需求（Klerkx and Leeuwis，2008）。农民合作经济组织毕竟能力有限，很多农业社会化服务农民合作经济组织并不能有效提供，也无法满足农户的所有需求，需要借助农民合作经济组织这个载体去获取组织以外的服务供给主体提供的农业社会化服务。

　　影响农户服务需求多样性的因素主要有农户所在地域、农户经营规模、农户经营内容、农户收入水平、农户资源禀赋等。农户所在地域的影响主要体现在以下方面：平原地区的农户需要大型的农业耕种和收割机械服务，甚至需要飞机等航化技术服务；而居住在山区或丘陵地区的农户需要中小型的农业机械，甚至是微型机械服务。农户经营规模的影响主要体现在以下方面：种粮大户需要准确的粮食价格市场波动信息及更高质量的粮食收购商的信息服务，甚至需要更专业的粮食营销服务，以便于顺利地销售粮食；而小规模种粮农户对这些信息服务的质量要求并不高，甚至不需要这些专业的粮食营销服务，因为本身规模不大，价格对其影响也不大，多余的粮食还可以自己留着吃。农户经营内容的不同直接决定农户农业服务需求内容的不同，如种植蔬菜的农户往往需要塑料薄膜等生产资料服务，而养殖生猪的农户往往需要修建专业猪舍的服务。而农户收入水平更高、资源禀赋更丰富时，往往对资本投入更高的农业服务需求更多，如专业化程度更高的机械设备和技术服务等。因此，农户个体特征的差异导致了农户对农业社会化服务需求的多样性。

第三节　农民合作经济组织获取外部化农业服务的可行性

　　农民合作经济组织帮助其成员农户获取其他农业社会化服务供给主体提供的外部化农业服务的可行性可以从需求偏好显示、交易成本节约，以及农户多样性需求满足等视角来进行解释。

一、需求偏好显示视角的解释

　　基于选择性激励的理论分析，可以进一步探讨促使农户完善其对农业社会化服务需求表达机制的方法和路径。

（一）选择性激励的作用

奥尔森提出解决搭便车困境的重要途径就是实施选择性激励。因为公共品所提供的只是一种集体性激励（collective incentive），不足以让理性经济人为获取某一公共品而做出相应贡献，因此选择性激励是一种必要的激励方式。选择性激励是指一个成员不参加某个集体行动就不能得到某样东西，或者就会失去某样东西。奥尔森提出了三种选择性激励方式：一是基于小组织原理的选择性激励方式。当组织规模很小时，某个成员如果没有参加该组织的集体行动，就不能获得该组织向那些积极参加组织活动的人提供的各种奖励。二是与组织结构原理相关的选择性激励方式。当组织存在较大的规模时，需要通过组织分层来减少最低一层的成员数量，从而使每个基层组织中的成员能相互监督，再通过小组织原理进行选择性激励。三是基于不平等原理的选择性激励方式。组织内部在四个方面不平均：权力、利益、贡献和分配，这样，促使某个成员为组织多作贡献的选择性激励机制就可以激励该成员在组织中获得权力和荣誉。

奥利弗（Oliver，1980）在此基础上对选择性激励进行了明确的界定，指出能够被用作选择性激励的物品需要具有这样的特点：①必须是具有排他性的私人品；②物品的价值需要大于行为者搭便车的好处；③必须能够兑现，在行为者参与或不参与集体行动后能够被用于激励；④物品必须被实施选择性激励方所控制，并符合实施者的利益；⑤实施选择性激励者必须确保实施选择性激励的预期收益大于放弃实施选择性激励的预期收益，否则会导致实施选择性激励的不理性。

选择性激励分为正向激励和反向激励。正向激励即奖励为集体行动做出贡献的人；反向激励就是惩罚搭便车者。对合作集体贡献较大的个体可以获得较多的社会尊重，而采取偷懒的不合作的个体会承受社会羞耻感，这也可以被认为是一种惩罚机制。选择性激励还可以分为外在选择性激励和内在选择性激励，外在选择性激励包括奥尔森提出的经济、社会地位的激励，内在选择性激励即人们内心存在的认同感和团结感。社会地位的提高和社会认同感的提升都可视为对个人的社会奖励。而社会制裁则可表现为社会的压力，特别是舆论压力、人际关系的紧张、声望的下降等方面。学者研究发现，选择性激励能够促使组织成员采取有利于集体利益的行动，有利于缓解内部搭便车现象（Rokkan and Buvik，2003）；选择性激励是否有效取决于对成员搭便车的处罚额度能否超过成员搭便车所获得的收益，一般情况下，监督的强度越高，搭便车现象发生的概率就越低（Barney and Zhang，2008）。

农民合作经济组织能够通过选择性激励的方式减少其组织内部成员之间的搭便车行为，激励农户显示其真实的需求偏好，从而帮助农户获取第三方供给的具有公共品性质的农业社会化服务。在政府、村集体、科研院所或其他经济社会组织向单个分散农户提供具有纯公共品性质或具有准公共品性质的农业社会化服务的过程中，由于公共品性质的农业社会化服务具有非排他性和非竞争性，这时公共品性质的农业社会化服务只能提供一种普遍性的激励，理性的农户就会产生搭便车的行为，最终会导致农户所需的公共品性质的农业社会化服务无法被提供出来。而农民合作经济组织可以采取选择性激励方式，促使组织内部成员为获取所需的公共品性质的农业社会化服务做出贡献。例如，采取基于小组织原理的选择性激励方式，控制农民合作经济组织的成员数量，使组织规模足够小，以保证组织成员之间能够互相监督。也可以采取基于不平等原理的选择性激励方式，通过在组织内部设立明确的规章制度，以保证组织内部成员在以下几个方面不平均：权力、利益、贡献和分配。对于为组织服务供给做出重要贡献的成员给予优先收购产品、提供更低价高质的生产资料、分红更多等奖励，而对于不给组织的服务供给作贡献的成员给予一定惩罚。还可以通过声誉机制来对组织成员进行激励和约束，即贡献更多的成员往往会受到更多的尊重和肯定。通过这些方式，农民合作经济组织能够有效地激励其组织内部成员显示出真实的需求偏好，从而使公共品性质的农业社会化服务得到有效供给，同时农户的需求得到有效满足。

（二）农户需求表达机制

农户对农业社会化服务需求的完善表达机制应该具备三项内容：①农户有表达需求的积极性，这是完善需求表达机制的基本前提；②农户有畅通的需求表达路径，使农业社会化服务供给主体能够更方便、快捷、准确地知道农户的需求偏好，这是完善需求表达机制的基础；③农业社会化服务供给主体重视农户的需求表达，能够对农户的需求表达做出及时有效的处理或回应，这是完善需求表达机制的重要保障。农民合作经济组织能够从这三个方面完善农户的需求表达机制：一是农民合作经济组织能够激发农户的需求表达积极性。农民合作经济组织能够有效运用选择性激励的方式，使农户积极地表达自己的需求。这一方面来源于农户所做的贡献都会受到奖励；另一方面来源于农户所表达的需求都能够得到满足。二是农民合作经济组织能够帮助农户建立畅通的需求表达路径。农民合作经济组织是具有相似需求的农户的自愿联合体，以农户利益为组织的基本利益，因此其可以代表农户和政府、企业、科研机构等供给主体进行沟通和协调，在供需双方之间建立有效沟通的桥梁，形成畅通的需求表达路径。三是农民合作经济组织能够促使农业社会化服务供给主体对农户的需求做出及时有效的回应。农业社会化服务供给主体在供给过程中往往会考虑自身的成本和收益，并不能对农户的每一项需求采取及时行动。农民合作经济组织相对于单个分散的农户而言，信息收集能力和谈判能力大大提升，不仅能够迅速搜寻到合适的农业服务供给主体，还能够通过谈判确定合适的服务供给内容，并能够监督服务供给主体按时履约，保证服务供给主体对农户的需求做出及时回应。

二、交易成本节约视角的解释

农民合作经济组织能够帮助农户和农业社会化服务供给主体双方节约交易成本，从而帮助农户获取第三方供给主体提供的农业社会化服务。

（一）节约信息收集成本

中国现有的家庭承包经营方式导致单个农户分散经营，每个农户的需求偏好并不完全一致，服务供给主体搜集和整理单个农户的需求信息需要支付大量的信息收集成本。单个农户搜寻合适的农业社会化服务供给主体及合适的农业社会化服务也需要支付大量信息收集成本。而农民合作经济组织可以帮助供需双方节约信息收集成本。例如，在具有私人品性质的农业社会化服务的市场化供给过程中，农民合作经济组织可以通过专业市场的方式，把单个农户和农业社会化服务供给主体集中起来，并通过竞价的方式，帮助农户寻找合适的交易对手。农民合作经济组织也可以通过和企业签订长期购销合同，以保护价格购进生产资料及销售农产品，降低服务供需双方搜寻交易对手、获取有效交易信息的成本。而在提供具有公共品性质或准公共品性质的农业社会化服务的过程中，农民合作经济组织也可以帮助政府、科研院所等农业社会化服务供给主体节约信息收集成本。因为农民合作经济组织可以有效汇集其成员对农业技术、农业信息、农业基础设施建设等服务的需求信息，将其提供给政府、科研院所等农业社会化服务供给主体，减少其收集和整理单个农户的需求信息的成本。

（二）节约谈判成本

农民合作经济组织可以帮助农业社会化服务供需双方节约谈判成本。例如，帮助提供种子、农药、化肥等生产资料的企业节约和单个分散农户谈判的成本，帮助需要种子、农药、化肥等生产资料并加入了农民合作经济组织的农户提升谈判地位，节约谈判成本。具体体现在以下两个方面。

第一，农民合作经济组织可以通过减少供需双方所面临的不确定性来降低供需双方的谈判成本。不确定性是指事物的复杂性和信息不完全导致的事物的属性或状态具有不稳定性，或者说不能确知性。而在具有私人品性质的农业社会化服务的市场化供给过程中，供需双方所面临的不确定性包括市场的不确定性、交易对象的不确定性、交易对手行为的不确定性等，这些不确定性会加大交易双方产生机会主义行为的可能性。农民合作经济组织不仅可以增强农户抵抗市场价格风险的能力，还能够帮助农户提升其市场地位，并削弱市场不确定性对农户利益损失的影响。而且农民合作经济组织还可以帮助市场化供给主体如企业面对分散农户的行为不确定性可能对企业利益损失的影响。而在具有准公共品性质和公共品性质的农业社会化服务的供给过程中，供需双方所面临的不确定性主要是供需双方行为的不确定性。农民合作经济组织可以通过对成员农户的契约约束降低成员农户的行为不确定性，而通过声誉机制降低服务供给主体的行为不确定性，从而降低服务供需双方的谈判成本。阿罗（Arrow，1974）曾指出声誉机制能够提高制度的运行效率，促使人们生产更多的产品或人们都重视的东西。

图6-1描述了交易成本和声誉之间的关系。图6-1中横轴C_t表示交易成本，纵轴F_m表示声誉，当声誉从F_m^0上升到F_m^*时，交易成本会从C_t^0下降到C_t^*。表明随着声誉的提升，交易成本会随之降低。因此农民合作经济组织可以通过声誉机制来降低交易成本，从而帮助农户获取绩效更高的外部化农业服务。

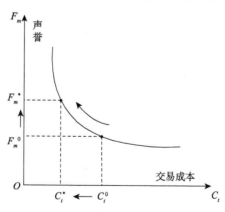

图6-1　声誉与交易成本关系

第二，农民合作经济组织可以帮助农业社会化服务供需双方减少谈判重复的次数，从而降低谈判成本。单个农户进行交易时谈判能力较低，而且农户数量众多，往往会导致多次谈判，而谈判次数越多，所需要支付的谈判成本越大，包括时间、精力、人力、物力的重复消耗，农产品储存带来的损耗等。农民合作经济组织通过对多个农户进行联合形成有效的抗衡力量，能够增加谈判能力，减少谈判重复的次数，降低谈判成本。而对于农业社会化服务供给主体而言，针对单个分散的农户逐一进行谈判会增加谈判次数从而增加谈判成本，而农民合作经济组织作为单个分散农户的集体代表可以代表一部分农户和农业社会化服务供给主体进行谈判，从而通过减少谈判次数降低农业社会化服务供给主体的谈判成本。

（三）节约监督履约成本

农民合作经济组织可以帮助农业社会化服务供需双方节约监督履约成本。一方面，农民合作经济组织可以通过实现契约的自我履行机制来降低农户的监督履约成本。契约的自我履行机制是指契约当事人依靠习惯、诚信、声誉等方式来执行契约。两个私人惩罚条款能够保证契约自我履行机制的成功实现：①通过终止与交易对手的交易关系来让对方经济利益受损；②通过让交易对手的未来交易伙伴知道其违约前科等方式来降低交易对手的市场声誉。但是，这两个私人惩罚条款在单个农户和交易对手进行市场交易的情况下都很难发挥作用，一是因为单个农户的力量很薄弱，无法通过终止一、二次交易给交易对手造成经济损失；二是单个农户也无法在市场上给交易对手造成不良声誉。农民合作经济组织通过把单个农户组织起来，形成强有力的市场力量，能够让这两个私人惩罚条款更好地发挥作用。在和交易对手的长期交易与博弈中，如果交易对手违约，农民合作经济组织可以采取"冷酷策略"（grim strategies）①，不良的声誉使违约方很难再找到交易对手，从而实现契约的自我履行机制来降低农户的监督履约成本。另一方面，农民合作经济组织可以通过其对内部成员的激励与约束帮助农业社会化服务供给主体降低监督履约成本。农民合作经济组织内部的规章制度可以帮助农业社会化服务供给主体约束单个农户，提高单个农户的违约成本，保障合同的履行及交易的成功率。

三、农户多样性需求满足视角的解释

农民合作经济组织有助于满足农户多样性的农业社会化服务需求。

---

① 冷酷策略是指博弈双方开始选择守约，直到对方选择了违约，然后永远选择违约。冷酷策略又称"触发策略"，因为任何参与人的一次性不合作将触发永远的不合作。

（一）满足农户纯公共品性质的农业服务需求

农民合作经济组织可以帮助农户满足组织无法提供的纯公共品性质的农业社会化服务需求。一些具有纯公共品性质的农业社会化服务，如大型农田水利设施建设、农产品质量安全体系建设、农业生态保护等，农民合作经济组织没有资金实力去提供，也没有足够的社会资源去提供，也无法通过合适的方法去弥补自己的成本支出。但政府可以提供这些纯公共品性质的农业社会化服务，并通过税收的方法弥补其成本支出。农民合作经济组织可以通过向政府表达其成员农户的真实需求，并促使政府对这些真实需求做出及时的反应，最终提供满足农户需求的纯公共品性质的农业社会化服务。

（二）满足农户准公共品性质的农业服务需求

农民合作经济组织可以帮助成员获得组织无法提供的准公共品性质的农业社会化服务。一些具有准公共品性质的农业社会化服务，如新的农业技术和专业化的农业机械服务，农民合作经济组织没有足够的研发实力或者没有足够的资金实力去提供，但农民合作经济组织可以通过和相关的科研院所合作，如聘请科技专家对农户进行培训，或者和农业机械企业签订合同，帮助其成员获取准公共品性质的农业社会化服务。

（三）满足农户私人品性质的农业服务需求

农民合作经济组织可以帮助成员获得组织无法提供的私人品性质的农业社会化服务。一些具有私人品性质的农业社会化服务，如高品质的种子、种畜等供应服务，农民合作经济组织没有足够的科研实力自己研发提供，但农民合作经济组织可以通过和相关农业企业合作，如和农业企业签订购销合同，帮助其成员获取私人品性质的农业社会化服务。因此，农民合作经济组织能够满足对不同服务类型、不同服务数量和质量、不同服务供给模式和效果等多样性的需求。

四、获取外部化农业服务的可行性思路

综上所述，农民合作经济组织帮助农户获取外部化农业服务具有一定的必要性和可行性，其思路框架如图 6-2 所示。

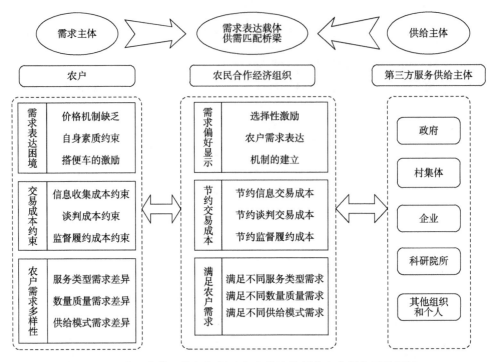

图 6-2　农民合作经济组织帮助农户获取外部化农业服务思路框架

　　需要明确的是，农民合作经济组织在帮助其成员农户获取外部化农业服务的过程中主要扮演的是农业社会化服务需求主体，以及农业社会化服务供需匹配的桥梁这两个重要的角色。

第四节　本 章 小 结

　　本章在界定外部化农业服务的基础上，明确了农民合作经济组织作为农户需求表达的载体帮助其成员农户获取外部化农业服务的功能和角色，并从农户需求表达困境、服务供需双方的交易成本约束、农户服务需求的多样性等角度分析了农民合作经济组织帮助其成员农户获取外部化农业服务的必要性，再从需求偏好显示、交易成本节约、满足多样性需求等视角分析农民合作经济组织帮助其成员农户获取外部化农业服务的可行性。研究结论如下。

　　第一，农民合作经济组织作为农户需求表达的载体及供需匹配的桥梁，能够帮助农户获取其他供给主体提供的外部化农业服务。外部化农业服务是指农民合作经济组织以外的其他供给主体向组织内部成员提供的农业社会化服务。外部化主要是从范围的角度来进行划定的，并通过农民合作经济组织的边界来进行鉴别。外部化农业服务类型多种多样，包括纯公共品性质的农业社会化服务、准公共品性质的农业社会化服务和私人品性质的农业社会化服务等。农民合作经济组织在帮助成员农户获取外部化农业服务的过程中扮演着农户需求表达的载体，以及农业社会化服务供需匹配的桥梁等重要角色。

第二，农民合作经济组织帮助成员农户获取外部化农业服务有其必要性。一是由于农户需求表达存在困境。这是因为具有公共品性质的农业社会化服务缺乏价格发现机制，而且农户自身素质较低，导致农户无法正确表达某些具有长远利益的公共品性质的农业社会化服务需求；信息不对称导致理性的农户往往会采取机会主义行为，出于搭便车动机而隐藏自己的真实需求。因此，单个分散的农户有必要通过农民合作经济组织来获取农业社会化服务。二是由于交易双方存在交易成本的约束。单个分散的农户获取农业社会化服务时供需双方会面临较高的交易成本，单个分散的农户有必要利用农民合作经济组织来获取农业社会化服务。三是由于农户对农业社会化服务的需求存在多样性。农户具有多样化的农业社会化服务需求，单凭农民合作经济组织的资源和能力无法满足农户多样化的服务需求。

第三，农民合作经济组织帮助组织成员获取外部化农业服务具有可行性。一是农民合作经济组织能够利用选择性激励的方式促使农户表达自身的服务需求，并建立完善的需求表达机制帮助农户向外部服务主体表达自身需求。二是农民合作经济组织能够联合分散的小农，降低农户和外部服务供给主体双方的交易成本，包括信息收集成本、农户与服务供给主体的谈判成本、服务实施的监督履约成本等。三是帮助农户获取外部主体提供的农业服务，满足农户的多样性服务需求。

第七章　农民合作经济组织获取外部化农业服务的实证分析

农民合作经济组织不仅能够作为供给主体，为组织内部成员提供农业社会化服务，还能够作为需求主体，帮助组织内部成员更好地获取组织以外的其他服务主体提供的农业社会化服务。本章采用实证分析方法，基于中国的宏观统计数据和微观调查数据，描述农民合作经济组织获取政府支持的情况；并基于微观调查数据，分析被调查区域农民合作经济组织获取政府、村集体、科研院所、企业等不同供给主体农业社会化服务的绩效；最后结合中国的典型案例剖析农民合作经济组织帮助成员获取外部化农业服务的机理和绩效影响因素。

第一节　农民合作经济组织获取外部化农业服务的现状

通过描述农民合作经济组织获取政府支持的情况，以及农民合作经济组织帮助其成员获取政府、村集体、科研院所、企业等农业社会化服务供给主体提供的外部化农业服务的绩效，可以让读者概览农民合作经济组织帮助农户获取外部化农业服务的现状。

一、农民合作经济组织获取政府支持现状

通过农业部①公布的宏观数据以及本书研究团队调研获取的微观数据分析农民合作经济组织获取政府支持的情况，以此来探讨农民合作经济组织帮助农户获取政府部门提供的金融服务情况。

---

① 现已更名为农业农村部。

（一）农民合作经济组织获取政府支持的宏观数据分析

中央政府对农民合作经济组织的发展始终采取高度重视和有力支持的方针导向。从 2004 年开始，国务院连续发布了 11 个一号文件，指导我国农业和农村发展，并专门针对农民合作社的发展提出了具体的指导意见。《中共中央　国务院关于推进社会主义新农村建设的若干意见》提出，通过创新信贷担保手段和担保办法，切实解决龙头企业收购农产品资金不足的问题。开展农产品精深加工增值税改革试点。积极引导和支持农民发展各类专业合作经济组织，加快立法进程，加大扶持力度，建立有利于农民合作经济组织发展的信贷、财税和登记等制度。自 2018 年 7 月 1 日起施行的《中华人民共和国农民专业合作社法》第十条规定："国家通过财政支持、税收优惠和金融、科技、人才的扶持以及产业政策引导等措施，促进农民专业合作社的发展。"最终都让农民合作经济组织的成员可以从这些扶持政策中获得明显的帮助。因此，农民合作经济组织成了帮助农户获取政府的扶持的重要载体和桥梁。

农民合作经济组织帮助农户获取政府的支持和帮助在宏观上主要体现在帮助农户获取农业政策和农业资金等方面。从农业政策的扶持上来看，主要包括信贷扶持政策与税收优惠政策。中央的政策文件不断提出制定金融政策支持合作社，还通过给合作社提供国家涉农项目等政策措施来扶持合作社发展，具体的金融支持合作社的政策措施还包括提供农户小额信贷业务、提出发展农村资金互助组织等。国家还提出保障农民专业合作社资金、在利率等方面进行优惠、提供授信额度等，以及政策性农业保险机构和商业保险机构应该为农民专业合作社提供农业保险服务，规定农信担保公司作为专业的农村信用担保平台应该为农民专业合作社进行贷款担保等信贷扶持政策。同时一系列对农民合作经济组织的税收优惠政策也逐步出台，包括设定对农民专业合作社免收或减收企业所得税的项目、免收营业税的农业服务项目、免收增值税的产品销售项目、免收印花税的项目，以及不收税的收入项目。这些政府对农民合作经济组织的信贷扶持政策与税收优惠政策最终都落实到农民合作经济组织的成员农户身上，使农户都享受到了政策带来的好处。因此，农民合作经济组织能够帮助农户获得政府的政策支持。

政府对农民合作经济组织的扶持也体现在农业资金扶持上。政府对农民合作经济组织的农业资金扶持力度不断加强。从 2003 年起，财政部就开始专门安排用于财政扶持农民合作社试点工作的资金，当年共有 2 000 万元的资金投入该项工作，此后政府对农民合作社的财政支持力度逐年加大。2003~2005 年政府累计投入扶持资金 1.5 亿元，惠及 800 多个农民专业合作经济组织；截至 2006 年，政府投入的专项资金已经增加到 0.8 亿元。而在 2007 年《中华人民共和国农民专业合作社法》颁布后，中央政府进一步加强财政扶持合作社发展的力度，当年的扶持资金就达 2.3 亿元，并成为吸引社会资本进入合作社的重要标杆。据统计，从 2007 年到 2009 年，全国合作社接受省级财政的扶持资金累计达 16 亿元。从表 7-1 中的数据可以看出，截至 2010 年底，各级财政累计扶持资金达到 108.33 亿元，其中，中央财政累计扶持合作社专项资金已经达到 11.31 亿元，省级财政扶持资金累计达到 27.02 亿元。但国内学者通过调研发现，各级政府主要对少数运行规范、经营绩效较好的示范性农民合作经济组织进行了扶持（郭红东和张若健，2010），对于大多数农民合作经济组织的扶持力度较小，一些地区还面临财力不足的困难（韩俊，2007）。政府给予农民合作经济组织的这些资金支持最终都通过向农户提供各种农业服务等形式落实到农民合作经济组织的成员农户身上，使农户享受到了政府资金支持带来的好处。因此，农民合作经济组织能够帮助农户获得政府的农业资金支持。

表 7-1　各级财政对合作社的资金扶持情况

各级财政	中央财政	省级财政	地市县财政	其他	合计
财政扶持金/亿元	11.31	27.02	57.80	12.20	108.33
占比	10.44%	24.94%	53.36%	11.26%	100.00%

注：该数据为截至 2010 年底的数据；数据来源于农业部农村经济体制与经营管理司等编著的《中国农民专业合作社发展报告（2006-2010）》

（二）农民合作经济组织获取政府支持的微观数据分析

根据本书研究团队的微观调查数据资料，被调查的 82 个农民合作社帮助其成员获取政府支持情况如图 7-1 所示。政府的支持主要涉及财政补助或补贴、项目资金支持、贷款支持、基础设施建设资金支持、税收优惠及其他项目这六类。其中有 14 个合作社表示没有得到政府的任何支持，约占被调查合作社总数的 17.07%。而享受到了政府的支持项目中，比例较高的是政府财政补助或补贴、基础设施建设资金支持，分别达到了 54.88% 和 51.22%，即一半以上的农民合作社帮助农户获取了政府提供的财政补助或补贴及基础设施建设资金支持，这表明政府对农民合作社的专项资金扶持覆盖率还是比较高的。从图 7-1 中还可以看出，48.78% 的被调查合作社获得了政府的项目资金支持，这是因为政府的项目资金需要符合一定资质的合作社才能申报，合作社数量众多，竞争较为激烈，政府的项目资金只覆盖到一些发展较好的农民合作社，这也会促进农民合作社的优胜劣汰和良性发展。45.12% 的被调查合作社获得了政府的税收优惠。政府明确规定了农民合作社的税收优惠范围，不到一半的被访合作社获得了政府的税收优惠可能与被调查合作社的自我感知有关。而获得贷款支持的合作社仅占总数的 9.76%，这与我国农民合作社信贷支持体系发展不完善的宏观背景相符，表明政府对合作社的贷款支持力度还有待加强，信贷支持体系还有待完善。

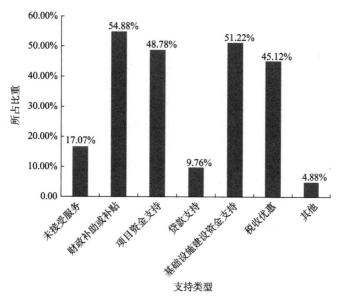

图 7-1　农民合作社接受政府支持情况

　　图 7-2 描述了农民合作社获得政府扶持资金情况。47.56%的被调查农民合作社获得了不到 10 万元的政府扶持资金，即将近一半的农民合作社都获得了 10 万元以内的政府扶持资金，而 26.83%的被调查农民合作社获得了 10 万~50 万元的政府扶持资金，这意味着 74.39%的被调查农民合作社获得了 50 万元以内的政府扶持资金，表明政府扶持资金的覆盖率是比较高的。还有约 25.61%的被调查农民合作社获得了 50 万元及以上的政府扶持资金，其中 7.32%的被调查农民合作社获得了 200 万元及以上的政府扶持资金。

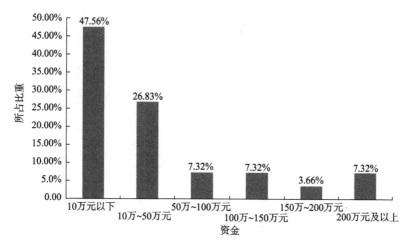

图 7-2　农民合作社获得政府扶持资金情况

图中数据进行了修约处理，相加不等于 100%

图 7-3 描述了农民合作社获得政府项目资金情况。57.32%的被调查农民合作社获得了不到 10 万元的政府项目资金，即超过一半的农民合作社都获得了 10 万元以内的政府项目资金，而 20.73%的被调查农民合作社获得了 10 万~50 万元的政府项目资金，这意味着 78.05%的被调查农民合作社获得了 50 万元以内的政府项目资金，这表明政府项目资金的覆盖率是比较高的。还有约 21.95%的被调查农民合作社获得了 50 万元及以上的政府项目资金，其中 4.88%的被调查农民合作社获得了 200 万元及以上的政府项目资金。

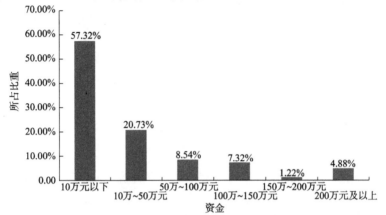

图 7-3　农民合作社获得政府项目资金情况

图中数据进行了修约处理，相加不等于100%

表 7-2 描述了农民合作社获得政府奖励资金情况。58.54%的被调查农民合作社表示没有获得政府的奖励资金，26.83%的被调查农民合作社所获得的政府奖励资金在 10 万元以内，14.64%的被调查农民合作社所获得的政府奖励资金在 10 万元及以上，仅有 1 家被调查农民合作社获得了 200 万元及以上的政府奖励资金。由此可见，在被调查的农民合作社中，不到一半的农民合作社获得了政府的奖励资金，但大多数农民合作社获得奖励资金的数额都在 10 万元以内，获得大额奖励资金的农民合作社较少。这说明政府对农民合作社的奖励并不是普惠性的，只有运行更规范、经营更好的农民合作社才能获得更多的奖励资金，这也是一种有效促进农民合作社发展的激励方式。

表 7-2　农民合作社获得政府奖励资金情况

政府奖励资金额度	资金额度级别	农民合作社个数/个	农民合作社比例
0	无	48	58.54%
10 万元以下	低	22	26.83%
10 万~50 万元	中	7	8.54%
50 万~200 万元	中	4	4.88%
200 万元及以上	高	1	1.22%

注：数据来源于本书研究团队的微观调查数据资料；表中数据进行了修约处理，相加不等于100%

表 7-3 描述了农民合作社获得政府优惠贷款情况。从表 7-3 中可以看出，64.63%的被调查农民合作社并没有获得政府的优惠贷款，2.44%的被调查农民合作社获得了 10 万元以内的政府优惠贷款，32.93%的被调查农民合作社获得了 10 万元及以上的政府优惠贷款，其中有15.85%的被调查农民合作社获得了200万元及以上的政府优惠贷款。由此可见，只有约 1/3 的被调查农民合作社获得了政府的优惠贷款，但是获得优惠贷款的农民合作社大多数都能够获得数额较高的贷款。这表明政府的优惠贷款主要集中在少数实力较强的农民合作社手中。

表 7-3 农民合作社获得政府优惠贷款情况

资金额度	资金额度级别	合作社个数/个	合作社比例
0	无	53	64.63%
10 万元以下	低	2	2.44%
10 万~50 万元	中	10	12.20%
50 万~200 万元	中	4	4.88%
200 万元及以上	高	13	15.85%

注：数据来源于本书研究团队的微观调查数据资料

图 7-4 描述了农民合作社对政府的扶持力度的总体评价。从图 7-4 中可以看出，43.90%的被调查农民合作社表示政府的扶持力度较大，其中 23.17%的被调查农民合作社表示政府的扶持力度非常大，20.73%的被调查农民合作社表示政府的扶持力度比较大，而表示政府扶持力度很小的仅有 13 家农民合作社，约占被调查农民合作社的 15.85%。这表明大多数农民合作社对政府扶持的评价都很高，说明农民合作社能够有效帮助农户获取政府支持。

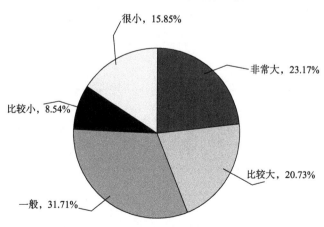

图 7-4 政府对农民合作社的扶持力度

二、农民合作经济组织获取外部化农业服务的绩效

基于本书研究团队的微观抽样调查数据，进一步分析和评价农民合作经济组织帮助其成员农户获取政府、村集体、科研院所、企业等外部主体提供的农业社会化服务的绩效。

（一）政府提供的农业社会化服务绩效

从表7-4的分析可知，在被调查的396户农户中，有297户农户加入了合作社，99户农户未加入合作社。而297户合作社成员中有216户农户接受了政府提供的农业社会化服务，约占72.73%[①]；99户非合作社成员中有66户农户接受了政府提供的农业社会化服务，约占66.67%，低于合作社成员中接受政府提供农业服务的比例。由此可见，合作社能够帮助更多的农户获取政府提供的农业社会化服务。

表 7-4　农户获取政府农业社会化服务情况

是否是合作社成员	接受政府服务户数/户	总户数/户	比例
合作社成员	216	297	72.73%
非合作社成员	66	99	66.67%
合计	282	396	71.21%

注：数据来源于本书研究团队的微观调查资料；这里所述的政府提供的农业社会化服务主要包括农业委员会、畜牧兽医站、农业技术推广站等政府部门提供的具有公共品性质的农业社会化服务

表7-5描述了政府的农业社会化服务绩效。从表7-5中可以看出，合作社成员对政府提供的农业社会化服务的满意度均值为4.00，略高于非合作社成员对政府提供的农业社会化服务的满意度均值3.94。而且合作社成员对政府提供的农业社会化服务的满意度为非常满意和比较满意的占79.63%，高于非合作社成员的77.28%。这些数据进一步表明，合作社能够帮助其成员获得政府提供的更高效的农业社会化服务。

表 7-5　农户对政府供给农业社会化服务的满意度

是否是合作社成员		满意度				合计	满意度	
		非常满意	比较满意	一般满意	不太满意		均值	标准差
合作社成员	户数/户	48	124	39	5	216	4.00	0.705
	比例	22.22%	57.41%	18.06%	2.31%	100%		

[①] 一般情况下政府部门会针对整个合作社提供服务，但有少数合作社成员并未参与合作社统一组织的活动，如农业技术推广部门专门针对合作社提供的农业技术培训，少部分合作社成员并未参加，所以在填写问卷时称未获取该项服务；后文中村集体、农业科研院所、企业等针对合作社提供的农业社会化服务也是如此，特此说明。

续表

是否合作社成员		满意度				合计	满意度	
		非常满意	比较满意	一般满意	不太满意		均值	标准差
非合作社成员	户数/户	13	38	13	2	66	3.94	0.721
	比例	19.70%	57.58%	19.70%	3.03%	100%		

注：数据来源于本书研究团队的微观调查资料。调查中的满意度评价采用利克特五级量表的方式，5=非常满意；4=比较满意；3=一般满意；2=不太满意；1=完全不满意。为了便于比较分析，本书把此变量视为数值型变量，把农户的满意度等价为相应的分数，分数越高表明满意度越高，并以此来计算满意度的平均分数，本章都沿用此方法。表中数据进行了修约处理，相加不等于100%

表 7-6 描述了不同区域的被访农户对政府提供的农业社会化服务的满意度。从表 7-6 中可以看出，东部地区的被调查农户对政府服务的满意度普遍较高，合作社成员的满意度和非合作社成员的满意度相差不大，在中部和西部地区合作社成员的满意度比非合作社成员的满意度相对更高。这表明合作社能够帮助其成员获得政府提供的更高效的农业社会化服务，尤其是在中部和西部地区。

表 7-6 不同区域农户对政府提供的农业社会化服务的满意度

地区	合作社成员的满意度		非合作社成员的满意度	
	均值	标准差	均值	标准差
东部	4.189	0.715	4.235	0.970
中部	3.919	0.635	3.833	0.514
西部	3.875	0.718	3.839	0.638

注：表中的满意度均值是根据相应类型农户对政府提供的农业社会化服务的满意度评分计算简单平均数得来的

表 7-7 描述了不同农业收入比重农户对政府供给农业社会化服务的满意度。从表 7-7 中可以看出，农业收入比重较高的合作社成员对政府的农业社会化服务满意度更高，合作社能够帮助农户获得政府提供的更高效的农业社会化服务，尤其是对于那些以种植和养殖业为主要收入来源的农户而言。

表 7-7 不同农业收入比重农户对政府供给农业社会化服务的满意度

农业收入比重	合作社成员满意度		非合作社成员满意度	
	均值	标准差	均值	标准差
0~25%	4.00	1.00	3.75	0.957
25%~50%	3.85	0.60	4.16	0.688
50%~75%	4.03	0.78	3.93	0.616
75%~100%	4.01	0.67	3.74	0.752

注：表中农业收入比重是指农户的种植和养殖收入占家庭总收入的比重，后同

（二）村集体提供的农业社会化服务绩效

从表 7-8 的数据分析中可以看出，在被调查的 297 个合作社成员中，有 141 户农户接受了村集体提供的农业社会化服务，约占 47.47%；而在被调查的 99 个非合作社成员中，有 57 户农户接受了村集体提供的农业社会化服务，约占 57.58%。从获得村集体提供的农业社会化服务的农户比例来看，二者并无太大差异。这可能是因为村集体作为一种农村的行政组织，对是否是合作社成员农户提供农业社会化服务并无太大的区别。

表 7-8　农户获取村集体的农业社会化服务情况

是否是合作社成员	接受村集体服务户数/户	总户数/户	比例
合作社成员	141	297	47.47%
非合作社成员	57	99	57.58%
合计	198	396	50.00%

注：数据来源于本书研究团队的微观调查数据资料

表 7-9 描述了村集体提供的农业社会化服务绩效。从表 7-9 中可以看出，合作社成员对村集体提供的农业社会化服务的满意度均值为 3.894，和非合作社成员对村集体提供的农业社会化服务的满意度均值相差不大。而且合作社成员对村集体提供的农业社会化服务的满意度为非常满意和比较满意的占 70.21%，和非合作社成员的满意度相差不大。这些数据至少表明，合作社帮助农户获得村集体提供的农业社会化服务绩效并不差。

表 7-9　农户对村集体供给农业社会化服务的满意度

是否是合作社成员		满意度				合计	满意度	
		非常满意	比较满意	一般满意	不太满意		均值	标准差
合作社成员	户数/户	28	71	41	1	141	3.894	0.714
	比例	19.86%	50.35%	29.08%	0.71%	100%		
非合作社成员	户数/户	10	35	12	0	57	3.965	0.626
	比例	17.54%	61.40%	21.05%	0.00%	100%		

注：数据来源于本书研究团队的微观调查数据资料；表中数据进行了修约处理，相加不等于100%

表 7-10 描述了不同区域农户对村集体提供的农业社会化服务的满意度。从表 7-10 中可以看出，东部地区农户满意度普遍较高，而且东部地区合作社成员的满意度高于非合作社成员的满意度。这表明合作社能够帮助农户获得村集体提供的更高效的农业社会化服务，尤其是在东部地区。

表 7-10　不同区域农户对村集体供给农业社会化服务的满意度

地区	合作社成员满意度		非合作社成员满意度	
	均值	标准差	均值	标准差
东部	4.65	0.49	4.50	0.85
中部	3.75	0.67	3.77	0.56
西部	3.75	0.65	3.90	0.48

注：数据来源于本书研究团队的微观调查数据资料

表 7-11 描述了不同农业收入比重农户对村集体提供的农业社会化服务的满意度。从表 7-11 中可以看出，农业收入比重较高的合作社成员对村集体的农业社会化服务满意度更高，这表明合作社能够帮助农户获得村集体提供的更高效的农业社会化服务，尤其是对于那些以种植和养殖业为主要收入来源的农户而言。

表 7-11　不同农业收入比重农户对村集体提供的农业社会化服务的满意度

不同农业收入比重	合作社成员满意度		非合作社成员满意度	
	均值	标准差	均值	标准差
0~25%	4.00		4.00	1.00
25%~50%	3.71	0.69	4.00	0.72
50%~75%	4.00	0.75	3.91	0.54
75%~100%	3.87	0.70	3.95	0.52

注：数据来源于本书研究团队的微观调查数据资料

（三）农业院校及科研院所提供的农业社会化服务绩效

从表 7-12 的分析可知，在被调查的 396 户农户中，有 297 户农户加入了合作社，99 户农户未加入合作社。而 297 个合作社成员中有 107 户农户接受了农业院校及科研院所提供的农业社会化服务，占 36.03%；99 个非合作社成员中有 17 户农户接受了农业院校及科研院所提供的农业社会化服务，占 17.17%，低于合作社成员中接受农业院校及科研院所提供农业社会化服务的比例。由此可见，合作社能够帮助更多的农户获取农业院校及科研院所提供的农业社会化服务。

表 7-12　农户获取农业院校及科研院所农业社会化服务情况

是否是合作社成员	接受农业院校及科研院所服务户数/户	总户数/户	比例
合作社成员	107	297	36.03%
非合作社成员	17	99	17.17%
合计	124	396	31.31%

注：数据来源于本书研究团队的微观调查数据资料

表 7-13 描述了农业院校及科研院所的农业社会化服务绩效。合作社成员对农业院校及科研院所提供的农业社会化服务的满意度均值为 4.037，非合作社成员对农业院校及科研院所提供的农业社会化服务的满意度均值为 4.059。若按（户数×比例）/合计数计算，合作社成员的均值为 0.404 1，高于非合作社的均值（0.363 3）。而且合作社成员对农业院校及科研院所提供的农业社会化服务的满意度为非常满意和比较满意的占到 81.30%，高于非合作社成员的 76.47%。这些数据进一步表明，合作社能够帮助农户获得农业院校及科研院所提供的更高效的农业社会化服务。

表 7-13　农户对农业院校及科研院所供给农业社会化服务的满意度

是否是合作社成员		满意度				合计	满意度	
		非常满意	比较满意	一般满意	不太满意		均值	标准差
合作社成员	户数/户	27	60	17	3	107	4.037	0.726
	比例	25.23%	56.07%	15.89%	2.80%	100%		
非合作社成员	户数/户	5	8	4	0	17	4.059	0.748
	比例	29.41%	47.06%	23.53%	0.00%	100%		

注：数据来源于本书研究团队的微观调查数据资料；表中数据进行了舍入修约，相加不等于100%

表 7-14 描述了不同区域农户对科研院所供给农业社会化服务的满意度。东部地区农户满意度普遍较高，而西部地区合作社成员满意度略高于非合作社成员满意度。

表 7-14　不同区域农户对科研院所供给农业社会化服务的满意度

地区	合作社成员满意度		非合作社成员满意度	
	均值	标准差	均值	标准差
东部	4.50	0.74	5.00	
中部	3.78	0.75	4.67	0.58
西部	3.98	0.64	3.92	0.76

注：由于样本的局限性，东部地区非合作社成员中只有1户农户接受了科研院所的服务，因此对其服务满意度的评价没有标准差

表 7-15 描述了不同农业收入比重农户对科研院所提供的农业社会化服务的满意度。农业收入比重较高的合作社成员对科研院所的农业社会化服务满意度更高，这表明合作社能够帮助农户获得科研院所提供的更高效的农业社会化服务，尤其是对于那些以种植和养殖业为主要收入来源的农户而言。

表 7-15　不同农业收入比重农户对科研院所提供的农业社会化服务的满意度

农业收入比重	合作社成员满意度		非合作社成员满意度	
	均值	标准差	均值	标准差
0~25%	4.00			
25%~50%	3.57	0.65	4.00	0.63
50%~75%	4.37	0.56	4.00	1.00
75%~100%	4.00	0.75	4.25	0.50

注：由于样本的局限性，农业收入比重低于25%的农户中只有1个合作社成员接受了科研院所的服务，因此对其服务满意度的评价没有标准差；没有非合作社成员接受科研院所的服务，因此对其服务满意度的评价没有均值和标准差

（四）企业提供的农业社会化服务绩效

从表 7-16 的分析可知，在被调查的 396 户农户中，有 297 户农户加入了合作社，99 户农户未加入合作社。而 297 个合作社成员中有 59 户农户接受了企业提供的农业社会化服务，占 19.87%；99 个非合作社成员中有 9 户农户接受了企业提供的农业社会化服务，占 9.09%，低于合作社成员中接受企业提供农业社会化服务的比例。由此可见，合作社能够帮助更多的农户获取企业提供的农业社会化服务。

表 7-16　农户获取企业的农业社会化服务情况

是否是合作社成员	接受企业服务户数/户	总户数/户	比例
合作社成员	59	297	19.87%
非合作社成员	9	99	9.09%
合计	68	396	17.17%

注：数据来源于本书研究团队的微观调查数据资料

表 7-17 描述了企业的农业社会化服务绩效。合作社成员对企业提供的农业社会化服务的满意度均值为 3.78，略高于非合作社成员对企业提供的农业社会化服务的满意度均值 3.56。而且合作社成员对企业提供的农业社会化服务的满意度为非常满意和比较满意的占 67.79%，高于非合作社成员的 55.56%。这些数据进一步表明，合作社能够帮助农户获得企业提供的更高效的农业社会化服务。

表 7-17　农户对企业供给农业社会化服务的满意度

是否是合作社成员		满意度				合计	满意度	
		非常满意	比较满意	一般满意	不太满意		均值	标准差
合作社成员	户数/户	9	31	16	3	59	3.78	0.767
	比例	15.25%	52.54%	27.12%	5.08%	100%		
非合作社成员	户数/户	0	5	4	0	9	3.56	0.527
	比例	0.00	55.56%	44.44%	0.00	100%		

注：数据来源于本书研究团队的微观调查数据资料；表中数据进行过舍入修约，相加不等于100%

表 7-18 描述了不同区域农户对企业供给农业社会化服务的满意度。东部地区农户满意度普遍较高，西部地区合作社成员满意度高于非合作社成员满意度。这表明西部地区合作社能够帮助农户获得企业提供的更高效的农业社会化服务。

表 7-18　不同区域农户对企业供给农业社会化服务的满意度

地区	合作社成员满意度		非合作社成员满意度	
	均值	标准差	均值	标准差
东部	4.67	0.52		
中部	3.78	0.97		
西部	3.66	0.68	3.56	0.53

注：由于样本的局限性，东部和中部地区非合作社成员中都没有样本农户接受企业的农业社会化服务，因此无法计算其满意度的均值和标准差

表 7-19 描述了不同农业收入比重农户对企业供给农业社会化服务的满意度。农业收入比重较高的合作社成员对企业的农业社会化服务满意度更高，这表明合作社能够帮助农户获得企业提供的更高效的农业社会化服务，尤其是对于那些以种植和养殖业为主要收入来源的农户而言。

表 7-19　不同农业收入比重农户对企业供给农业社会化服务的满意度

农业收入比重	合作社成员满意度		非合作社成员满意度	
	均值	标准差	均值	标准差
0~25%	4			
25%~50%	3.45	0.69	3	
50%~75%	4	0.76	4	
75%~100%	3.72	0.79	4	

注：由于样本的局限性，农业收入比重低于25%的农户中只有1个合作社成员接受了企业的服务，没有非合作社成员接受企业的服务，而农业收入比重高于25%的农户中分别只有1个非合作社成员接受了企业的服务，因此对其服务满意度的评价没有均值或标准差

第二节　农民合作经济组织获取外部化农业服务的典型案例

通过浙江省台州市临海市永丰鲜果合作社及湖北省黄冈市罗田县锦秀林牧合作社两个典型案例的剖析，可以进一步明晰农民合作经济组织帮助农户获取其他农业社会化服务主体提供的外部化农业服务的基本原理和路径。

一、浙江省台州市临海市永丰鲜果专业合作社案例分析

（一）合作社发展情况

永丰鲜果合作社位于浙江省台州市临海市区西郊永丰镇，是一家集杨梅、脐橙、柑橘等水果的种植、加工、销售为一体的农民专业合作社。浙江省临海市土壤和气候条件适宜杨梅生长，一直有种植杨梅的历史。截至 2013 年，杨梅生产已经成为浙江省临海市的支柱性产业。2003 年 4 月，永丰镇的鲜果种植大户牵头成立了永丰鲜果合作社，成立之初仅有 27 个社员；经过十几年的发展，永丰鲜果合作社已经发展到 151 个社员，而且获得了多项荣誉。永丰鲜果合作社先后被中华全国供销合作总社评为"千社千品专业合作社"称号、浙江省省级示范性农民专业合作社、台州市市级规范化农民专业合作社及临海市县级"十佳农民专业合作社"。2011 年永丰鲜果合作社经营收入达 5 297 万元，净利润高达 202 万元；2012 年合作社经营收入 5 118 万元，比 2011 年略有下降，但净利润达到 218 万元，比 2011 年增长了约 7.92%。随着经营业务的拓展和市场范围的不断扩大，永丰鲜果合作社还探索出了新的发展模式。2010 年 4 月，永丰鲜果合作社与浙江省临海市供销合作社共同出资组建了永丰基层供销合作社。

经过十几年的发展，永丰鲜果合作社的土地经营规模不断扩大。截至 2013 年，永丰鲜果合作社各类水果种植面积达 3 万亩，其中柑橘种植面积 1 万亩，杨梅种植面积 1 万亩，枇杷种植面积 3 000 亩，分布在大田、邵家渡、永丰、括苍等多个镇（街道）的 20 多个行政村。从永丰鲜果合作社的出资状况来看，永丰鲜果合作社成立时注册资金为 10 万元，其中农户出资额为 9 万元，占总注册资金的 90%，单位出资额占 10%。至 2012 年，合作社的出资总额达到 400 万元，农户出资为 320 万元，占总资产比重为 80%，临海市供销投资开发经营有限公司作为该合作社的单位成员，出资额为 80 万元，占总资产的 20%。合作社第一大股东为理事长，持股比例为 15%，前 5 大股东持股比例合计 75%。经过多年的发展，永丰鲜果合作社的固定资产也不断增加，截至 2013 年，合作社拥有 1 个占地 2 500 平方米的厂房，1 个占地 500 平方米的常温仓库和 1 个占地 80 平方米的冻库。另外，永丰鲜果合作社也拥有大量的无形资产。理事长应启敏同志经过多年研究取得了三项杨梅保鲜包装实用技术专利；合作社在中国和海外成功注册"正凤"牌商标；合作社生产的一系列产品获得绿色产品认证、森林产品认证和国家地理标志产品认证。合作社生产的产品品质优良，生产的杨梅多次获浙江农业博览会金奖、浙江省"十大精品"杨梅评比优质奖，生产的蜜橘曾获芭田杯"中国农产品挑战吉尼斯"大赛三等奖；产品不仅销往北京、上海等地，还远销韩国、

新加坡、俄罗斯、加拿大等国家。

（二）合作社帮助农户获取外部化农业服务

在十几年的发展过程中，永丰鲜果合作社不断地帮助农户获取政府、农业院校及科研院所、企业等外部服务主体提供的各种不同类型的农业社会化服务。

第一，帮助农户获取政府提供的农业服务，这些服务主要体现在政府的政策扶持、资金扶持、技术服务和信息服务等方面。政府从多个渠道对合作社进行资金扶持，如政府一次性补助 3 万~5 万元给建立临海蜜橘精品园投资 30 万元以上的合作社；一次性补助 2 万~5 万元给新建柑橘钢架大棚 10 亩以上的合作社；补助 3 万~5 万元给带动农户销售取得较好绩效的合作社。而合作社获取的这些补助都通过分红、返利等形式返给了社员。截至 2013 年，合作社共获得政府支持资金 160 万元，其中获得政府项目资金 130 万元，占总支持资金的 81.25%，获得政府奖励资金 30 万元。政府还从产业政策上对合作社进行扶持。临海市通过整合"三农"政策，出台了"农业政策 30 条"，重点扶持与培养合作社和龙头企业发展。政府的农业技术服务主要体现在以下几个方面：一是浙江省、台州市等各级政府相关主管部门，以及台州市农业局（现为台州市农业农村局）、台州市林业特产局、临海市林业特产局等多家单位多次为合作社举办技术培训，为社员进行培训，并作为技术顾问，为社员提供各种技术指导。二是各级政府帮助合作社完成了包括"临海早大梅产业化关键技术研究及培训体系建设"和"樱桃大棚栽培技术"等一系列科技项目，以及被科学技术部评为国家级星火计划项目的"绿色水果栽培技术开发及产业化"项目。

第二，帮助农户获取农业院校及科研院所提供的农业服务，这些农业服务主要包括农业技术服务和农业信息服务。永丰鲜果合作社与多家农业院校和科研院所建立了合作关系，包括浙江大学、浙江农业大学植保系、浙江省农业科学院、浙江省柑橘研究所、临海市农业科学研究所等，帮助农户获取农业技术和信息服务。例如，永丰鲜果合作社通过聘请浙江大学、浙江省农业科学院等机构的有关专家作为合作社的技术顾问，为社员提供农业技术服务，以提高水果的品质和经济效益。永丰鲜果合作社还邀请临海市农业科学研究所所长作为科技特派员为社员服务，并邀请浙江省农业科学院的专家为社员及周边果农培训，还多次邀请浙江省柑橘研究所专家到合作社讲授柑橘市场形势及农产品质量安全知识。本书研究团队调查发现，永丰鲜果合作社自成立以来共举办过 9 期农业技术培训，受训人员达 1 000 多人次，而且合作社还将相关培训的技术和信息资料编印出来并发放给社员。因此永丰鲜果合作社能够帮助农户获取外部服务主体供给的具有准公共品性质的农业技术和农业信息服务。

　　第三，帮助农户获取企业提供的农业生产资料供应服务、农业技术服务、农业信息服务、农产品销售服务、金融信贷服务等。永丰鲜果合作社通过与惠多利农资公司、台农农资公司合作，建立了永丰基层供销合作社农资综合服务中心，为农户提供良种、有机肥、病虫害防治设备等农业生产资料供应服务。并开设庄稼医院和农民培训基地，运用通信设备及时发布生产管理、病虫测报信息，为农民群众提供全方位的信息综合服务及农业技术服务。永丰鲜果合作社帮助农户获取企业提供的农产品销售服务主要体现为：合作社与临海市供销超市有限公司合作，建立了 300 平方米的永丰日用品连锁超市，并与市供销超市协调，负责对全镇32家农村日用品连锁便利店实行连锁配送管理，为社员提供农产品销售服务。永丰鲜果合作社帮助农户获取企业提供的农业金融信贷服务主要体现为：2010 年底，永丰鲜果合作社通过供销合作社的农信担保公司贷款 100 万元作为发展资金，帮助农户解决了农业生产经营的资金问题。因此永丰鲜果合作社能够帮助农户获取企业这种外部服务主体供给的具有私人品性质的农业社会化服务。

　　第四，帮助农户获取其他经济组织提供的农业技术服务、农业信息服务、农产品销售服务等。主要体现在以下几个方面：一是永丰鲜果合作社通过与其他同类专业合作社交流与合作的方式分享技术和信息。永丰鲜果合作社多次与临海市桃渚柑橘专业合作社、临海市丰甜水果专业合作社等多家同类型专业合作社开展经验交流与合作，向社员分享最新的鲜果种植技术及田间管理方法，帮助社员获取其他同类型专业合作社的技术指导服务和信息服务。永丰鲜果合作社还与当地农民合作经济组织合作建设了临海市西北农产品交易中心，该中心使用面积达到 2 000 平方米，为当地农民提供了很好的农产品交易平台。二是加入永丰水果专业技术协会获取技术指导和帮助。2010 年，由永丰鲜果合作社理事长牵头成立了永丰水果专业技术协会，吸收永丰镇相关部门人员和农民专业合作社管理人员等 50 名会员，主要对水果种植、加工、销售等进行技术辅导，为成员单位提供信息咨询服务，并帮助成员单位开展农产品促销活动等。通过这种方式，永丰鲜果合作社帮助农户获取了永丰水果专业技术协会的农业技术、信息和销售服务。三是和浙江省临海市供销合作社合资获取外部的销售渠道和销售资源。永丰鲜果合作社与浙江省临海市供销合作社共同出资组建了永丰基层供销合作社，并建设了鲜果加工车间、冷库、西部农产品市场、综合大楼等基础设施。合作社理事长认为供销合作社能够弥补永丰鲜果合作社的不足，给永丰鲜果合作社带来生产、销售、品牌建设、资金等方面的好处。永丰鲜果合作社还与临海市供销合作社共同出资成立了临海市永丰供销社有限公司，成功地将农产品销售到海外。2011年，临海永丰鲜果合作社的产品出口量占合作社产品总产量的30%左右。

（三）外部化农业服务绩效分析

永丰鲜果合作社帮助农户获取外部化农业服务的绩效主要体现在两个方面：一是农户对其获取的农业社会化服务的绩效评价。根据本书研究团队的调查，从合作社成员已接受的各项外部化农业服务的满意度来看，成员对合作社帮助其获取政府、企业、科研机构、其他经济组织提供的农业社会化服务绩效的满意度较高，绝大部分成员表示比较满意。而从农业服务需求的满足程度来看，这些外部化农业服务能够部分满足合作社成员的需求，因而需求满足程度还有待提高。二是农户通过获取这些外部化农业服务而带来的经济效益和社会效益的提升。永丰鲜果合作社帮助成员获取政府的政策扶持、资金扶持、农业技术和信息服务，让合作社成员直接获得了税收的减免和转移性收入的增加，并降低了单个农户获取政府农业服务的信息搜集成本和谈判成本。永丰鲜果合作社帮助成员获取企业的农产品销售服务，扩大了农户的农产品销售网络，使产品能够出口到欧美等地区的多个国家，而且销往欧洲的每千克杨梅售价提高了近 10 倍，大大提升了农户的农产品销售利润。永丰鲜果合作社帮助成员获取同类专业合作社、专业技术协会、供销社等其他经济组织的农业服务，不仅节约了交易成本，还弥补了永丰鲜果合作社自身的资金、技术、销售等方面的不足，满足了农户多样性的服务需求。

合作社帮助农户获取的外部化农业服务产生了良好的绩效，主要是因为以下几个因素发挥了重要作用。一是合作社的选择性激励有助于信息显示。合作社的选择性激励体现为：要求成员按照统一的技术规范和产品标准进行生产，否则不收购其农产品；要求成员参加成员大会表达其需求，多次不参会的劝其退社。因此成员能够在这样的选择性激励下真实地表达自己的服务需求，使提供农产品销售服务的企业能够提供满足农户需要的销售服务。二是合作社作为多个分散小农户自愿联盟的组织，能够帮助农业服务的供需双方节约交易成本，从而有效提高服务绩效。合作社作为农户的互助联合组织，能够降低单个农户寻找交易对手时所面临的不确定性风险，并提高单个农户的谈判实力和地位。例如，合作社通过统一寻找担保公司获得贷款、联系农业院校及科研院所获得技术和信息服务，减少了分散的农户在市场中的搜寻成本及交易成本。而且企业也愿意与合作社签订长期合同，因为合作社能有效汇集成员的需求信息并将其提供给相关服务供给主体，从而针对农户的需求"对症下药"，减少服务主体收集信息的成本。三是外部化农业服务供给主体能够弥补合作社自身的不足，满足成员的多样化需求。例如，永丰鲜果合作社自身提供销售服务的能力有限，通过与供销社合作，能够借助供销社完善的销售网络开拓新的销售渠道和销售模式。

（四）案例小结

永丰鲜果合作社位于中国东部地区，经营的农产品类型属于经济作物种植类，这类农产品对农业耕地的依赖性较强，农业附加值高，但科技含量高，风险较高，通过合作社来发展这类产品能够促进产业发展，大大提高农户收益，对于推广农业技术、保障农产品质量安全、加快林果产业发展及增强农产品国际竞争力有着重要意义。通过剖析永丰鲜果合作社帮助农户获取不同外部主体的农业服务案例得出以下结论：一是合作社通过其选择性激励机制，促进了农户的需求表达，使外部供给主体能够更好地了解农户的服务需求，从而提供更好的农业社会化服务。二是合作社通过分散小农户的自愿联合，不仅降低了单个农户获取其他主体提供农业服务的交易成本，而且降低了服务供给主体向多个分散的农户提供农业服务的交易成本，使服务供需双方获得了双赢，提升了农业社会化服务绩效。三是合作社提供农业社会化服务的能力有限，但能够通过帮助农户获取外部化农业服务满足农户的多样化需求，使农业社会化服务的供需得以平衡。

二、湖北省黄冈市罗田县锦秀林牧专业合作社案例分析

（一）合作社发展情况

锦秀林牧合作社成立于2007年7月，位于湖北省黄冈市罗田县三里畈镇，是一家集山羊的科研育种、养殖、屠宰包装及销售于一体的农民专业合作社。湖北省罗田县位于大别山主峰一侧，牛羊养殖业是大别山区农村的传统产业，在山区经济中占据重要地位。黑山羊是大别山的特色品种，有些农户有养黑山羊的传统习惯，但一般一家只养几只。2004年返乡创业青年刘锦秀组织当地5户养羊大户成立了养羊协会，2007年《中华人民共和国农民专业合作社法》颁布实施后，他们注册成立了锦秀林牧合作社，注册资金150万元，成为罗田县乃至湖北省首家养羊专业合作社。锦秀林牧合作社经过几年的发展壮大，从成立初期的300名社员，发展为2013年的1 570名社员。合作社在全县11个乡镇成立了养羊分社，吸纳山羊养殖大户800多户，并成立了土鸡养殖分社，吸纳养鸡农户26户。为了拓展经营业务，2011年，合作社出资500万元成立了湖北名羊农业科技发展有限公司。锦秀林牧合作社经营绩效不断提升，带动了罗田县的经济发展，也获得了多项荣誉称号，包括农业部授予的"标准化示范专业合作社"和"全国百强农民专业合作社"称号，以及湖北省委、省政府授予的"湖北省五强农民专业合作社"称号，湖北省畜牧兽医局授予的"湖北省十佳畜牧专业合作社"称号，合作社基地也被农业部授予"标准化山羊养殖示范基地"、"肉羊标准化示范场"和

"国家肉羊产业技术体系科学研究基地"称号,并被确定为"湖北省种羊场鄂东示范推广基地",成为湖北省首家获得种羊原种繁育资质和能繁母羊保险试点单位。锦秀林牧合作社的营业额和利润额不断提升。2011 年,锦秀林牧合作社实现经营收入 8 900 万元;2012 年,合作社经营收入达到 9 700 万元,比 2011 年增长了约 8.99%;2011 年的净利润为 3 500 万元,而 2012 年的净利润达到 4 000 万元,比 2011 年增长了 14.29%。

锦秀林牧合作社的土地经营规模不断扩大。截至 2013 年,合作社拥有超过 4 000 亩的天然山林草场、2 000 平方米的种羊核心繁殖基地和 7 800 平方米的育肥基地。锦秀林牧合作社的出资规模也不断增加,成立之初合作社出资总额为 150 万元,包括 50 万元的单位出资,占比 33.33% 左右;到 2013 年,合作社的现金出资总额增加到 0.5 亿元,包括 400 万元的农户出资,占比 8%,以及 300 万元的单位出资,占比 6%,罗田县东升包装公司为最大出资单位,主要以设备入股,其出资总额为 40 万元,持股比例为 0.8%。合作社理事长刘锦秀为第一大股东,持股比例高达 80%。锦秀林牧合作社的固定资产不断增加。截至 2013 年,锦秀林牧合作社共拥有 5 个厂房和 3 个常温仓库。经过不懈努力,锦秀林牧合作社的无形资产也不断增加。合作社的"薄金寨"和"三里美"两个商标都注册成功,并获得农业部无公害农产品产地认定和产品认证,以及绿色农产品认证。合作社饲养的麻城黑山羊还获得国家地理标志产品认证,成为农业农村部黑山羊种质资源重点保护对象。

(二)合作社帮助农户获取外部化农业服务

在十余年的发展过程中,锦秀林牧合作社不仅作为供给主体,为农户提供了各种农业服务,还作为农户需求表达的有效载体,帮助农户获取包括政府、村集体、农业院校及科研院所、企业等在内的外部服务主体提供的外部化农业服务。

一是合作社帮助农户获取政府提供的外部化农业服务,主要包括政府的政策扶持和资金扶持,以及农业技术服务、受灾救助服务和农业保险服务等。政府的政策和资金扶持主要体现为:2008 年,罗田县政府出台产业支持政策,每年出资 20 万元支持山羊养殖业发展,并重点扶持锦秀林牧合作社。2010 年,罗田县政府又出台合作社扶持政策,对采用标准化模式①的养羊大户进行物质和现金奖励。对年出栏量新增一定数量(100 只)以上的养羊户,奖励良种山羊 1 只,建栏、种草资金 500 元;对年出栏量新增 50 只以上的养羊户,奖励建栏、种草资金 500 元。本书研究团队调查发现,截至 2013 年,锦秀林牧合作社共获得政府支持资金达

---

① 养羊的"1235"标准化模式是指 1 户农户建设 1 栋标准化羊舍、饲养 20 只能繁母羊、种植 3 亩优质牧草、年出栏商品肉羊 50 只(收入 1 万元)。

400 万元，其中包括政府项目资金 100 万元，占总支持资金的 25%，获政府奖励资金 200 万元，另外获得优惠贷款 1 000 万元。政府的技术服务支持主要体现为：湖北省畜牧兽医局帮助合作社进行品种选育，并推广标准化养羊模式和绿色食品认证，选派技术专家到合作社进行良种选育、繁殖、防疫等技术指导，帮助农户解决技术困难。罗田县畜牧兽医局每年至少举办 4 期技术人员和养羊大户培训班，并专门列支养羊技术推广人员经费，帮助农户进行科学养殖、提高养羊效益。湖北省畜牧兽医局也选派技术骨干到合作社进行技术指导，指导农户建立标准化羊舍。湖北省科学技术厅还在合作社内设立大别山黑山羊科技研发中心，帮助合作社进行山羊深加工的研发。政府还给合作社提供了受灾救助服务和农业保险服务。2008 年合作社遭受雪灾，羊舍和山羊都受到重创，直接经济损失超过 30 万元。湖北省畜牧兽医局帮助合作社抢救雪灾，最大限度地降低了雪灾寒冻损失。罗田县政府有关部门还投入资金 6 万元，帮助合作社成员购买母羊保险。

二是合作社帮助农户获得农业院校及科研院所提供的外部化农业服务。一方面，锦秀林牧合作社通过与包括华中农业大学在内的高等院校密切合作，对农户的黑山羊饲养过程进行技术指导，如帮助农户引进优良品种，帮助农户建设标准化羊舍，指导农户按照统一的标准进行饲养，帮助农户进行山羊疾病防疫等。另一方面，锦秀林牧合作社还通过与农业院校及科研院所合作，进行黑山羊深加工的研究和开发工作。例如，合作社与华中农业大学合作，对羊胎盘进行开发，开始探索山羊产业的深加工；同时湖北省科学技术厅也在合作社设立了大别山黑山羊科技研发中心，帮助合作社进行山羊深加工的研究与开发。

三是合作社帮助农户获取企业提供的外部化农业服务，主要包括农产品加工和销售服务、农业信贷和保险服务等。锦秀林牧合作社帮助农户获得企业的农产品加工和销售服务体现为：2011 年，合作社通过组建湖北名羊农业科技发展有限公司，投资 1.1 亿元建设牛羊肉类食品加工项目，为农户提供农产品加工服务，帮助农户实现从廉价销售初级牛羊肉原料到精细化深度加工的转变。该项目能够屠宰加工 30 万只山羊、10 万头肉牛，产值可达 10 亿元。锦秀林牧合作社还帮助农户获取了湖北名羊农业科技发展有限公司的农产品销售服务。合作社从社员处统一收购 25 千克以上大别山本地黑山羊冷鲜肉，统一委托企业进行屠宰加工，并通过"薄金寨"的品牌进行营销，大幅度增加了产品销量。锦秀林牧合作社帮助农户获得企业的农业信贷和保险服务体现为：合作社通过金融机构为农户取得担保资金，并和金融机构达成了合作协议，帮助资金有困难的农户融资贷款，并争取扶贫贷款。中国农业银行、农村信用社及其他金融机构在进行信贷评估调查的基础上优先给予合作社贷款支持。合作社首创性地与中华联合财产保险股份有限公司合作，对合作社社员饲养的 5 355 只能繁母羊进行了保险投保，减少了社员的山羊养殖风险。

（三）外部化农业服务绩效分析

锦秀林牧合作社帮助农户获取外部化农业服务的绩效体现在两个方面：一是农户对其已获取的农业社会化服务的绩效评价。从被调查农户各项已接受的服务满意度来看，锦秀林牧合作社成员对获取的外部化农业服务的满意度较高。例如，被调查成员中80%的农户表示获得了政府部门所提供的农业服务，而且对该服务"比较满意"。从服务的需求满足程度来看，合作社帮助其成员获取的外部化农业服务能够部分满足成员的需求，因而合作社成员的需求满足程度还有待提高。二是农户通过获取这些农业社会化服务从而提升了其经济效益和社会效益。锦秀林牧合作社通过帮助成员获取政府的政策扶持和资金扶持，以及农业技术服务、受灾救助服务和农业保险服务，直接减免了农户的赋税，通过补贴、奖励、专项资助等方式增加了农户的转移性收入，并降低了农户从事农业生产经营的自然风险和经济风险，降低了农户的经济损失。

合作社帮助农户获取的外部化农业服务产生了良好的绩效，主要是因为以下几个因素发挥了重要作用。一是合作社的选择性激励有助于农户需求信息的显示。由于合作社制定了完善的规章制度，对成员的责任与权利进行了明确的规定，如成员需要参加全体成员大会或成员代表大会，及时向合作社表达自己的服务需求，合作社对农户的山羊养殖模式和山羊品质进行统一规范，若多次不参加会议或长时间不与合作社联系，或者不按照合作社的要求生产和交售农产品，合作社将不给该农户提供相应的农业服务甚至会劝其退社。通过这种选择性激励的方式，农户能够很好地表达自己的服务需求，有利于服务供给绩效的提升。二是合作社作为多个分散小农户自愿联盟的组织，能够帮助农业服务的供需双方节约交易成本，从而提高服务绩效。合作社作为农户需求表达的载体，降低了单个农户分别向服务供给主体表达服务需求的成本。单个农户获取政府的服务需要搜集政府的相关政策信息，获取科研机构的技术服务需要和科研机构进行谈判，获取企业的农产品加工和销售服务往往会支付较高的监督履约成本，甚至会被企业侵蚀大部分利润，难以保障农户自身利益。分散的小农户通过自愿联合形成合作社，不仅能够增强单个农户自身的谈判能力，提高农户的谈判地位，还能够通过降低单个农户的信息收集成本、节约单个农户分别和服务供给主体之间进行讨价还价的谈判成本、节约监督服务供给主体是否履约的成本等渠道帮助单个小农降低交易成本。三是合作社外部化农业服务能够弥补合作社自身的不足，满足合作社成员的多样化需求，从而提升农业社会化服务的整体绩效。锦秀林牧合作社自身实力是有限的，2008年的雨雪冰冻灾害使合作社受到重创，出现严重亏损。锦秀林牧合作社积极寻求政府机构的帮助，通过政府提供的受灾救助及农业保险服务重新发展起来。合作社自身研发能力不足，与华中农业大学等科研机构合作，对羊毛、羊胎盘进行研发和商品化生产，为农户提供相应的农业技术服务，大大提升了黑山羊产品的附加值，增加了农户的收益。

（四）案例小结

锦秀林牧合作社位于中国中部地区，经营的农产品类型属于畜禽养殖类，这类产品通常受农业耕地面积的限制较小，产品附加值高，但农业技术要求高，风险较大，通过合作社来发展这类产品能够促进产业发展，大大提高农户收益，对于保障农产品质量安全、加快畜禽产业发展及增强农产品国际竞争力有着重要意义。通过对锦秀林牧合作社帮助农户获取外部化农业服务的分析可以得出以下结论：一是合作社作为农户需求表达的载体，能够通过选择性激励的方式促使农户有效地表达需求，从而能够帮助农户更好地获取外部主体提供的农业社会化服务。二是合作社通过分散小农户的自愿联合，降低了农户和政府、企业、科研院所等供给主体双方的交易成本，从而提升了农业社会化服务的绩效。三是合作社提供农业社会化服务的能力有限，但能够通过帮助农户获取政府、企业、科研院所提供的农业社会化服务满足农户的多样化需求，使农业社会化服务的供需得以平衡。

第三节　本　章　小　结

本章利用中国的宏观统计数据和微观调查数据描述了农民合作经济组织获取政府支持的情况，并利用微观调查数据分析了被调查区域农民合作经济组织帮助农户获取政府、村集体、科研院所、企业等不同服务供给主体的农业社会化服务绩效。最后结合国内典型案例剖析了农民合作经济组织帮助农户获取外部化农业服务的机理和绩效影响因素。主要结论如下。

第一，农民合作经济组织能够帮助农户获取政府的政策和资金扶持，并能够帮助农户获取政府提供的具有公共品性质的农业社会化服务。各级政府通过财政支持和税收优惠政策，以及相关的产业政策促进农民合作经济组织的发展，而这些政策和资金的扶持都通过农民合作经济组织这一载体有效传达到了内部成员身上。调查表明，75.7%的被调查农民合作经济组织都认为政府的扶持力度较大。农民合作经济组织成员普遍比非组织成员对政府提供的服务的满意度更高，表明农民合作经济组织在帮助成员获取外部化农业服务中发挥了显著的作用。相比而言，东部的合作社成员、农业收入比重较高的合作社成员对合作社帮助获取的政府农业社会化服务满意度更高。

第二，农民合作经济组织能够帮助成员获取村集体提供的具有准公共品性质的农业社会化服务。村集体主要提供包括农业基础设施建设服务、农业机械服务、农业信息服务等在内的准公共品性质的农业社会化服务，农民合作经济组织起到了很好的桥梁作用，即作为农户需求表达的载体，帮助农户有效获取这些农业社会化服务。而数据分析发现，不同特征农户对这些农业社会化服务绩效的评价略有差异。对于东部地区的被访农户而言，合作社成员对这些农业社会化服务的满意度普遍高于非合作社成员的满意度；对于不同收入构成的被访农户而言，农业收入比重较高的合作社成员对这些农业社会化服务的满意度更高。这些结果表明合作社能够帮助农户有效地获得村集体提供的农业社会化服务，尤其是对那些以种植和养殖业为主要收入来源的农户而言。

第三，农民合作经济组织能够帮助农户获取农业科学研究部门提供的具有准公共品性质的农业社会化服务。农民合作经济组织帮助农户获取的农业科研院所提供的农业社会化服务往往是具有准公共品性质的农业社会化服务，主要包括农业信息服务、农业技术服务、农业生产资料服务等。调查发现，合作社成员对农业院校及科研院所提供的农业社会化服务的满意度普遍略高于非合作社成员的满意度；东部地区被调查农户对科研院所提供的农业社会化服务的满意度普遍较高，而对西部地区农户的调查发现，合作社成员的满意度略高于非合作社成员的满意度；农业收入比重较高的合作社成员对科研院所提供的农业社会化服务满意度更高，这表明合作社能够帮助农户获得科研院所提供的更高效的农业社会化服务，尤其是对那些以种植和养殖业为主要收入来源的农户而言。

第四，农民合作经济组织能够帮助农户获取企业提供的具有私人品性质的农业社会化服务。农民合作经济组织帮助农户获取的企业提供的具有私人品性质的农业社会化服务主要包括农业生产资料服务、农业销售服务、农业金融服务等。调查发现，合作社成员对企业提供的农业社会化服务的满意度略高于非合作社成员的满意度；东部地区合作社成员满意度普遍较高，而西部地区合作社成员的满意度高于非合作社成员的满意度，表明西部地区合作社能够帮助农户获得企业提供的更高效的农业社会化服务；农业收入比重较高的合作社成员对企业的农业社会化服务满意度更高，表明合作社能够帮助农户获得企业提供的更高效的农业社会化服务，尤其是对那些以种植和养殖业为主要收入来源的农户而言。

第五，通过农民合作经济组织获取政府、村集体、科研院所、企业等外部服务主体供给的农业社会化服务往往能够达到更高的绩效。一是合作社作为农户需求表达的载体，能够通过选择性激励的方式促使农户有效地表达需求，从而能够帮助农户更好地获取外部主体提供的农业社会化服务。二是合作社通过分散小农户的自愿联合，降低了农户和政府、企业、科研院所等供给主体双方的交易成本，从而提升农业社会化服务的绩效。三是合作社提供农业社会化服务的能力有限，但能够通过帮助农户获取政府、企业、科研院所提供的农业社会化服务满足农户的多样化需求，使农业社会化服务的供需得以平衡。

第八章　农业社会化服务多元供给主体的竞争合作分析

农民合作经济组织不仅能够作为供给主体提供农业社会化服务，也能够作为需求主体帮助农户获取外部的农业社会化服务，还能够和其他供给主体形成竞争合作关系，完善农业社会化服务体系，并提升农业社会化服务绩效。本章在描述农业社会化服务的多元主体供给现实和理论背景的基础上，分析农民合作经济组织的竞争优势，并基于博弈分析方法建立合作社与企业的竞争模型，通过对合作社与企业不同目标函数的刻画，以及不同场景下合作社与企业市场竞争及其均衡特征下的价格、市场份额、福利等的分析，研究不同市场主体在提供农业社会化服务的过程中农户福利的变化。

第一节　农业社会化服务的多元主体供给现实

从中国现阶段农业社会化服务供给的状况以及农业社会化服务供给的理论分析来看，当前农业社会化服务的多元主体供给格局在相当长的一段时间内会一直存在。

一、多元主体供给的现实背景

现代农业的高效运转需要大量与农业生产相关的个人或组织进行产前、产中及产后的支撑、配套服务，而在农业社会化服务体系中也需要诸多的配套资源支持运转，在农业服务市场日趋完善的今天，不同类型的农业社会化服务主体出现在农业服务市场中，并呈现出竞争与合作相互交织的市场特性。

2008 年《中共中央关于推进农村改革发展若干重大问题的决定》提出建立新型农业社会化服务体系。加快构建以公共服务机构为依托、合作经济组织为基础、龙头企业为骨干、其他社会力量为补充，公益性服务和经营性服务相结合、专项服务和综合服务相协调的新型农业社会化服务体系。加强农业公共服务能力建设，创新管理体制，提高人员素质，力争三年内在全国普遍健全乡镇或区域性农业技术推广、动植物疫病防控、农产品质量监管等公共服务机构，逐步建立村级服务站点。支持供销合作社、农民专业合作社、专业服务公司、专业技术协会、农民经纪人、龙头企业等提供多种形式的生产经营服务。开拓农村市场，推进农村流通现代化。2014 年印发的《关于全面深化农村改革加快推进农业现代化的若干意见》中提出：采取财政扶持、税费优惠、信贷支持等措施，大力发展主体多元、形式多样、竞争充分的社会化服务，推行合作式、订单式、托管式等服务模式，扩大农业生产全程社会化服务试点范围。中央政府的一系列政策性文件不仅给我国的农业社会化服务体系建设指明了方向，强调了农民合作经济组织在农业社会化服务体系中的重要地位，也进一步明确部署了农业社会化服务多元供给主体并存的格局。

为实现农业生产、加工、物流、销售等各个环节的现代化，在当前高度国际化、一体化的现实背景下，单纯依赖小农的力量难以实现多个产业链条的连接和价值扩张，无论是小农还是单一的生产或加工企业等，个体的力量都是远远不够的。我国当前的农业生产服务体系已经初步形成了多种形式的农业服务供给体系，并逐步迈向农业的社会化服务网络，在农业社会化服务网络中，以不同组织形式为载体的多种供给主体呈现出百花齐放的格局，它们在发挥各自比较优势的基础上，为农业社会化提供了多种形式、多种内容的产品与服务。

二、多元主体供给的理论分析

在农业社会化服务体系的多元供给主体格局中，包括以合作社为核心的农民合作经济组织、专业服务公司、专业技术协会、农民经纪人、龙头企业等多种形式主体，因此，在整个社会化服务市场中，是多种形式的组织为农户提供服务，在市场中它们之间的相互竞争被称为混合寡头竞争（Fraja and Delbono，1990），而非单纯的某单一类型组织在市场中的垄断或纯寡头竞争。当前大量的文献研究了寡头下的合作社价格和产出特征。Tennbakk（1985）分析了古诺寡头竞争下固定成员资格对合作社均衡条件的影响。Fulton 和 Giannakas（2001）分析了在成员资格开放的条件下，合作社和公司的成员承诺不同时展开价格竞争。Sexton（1990）分析了空间分割的合作社和公司在进行产品加工时的竞争，他分析了开放与封闭成员资格的合作社以及在不同（连接）变量影响下的竞争性公司的均衡。Karantininis 和 Zago（2001）分析了合作社与公司之间的产量竞争，而

Cotterill（1987）考虑了两个公司间的价格竞争。R. J. Sexton 和 T. A. Sexton（1987）考虑了合作社和公司面临的不同进入障碍。

虽然合作社在不同的市场中呈现出不同的形式，但在组织形式上呈现出相近的特征。按照罗虚代尔原则，"成员控制"与"成员所有"意味着参与合作社的农户有决策权并分享利润。合作社的这个本质特征决定了农户的生产决策，并决定了合作社的绩效，这给合作社在农户激励方面提供了组织优势。实际上，利润分享对法国与意大利的合作社所有者的生产率有显著的正向激励。在合作社成员互惠的条件下，合作社与其他形式的组织相比，有相对优势（Bonin et al.，1993）。

无论何种形式的农业社会化服务载体，对于理性的服务主体和农户来说，均是在效用最大化的框架下进行自身的行为选择（Samuelson，1958）。对于服务提供方来说，不同类型的农业社会化服务载体以各自设定的目标来进行优化选择，从而确定最优提供量和最优提供价格，当然，需要明确的是，不同类型的提供方的最优目标函数差异很大，这在本章后续部分进行详细分析。同时，对于服务的需求方来说，在自身效应最大化的基础上进行优化选择，确定其最优需求量和需求价格。在一个竞争性的市场中，不同类型的市场主体在追求自身最优目标函数的时候，需要有效考虑市场中的其他主体的行为（如价格、数量决策等），这构成了市场竞争中不同主体的策略性行为。

第二节　农民合作经济组织的竞争优势

在农业社会化服务存在多元供给主体的格局下，相对于资本利润最大化的企业而言，以成员利益最大化为目标的农民合作经济组织有其特有的竞争优势；而相对于企业以外的其他农业社会化服务供给主体而言，农民合作经济组织也具有其鲜明的特点。

一、农民合作经济组织和企业的比较

现有文献研究了农民合作经济组织和企业之间的竞争，指出合作社相对于企业而言更具有竞争优势。Sexton（1990）指出合作社的出现可以减轻企业对农户的买方垄断势力。Giannakas 和 Fulton（2005）分析了合作社在成员承诺与对创新活动的投资上均具有优势。一些文献分析了合作社与企业在下游竞争时的优势。Albæk 和 Schultz（1998）指出合作社倾向于过度生产，因为每一个成员在扩大自身产品规模时都没有将其他成员的利润损失内部化，最终造成价格下跌，这就是合作社在与以利润最大化为目标的企业开展古诺竞争时的高产量承诺机制。其后果是，合作社的市场份额比其追求最大化成员利润时的市场份额高。同样地，Tennbakk（1995）认为在混合寡头垄断的市场场景下，由于合作社的垂直一体化特性，合作社倾向于追求更大的市场份额。在此框架下，Hoffmann（2005）将质量引入合作社与企业的竞争中来，研究表明合作社在提供高质量产品时更愿意接受变动成本优势，而企业更愿意接受固定成本优势，因为企业选择质量时并没有考虑这类成本。一些文献还研究了在不确定性和不完全信息条件下合作社的竞争优势。例如，通过比较当农户的成本不可观测时，合作社与企业提供给农户的激励相容契约，发现合作社在信息不对称中获益更多，因为合作社的目标与农户的目标更一致（Bontems and Fulton，2009）。Saitone 和 Sexton（2009）分析了合作社的收入稳定机制，认为合作社的优势在于降低生产者受到随机生产冲击的负面影响。

　　尽管存在这些优势，合作社同样由于其集体所有权结构而受到争议。Cook 和 Iliopoulos（2000）指出合作社模糊定义的产权而导致的五类难题。其中，当新成员或非成员搭已有成员投资的便车时，搭便车问题恶化了；当成员更愿意分享当前利润而不是为未来更高的回报而继续将利润转为投资时，一体化问题出现了。Rey 和 Tirole（2007）、Sykuta 和 Cook（2001）同样也指出了这一问题。这些问题意味着合作社对未来投资不是进行低水平投资就是只进行短期投资（Mérel et al.，2009）。因此，Rey 和 Tirole（2007）指出，在长期的竞争中，传统合作社是高度脆弱的组织，因为它们不能向其他类型组织那样对其成员承诺未来的高收益。投资组合变困难的原因在于成员被要求在一个他们已经进行了大量投资的领域中继续投资，因此，合作社难以进行合适的投资决策。有学者认为合作社不可能成为高度程序化的食品加工行业中的主角，它们只能在低增加值和低商品化率的产品市场中占据主流。虽然所有的组织都普遍存在控制难题与影响成本，但合作社由于其异质性成员构成，这些问题表现得更为显著。将同质的成员分群，合作社可以获得更好的产品数量和质量。Banerjee 等（2001）分析了合作社中不同规模的土地所有者的冲突，发现大农户会通过压低采购价格来对小农户抽租。Bourgeon 和 Chambers（1999）分析不同合作社成员在生产率存在差异时的分成规制，发现当生产率差异较大时合作社的无效率上升。

　　根据 Hansmann（1996）的企业所有权理论分析视角，应该采用平衡的视角去分析合作社的制度优势和劣势。Hansmann（1996）通过比较农业生产中存在的不同组织形式惠顾者的市场签约成本和所有权成本，解释了农业生产中存在的不同组织形式，包括投资者所有的企业、雇员所有的企业、合作社、互助和非营利企业。将此框架应用到合作社中，他认为由于以下两个原因，农户面临着高的市场契约成本：一是与上下游交易者相比，他们的市场势力较弱；二是与其他厂商进行交易时，他们的信息是不对称的。但同时，农户的所有权成本较低，因为在同质性的假设下，农户可以较为有效地监督合作社的运营，且以较低的集体成本进行决策。这解释了为什么美国合作社在营销农产品和采购农业生产资料中盛行，而在采购农业机械中较为少见，因为在农业机械采购中，不同农户的异质需求明显。

Chaddad 和 Cook（2004）认为，如果合作社成员利益存在同质性，合作社的成本可以通过对合作社的产权结构进行再定义来减少，实际上，如果合作社成员意识到合作社的产权结构过于模糊，他们可以采用新的合作社形式来定义清楚合作社，这些形式包括从传统合作社到企业之间的一大批形式，包括按比例投资合作社、成员投资合作社、新一代合作社、资本实体的合作社、投资者持股合作社等。

Sykuta 和 Cook（2001）认为，与企业相比，合作社能够通过协调降低成员间的信息不对称并加强信任关系。通过比较合作社与企业两类组织在产品质量提供中的激励可知：与最有社会福利状态时相比，两类组织都不能提供最优的质量。企业失败的原因在于其自利目标和代理人问题，企业为了减少给农户的信息租金而扭曲了效率；而合作社失败的原因在于其最大化效率的目标受到了预算平衡的约束和遭遇搭便车问题。通过比较两类组织形式，识别出一类组织比另一类组织提供更强激励的条件，包括中间产品质量的可观测性与合作社规模。Cechin 等（2013）利用巴西的烤肉生产实证比较了合作社和企业所提供的质量，结果显示合作社提供的质量高于企业，其原因在于合作社与企业在依赖性、行为的不确定性、降低市场风险、适应性支持等关系特征上差异明显。

二、合作社与其他主体的比较

除合作社与企业的比较外，Goering（2008）比较了企业和非营利组织提供同质产品下的寡头竞争，非营利组织的目标是最大化组织利润和消费者剩余之和，而企业的目标仍然是利润最大化。Ward（1958）、Vanek（1970）、Cremer 和 Crémer（1992）分析了劳动雇佣企业（labour-managed firms，LMFs）与企业之间的混合寡头竞争。

有学者从组织经济学的视角对合作社与家庭农场进行了比较，分析发现，合作社相对于家庭农场而言，更能够有效地节约交易成本，并获得更高的规模经济，而且能够与上下游交易商之间形成竞争，从而获得市场势力，因此合作社相对于家庭农场而言，在农业中具有更加重要的地位（Valentinov，2007）。

而对于公共企业或劳动雇佣企业来说，公共企业的目标一般被设定为最大化社会总福利，而传统合作社只考虑其成员福利，并且公共企业有公共资金来支持它们的业务活动。而大部分的劳动雇佣企业都是成员资格封闭的，因此对保留盈余作为资金投资的依赖较少。以上几种形式的组织形式都表明合作社与公共企业、劳动雇佣企业不同。因此，本部分聚焦对比分析合作社与以企业为代表的其他类型社会化服务提供主体之间的互动行为博弈。

三、合作社的优势：合作社中的成员承诺

合作社是所有者和产品或服务的使用者合一的组织（Hansmann，1996）。此双重身份对合作社可谓有利有弊，由于成员既是所有者又是使用者，合作社与企业相比肯定有不同的目标函数。通过聚焦于成员福利而不是利润，合作社能够产生更有竞争力的价格，这将使合作社的成员和非成员受益。

消费者从合作社及企业中购买的产品（或服务）存在差异，差异的程度在于成员承诺的程度，成员承诺的来源是对合作社质量的感知。当合作社成员感知到合作社代表的是他们自己时，成员承诺高；当合作社成员认为合作社没有代表自己的利益时，成员承诺低。Fulton（1999）对成员承诺的定义为：成员承诺是一系列的黏合剂，即使当交易变得流动性更强、再组织的障碍下降时，成员关系和商业交易仍然会保持，使成员资格和业务量得以维持。事实上，有高的成员承诺的合作社实际上就是提供定制产品的组织，合作社为成员提供了其想要的特殊性的服务或产品。成员承诺是衡量合作社和企业差异性的一个工具。当然，成员承诺在合作社外也存在，对于其他类型的组织而言，成员承诺的形式可能不同。

学者认为成员承诺包含经济性承诺和情感性承诺两类因素（黄珺和朱国玮，2008）。经济性承诺是指用经济利益将成员与组织联系在一起，成员归属于组织的动因在于对自身是否加入组织的成本效益分析，这表现为合作社的利润返还政策。《中华人民共和国农民专业合作社法》在第一章总则的第四条中明确了农民专业合作社应当遵循的原则，规定其宗旨是服务成员，以全体成员的共同利益作为其追求的目标，并对合作社盈余作出明确规定，盈余主要按照成员与农民专业合作社的交易量（额）比例返还；在第五章财务管理的第四十四条中对农民专业合作社的可分配盈余作出了具体规定。情感性承诺是买卖双方在交易过程中由于积极态度或良好情感等形成的连接，表现为成员对自身组织建立关系

的认同、依赖及对组织的积极参与等。总之，成员承诺是组织与个体交易中个体包含了经济与情感因素的综合感知。这表现为合作社的民主管理。《中华人民共和国农民专业合作社法》在第一章总则的第四条中明确规定了合作社的民主管理，指出成员地位平等，并在第四章组织机构中对合作社的民主管理制度进行了详细规定。

企业与合作社在成员承诺上存在巨大区别。对于企业来说，是不区分成员与非成员的，只要是与其进行市场交易的对象，均在其利润最大化框架下进行市场行为；而合作社对成员与非成员存在不同的承诺，尤其是对合作社成员，合作社对成员提供了从经济性到情感性等一系列的承诺支持。当然，承诺支持也是有成本的，成员承诺甚至会带来诸如低效管理、搭便车行为等，因此合作社也需要对其最优承诺进行选择。

一些学者认为，在集体行动困境下，合作社的成员承诺能够使合作社取得像企业一样的绩效。Fulton 和 Giannakas（2001）指出，成员承诺的引入意味着价格不再是决定农户向谁销售产品的唯一因素（虽然价格仍然是重要因素），与企业相比，成员承诺是合作社能够提供给成员而企业不能提供的内容，如合作社成员利润返还、参与民主管理等。当然，如果合作社的成员承诺下降后，导致合作社的竞争力下降，其可能选择有：①合作社关闭并转卖给企业；②合作社努力降低成本；③合作社自身进行差异化（如进入没有企业竞争的缝隙市场）。

第三节　合作社与企业的竞争模型

本节试图通过构建一个合作社和企业之间的两阶段价格竞争模型来分析农业社会化服务多元供给主体之间的竞争状况。该模型假定合作社和企业为消费者提供相同的物理产品或服务。第一阶段，合作社和企业分别对各自的服务供给价格进行决策；第二阶段，消费者在观察到均衡价格后做出自己的消费购买决策。合作社和企业在此框架下进行不同目标下的价格竞争。采用逆推归纳法对这两个阶段的博弈进行求解，即在纳什均衡下价格既定的情形下考虑消费者的选择，此时意味着产品质量、市场份额、个体（或群体）福利都已经给定。通过比较分析农户在消费不同服务主体的产品或服务之后的福利效应，进而分析在农业社会化服务过程中合作社与企业的竞争行为。

本节构建三种场景来进行分析，在引入合作社后的农业社会化服务体系中，分析由合作社提供农业社会化服务的农户福利变化。

场景一：当市场竞争主体由两个企业提供社会化服务转变为由一个企业和一个合作社提供服务时，由原企业客户的农户转变为合作社成员（因此使用合作社提供的服务）的农户的福利变化，以及由企业转换为合作社后成员承诺的变化对福利的影响。

场景二：当市场竞争主体由两个合作社提供农业社会化服务转变为由一个企业和一个合作社提供服务时，仍然为合作社成员的农户的福利变化，以及在市场中由于一家合作社转变为企业后，对仍然存在的另一家合作社的成员承诺的影响，最终导致福利的变化与影响。

场景三：当市场竞争主体由两个企业提供农业社会化服务转变为由两个合作社提供服务时，加入合作社的成员的福利状态，以及市场中竞争主体改变后对成员承诺的影响及其对成员福利的影响。

一、合作社与企业竞争模型假设

首先，本部分分析在产品同质性下的农户选择，提供同质性的合作社与企业并存说明了消费者对合作社与企业相同服务的支付意愿存在差异。这是由于消费这些服务的效用存在差异。考虑以下效用形式的农户选择：

$$U_c = U - p_c + \lambda\alpha, \quad \text{如果产品从合作社购买}$$
$$U_i = U - p_i + \mu(1-\alpha), \quad \text{如果产品从企业购买} \qquad (8\text{-}1)$$

U_c 与 U_i 分别是从合作社与企业购买一单位产品（或服务）的净消费者收益。U 是消费每单位产品（或服务）的收益，它对所有消费者都是相同的。合作社与企业的产品（或服务）价格分别是 p_c 和 p_i，参数 λ 与 μ 是非负的效用提升因子，$\alpha \in [0,1]$，用 α 来刻画农户对合作社与企业的异质性的选择（异质性的消费者有异质性的支付意愿），$\lambda\alpha$ 是惠顾合作社得到的效用，$\mu(1-\alpha)$ 是与企业交易得到的效用，即不同类型的组织带来的成员承诺。

假设 λ 与 μ 都是外生的，下一部分将放松这个假设。为了保证合作社和企业的市场消费份额非负，假设 $\lambda \geq p_c - p_i$ 和 $\mu \geq p_i - p_c$。为便于处理，假设消费者在 α 的极值间均匀分布。每一个消费者购买一单位产品（或服务），购买的消费额占其总预算的极小份额。

式（8-1）的效用函数基于产品有两方面作用的假设。首先是产品有其物理特性，其次是购买产品的组织形式。产品的效用是这两方面作用之和。前半部分 $U - p_k \left(k \in \{c,i\}\right)$ 是由产品的物理特性得到的净消费者收益。U 是产品的物理特性的单位支付意愿，减去此产品的价格得到与物理特性相关的净效用。后半部分是对购买产品的机构的支付意愿，对合作社是 $\lambda\alpha$，对企业是 $\mu(1-\alpha)$，其具体含义是，$\lambda\alpha$ 是与惠顾合作社得到的效用，$\mu(1-\alpha)$ 是与企业进行交易得到的效用。

消费者的决策取决于从合作社或企业购买产品的效用大小。图 8-1 阐述了消费者的决策和福利状况。

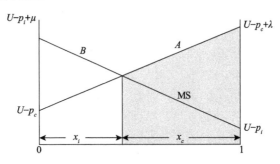

图 8-1　消费者的决策和福利状况

图 8-1 中，向上的曲线 A 是不同的差异化水平 α 下，当产品购买自合作社时的效用水平，向下的曲线 B 是当产品购买自企业时的效用水平。两种水平下的无差异点为

$$U_c = U - p_c + \lambda\alpha_i = U_i = U - p_i + \mu(1-\alpha_i)$$
$$\Rightarrow \alpha_i = \frac{p_c - p_i + \mu}{\lambda + \mu} \tag{8-2}$$

当消费者位于对合作社与企业的异质性的选择 α_i 的左边，即 $\alpha \in (0, \alpha_i)$ 时，表明消费者从企业购买产品或服务，消费者从企业购买产品或服务后的福利可以用图 8-1 中左侧曲线下方的部分来表示；而当 $\alpha \in (\alpha_i, 1)$ 时，表明消费者从合作社中购买产品或服务，消费者的福利可以用图 8-1 中效用曲线下方的阴影部分来表示。

当消费者的差异化属性 α 为统一分布时，无差异消费者的水平 α_i 也决定了企业的市场份额，而合作社的市场份额是 $1-\alpha_i$。与 Mussa 和 Rosen（1978）的设定类似，将消费者数量标准化为 1，企业的市场份额为 x_i，合作社的市场份额为 x_c，因此，市场份额和需求此时是等价的概念。正式地，x_i 和 x_c 可以写作：

$$x_i = \frac{p_c - p_i + \mu}{\lambda + \mu}; \quad x_c = \frac{\lambda - (p_c - p_i)}{\lambda + \mu} \tag{8-3}$$

当合作社与企业对消费者收取相同的价格时 $(p_c = p)$，x_i 与 x_c 取决于相对偏好因素 λ 和 μ。当 $\lambda > \mu$ 时，合作社的产品需求大于企业的需求，当两者相等时，合作社与企业平分市场份额。

进行比较静态分析可知，当其他条件不变时，$\partial x_c / \partial p_c < 0$，随着合作社产品

的价格下降，曲线 A 向上平行移动，即合作社的市场份额随着合作社提供产品的价格上升而下降；$\partial x_c / \partial p_i > 0$，随着企业产品的价格下降，曲线 B 向上平行移动，即合作社的市场份额随着企业提供产品的价格下降而下降。$\partial x_c / \partial \lambda > 0$，随着合作社的效用提升因子 λ 的上升，曲线 A 的左端不变，右端向上移动，将导致合作社的市场份额上升；$\partial x_c / \partial \mu < 0$，随着企业的效用提升因子 μ 的上升，曲线 B 的左端向上移动，右端保持不变，将导致合作社的市场份额下降。当然，当 λ 相对较低时（$\lambda < p_c - p_i$），对于所有的 α，A 曲线总是在 B 曲线之下，所有的消费者均从企业处购买；当 μ 相对较低时（$\mu < p_i - p_c$），对于所有的 α，A 曲线总是在 B 曲线之上，所有的消费者均从合作社处购买。

二、价格决策与均衡条件

现在分析企业和合作社的最优决策行为。由式（8-3）可知，各自的市场份额由价格决定，因此使用 Bertrand 价格竞争模型，两者同时选择价格。对于企业来说，它的决策是在合作社价格 p_c 和企业的需求 x_i 一定的条件下，如何对自己的价格 p_i 决策。企业的最优化问题是最大化其利润，可以写作：

$$\max_{p_i} \pi(p_i, p_c) = (p_i - c_i) x_i$$

$$\text{s.t. } x_i = \frac{p_c - p_i + \mu}{\lambda + \mu} \qquad (8\text{-}4)$$

其中，c_i 是产品不变的边际成本。

企业的最优化问题是典型的利润最大化问题，最优决策点是边际收益等于边际成本处。求解得企业的最优反应函数为 $p_i = p_c + \mu + c_i/2$。企业的消费者需求反应如图 8-2 所示，为实现利润最大化，企业在 MR=MC 处选择产量，明显地，此时的均衡价格 $p_i^* > c_i$。

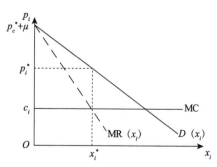

图 8-2　企业的消费者需求反应

而对合作社而言，它的最优化问题是在非负利润的约束下选择合适的价格 p_c 最大化惠顾合作社的成员福利（即图8-1中的阴影部分）。当企业的价格 p_i 和合作社的产品需求 x_c 一定时，合作社的最优化问题为

$$\max_{p_c} \mathrm{MS}(p_i, p_c) = (u - p_c + \lambda)x_c - \lambda x_c^2 / 2$$

$$\text{s.t. } x_c = \frac{\lambda - (p_c - p_i)}{\lambda + \mu}; p_c \geqslant c_c \tag{8-5}$$

其中，c_c 是合作社生产产品不变的边际成本。利用库恩–塔克条件，求解式（8-5）可得合作社最优化的决策为它将在其边际成本处定价，即 $p_c = c_c$，合作社的消费者需求反应如图8-3所示，合作社将在其边际成本处停止生产。

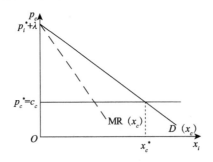

图 8-3　合作社的消费者需求反应

企业与合作社联合做出决策，同时联合求解式（8-4）与式（8-5），并将式（8-3）中的 p_i 与 p_c 代入纳什均衡结果，可得

$$p_i^* = \frac{c_c + \mu + c_i}{2}$$

$$p_c^* = c_c$$

$$x_i^* = \frac{c_c + \mu - c_i}{2(\lambda + \mu)} \tag{8-6}$$

$$x_c^* = 1 - \frac{(c_c + \mu - c_i)}{2(\lambda + \mu)}$$

图8-2与图8-3中的企业和合作社的反需求曲线 $D(x_i)$ 和 $D(x_c)$，也显示了两类销售者的战略交互，合作社的价格直接与企业的需求相关联，反之亦然。

由均衡结果式（8-6）的比较静态分析可知，$\partial(x_i^*)/\partial\lambda < 0$，即随着合作社的效应提升因子 λ 上升，企业的需求曲线向左下方移动，市场份额下降，企业的利润也将损失，如阴影部分所示。其变化如图8-4所示。

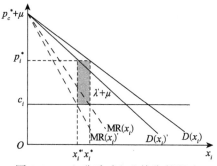

图 8-4　λ 上升时对企业均衡的影响

由式（8-6），$\partial\left(x_c^*\right)/\partial\lambda>0$，即随着合作社的效应提升因子 λ 上升，需求曲线向右上方移动，合作社的市场份额上升，合作社成员福利上升，如阴影部分所示。其变化如图 8-5 所示。

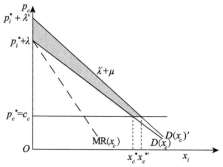

图 8-5　λ 上升时对合作社均衡的影响

将图 8-4 与图 8-5 置于图 8-1 的场景下，可以更清楚地对比分析当合作社的效应影响因子 λ 上升时对企业与合作社的变化，如图 8-6 所示。

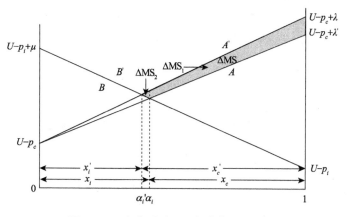

图 8-6　λ 变化时对企业与合作社的影响

从图 8-6 中更清楚地看到，随着 λ 的增大，合作社市场份额变大，成员福利增加。成员福利的增加来自两部分：第一部分是由于效应提升因子 λ 上升后，对原合作社成员的福利提升 ΔMS_1；第二部分是市场份额由 $1-\alpha_i$ 增加到 $1-\alpha_i'$ 后，新加入合作社的成员的福利提升 ΔMS_2。而与之对应，企业的市场份额变小，利润下降。

当然，式（8-6）的均衡条件在 $c_i \leqslant c_c + \mu$ 时成立。明显地，如果 $c_i > c_c + \mu$，那么企业的需求曲线 $D(x_i)$ 完全位于 c_i 的下方，此时企业生产产品是没有利润的。企业的效用曲线 U_i 无意义，成员福利即图 8-1 中 U_c 下的所有阴影。

需要注意的是，混合寡头博弈下式（8-6）中的均衡价格和数量并不依赖于合作社和企业的价格竞争。事实上，同样的均衡条件在诸多变化的价格竞争场景中仍然成立。例如，无论是企业还是合作社先动的序贯均衡中，均衡结果都是式（8-6），原因是合作社的最优反应函数 $(p_c = c_c)$ 不是企业价格的函数。并且，因为在非零利润约束下的边际成本定价导致市场份额极大化，因此如果合作社的目标函数是销售最大化，均衡条件也是式（8-6）。因此，因为成员福利难以测量，合作社可以通过最大化销售额来最大化成员福利，这意味着合作社通过更为广泛地吸收成员并为之提供社会化服务实现了成员福利最大化，这极大地推动了合作社对弱小实力农户的帮扶，也与合作社的精神一致。

第四节　竞争性服务供给下农户福利的改善

本节旨在分析在企业纯寡头竞争转化为混合寡头竞争、合作社纯寡头竞争转化为混合寡头竞争、企业纯寡头竞争转化为合作社纯寡头竞争这三种不同场景下，农业社会化服务供给竞争结构差异导致的农户福利变化。

一、场景一：企业纯寡头竞争转化为混合寡头竞争

本部分首先分析市场中，由于合作社的进入，两个企业竞争提供农业社会化服务转变为一个企业与一个合作社竞争提供农业社会化服务时的场景。为便于分析，假设企业 c 转型为合作社 c。

当市场中为两个企业时，它们的目标函数均为利润最大化，此时 Bertrand 模型的价格竞争纳什均衡结果为

$$p_i^1 = \frac{\lambda + c_c + 2(\mu + c_i)}{3}$$

$$p_c^1 = \frac{\mu + c_i + 2(\lambda + c_c)}{3}$$

$$x_i^1 = \frac{\lambda + c_c + 2\mu - c_i}{3(\lambda + \mu)} \tag{8-7}$$

$$x_c^1 = \frac{2\lambda - c_c + \mu + c_i}{3(\lambda + \mu)}$$

将式（8-7）与式（8-6）比较发现，当合作社加入农业社会化服务提供者后，$p_i^1 > p_i^*$，$p_c^1 > p_c^*$，$x_i^1 < x_i^*$，$x_c^1 > x_c^*$，$MS_c^1 < MS_c^*$。即当由两个企业的纯寡头竞争转变为企业与合作社的混合寡头竞争时，企业提供的产品价格下降，合作社提供的产品比以前为企业时提供的价格下降，仍然为企业的组织 i 的市场份额下降，转变为合作社的组织的市场份额上升，且成员福利增加。具体如图8-7所示。

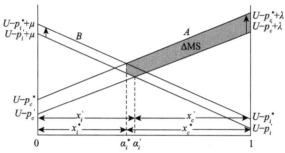

图8-7　场景一下的均衡条件变化

以上分析均是假设 λ 为固定的且为合作社和企业已知的。更进一步，内生化 λ，事实上，如果提供服务的主体由企业转变为合作社后，随着合作社给成员提供的经济性与情感性承诺的上升，λ 会随之增大。图8-8展现了这一过程，当效用提升因子由 λ 增加到 λ'' 时，企业的市场份额将进一步下降，合作社的市场份额将进一步提升，由企业交易者转变为合作社惠顾者的农户的成员收益将得到进一步提高。

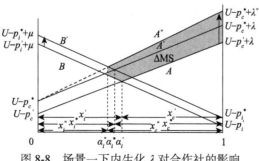

图8-8　场景一下内生化 λ 对合作社的影响

二、场景二：合作社纯寡头竞争转化为混合寡头竞争

同样，设定在两个合作社的场景下，由于某一个合作社的目标函数转变为利润最大化，即市场竞争主体变为合作社与企业的混合寡头竞争，比较此时的均衡结果变化。

首先求出在两个合作社均为成员福利最大化时的市场均衡，此时市场均衡的结果仍然如式（8-2）和式（8-3）所示。此时合作 i 的目标均为

$$\max_{p_i} MS(p_i, p_c) = (u - p_i + \mu)x_c - \frac{\mu x_i^2}{2} \tag{8-8}$$

$$\text{s.t. } x_i = \frac{p_c - p_i + \mu}{\lambda + \mu}; p_i \geqslant c_i$$

同时联合求解式（8-5）与式（8-8），并将式（8-3）中的 p_i 与 p_c 代入纳什均衡结果，可得

$$p_i^2 = c_i$$
$$p_c^2 = c_c$$
$$x_i^2 = \frac{c_c + \mu - c_i}{\lambda + \mu} \tag{8-9}$$
$$x_c^2 = 1 - \frac{(c_c + \mu - c_i)}{\lambda + \mu}$$

比较式（8-6）与式（8-9），可得，当市场竞争由两个合作社变为一个合作社与一个企业竞争时，$p_i^2 < p_i^*$，$p_c^2 = p_c^*$，$x_i^2 = x_i^*/2 < x_i^*$，$x_c^2 < x_c^*$，$MS_c^2 < MS_c^*$。改变目标函数的合作社 i（此时演变为企业）提供产品的价格 p_i 上升、市场份额 x_i 下降，而仍在合作社 c 中的农户所接受服务的价格 p_c 仍然保持不变，但合作社的市场份额 x_c 上升，合作社的总成员福利增加，具体如图 8-9 所示。

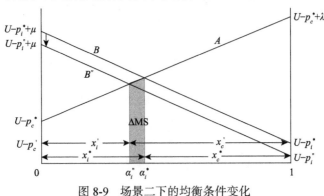

图 8-9　场景二下的均衡条件变化

以上分析均是假设 μ 为固定的且为合作社和企业已知的。更进一步,内生化 μ,事实上,如果提供服务的主体由合作社转变为企业后,组织的目标函数演变为利润最大化,合作社成员承诺变化为企业的消费者承诺,μ 会随之减小。图8-10展现了这一过程,当效用提升因子由 μ 减少到 μ^* 时,企业的市场份额将进一步下降,合作社的市场份额将进一步提升,由企业交易者转变为合作社惠顾者的农户的成员收益将得到进一步提高。

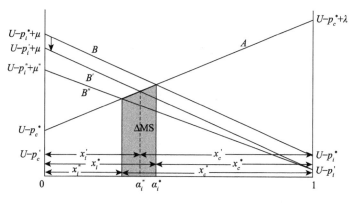

图 8-10　场景二下内生化 μ 对合作社的影响

三、场景三:企业纯寡头竞争转化为合作社纯寡头竞争

与前两种模式均为纯寡头模式转变为混合寡头模式的方式相比,比较两种不同的纯寡头竞争模式,设定在两个企业的场景下,由于两个合作社的目标函数均转变为利润最大化,即市场竞争主体变为两家企业的纯寡头竞争,比较此时的均衡结果变化。

两家企业均为企业利润最大化时的市场均衡如式(8-7)所示,而两个合作社均为成员福利最大化时的市场均衡如式(8-9)所示。

比较式(8-7)与式(8-9),可得,当市场竞争由两个企业变为两个合作社竞争时,$p_i^1 > p_i^2$,$p_c^1 > p_c^2$,x_i^1 与 x_i^2 的关系不定,x_c^1 与 x_c^2 的关系不定,两个合作社(或企业)的加总福利 $MS_{c+i}^1 < MS_{c+i}^2$。改变目标函数的企业 i(此时演变为合作社)提供产品的价格 p_i 与 p_c 下降,而双方的市场份额由于各自价格下降程度的不一而发生不同的变化,由于双方的效用曲线均上升,故无论谁的市场份额如何变化,两家合作社的总成员福利增加,具体如图8-11所示。

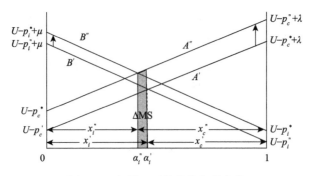

图 8-11　场景三下的均衡条件变化

同样地，内生化 μ 与 λ，事实上，如果提供服务的主体由企业转变为合作社后，组织的目标函数演变为成员福利最大化，合作社成员承诺使 μ 与 λ 会随之增大。图 8-12 展现了这一过程，当效用提升因子由 μ 与 λ 增加到 μ' 与 λ' 时，两个合作社的市场份额不定，但双方总计的合作社成员福利增加，由企业交易者转变为合作社惠顾者的农户的成员收益将得到进一步提高。

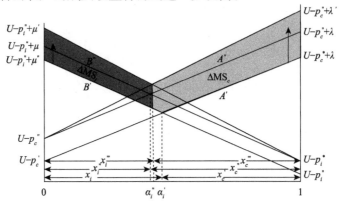

图 8-12　场景三下内生化 μ 与 λ 对合作社的影响

无论是由两个企业或两个合作社的纯寡头竞争转变为一个企业与一个合作社的混合寡头竞争，还是由两个企业转变为两个合作社的纯寡头竞争，在三种不同的场景下，存在一些共同特征：随着合作社进入农业社会化服务的市场竞争中后，合作社不但能够提供低价格的社会化服务，而且将通过竞争迫使企业降低其社会化服务的价格。同时，合作社通过低于企业的价格抢夺企业的市场份额，企业的市场份额下降，合作社的市场份额上升。随着合作社进入社会化服务市场中，加入合作社农户的成员福利也将增加，其效用提升因子提高将进一步提高合作社成员的福利。

而对于企业等其他农业社会化服务提供主体而言，市场中存在合作社，迫使它们降低市场价格，这使得即使未加入合作社与未使用合作社提供的农业社会化服务的农户的福利也会提升。

第五节　本 章 小 结

本章在描述农业社会化服务多元供给主体的现实和理论背景的基础上分析了农民合作经济组织的竞争优势，并基于博弈分析方法建立了合作社与企业的竞争模型，通过对合作社与企业不同目标函数的刻画，以及不同场景下合作社与企业市场竞争及其均衡特征下的价格、市场份额、福利等的分析，研究了不同市场主体在提供农业社会化服务过程中农户福利的变化。主要结论如下。

第一，中国农业生产经营的现实以及农业社会化服务经济属性及其供给的理论共同决定了农业社会化服务的多元供给主体并存的局面。中央政府从现实背景和理论基础出发，明确了农业社会化服务多元供给主体的格局，提出应该大力发展多元化的市场主体、多样化的发展形式、具有充分的相互竞争的农业社会化服务。而文献也研究了不同农业社会化服务主体并存的混合寡头竞争环境下，理性的服务主体和农户在效用最大化的框架下进行自身行为选择的决策机制。

第二，农民合作经济组织在提供农业社会化服务的过程中，能够从价格、市场份额、成员承诺等方面提高农业社会化服务绩效。一是对于私人品性质的农业社会化服务，合作社能够采用比企业更低的价格进行服务供给，从而提升农业社会化服务的绩效；二是合作社能够通过扩大市场份额，即通过新增合作社成员增加合作社总成员的福利；三是合作社能够通过增加合作社的成员承诺来提高合作社成员的效用和福利，提升农业社会化服务绩效。这三个途径都有助于促进合作社提供高效农业社会化服务。

第三，在农业社会化服务中，农民合作经济组织能够通过直接和间接两种方式促进农户的福利提升。直接福利提升效应主要体现在：合作社作为一种较为有效的提供主体，由于成员与使用者的合一性，其目标函数与传统的经济组织存在较大差别，加入合作社、使用合作社提供社会化服务的农户在享受社会化服务的过程中能够得到较高的成员福利。间接福利促进效应主要体现在：在存在合作社的社会化服务提供市场中，合作社有效地带动和制约了其他提供主体（如企业等），合作社的存在促使其他主体有效降低价格、提升成员承诺等，也能帮助非合作社成员、未使用合作社提供的社会化服务的农户提高自己的福利水平，即合作社提升了整个市场提供主体的平均成员福利水平。

第九章　农民合作经济组织在农业服务体系中发挥作用的国际经验

本章分析和总结以美国、日本、荷兰为代表的发达国家，以及以印度、泰国、巴西为代表的发展中国家的国际经验，通过描述各国农业生产经营情况、农民合作经济组织发展状况，以及农业社会化服务体系发展情况，分析农民合作经济组织在农业社会化服务体系中的角色定位及其作用原理，并在此基础上提出有助于充分发挥中国农民合作经济组织在农业社会化服务体系中的重要作用的启示和建议。

第一节　发达国家的农民合作经济组织和农业社会化服务

通过对美国、日本、荷兰这三个发达国家的农民合作经济组织发展情况、农业社会化服务体系建设情况的描述，以及对不同国家农民合作经济组织在农业社会化服务体系中的作用的深入分析，总结出能够给中国农民合作经济组织发展和农业社会化服务体系建设提供借鉴的宝贵经验。

一、美国的农民合作经济组织和农业社会化服务

（一）农业生产经营情况

由世界银行的统计数据可知，2013 年美国陆地面积为 915 万平方千米，耕地面积为 160 万平方千米，占总陆地面积的 17.49%，高于中国 12.00%的耕地比例；而人均耕地面积为 0.51 公顷，远远高于中国的人均耕地面积 0.08 公顷；2013 年美国总人口达到 3.16 亿人，人口密度为每平方千米 35 人，远远低

于中国的人口密度[①]；2010 年美国农业劳动力比重为 1.60%，远远低于中国的农业劳动力比重[②]；2011 年美国农业 GDP 为 1 740 亿美元，农业 GDP 仅占总 GDP 的 1.25%；2013 年美国人均 GDP 为 53 164.56 美元，远远高于中国 6 794.1 美元的人均 GDP；2011 年美国人均农业 GDP 为 557.69 美元，略高于中国 548.5 美元的人均农业 GDP。如表 9-1 所示，这些数据充分表明：美国地广人稀，人口密度低，人均耕地面积大，虽然农业劳动力比重低，但农业生产率高，农业 GDP 总量大，人均农业 GDP 在世界上也处于领先水平。

表 9-1　2003~2013 年美国农业生产经营情况

年份	人口密度	农业 GDP	农村人口比重	农业劳动力比重	人均耕地面积	人均 GDP	人均农业 GDP
2003	32	1 240	19.93%	1.70%	0.59	39 655.2	427.6
2004	32	1 480	19.59%	1.60%	0.57	41 979.5	505.1
2005	32	1 420	19.22%	1.60%	0.56	44 256.8	479.7
2006	33	1 290	19.03%	1.50%	0.54	46 644.3	432.9
2007	33	1 470	18.70%	1.40%	0.54	48 172.8	488.4
2008	33	1 620	18.42%	1.50%	0.54	48 355.3	532.9
2009	34	1 450	18.11%	1.50%	0.52	46 905.5	472.3
2010	34	1 600	17.86%	1.60%	0.52	48 543.7	517.8
2011	34	1 740	17.60%		0.51	49 679.5	557.7
2012	34		17.36%			51 592.4	
2013	35		17.15%			53 164.6	

注：该数据来源于世界银行的世界发展指标数据库。表中 GDP 都是以美元现价计算的，农业 GDP 的单位为亿美元，人均 GDP 和人均农业 GDP 的单位均为美元，人口密度单位为人/千米^2，人均耕地面积单位为公顷。农村人口比重是指居住在农村的人口占全国总人口的比重，农业劳动力比重是指农业劳动力占全国劳动力的比重

从图 9-1 中可以清楚地看到 1960~2013 年美国农业 GDP 比重和农村人口比重的变化情况及其和中国的对比。美国的农业 GDP 占总 GDP 的比重一直非常低，并呈下降趋势，1970 年占 3.54%，到 2011 年仅为 1.22%，远低于中国 2011 年的 10%；而且美国的农村人口比重也明显低于中国，并呈明显的下降趋势，1960 年仅为 29.94%，到 2012 年仅为 17.36%，远低于中国 2012 年的 48.20%。这些数据表明美国的工业和服务业发达，而且城市化水平远远高于中国。

[①] 由世界银行统计数据可知，2013 年中国的人口密度为每平方千米 146 人。

[②] 由世界银行统计数据可知，2010 年中国农业劳动力占总劳动力的比重为 36.7%。

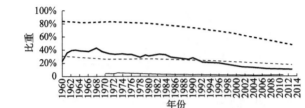

图 9-1　1960~2013 年美国与中国农业 GDP 比重和农村人口比重变化趋势

图中数据是根据世界银行的世界发展指标数据库中相关数据计算得来的。农业 GDP 比重是指农业 GDP 占总 GDP
的比重，农村人口比重是指居住在农村的人口占全国总人口的比重

（二）农民合作经济组织发展情况

美国的农民合作经济组织在美国的农业经济发展中扮演着重要角色。因为美国以大规模的家庭农场为基本的农业生产经营单位，所以美国的农业合作社也称为农场主合作社。美国农村合作经济迄今已经有 200 余年的发展历史。美国历史上最早的农业合作社成立于 1810 年，是由康涅狄格州奶牛养殖户组建的，目的是加工和销售奶油。

图 9-2 描绘了 1913~2012 年美国农民合作社发展情况。从图 9-2 中可以看出美国农民合作社总数在经历了 1913~1930 年的急剧增加之后，呈现出减少趋势。1930 年美国的农民合作社数量达到顶峰，为 1.2 万家，到 2012 年底减少为 2 238 家，降低了81.35%。农民合作社的平均社员规模呈现稳步增加的态势，从1915 年的平均每个农民合作社 129 户发展到 2012 年平均每个农民合作社 938 户，增加了约 6.27 倍。农民合作社的净销售收入也在逐年上升，从 1951 年的 81 亿美元增加到2012 年的 2 016 亿美元，增加了 23.89 倍。美国农民合作社社员人均净销售收入整体也呈现上升的趋势，尤其是 2004 年以后增幅更显著。

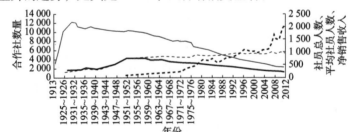

图 9-2　1913~2012 年美国农民合作社发展情况

该数据来源于美国农业部网站。该合作社数据主要包括农场主合作社、牧场主合作社和渔业合作社。图中标年份的统计数据为自然年份的统计数据，其余为上年 7 月 1 日到次年 6 月 30 日的统计数据，如 1925~1926 表示从1925 年 7 月 1 日到 1926 年 6 月 30 日

从表 9-2 的数据中可以看出，2006~2012 年美国农民合作社的数量和成员数量都呈减少趋势，合作社总资产呈增加趋势，到2012年总资产已经达到829亿美元，资本净值也在2012年达到最高，高达300亿美元。合作社的全职雇工仍然在雇工总人数中占据较大比重，2012 年的比值达到约 69.76%。

表 9-2　2006~2012 年美国农业合作社的基本情况

年份	2012	2011	2010	2009	2008	2007	2006
合作社数量/家	2 238	2 299	2 310	2 390	2 473	2 594	2 675
成员数量/10^6 人	2.1	2.3	2.2	2.2	2.4	2.5	2.6
合作社平均成员数/人	938	1 000	952	921	970	964	972
总业务量/10 亿美元	234.8	216.8	170.1	169.3	191.9	147.0	126.5
净业务量/10 亿美元	201.6	187.0	146.1	146.9	165.3	127.8	110.5
合作社净收入/10 亿美元	610	540	430	410	480	380	320
总资产/10 亿美元	82.9	79.4	65.0	60.8	69.1	57.1	47.9
资本净值/10 亿美元	30.0	28.2	25.9	23.8	23.0	20.9	19.9
全职雇工/万人	12.92	13.08	12.93	12.22	12.44	12.52	12.34
兼职或季节性雇工/万人	5.60	5.27	5.43	5.76	5.38	5.62	5.73

资料来源：美国农业部网站

从图 9-3 与图 9-4 可以看出，2012 年不同类型合作社数量中，营销型合作社所占比重最大，约占 53.89%，其次为供给型合作社，约占 40.71%，服务型合作社所占比重较小，仅占 5.41%左右；但从不同类型合作社成员的数量来看，供给型合作社社员所占比重最大，占 67.25%，其次为营销型合作社，其社员占总社员的31.02%，而服务型合作社社员仅占1.73%。这些数据表明美国供给型合作社相对于营销型合作社而言，其社员规模更大；而美国的合作社类型主要以营销型和供给型为主，服务型合作社所占比重较小。

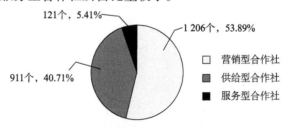

图 9-3　2012 年美国不同类型合作社数量及占比

图中合作社数量的数据来源于美国农业部的统计数据，服务型合作社主要包括主营业务为提供粮食烘干、存储、运输、分级、测试、拍卖、脱壳、种子发展、作物探索、农贸市场等服务的合作社；供给型合作社即主营业务为提供人工授精服务等业务的合作社；营销型合作社包括不同农作物类型的营销合作社，如谷物和油籽营销合作社、轧棉营销合作社、水果和蔬菜营销合作社、乳品营销合作社、牲畜营销合作社等；图中数据进行了修约处理，相加不等于 100%

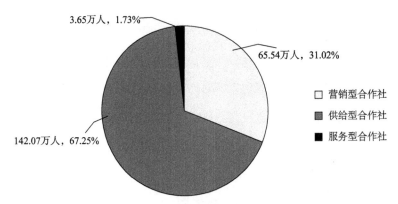

图 9-4 2012 年美国不同类型合作社成员数量

该数据来源于美国农业部的统计数据，服务型合作社主要包括主营业务为提供粮食烘干、存储、运输、分级、测试、拍卖、脱壳、种子发展、作物探索、农贸市场等服务的合作社；供给型合作社即主营业务为提供人工授精服务等业务的合作社；营销型合作社包括不同农作物类型的营销合作社，如谷物和油籽营销合作社、轧棉营销合作社、水果和蔬菜营销合作社、乳品营销合作社、牲畜营销合作社等

（三）农业社会化服务体系建设情况

伴随着美国商品农业的发展，美国农业社会化服务体系也逐步完善起来。从殖民地初创时期到南北战争前夕，是美国的自给自足型农业向商品农业转轨的时期，也是美国农业社会化服务的萌发时期。这一时期的农业社会化服务主要体现为政府提供的公共农业服务、私人企业提供的农用物资供应和农产品加工运销服务，以及合作社提供的集体服务等。这个时期的农业社会化服务具有供给主体服务意识不强，提供的农业社会化服务规模小、水平低，对农场主生产的依附性较强等特征。从南北战争爆发到 20 世纪 30 年代经济危机以前是美国商品农业兴起和发展时期，也是美国农业社会化服务体系初步发展时期。服务内容全、覆盖面广，重点关注产后服务，尤其是销售服务，不同服务供给主体和农场主的关系日益密切等成为这一时期农业社会化服务的特征。从罗斯福新政开始，美国进入了全面商品农业时期，这一时期的美国农业社会化服务体系最终形成。此时美国的农业社会化服务体系呈现出新的特征：农场主和农业社会化服务供给主体之间逐渐形成了稳定的依赖关系，农业生产经营一体化和农业专业化、社会化服务相辅相成，农业生产经营各相关部门之间的依赖关系也更加稳定持久，一些服务供给主体逐渐在农业生产中扮演主导角色，协调和组织整个农业生产和再生产过程（樊亢和戎殿新，1994b）。

美国的农业社会化服务体系涵盖了多个不同的子系统。从服务供给主体的角度来看，这些子系统包括公共农业服务体系、合作社农业服务体系与私人农业服务体系等。因为美国的农业社会化服务体系中的供给主体主要包括政府、农业合作社、科研机构和私人企业等。其中，公共农业服务体系主要负责提供包括运输、仓储、能源等在内的具有公共品性质的基础设施服务，以及农业教育、农业科研和农业技术推广、农业保险等具有公共品性质的农业社会化服务。合作社农业服务体系主要为社员提供包括农产品销售服务，以及农业生产资料供应服务等在内的具有准公共品性质的农业社会化服务。私人农业服务体系由具有世界规模的农业企业组成，该服务系统实力强、效率高，涵盖了产前、产中和产后服务的绝大部分。从服务内容的角度来看，这些子系统又包括农作物优良品种的研发和培育体系、农业生产资料的生产与供应体系、农产品质量检验与监管体系、农产品加工和销售体系、农业技术推广体系及农业信息服务体系等。这些子系统不仅相对独立，又彼此依赖，共同构成了完整的农业社会化服务体系。而美国的农业社会化服务体系又通过在农业生产与市场之间建立起一系列生产组织、信息传递、资源配置的运行和管理机制，推动着美国农业经济不断向专业化、规模化、科技化、现代化方向发展。

（四）农民合作经济组织在农业社会化服务体系中的作用

美国的农民合作经济组织主要是农场主合作社。农场主合作社由农场主根据生产经营需要而形成，主要包括生产合作社（production cooperatives）、销售合作社（marketing cooperatives）、购买合作社（purchasing cooperatives）、服务合作社（service cooperatives）及混合型合作社（hybrid cooperatives）等。美国的农场主合作社在农业社会化服务体系中的作用主要体现在以下三个方面。

一是美国的农场主合作社作为农业社会化服务的供给主体，给合作社内部成员即农场主提供农业服务。这些农业服务主要包括购买、销售、信贷、技术、灌溉、运输、仓储、电力、电话等。通常合作社只针对合作社成员提供这些服务，因此合作社成员获得合作社提供的这些农业服务的前提是惠顾合作社。美国农业部资料表明，美国 3 400 家农场主合作社交易了美国近 30%的农产品，其中超过30 家合作社的年收入超过了 10 亿美元。据统计，2003 年，美国前 100 强合作社收入达到 117 亿美元。而合作社的服务资金主要来源于合作社自身的筹资。合作社筹资主要依靠成员缴纳的会费，以及向银行借贷获得的资金，而对政府依赖较少，所以美国的合作社不像西欧和日本的合作社那样在不同程度上受到政府的控制。合作社在服务供给决策上采取"一人一票"的原则进行民主投票，充分考虑了合作社成员的服务需求。

二是美国的农场主合作社作为其内部成员（农场主）需求表达的载体，帮助农场主获取政府、企业、科研机构等其他服务主体提供的农业社会化服务。美国农场主的经营规模普遍都很大，但一些公共品性质的农业服务需要政府来提供，一些具有私人品性质的农业服务则可以通过企业来提供。美国的农场主合作社在帮助农场主获得这些农业社会化服务的过程中扮演了极其重要的角色。例如，美国的农场主合作社通常与涉农的研究型大学建立密切的合作关系，并通过这种合作关系帮助农场主获得相应的技术支持（Rasmussen，1991）。农场主合作社还可以帮助成员获取政府的农业信息服务。例如，美国农业部海外农业局每月向农场主发布"世界农产品供求估计"，通报世界市场农作物产量、消费量、储量及价格等发展趋势；经济研究局还不定期发表一些有关世界各种农产品生产成本的分析报告，为农场主制订下年度生产计划、营销组织拟订营销计划提供参考依据。而且农场主通过合作社这一载体还能获得政府的政策扶持。美国政府早期为合作社制定了免税政策，后来随着农场主合作社的经济实力逐渐增强，美国政府开始对具有免税资格的农场主合作社减免税收，而合作社分配给农场主的惠顾返还额、分红等收入仍然能够免除赋税。

三是美国的农场主合作社和其他农业社会化服务主体之间形成了竞争协作关系，有助于完善美国的农业社会化服务体系，更好地为农场主提供农业社会化服务。协作关系主要体现为不同的农业服务供给主体之间分工明确、互相支持。例如，全局性和公共性的农业服务，通常由国家政府承担，并给合作社和私人企业的发展提供法律保护、信贷支持、政策调控和扶持，维持一个良好的发展环境。而且合作社还通过与企业联合、与协会联合、与其他合作社联合等模式，形成健全的农产品服务物流渠道组织，从而形成各个农业服务组织之间的互助交叉的流通体系。竞争主要体现为不同农业服务供给主体都以农业生产需要为依据，分别确定自己的经营规模和内容，从而形成了激烈的竞争关系。尤其是合作社通过其组织优势与私人资本进行竞争和抗衡。在美国的私人服务企业发展迅速，能够提供全方位的农业服务的背景下[①]，农场主合作社以微利、低价的服务，并以行业组织资源为后盾的谈判，在很大程度上抑制了私人资本的垄断行为。一些学者的研究也证实了农民合作经济组织能够形成反市场垄断的力量（Bijman and Hendrikse，2003）。

二、日本的农民合作经济组织和农业社会化服务

（一）农业生产经营情况

受自然条件的限制，农业在日本是高补助与保护产业，但像日本这样实行小

---

① 美国出现了大量农机租赁公司，以及向农场主提供各种农业生产服务的专业公司，包括耕翻土地公司、播种公司、施肥公司、植保公司、收获公司、仓储公司、运输公司等。据美国农业部统计，美国为农业生产提供产中服务的企业，早在1968年就已经达到了3.26万家，就业人数达42万多人，年总收入达20.9亿美元；1974年就业人数有50.1万人，1978年已经达到了99.78万人。美国为农业生产提供产中服务的企业在1985年达6.4万家，1987年又增至7.6万家。

规模家庭农业经营体制的发达国家很少见（徐翔临和刘卫国，1995）。世界银行的统计数据显示，2013 年日本陆地面积 36.5 万平方千米，其中包括 4.25 万平方千米的耕地面积，占陆地总面积的 11.64%，和中国的耕地比例相当；2013 年日本总人口达到 1.27 亿人，人口密度为每平方千米 349 人，远远高于中国的人口密度（每平方千米 146 人）；2012 年日本的农业 GDP 为 718 亿美元，仅占总 GDP 的 1.22%，2011 年，日本的人均耕地面积为 0.033 2 公顷，略低于中国；2013 年，日本的人均 GDP 达到 38 582.7 美元；2012 年日本人均农业 GDP 为 560.9 美元。如表 9-3 所示，这些数据表明：日本地狭人稠，人口密度高，人均耕地面积小，虽然农业劳动力比重低，但农业生产率高，农业 GDP 总量大，人均农业 GDP 在世界上也处于领先水平。

表 9-3　2003~2013 年日本农业生产经营情况

年份	人口密度	农业 GDP	农村人口比重	农业劳动力比重	人均耕地面积	人均 GDP	人均农业 GDP
2003	350	594	17.0%	4.6%	0.034 4	33 593.8	464.1
2004	351	611	15.5%	4.5%	0.034 2	36 406.3	477.3
2005	351	554	14.0%	4.4%	0.034 1	35 703.1	432.8
2006	350	512	13.0%	4.3%	0.033 9	34 062.5	400.0
2007	351	497	12.2%	3.9%	0.033 8	34 062.5	388.3
2008	350	551	11.3%	3.8%	0.033 7	37 890.6	430.5
2009	350	581	10.3%	3.9%	0.033 5	39 375.0	453.9
2010	350	644	9.5%	3.7%	0.033 7	43 307.1	507.1
2011	351	680	8.8%		0.033 2	46 171.9	531.3
2012	350	718	8.3%			46 406.3	560.9
2013	349		7.7%			38 582.7	

注：该数据来源于世界银行的世界发展指标数据库。表中 GDP 都以美元现价计算，农业 GDP 单位为亿美元，人均 GDP 和人均农业 GDP 的单位均为美元，人口密度单位为人/千米^2，人均耕地面积单位为公顷。农村人口比重是指居住在农村的人口占全国总人口的比重，农业劳动力比重是指农业劳动力占全国劳动力的比重

从图 9-5 可以看出，1960~2013 年日本的农业 GDP 占总 GDP 的比重一直非常低，并呈下降趋势，到 2012 年仅为 1.22%，远低于中国的 10.1%；从表 9-3 可以看出，农村人口比重也很低，呈波动下降的趋势，到 2012 年仅为 8.3%，远低于中国的 48.2%，这表明日本的城市化水平远远高于中国，也高于美国和荷兰。

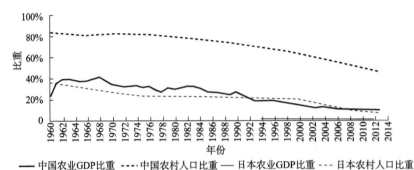

图 9-5　1960~2013 年日本和中国农业 GDP 比重和农村人口比重变化趋势

图中数据是根据世界银行的世界发展指标数据库中相关数据计算得来的。农业 GDP 比重是指农业 GDP 占总 GDP 的比重，农村人口比重是指居住在农村的人口占全国总人口的比重

（二）农民合作经济组织发展情况

　　早在 1900 年，日本就成立了农会，但直到第二次世界大战结束后，日本才开始建立真正具有现代意义的农民合作经济组织。日本政府为了克服战争给农村造成的严重灾荒，对农业采取了三项重要措施，即土壤改良、土地改革和成立农协。通过1947~1950年的土地改革，日本农民拥有了自己的土地；旧农会在1947年颁布《农业协同组织法》之后被强迫解散，新的农业协同组合即新农协随之成立。20 世纪 50 年代中后期，日本工业化进程日益加快，经济增长速度有了很大提升，日本农协不断扩大事业范围、优化组织机构、调整农产品流通形式，以适应农业发展的新形势和市场竞争的新机遇。从20 世纪 60 年代初到 20 世纪 80 年代，日本经历了一个全国各地大规模合并农协的过程，逐渐确立了农协在农村经济中的领导地位。

　　农协，即农业协同组合（Japanese Agricultural Cooperative），是日本最主要的农民合作经济组织。与世界上其他国家的农民合作经济组织形式相比，日本农协最主要的特点是具有半官半民的性质。日本的农协吸纳了几乎所有的日本农民，并且和政府建立了非常紧密的联系，因而同时具备了经济功能和社会功能，业务几乎涵盖了农民的农业生产经营及生活的各个方面。日本农协通过自下而上的方式建立起了完整的三层结构的农协体系，包括基层村级农协、县级农协和全国农协。各地方的农户作为会员加入村级农协，而村级农协又可以作为会员加入县级农协，县级农协又作为成员加入全国农协。20 世纪 90 年代以后，日本调整并精简了农协体系，合并村级农协，并把县级农协合并到全国农协，使农协的规模和实力得以提升。从图 9-6 中可以看出，1999 年以来，日本的农协数量经历了大幅度的下降。

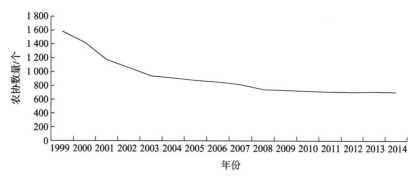

图 9-6 1999~2014 年日本农协数量变化

每年的数据为 4 月的统计数据。该数据来源于 2014 年 9 月 20 日日本农业市场学会前会长神田健策教授在中国浙
江大学举办的 2014 年东亚农业合作社论坛的报告

　　根据业务类型的不同，日本的农协可以分为综合农协和专业农协两大类。综合农协涉及的范围很广，涵盖了农协成员农业生产经营和生活的各个方面。而专业农协主要从事某一特定产业农产品的生产、加工和销售，往往是专业生产蔬菜、水果和畜牧产品的农民自发组织成立的。表9-4给出了1992~2011年日本综合农协数量和成员构成情况。从表 9-4 中可以看出，日本综合农协数量在减少，而农协成员数量在不断增加。

表 9-4　1992~2001 年日本综合农协数量和成员构成情况

农协及其成员构成		1992 年	2002 年	2008 年	2011 年
综合农协数（総合農協数）/个		3 204	1 046	770	723
农协成员数（組合員合計）/千人		8 844	9 072	9 494	9 834
正式成员比例（正組合員比率）		62.4%	56.9%	50.9%	48.5%
正式成员（正組合員）/千人	个人成员数	5 508	5 150	4 817	4 655
	团体成员数	7	9	12	14
	合计	5 515	5 159	4 829	4 669
准成员（准組合員）/千人	个人成员数	3 258	3 836	4 585	5 085
	团体成员数	71	77	81	80
	合计	3 329	3 913	4 666	5 165

　　注：统计数据为每年末的统计数据。资料来源于 2014 年 9 月 20 日白石正彦和成田拓未在中国浙江大学举办的 2014 年东亚农业合作社论坛的报告

　　日本与农业生产活动相关的协同组合除了农协以外，还有渔业协同组合（以下简称渔协）、森林协同组合（以下简称林协），以及消费生活协同组合（以下

简称生协）。渔协和林协实际上也属于大农业领域，但由于日本特殊的自然经济特点，将这两个协同组合从农协中分离了出来，但它们的组织体系和农协相似，政府也给予和农协类似的相关政策。表9-5给出了2009年3月日本各类协同组合的数量和成员情况。

表9-5　2009年日本各类协同组合的数量和成员情况

各类协同组合	农协数（组合数）/个	农协成员数（组合员数）/千人	职员数（職員数）/千人
农协（農業協同組合/JA）	770	9 494	224
渔协（漁業協同組合/JF）	1 092	362	13
林协（森林協同組合/JForest）	711	1 575	7
生协（生活協同組合）	612	25 320	53

注：该数据为2009年3月的统计数据。资料来源于2014年9月20日白石正彦和成田拓未在中国浙江大学举办的2014年东亚农业合作社论坛的报告

（三）农业社会化服务体系建设情况

日本建立了非常完善的农业社会化服务体系，其中比较典型的是其完善的农业信息服务体系、农业科技推广服务体系和农村金融服务体系等。

日本的农业信息服务体系包括农业市场信息服务系统、农业科技生产信息支持系统、农用物资和农产品的网络销售系统三大领域。农业市场信息服务系统主要包括市场销售信息服务系统和农产品行情预测系统。市场销售信息服务系统由日本的"农产品中央批发市场联合会"主办，农产品行情预测系统由"日本农协"自主统计发布。通过实时采集全国农产品中央批发市场和地区批发市场的农产品市场信息，并进行网上发布，共享最新的农产品市场信息。农业科技生产信息支持系统整合了29个国立农业研究机构、381个地方农业研究机构、570个地方农业改良普及中心等农业科技研究机构的信息资源。日本还应用信息技术作为载体进行农业科技推广和应用，全国各个农业科研机构和研发中心通过联网共享科技成果和科技资源。一些实力雄厚的大企业还通过创办综合性的网上交易市场，如网络超市、网络专卖店、电子交易所等多种形式，建立了农用物资和农产品的网络销售系统。

日本的农业科技推广服务体系主要通过政府的农业改良普及事业和农协共同进行农业科技推广服务，国家对农业普及事业的主管机构是农林水产省的农蚕园艺局，其下设农业推广服务部主要负责科技服务工作，推广服务部下再设置生活改善科和推广教育改良科，各县和各地区的农业行政机构内也设有农业改良推广科。1948年日本公布的《农业改良助长法》经过数次修改，已经成为第二次世

界大战后日本开展农业推广的法律依据。据日本农业部统计，到 1998 年，日本全国共设有 523 个地区农业推广中心，有 661 个专业技术人员，1 万多个改良推广员，每个中心平均约 19 人。

合作金融和政府金融两部分构成了日本的农村金融服务体系，其中占主体地位的是合作金融，合作金融主要由农协系统承担。基层农协不以营利为目的，直接为农户提供信贷服务；中间层的信用农协联合会通过调动全县范围的农业资金，以帮助基层农协进行资金管理及资金融通；最高层的农林中央金库可以为中间层的信用农协联合会提供咨询服务，还能够通过调动全国的农业资金帮助不同层级的农协进行资金管理，也能够帮助不同层级的农协和其他金融机构之间建立信用关系，以进行资金融通。日本农协系统的各个层级的组织之间并没有行政上的隶属关系，不同层级农协组织的资金都独立运行，并单独进行核算，上一级组织只是通过一些经济和金融手段来指导下一级组织的工作。而日本的农村政府金融服务体系主要由相关政府部门制定一系列的金融制度对相关的金融机构进行监管，以此来保证农村金融服务体系的安全、健康运行，如农村信用保险制度、贷款担保制度等。

（四）农民合作经济组织在农业社会化服务体系中的作用

农协是日本最主要的农民合作经济组织，日本农协在农业社会化服务体系中的作用主要体现在以下几个方面。

第一，日本的农协作为农业社会化服务的供给主体为农协内部成员提供农业服务。农协给内部成员提供的农业服务几乎可以涵盖农业生产经营的各个环节。

一是农协为内部成员提供产前的农业生产资料供应服务。农协代表农户与农业生产资料供应商进行价格谈判，并对农业生产资料的质量进行检测，不仅可以确保农户以低价买到所需的生产资料，还能保证其质量。从表 9-6 中可以看出，日本的综合农协帮助成员购买农业生产资料的数额是相当可观的。

表 9-6　2006 年和 2011 年日本综合农协购买农业生产资料情况（单位：亿日元）

年份	农业生产资料（生産資材）			合计
	肥料（肥料）	农药（農薬）	农用机械（農業機械）	
2006	2 975	2 407	2 391	7 773
2011	3 075	2 350	2 256	7 681

注：表中数据根据 2014 年 9 月 20 日白石正彦和成田拓未在中国浙江大学举办的 2014 年东亚农业合作社论坛的报告中的资料整理而来

二是农协给内部成员提供加工、销售与流通服务。表9-7给出了2006年和2011年日本综合农协销售交易额的数据。农协可以有效地集中分散的农产品，有计划地批量上市，以解决分散小农生产规模小和产品数量不多所导致的零星销售困难等问题，提高农户在农产品市场竞争中的地位，免受中间渠道的利益盘剥。

表9-7　2016年和2011年日本综合农协销售交易额（单位：亿日元）

年份	农产品（農産物）			畜产品（畜産物）				合计
	米	蔬菜（野菜）	水果（果实）	生乳	鸡蛋（鶏卵）	肉牛	肉猪（肉豚）	
2006	10 223	12 112	4 520	3 997	308	4 720	1 130	37 010
2011	9 054	12 715	4 072	4 386	208	3 542	1 006	34 983

注：表中数据根据2014年9月20日白石正彦和成田拓未在中国浙江大学举办的2014年东亚农业合作社论坛上发布的报告中的资料整理而来

除此以外，农协还给成员提供农业技术指导与推广服务。针对农业生产过程中遇到的品种、栽培和饲养等问题，开展农业技术指导、交流和培训。并给成员提供农村金融与农村保险服务。农协内设有金融部门，用于吸收民间资金，方便农户借贷，还为农户办理农业保险事务。

第二，日本农协能够作为农户需求表达的载体，帮助农户获取其他外部主体提供的农业社会化服务，这些外部主体通常包括政府、企业、科研机构等。日本的农协和政府建立了非常密切的关系，能够帮助农户获得政府的扶持。例如，小农户对优良农产品品种引进、农业机械使用、农业基础设施建设等的需求可以通过农协这个渠道向政府表达，农协通过向政府提交报告，政府就能通过农协给予这些农户相关的扶持和相应的补贴；农协也可以直接向政府报告农业方面的困难，让政府改进和完善相关的农业政策；而政府的农业法律、政策也往往通过农协及时传达给农户，并通过农协帮助实行。日本农协与国际上其他国家的合作社最大的不同就是它具有准政府机构的性质。农协依赖政府得以建立和发展，并帮助政府贯彻实施国家的农业政策，而且农村选民选票权重较大，使得农协可以通过选票来牵制政府的行为，这种平衡也维护了日本的政治稳定。

三、荷兰的农民合作经济组织和农业社会化服务

（一）农业生产经营情况

荷兰人多地少、农业资源十分有限，大多数耕地都位于海平面以下，但农业经济发达，尤以畜牧业和园艺业发展最好。世界银行的统计数据显示，

2013 年荷兰陆地面积 3.37 万平方千米，其中耕地面积 1.04 万平方千米，约占总陆地面积的 30.86%，比中国 12.00% 的耕地比例更高；2013 年荷兰总人口 1.27 亿人，人口密度为每平方千米 498 人，远远超过中国的人口密度（每平方千米 146 人）；2013 年农业 GDP 为 118 亿美元，农业 GDP 仅占总 GDP 的 1.65%；2011 年人均耕地面积为 0.062 3 公顷，略低于中国的人均耕地面积（0.08 公顷）；2013 年荷兰人均 GDP 为 47 619.1 美元，人均农业 GDP 为 702.4 美元。如表 9-8 所示，这些数据充分表明：荷兰地狭人稠，人口密度高，人均耕地面积小，虽然农业劳动力比重低，但农业生产率高，人均农业 GDP 在世界上处于领先水平。

表 9-8　2003~2013 年荷兰农业生产经营情况

年份	人口密度	农业 GDP	农村人口比重	农业劳动力比重	人均耕地面积	人均 GDP	人均农业 GDP
2003	481	105	21.2%	2.9%	0.055 9	33 209.9	648.1
2004	482	108	20.5%	3.1%	0.069 3	37 423.3	662.6
2005	483	110	19.9%	3.2%	0.068 1	39 141.1	674.8
2006	484	123	19.4%	3.1%	0.065 6	41 595.1	754.6
2007	485	133	18.8%	2.8%	0.064 6	47 743.9	811.0
2008	487	129	18.4%	2.6%	0.065 2	53 109.8	786.6
2009	490	110	17.8%	2.5%	0.063 6	48 242.4	666.7
2010	493	124	17.3%	2.8%	0.063 9	46 807.2	747.0
2011	495	122	16.9%	2.5%	0.062 3	49 880.2	730.5
2012	497	117	16.4%			45 833.3	696.4
2013	498	118	16.1%			47 619.1	702.4

注：该数据来源于世界银行的世界发展指标数据库。表中 GDP 都以美元现价计算，农业 GDP 的单位为亿美元，人均 GDP 和人均农业 GDP 的单位均为美元，人口密度的单位为人/千米^2，人均耕地面积单位为公顷。农村人口比重是指居住在农村的人口占全国总人口的比重，农业劳动力比重是指农业劳动力占全国劳动力的比重

从图 9-7 中可以看出，1960~2013 年荷兰的农业 GDP 占总 GDP 的比重一直低于中国，并呈下降趋势，到 2013 年仅为 1.65%，远低于中国 2013 年的 10.00%；而荷兰的农村人口比重也低于中国，并呈波动下降的趋势，到 2013 年仅为 16.10%，远低于中国 2013 年的 46.80%。这些数据表明荷兰的工业和服务业发达，而且荷兰的城市化水平远远高于中国，也高于美国，但略低于日本。

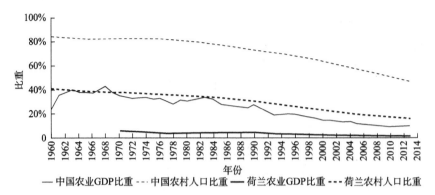

图 9-7　1960~2013 年中国与荷兰农业 GDP 比重和农村人口比重变化趋势

图中数据是根据世界银行的世界发展指标数据库中相关数据计算得来的。农业 GDP 比重是指农业 GDP 占总 GDP 的比重，农村人口比重是指居住在农村的人口占全国总人口的比重

（二）农民合作经济组织发展情况

19 世纪 70 年代，荷兰的农民合作经济组织就开始出现，荷兰的第一个合作社是 1874 年在海牙成立的消费合作社。随着荷兰《合作社法》于 1876 年颁布，1877 年荷兰又出现了购买合作社，1886 年成立了奶酪合作社，1896 年成立了信用合作社。20 世纪 50 年代，荷兰合作社从数量增多开始变为减少，但市场占有率大幅度上升。从表 9-9 中可以看出，1949 年到 1988 年荷兰不同类型的合作社数量均有不同程度的减少。从表 9-10 中可以看出，1990~2000 年荷兰合作社不同业务的市场份额均保持在较高水平。

表 9-9　荷兰不同类型合作社数量（单位：个）

不同类型合作社数量		1949 年	1998 年
信贷合作社		1 322	445
购买合作社	牛奶	426	6
	花卉拍卖	18	7
	甜菜	4	1
	马铃薯淀粉	15	1
	肉类	8	2
	其他	689	19
零售合作社	鸡蛋	28	2
	蔬菜、水果拍卖	169	8
	花卉拍卖	18	7

资料来源：荷兰国家农业合作社理事会的统计数据

表 9-10　1990~2000 年荷兰各类合作社的市场份额

合作社不同类型业务市场份额		1990 年	1995 年	1998 年	2000 年
信贷		90%	87%	87%	87%
生产资料供应	配合饲料	52%	52%	54%	53%
	蘑菇培养基质	80%	55%	50%	50%
加工	乳制品	84%	83%	82%	83%
	甜菜加工	63%	63%	63%	63%
	马铃薯淀粉	100%	100%	100%	100%
销售	鲜花	95%	95%	95%	95%
	花种球	50%	50%	50%	50%
	蔬菜、水果	70%~77%	73%~76%	69%	57%
	羊毛	60%	60%	68%	75%
其他服务		47%~60%	45%~55%	45%~61%	43%~63%

资料来源：厉为民（2003）

据荷兰农业部统计，1949 年荷兰合作社达到 3 150 家，但到 1992 年已经减少到 851 家。这期间荷兰合作社经历了数量大幅度减少，但规模大幅度提升的过程。以荷兰最为著名的花卉拍卖市场合作社为例，1949 年荷兰的花卉拍卖市场合作社有 18 个，到 1992 年则减少到 7 个，但这些花卉拍卖市场合作社的市场占有率却由最初的 60%增加到 95%。此后，荷兰的合作社数量进一步减少，到 1996 年仅剩 643 个，但规模实力仍不断增强，社员总人数达到 74 多万人，各种类型合作社的市场平均占有率已经高达 80%，当年获得了 795 亿荷兰盾的总营业额。这些合作社中数量最多的是信用合作社，共有 547 个，社员总数达到 60 万人，当年获得 187 亿欧元的总营业额。此后荷兰的合作社数量还在进一步减少，根据荷兰中央统计局测算，2012 年荷兰真正在运行的农业合作社只有 80 个左右，其他的大多数农业合作社已经处于停止运行状态。

荷兰拥有三级农民合作社体系：国家级农民合作社是最高一级，即荷兰农业和园艺组织联合会。各类专业合作社地区级的农民联合会为第二级农民合作社，如拥有 5.1 万个社员的荷兰农业与园艺联合会，拥有 3.3 万个社员的牲畜改良合作社，拥有 82.5 万个社员的信贷合作社——荷兰拉博银行（Rabobank Netherland），以及拥有 0.3 万个社员的阿斯梅尔（Aalsmeer）花卉拍卖市场合作社等。各类专业合作社的基层组织为第三级农民合作社，第三级农民合作社吸收普通农民入会，而每个农户也可以根据自己的经营类型加入多个专业合作社。

荷兰的国家农业合作社理事会通过吸纳荷兰几乎所有的合作社作为社员，能够在政治方面影响荷兰及欧盟农业政策的制定和实施，并能够在国家层面和国际层面充分代表合作社社员的利益。荷兰的合作社还开设公司，并通过联合形成全国性的经营集团。赛贝科集团就是荷兰最大的合作社集团，该集团吸收了荷兰30个地区合作社。赛贝科集团下属的一些合作社也通过成立下属子公司为合作社社员提供生产资料供应、农产品销售等多种农业服务。例如，由荷兰第三大合作社创立的 CTA 公司就是赛贝科集团的下属公司，该公司主要生产和经营家禽、猪、牛等动物的饲料，并为合作社社员提供饲料供应服务。由供销合作社创立的 CAV 公司也属于赛贝科集团，该公司建立了大型的仓库和零售商场等设施，给合作社社员提供农产品仓储和销售服务。

荷兰不仅拥有经营不同农产品的产品专业性合作社，还拥有提供不同服务的功能专业性合作社，这些功能专业性合作社提供的农业服务涉及农业生产资料采购、农产品加工和销售、信贷服务、综合服务等多个环节和领域。例如，主要给农场主提供农业生产资料采购服务的合作社系统就由三个中央级的采购合作社和遍布全国110个地区的众多下属采购合作社构成。为农场主提供农产品加工服务的主要是农产品加工合作社；为农场主提供农产品销售服务的主要是销售合作社，最典型的是农民合作社组建的拍卖市场，其能将极易腐烂变质的新鲜农产品及时销往国内外市场。据统计，荷兰的拍卖市场销售了全国80%以上的水果和蔬菜产品，以及95%以上的花卉产品。而为农场主提供综合服务的合作社主要通过组建一系列专业化的公司来提供农业社会化服务，这些专业化的公司有的专门提供农业保险服务，有的专门提供农业机械服务，有的专门提供农业技术服务。为农场主提供信贷服务的主要是信贷合作社，荷兰不同的信贷合作社都隶属于中央农业合作信贷银行，即拉博银行。

（三）农业社会化服务体系建设情况

荷兰建立了非常完善的农业社会化服务体系，主要体现在其农业科研、教育和推广体系、农产品物流服务体系和销售服务体系及农村金融服务体系等方面。

荷兰建立了完善的农业科研、教育和推广体系。荷兰的农业科研体系是以荷兰农业、自然资源管理和渔业部（以下简称农渔部）为最高主管部门，通过不同层级、不同类型的农业科研机构紧密联系构建而成的。荷兰农渔部作为政府主管农业的行政机构，对农业相关领域的科研工作进行指导并进行直接管理。而荷兰的农业科研机构主要包括各种不同类型的高等院校、区域性的研究中心、专业性的研究机构、大型企业的科研部门及农业实验站等。例如，瓦赫宁根大学就是荷兰著名的农业大学，不仅培育了众多农业方面的高层次人才，也为荷兰的农业科研做出了突出的贡献。荷兰的农业研究所涉及多个领域，如乳品、甜菜等产品专业性研究所，肥料等农业生产资料研究所，以及农业领域的实用技术研究所等。荷兰的农业教育体系则以荷兰农渔部和科教部为主管机构，通过不同层级、不同形式的农业教育机构密切联系构建而成。荷兰的农业教育包括农业职业教育、农业学历教育、农业成人教育等不同形式，并包括初等农业教育、中等农业教育、高等农业教育等不同层次。完善的农业教育体系使荷兰农民普遍能够接受较高层次的教育，也具有了较高的素质，使他们掌握了更先进的农产品生产和加工技术，也能够掌握农业机械的使用甚至维修技术，从而提高农业生产经营效率。荷兰的农业推广体系是由国家推广系统、农民合作经济组织推广系统及私人企业咨询服务系统组成的。荷兰通过发挥畜牧业和高附加值的园艺业的比较优势，在荷兰农渔部的宏观调控下，通过政府的各级推广部门、农场主合作社及私人的技术咨询服务组织，把新技术推广到农业试验站，再推广至农场主，以此形成了一个高效的农业推广服务网络。

荷兰的农产品物流和销售服务体系也很发达，尤其体现在荷兰的花卉和水果、蔬菜等农产品的物流和销售方面。花卉和水果、蔬菜的产品属性导致其极易腐败变质，产品的品质需要以快速的运输和销售加以保障。荷兰的花卉合作社和水果、蔬菜合作社通过建立大型拍卖市场，通过拍卖的形式来保障农产品的快速销售；同时，通过建立发达的交通运输网络，并在各地建立农产品中转站，以及农产品保鲜运输设施，以保障农产品的高效运输。拍卖市场在互联网和电子信息技术的帮助下能够进行全国甚至全世界的联合拍卖，不仅帮助交易双方节约信息收集成本、谈判成本和监督履约成本，还帮助农产品生产者能够以最高的价格卖出农产品。拍卖市场集储存、检测、展示、保鲜、加工、包装、销售、运输于一体，创造了极高的销售效率。

荷兰还建立了完善的农村金融服务体系。荷兰的农村金融服务体系主要由农民合作金融制度、农业担保基金制度和农业安全基金制度构成。从农民信用合作社发展起来的农民合作银行是荷兰农民合作金融制度的核心，为其成员提供信贷支持和其他金融服务是农民合作银行的主要职能。荷兰政府的主要作用是保障农民合作银行的法律地位，并提供相应的政策支持，并不干预农民合作银行的具体经营活动。荷兰政府为了给向银行借款的农民提供担保服务，以帮助农民进行融资，还专门设置了农业担保基金。同时，荷兰政府经济部为了帮助受自然灾害遇到困难的农民，还设立了农业安全基金。

（四）农民合作经济组织在农业社会化服务体系中的作用

荷兰合作社在农业经济中占据重要地位，在农业社会化服务体系中的作用主要体现在以下三个方面。

一是荷兰合作社作为供给主体，为内部成员提供包括农业技术服务、农产品销售服务、金融服务等在内的农业服务。荷兰合作社给成员提供了大量的农业技术服务。例如，具有合作社性质的荷兰皇家养牛协会（Veepro Holland）是一家专业的牛种改良研究机构，它不仅拥有高科技的机器设备，还拥有先进的实验室，并建立了庞大的数据库和计算机网络。不仅养牛农户请它提供农业技术服务，荷兰农渔部和国家信息系统也请它提供咨询服务。荷兰合作社也给成员提供特色的农产品销售服务。例如，由荷兰合作社投资兴建的阿斯梅尔花卉拍卖市场是世界上最大的花卉市场，该市场每天能够达到 600 万荷兰盾的交易额，在该交易市场上交易的农产品 80%都销往了国外市场。荷兰的绿叶（Greenery）蔬菜拍卖中心是由荷兰的 VTN（Voedings Tuinbouw Nederland）合作社①建立的全资公司，荷兰的 VTN 合作社拥有绿叶蔬菜拍卖中心的全部股份，该拍卖中心主要给成员提供水果蔬菜的销售服务。合作社控股 89%的荷兰杜梅可（Dumeco）公司主要从事肉类加工，合作社通过控制该公司的生产、加工和销售，帮助合作社成员加工和销售肉类产品。据统计，该公司销售的肉类产品占据了荷兰 50%以上的市场份额。荷兰合作社还给成员提供农业金融服务。例如，由农民自愿组成的信贷合作社发展而来的荷兰拉博银行，主要为成员提供与农业生产经营相关的各种金融服务。

二是荷兰合作社作为分散农场主的需求表达载体，帮助农场主获取政府、企业、科研机构等其他农业服务主体提供的农业社会化服务。荷兰合作社帮助农场主获取政府的农业服务，如荷兰农业和园艺组织联合会（LTO-Netherland）是荷兰最大的农民合作经济组织，拥有会员 5.1 万户，占全国农户总数的 70%，农产品产量占荷兰农产品总产量的 80%。能够帮助会员农户获取政府提供的农业和园艺方面的技术培训、产品市场信息等服务。荷兰农民联合会在帮助合作社成员表达意愿来影响政府的政策制定方面起到了重要作用。例如，2001 年欧洲国家口蹄疫暴发时期，荷兰农民联合会通过向荷兰政府建议禁止运输偶蹄类动物，并建议政府中止收购畜产品，建议欧洲农业合作社联合会建立防疫基金制度等方式保障了荷兰农民的利益。

三是荷兰合作社能够和其他服务主体之间形成竞争与协作的关系，完善荷兰的农业社会化服务体系，更好地为农场主提供农业社会化服务。荷兰的一批私人服务公司在政府的补贴和政策引导下迅速成长起来，如专门提供农业生产资料服务的生产资料公司、专门提供农业技术推广服务的技术服务公司，以及专门提供农业信息服务和咨询服务的专业化的咨询公司等。它们在整个农业社会化服务体系中起到了重要的补充作用。而荷兰的合作社通过和这些私人公司之间形成竞争与协作的关系，共同为农场主提供更有效率的农业社会化服务。

---

① Voedings Tuinbouw Nederland 是荷兰语，意即荷兰营养园艺，是荷兰非常著名的一个大规模合作社，于 1996 年由几个水果拍卖市场和荷兰西南部的一些拍卖市场合并成立。

第二节　发展中国家的农民合作经济组织和农业社会化服务

通过对印度、泰国、巴西这三个发展中国家的农民合作经济组织发展情况、农业社会化服务体系建设情况的描述，以及对不同国家农民合作经济组织在农业社会化服务体系中的作用的深入分析，为中国农民合作经济组织的发展和农业社会化服务体系的建设提供经验借鉴。

一、印度的农民合作经济组织和农业社会化服务

（一）农业生产经营情况

印度经济发展速度较快，但社会财富分配不平衡。印度耕地面积占世界耕地面积的10%，是世界上最大的粮食生产国之一，也是农产品净出口国。世界银行的统计数据显示，2013年印度陆地面积297万平方千米，其中耕地面积157万平方千米，约占陆地总面积的52.86%，远远超过中国（耕地所占比例为12.00%）；2013年印度总人口12.5亿人，人口密度为每平方千米421人，远远超过中国（每平方千米146人）；2013年农业GDP为3 150亿美元，农业GDP仅占总GDP的18.2%；2011年人均耕地面积为0.13公顷，稍高于中国（0.08公顷）；2013年印度人均GDP为1 504.0美元，人均农业GDP为252.0美元。如表9-11所示，这些数据充分表明：印度地广人稠，人口密度高，人均耕地面积高于中国，农村人口比重大，农业劳动力比重高，人均GDP和人均农业GDP均低于中国。

表9-11　2003~2013年印度农业生产经营情况

年份	人口密度	农业GDP	农村人口比重	农业劳动力比重	人均耕地面积	人均GDP	人均农业GDP
2003	368	1 190	71.7%		0.15	567.0	109.2
2004	374	1 260	71.1%		0.14	650.5	113.5
2005	379	1 440	70.6%	55.8%	0.14	738.1	127.4
2006	385	1 600	70.6%		0.14	832.5	140.4
2007	390	2 080	70.0%		0.14	1 069.0	179.3
2008	395	2 050	70.0%		0.14	1 042.7	175.2
2009	400	2 280	69.4%		0.13	1 151.3	191.6

续表

年份	人口密度	农业 GDP	农村人口比重	农业劳动力比重	人均耕地面积	人均 GDP	人均农业 GDP
2010	405	2 900	68.8%	51.1%	0.13	1 413.2	239.7
2011	411	3 130	68.8%		0.13	1 541.0	256.6
2012	416	3 020	68.1%	47.2%		1 500.0	243.5
2013	421	3 150	68.1%			1 504.0	252.0

注：该数据来源于世界银行的世界发展指标数据库。表中 GDP 都以美元现价计算，农业 GDP 的单位为亿美元，人均 GDP 和人均农业 GDP 的单位均为美元，人口密度的单位为人/千米^2，人均耕地面积的单位为公顷。农村人口比重是指居住在农村的人口占全国总人口的比重，农业劳动力比重是指农业劳动力占全国劳动力的比重

从图 9-8 可以看出，1960~2013 年印度的农业 GDP 比重变化和农村人口比重变化与中国非常相似。印度的农业 GDP 比重从 1960 年的 42.6% 波动下降到 2013 年的 18.2%，中国的农业 GDP 比重从 1961 年的 36.2% 波动下降到 2013 年的 10.0%，整体来看，印度的农业 GDP 比重略高于中国。印度的农村人口比重从 1960 年的 82% 波动下降到 2013 年的 68.1%，而中国的农村人口比重从 1960 年的 83.8% 逐渐下降到 2013 年的 46.8%。整体上来看，1987 年以前，中国和印度的城市化水平相当，但 1987 年以后中国的城市化进程明显快于印度。2013 年印度的城市化水平比美国、日本、荷兰、泰国和巴西都要低。

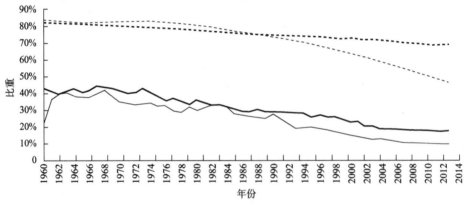

图 9-8　1960~2013 年中国与印度农业 GDP 比重和农村人口比重变化趋势

图中数据是根据世界银行的世界发展指标数据库中相关数据计算得来的。农业 GDP 比重是指农业 GDP 占总 GDP 的比重，农村人口比重是指居住在农村的人口占全国总人口的比重

（二）农民合作经济组织发展情况

印度最早的农民合作经济组织是从信贷领域的合作开始发展起来的。1904 年印度颁布的《信贷合作社法》为信贷合作社的迅速发展提供了法律保障。《印度

年鉴》数据表明，1906~1907 年，印度仅有 843 个合作社，仅拥有 9 万多个社员，合作社的周转资金也只有 237 万卢比；而到 1911~1912 年，印度合作社就增加到 0.8 万个，社员增加到 40 多万人，合作社的周转资金也增加到 3 357 万卢比。印度的第一部《合作社法》于 1912 年颁布，并通过组建联邦合作社总社来加强对合作社的管理。自印度政府于 1921 年颁布第二部《合作社法》开始，农民合作经济组织开始扩展到其他经济领域，不断出现了各种类型的农业合作社。《印度年鉴》数据表明，从 1938 年到 1946 年，印度合作社数量增加了 41%，社员数增加了 70%，周转资金增加了 54%。到 1947 年独立前夕，印度各种类型的农业合作社总数已经达到 17.2 万个，合作社社员总数量达到 916 万人，周转资金达到 16.4 亿卢比。随后，印度的合作社数量开始减少，到 1950 年，合作社减少到 11.7 万个，会员减少到 482 万人，运营资本减少到 3.5 亿卢比（Dantwala，1952）。到 20 世纪 80 年代初，印度的合作社数量又逐渐增加，全国共有村级合作社 35 万个，社员 1.2 亿人，周转资金约 2 000 亿卢比，合作社遍布全国 91% 的村庄，加入合作社的农户占全部农户的 45%；至 2007 年，印度的合作社增加到 54.53 万个，社员增加到 2.49 亿人。此时印度的合作社已经覆盖了全国 2/3 以上的家庭和绝大多数乡村，而且合作社在许多领域拥有较高的市场占有率，如在农村信贷领域合作社的市场占有率达到 38%，在农用肥料领域合作社的市场占有率达到 35%，在小麦收购领域合作社的市场占有率达到 33.5%，在动物饲料领域合作社的市场占有率达到 50%。表 9-12 展示了 1950~1982 年印度合作社的发展情况，虽然这一时期印度合作社数量变化不大，但社员数量、股金和流动资金数量都逐渐增加。

表 9-12 1950~1982 年印度合作社发展情况

年份	合作社数/万个	初级社社员数/万人	股金/亿卢比	流动资金/亿卢比
1950~1951	18	1 370	4.5	27.6
1960~1961	33	3 520	22.2	131.2
1970~1971	32	6 440	85.1	681.0
1975~1976	31	8 480	152.9	1 243.2
1980~1981	30	10 620	208.8	2 002.1
1981~1982	29	11 490	210.0	2 100.0

资料来源：《印度年鉴》1979 年第 262 页，1985 年第 354 页；印度《计划》半月刊 1987 年 2 月 16~28 日，第 23 页

印度拥有包括基层合作社、地区合作社、邦级合作社和中央级合作社在内的四个层次的合作社体系。印度最高层次的合作社是中央一级的全国合作社联合会，主要吸纳全国性的专业合作社联合社和邦级联合社作为社员。邦级联合社的社员主要是地区合作社，而地区合作社的社员主要是基层合作社，基层合作社的社员则是农户。印度合作社有多种类型，如由信用合作社和土地开发银行合作社

构成的农业信贷合作社，其中，信用合作社专门为社员提供短期和中期贷款服务，土地开发银行合作社专门为社员提供长期贷款服务。农业销售合作社在印度也比较常见，包括以提供农业生产资料服务为主的化肥合作社、以提供农产品销售服务为主的农副产品营销合作社等。印度合作社中有一种加工和仓储合作社也比较典型，通常以合作社为主体兴办加工厂来为社员提供农产品加工和仓储等服务，内容涉及制糖、碾米、纺纱及棉花、水果、蔬菜等多种农产品的加工。同时，印度合作社中还有一种专门的服务合作社，主要为合作社社员提供各种形式和内容的服务，这些服务不仅涉及农业生产经营，甚至涵盖社员生活的各个方面，包括住房、运输、教育、医疗保健和农村电力等领域。除此以外，印度还有各类以不同主营农产品分类的专业合作社，如牛奶乳制品合作社、渔业合作社等。

（三）农业社会化服务体系建设情况

印度建立了比较完善的农业社会化服务体系，主要体现在其农业科研和推广体系、农业信息服务体系、农业金融服务体系等方面。

印度政府建立了世界上最庞大、最复杂的农业科研和推广体系。印度的农业科研系统主要由中央、地方和高等农业院校三大部分构成。中央一级农业科研的主管机构是农业部农业研究与教育司，印度农业研究理事会（Indian Council of Agricultural Research，ICAR）是印度农业科研的核心机构。地方一级的科研系统包括60多个研究单位。农业高等院校主要有全国38所农业大学以及这些大学在不同的县建立的农业科研站。在世界银行的资助下，印度建立了完善的"培训与访问体系"（Training and Visit System）来进行农业技术推广。该体系包括完整的七级组织构架，最高级别为农业部，其次是大区级和地区级，再次是县级和乡镇级，再到村级，最后到农户，而这个七级的组织构架充分吸纳了多种组织力量，如政府、国际组织、企业、私人研究机构、农民协会等，使印度的农业推广体系日益完善。

印度建立了完善的农业信息服务体系。印度政府设计了一整套农业信息化方案，涉及信息化基础设施建设、信息化应用软件开发、国家级农村信息化项目实施等方面。并建立了一个完善的农业信息化网络，由国家信息中心负责协调整个农业信息化网络系统，并通过建立农业信息化综合数据库系统，对农业市场管理组织、农产品行业协会等部门的职能和业务进行网络化管理，以打破现有农产品市场区域分割的局面。印度通过完善的农业信息化网络系统的建设，为农业生产经营者提供准确、高效的农业信息。印度国家农村发展研究所（National Institute of Rural Development，NIRD）建立了农村公共信息中心（Public Information Centers，PICs），并通过实施一系列研究项目向农民提供包括农村发展项目、农业技术推广、社区设施建设、社会发展等在内的综合信息服务，以推进印度农村农业信息化服务体系的完善。

印度具有完善的农业金融服务体系。由政府和合作社信贷机构共同组成的农业信贷体系和农业保险服务体系是其农业金融服务体系的主要构成部分。印度的农业信贷体系主要由政府和合作社的信贷机构组成。信贷合作社由邦合作银行、中心合作银行及初级农业信用社三个不同层级组成。这三个不同层级的信贷合作社中最高层级是邦合作银行，所有的中心合作银行都是邦合作银行的成员，邦合作银行主要为其成员提供资金以满足成员的信贷需求。这三个不同层级的信贷合作社中的第二层级是中心合作银行，中心合作银行主要向最低层级的初级农业信用社发放贷款，充当着初级农业信用社和邦合作银行之间的桥梁角色。这三个不同层级的信贷合作社中最低层级是初级农业信用社，主要为社员提供短期低利率贷款，并向社员提供生产资料供应服务及农产品销售服务。此外，印度政府还建立了完善的农业保险服务体系。政府主要从政策层面提出相关的保险法案为农业保险服务创造良好的政策和法律环境，而农业保险的经营主要由国有保险公司来承担。政府通过强制手段让农民参与某些保险品种，并给农民提供补贴以保障农民缴纳保险费，也给保险公司提供补贴以补充保险公司的经营管理费，还通过提供再保险等措施来促进农业保险服务体系的不断完善。

（四）农民合作经济组织在农业社会化服务体系中的作用

印度的农民合作经济组织在农业社会化服务体系中的作用主要体现在以下几个方面。

一是印度的农民合作经济组织作为农业社会化服务的供给主体为内部成员提供农业服务，这些农业服务包括农业生产资料供应服务、农业技术服务、农业教育服务、农产品销售服务、农村金融服务等。供应合作社主要负责向农户提供农业生产资料供应服务，如向农户提供种子、化肥、农药等农业生产资料。印度的两个巨型合作企业——印度合作农民肥料公司和印度合作农民有限公司，在印度的农用化肥生产、供应和销售中具有举足轻重的作用。印度合作农民肥料公司于1975年由2.6万个合作社联合兴办，1984年肥料产量就达到183万吨，氮肥产量占印度氮肥总产量的13.3%，磷肥产量占印度磷肥总产量的26.4%。印度合作农民有限公司是1980年由683个合作社联合创办的，每年生产和供应尿素达150万吨。农业教育服务主要体现在印度合作社依托全国和各邦的合作社管理学院及105家培训中心建立的以培训合作社管理人才为主的合作社教育培训网络方面。印度全国合作社联合会还与各全国性的专业合作社联合社合作，努力获取政府的支持和帮助，兴办综合性的合作社大学，为培养合作社需要的高级国际化人才做出了重要贡献。

二是印度农民合作经济组织作为分散农户的需求表达载体，帮助农户获取政府、企业、科研机构等其他农业服务主体提供的农业社会化服务。印度农民合作经济组织通过向印度政府申请各种国家基金扶持帮助农户解决农业生产经营困难问题。例如，印度合作社通过申请印度政府的全国合作社发展基金帮助农户发展农业生产，通过申请印度政府的农业救济和保障基金帮助农户抵抗自然灾害。印度合作社还能够帮助农户获得邦政府出资的农村的电力、道路等基础设施建设服务。印度的农民化肥合作社通过和日本公司合作，在印度开展综合保险业务，为合作社成员获得外部服务主体提供的农业保险服务。作为合作社的印度国家农业和农村发展银行（National Bank for Agriculture and Rural Development，NABARD）[1]通过向印度储备银行申请资金来向各个邦合作社银行提供中期贷款，这些中期贷款都惠及了合作社成员。印度合作社还通过与科研机构合作，帮助农户获取这些科研机构的农业技术服务。

二、泰国的农民合作经济组织和农业社会化服务

（一）农业生产经营情况

泰国是一个农业大国，有 80% 的人口从事农业，是世界上主要的粮食出口国之一。世界银行的统计数据显示，2013 年泰国陆地面积有 511 万平方千米，其中耕地面积有 15.8 万平方千米，约占陆地总面积的 3.09%，远远低于中国的耕地比例 12.00%；2013 年泰国有 6.7 亿人口，人口密度达到每平方千米 131 人，和中国每平方千米 146 人的人口密度相当；2013 年泰国的农业 GDP 为 464 亿美元，占总 GDP 的 12%；2011 年泰国人均耕地面积为 0.24 公顷，高于中国 0.08 公顷的人均耕地面积；2013 年泰国人均 GDP 为 5 776.12 美元，略低于中国 6 794.10 美元的人均 GDP；2013 年泰国人均农业 GDP 为 692.54 美元，略高于中国 680.10 美元的人均农业 GDP。这些数据充分表明：泰国作为发展中大国，人口密度高，但人均耕地面积高于中国，农村人口比重和农业劳动力比重都高于中国，人均 GDP 低于中国，但人均农业 GDP 略高于中国。2003~2013 年泰国农业生产经营情况详见表 9-13。

表 9-13 2003~2013 年泰国农业生产经营情况

年份	人口密度	农业 GDP	农村人口比重	农业劳动力比重	人均耕地面积	人均 GDP	人均农业 GDP
2003	126	148	68.22%	44.90%	0.24	2 217.05	229.46
2004	127	166	67.90%	42.30%	0.23	2 473.12	254.99

① 详见：http://www.nabard.org。

续表

年份	人口密度	农业 GDP	农村人口比重	农业劳动力比重	人均耕地面积	人均 GDP	人均农业 GDP
2005	128	181	67.68%	42.60%	0.23	2 682.93	275.91
2006	129	223	67.37%	42.10%	0.23	3 141.12	338.39
2007	129	264	67.17%	41.70%	0.23	3 736.76	399.39
2008	130	315	66.92%	42.50%	0.23	4 123.87	475.83
2009	130	302	66.52%	39.00%	0.24	3 981.90	455.51
2010	130	395	66.27%	38.20%	0.24	4 804.22	594.88
2011	130	461	65.92%	38.70%	0.24	5 195.20	692.19
2012	131	449	65.57%	39.60%		5 479.04	672.16
2013	131	464	65.07%			5 776.12	692.54

注：数据来源于世界银行的世界发展指标数据库。表中 GDP 都以美元现价计算，农业 GDP 的单位为亿美元，人均 GDP 和人均农业 GDP 的单位均为美元，人口密度的单位为人/千米^2，人均耕地面积的单位为公顷。农村人口比重是指居住在农村的人口占全国总人口的比重，农业劳动力比重是指农业劳动力占全国劳动力的比重

从图 9-9 中可以看出，1960~2013 年泰国的农业 GDP 比重和农村人口比重的变化与中国非常相似。泰国的农业 GDP 比重从 1960 年的 36.4%波动下降到 2013 年的 12.0%，中国的农业 GDP 比重从 1961 年的 36.2%波动下降到 2013 年的 10.0%，泰国的农业 GDP 比重整体上略低于中国。泰国的农村人口比重从 1960 年的 80.29%缓慢下降到 2013 年的 65.07%，而中国的农村人口比重则从 1960 年的 83.8%快速下降到 2013 年的 46.8%，1994 年以前，泰国农村人口比重比中国低，而 1994 年以后则高于中国。可以看出，泰国和中国一样，农业 GDP 的比重日益下降，逐渐从农业国向工业国转变，而自 2003 年以来，中国的城市化进程比泰国更快。2013 年泰国的城市化水平在所选的 6 个国家中仅高于印度。

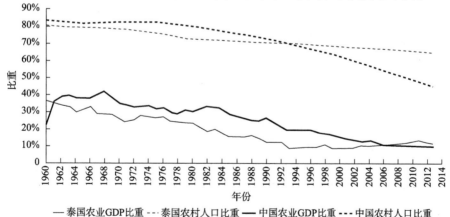

图 9-9　1960~2013 年泰国与中国农业 GDP 比重和农村人口比重变化趋势

图中数据是根据世界银行世界发展指标数据库中相关数据计算得来的。农业 GDP 比重是指农业 GDP 占总 GDP 的比重，农村人口比重是指居住在农村的人口占全国总人口的比重

（二）农民合作经济组织发展情况

泰国的合作运动是从信贷合作开始的，泰国的农业合作社运动可以追溯到 1916 年。1916 年，泰国的第一个合作社在皮森隆（Phitsanulok）府成立，该合作社被称为 Chan 寺院合作社，是著名的无限责任村级信用合作社，以农民为主体，主要从事稻谷生产，并向重债农民提供贷款。Chan 寺院合作社的发起人是皮森隆府的 16 个债务最多的农民，初始资金只有 3 000 泰铢，而且只有 20 多个社员，但运行非常成功。同年，泰国的第一部合作社法《协会修正法案》颁布，主要登记管理为发展稻谷生产而成立的农民协会。1928 年，允许成立各种类型合作社的修正法案取代了该法案。从 1938 年起，包括生产与消费合作社在内的各种形式的合作社相继成立。1947 年，泰国政府成立了合作社银行，并要求每个信用合作社入股，主要为社员提供贷款服务，随后两个府级信用合作社相继成立。1968 年，泰国通过颁布《合作社法案》将村级信用合作社进行合并，并首次把信用合作社归属到农业合作社中。该法案还成立了泰国合作社的最高机构——泰国合作社联合会（Cooperative League of Thailand，CLT），并吸纳所有不同层级、不同类型的合作社成为社员，主要作用是对合作社相关人员进行培训和指导，并促进合作社的发展。1969 年，泰国成立了泰国农业合作社联盟（Agricultural Cooperative Federation of Thailand，ACFT），吸纳了 76 个省合作社联合会和 2 000 多个基层农业合作社成为社员。1999 年，泰国政府对 1968 年的《合作社法案》进行了修订，把适用范围扩大到所有类型的合作社。2003 年，泰国制定了第一个合作社运动总体规划，提出了 6 个发展战略，并着手对泰国合作社法进行重大修改。

泰国合作社经历了数量的不断增加，然后又波动下降的过程。据泰国农业与合作社部统计，截至 1959 年 7 月底，泰国合作社共有 10 713 个，社员达到 42.8 万人。到 1963 年，泰国的各类合作社增加到 10 756 个，其中，信用合作社有 9 931 个，农业合作社有 224 个。据统计，2003 年，泰国的农业合作社超过 5 100 个，社员达到 720 万人；而到 2006 年 1 月，泰国的各类初级合作社共有 6 712 个，社员规模达到 968.45 万人，初级合作社总社员占全国总人口的比重达到 14%，其中包括会员规模达到 595.08 万人的 4 137 个初级农业合作社，初级农业合作社总社员占全国总人口的比重达到 8.6%。2006 年泰国各类农业合作社数量及社员人数如表 9-14 所示。

表 9-14　2006 年泰国各类农业合作社数量及社员人数

初级农业合作社类型	合作社数量/个	社员人数/万人
综合性农业合作社	2 004	190.86

续表

初级农业合作社类型	合作社数量/个	社员人数/万人
畜牧饲养合作社	38	1.80
水资源利用合作社	581	11.77
奶制品合作社	105	2.41
土地改革地区合作社	139	6.62
天然橡胶生产者合作社	607	6.08
农业和农业合作社银行	74	314.51
其他合作社	589	61.04
总计	4 137	595.09

注：资料来源于泰国农业与合作社部统计数据，统计时间截至 2006 年 1 月

从表 9-15 中可以看出，2001 年泰国农业合作社的营业额约为 715.99 亿泰铢，而到 2005 年，泰国农业合作社的营业额上升到 1 182.22 亿泰铢，在 2001 年的基础上增长了约 65.12%；社员平均营业额由 2001 年的约 1.54 万泰铢上升到 2005 年的约 2.19 万泰铢，在 2001 年的基础上增长了约 42.47%；每个合作社的平均营业额也从 2 287 万泰铢提高到 3 394 万泰铢，增长了约 48.40%。其中，营销业务的营业额增长速度最快。

表 9-15　2001~2005 年泰国合作社营业额

合作社不同类型业务营业额	2001 年	2002 年	2003 年	2004 年	2005 年
信贷/10^6 泰铢	21 393	21 596	23 514	27 637	32 026
存款/10^6 泰铢	20 169	22 297	21 815	24 835	28 717
购买/10^6 泰铢	14 901	15 150	16 135	19 458	24 754
营销/10^6 泰铢	14 949	15 053	20 957	25 005	32 431
其他服务/10^6 泰铢	187	154	170	206	294
总计/10^6 泰铢	71 599	74 250	82 591	97 141	118 222
社员平均/（泰铢/人）	15 352	15 352	17 153	18 950	21 872
合作社平均/10^6 泰铢	22.87	22.71	24.21	28.07	33.94

资料来源：泰国合作社审计部 "2001~2005 年泰国合作社审计财政信息"

泰国拥有包括基层合作社、省级联社和全国联社在内的三个层级的合作社系统。基层合作社是指地区级（县级）的初级合作社，省级联社是指府级（省级）的合作社联盟，全国联社是指国家级的合作社联合会。初级合作社主要吸纳农户作为社员，省级的合作社联盟主要吸纳初级合作社作为社员。通常情况下，省级

合作社联盟需要由五个以上的同类型初级合作社组建。而作为国家级合作社的泰国农业合作社联盟主要吸纳所有的省级的合作社联盟作为社员，而一些国家级的专业合作社联盟也可以加入泰国农业合作社联盟。据统计，1993年，泰国共有3 479个农业合作社，其中包括3 403个县级基层农业合作社、73个府级（省级）的农业合作社联盟和3个中央农业合作社联合会。到2010年底，泰国共有3 952个农业合作社，其中包括3 858个县级基层农业合作社、87个府级（省级）的农业合作社联盟和7个中央农业合作社联合会，如表9-16所示。泰国的合作社类型众多，包括农业合作社、渔业合作社、服务合作社、信用合作社等，而农业合作社中又包括以主营产品进行划分的产品专业性合作社和以功能进行划分的功能专业性合作社。

表9-16 泰国各级农业合作社数量变化（单位：个）

各级农业合作社数量	1993年	2010年
县级基层农业合作社	3 403	3 858
府级（省级）的农业合作社联盟	73	87
中央农业合作社联合会	3	7
合计	3 479	3 952

注：表中数据统计时间为每年的年末；资料来源于泰国合作社促进部统计数据

（三）农业社会化服务体系建设情况

泰国建立了比较完善的农业社会化服务体系，主要体现在农业科研体系、农业技术推广体系、农业机械服务体系和农业信贷服务体系等方面。

泰国拥有比较完善的农业科研体系。泰国的农业科研体系主要由各级政府部门及各类研究机构构成。政府部门的科研机构主要是泰国农业与合作部，它是泰国的最高农业科研机构，下设多个研究中心和试验站。1916年泰国就建立了农业试验站，开始有组织地进行现代农业科研。为了提高政府部门科研机构的工作效率，泰国政府曾多次调整农业科研机构设置。泰国政府还建立了完善的科研人员培训体系来培养农业科研人员，并提供充足的资金、设备、技术、人才等支持农业科研工作的开展。泰国另一类主要的科研机构是农业高等院校。泰国有78所综合性大学和17所公立学院，超过一半的高校都设立了农业类专业。例如，卡色萨大学（Kasetsart University）是泰国著名的农业大学，该大学下设多个涉农学院，以及多个专门的农业研究中心，并在曼谷以外的其他城市设立了7个分校，不仅为泰国的农业科研工作贡献了重要力量，还为泰国培养了一大批专业的农业科研人才。除此以外，泰国一些综合大学也设有农业系、林业系、水产系；泰国各府还有一些中等专业学校、夜校和农副业培训班，培养本地所需要的农业技术人员。泰国一些私人企业也通过吸纳高、中、低级农业技术人员进行农业科研，同时也培养农业、饲养业、水产业技术人员。

泰国建立了比较完善的农业技术推广体系。1976 年，泰国政府制定了完善的农业推广战略，并在此基础上出台了《国家农业推广方案》。泰国农业经济发展的最高主管部门是泰国农业与合作部，农业与合作部下设农业经济厅、农业科技厅和农业发展厅等部门来负责不同的专项工作。农业经济厅主要负责制定农业政策，并对市场和销售起到一定的指导作用；农业科技厅主要负责农业科技的研究与开发；而农业发展厅则主要负责农业科技成果的推广和运用。泰国的农业技术推广体系涉及从中央到地方的多个层级。泰国农业部农业推广局属于中央一级，下设 6 个大区的农业推广办公室，省级和区级也设有相应的农业推广办公室，最低一级是亚区级的农业推广员。泰国的农业技术推广方法经历了一系列的改进，1977~1983 年引进孟加拉国的"培训+访问体系"（Training and Visiting System，TVS），建立直线联系，由农业推广人员将从科研单位获得的信息通过访问和培训农户的方式传递给农户。1983~1993 年在借鉴改进孟加拉国的"培训+访问法"的基础上形成了泰国式的"培训+访问法"，由上级推广部门培训农业技术推广人员，科研人员与农户直接见面，三者之间进一步加强信息交流和反馈。1993 年开始又把直线式推广系统改进为循环式推广系统。通过科研人员、推广人员和农民之间的有机结合，并发挥政府机构、非政府机构、农民组织、社区服务的综合作用，使农业技术推广人员能够充分发挥指导作用。

泰国建立了完备的农业机械服务体系。20 世纪 80 年代以来，泰国政府通过设立农业机械化委员会，制定了一系列详细的政策措施以促进农业机械化生产，大大提高了泰国的农业机械化水平。这些政策涉及农业机械的研究与开发、农业机械的标准化生产、农业机械的销售和使用等各个方面。泰国还建立了一套完善的农业机械化服务管理体系，最高一级机构为农业与合作部，农业与合作部的下一级机构是农业司和推广司，农业司的下一级机构是农业工程处，农业工程处的下一级机构是农业工程实施中心；而推广司的下一级机构是农业机械化技术推广促进中心。这些不同层级的农业机械化服务管理机构共同负责泰国的农业机械化服务管理、农业机械的研发和生产、农业机械使用培训和推广等工作。农业生产经营者通过把部分或者全部的农业生产环节委托给各种不同类型的农业机械服务供给主体，使用农业机械来进行农业生产经营，大大提高了农业生产率。泰国不仅自己研发和生产农业机械，还从其他发达国家进口农业机械及其零配件。据泰国农业与合作社部统计，20 世纪 80 年代初，泰国仅拥有 7.3 万台大中型拖拉机，51.8 万台电动水泵，到 90 年代末，泰国的大型拖拉机增加到 28.2 万台，水泵增加到 301.3 万台。而且，泰国的施肥机械化率达到 60%，农产品加工机械化率达到 90%，运输和排灌机械化率达到 100%，已经发展成为东南亚农业机械化程度最高的国家。有资料表明，2001~2002 年，泰国农业机械市场年销售总额达到

2.5 亿美元，其中国内产品市场销售额就占 60%。

泰国有着完备的农业信贷服务体系。泰国的农业信贷服务体系主要由两部分组成，一部分是商业银行系统，另一部分是合作社银行系统，这两部分组成的农业信贷服务体系都为泰国的农业经济发展做出了重要贡献。一方面，泰国政府通过商业银行系统为农户提供农业信贷服务。1975 年，泰国银行通过颁布《商业银行农业信贷条例》对商业银行农业信贷的放款额和利息率进行了一系列规定。另一方面，泰国政府通过合作社银行系统为农户提供农业信贷服务。1966 年，泰国政府依据经历三次修改的《泰国农业与农业合作社银行法》，在原有的合作社银行的基础上成立农业与农业合作社银行（Bank of Agriculture and Agricultural Cooperative，BAAC），向农户提供专业化的信贷服务，其服务对象不仅包括大农场主和涉农企业，也包括个体农民。泰国财政部直接给该银行提供帮助和指导，并由政府补贴其经营。据泰国农业与合作社部统计，全国 90% 以上的农户都接受了泰国农业与农业合作社银行的信贷服务。

（四）农民合作经济组织在农业社会化服务体系中的作用

泰国的农民合作经济组织在农业社会化服务体系中的作用主要体现在以下几个方面。

一是泰国的农民合作经济组织作为农业社会化服务的供给主体为内部成员提供农业服务，包括农业生产资料供应服务、农产品销售服务、农业金融服务等。例如，泰国东北部 12 个农业合作社与安利公司合作，生产高端优质大米以满足高收入消费者的需求，而合作社通过建立完善的销售渠道为成员提供这些高端优质大米的销售服务。泰国农业综合企业股份有限公司（Thai Agri-Business Co., Ltd. TABCO）是由泰国 74 个基层农业合作社共同出资成立的，专门为其合作社成员提供化肥和农业机械设备等农业生产资料供应服务；同时，该公司还收购合作社成员的水稻、玉米、咖啡、橡胶和水果等农产品，并帮助合作社成员把农产品销往国内和国际市场。农业金融服务体现在泰国最早的合作社就是为成员提供金融信贷服务的，而这种信用合作社发展至今实力更为雄厚。

二是泰国农民合作经济组织作为分散小农户的需求表达载体，帮助农户获取其他外部服务主体提供的农业社会化服务，如政府、企业、科研机构等，而这些服务主要包括农产品销售服务、农业技术服务、农业金融服务等。例如，泰国合作社通过向农业与合作部、合作社促进部等政府部门申请项目支持，建立农产品中心市场及产品配送中心，为农户提供农产品销售服务，对管理人员进行工商管理硕士培训，为成员更好地提供农业技术和农业生产管理服务。一些合作社还在泰国农业与合作部的支持下通过建立自己的网站来借助互联网销售农产品。合作社还通过政府和相关金融机构帮助其成员获取金融信贷服务。例如，1983 年泰国政府通过实施面向农业和农村的信贷政策对商业银行的农业贷款进行了一系列规定，如规定农业贷款额应高于上一年度存款额的20%，而且其中13%必须直接贷给农场、合作社和地方农业企业。据泰国农业与合作社部统计，2004 年，泰国农业和农业合作社银行向844 个农业合作社提供了286 亿泰铢的贷款。

三、巴西的农民合作经济组织和农业社会化服务

（一）农业生产经营情况

巴西农牧业比较发达，并在国民经济中占有重要地位。世界银行的统计数据显示，2013 年，巴西的陆地面积为846 万平方千米，其中包括71.9 万平方千米的耕地，约占陆地总面积的 8.5%，比中国 12.0%的耕地比例略低；2013 年巴西总人口2 亿人，人口密度为每平方千米24 人，远远低于中国的每平方千米146 人；2013 年农业 GDP 为 1 090 亿美元，农业 GDP 占总 GDP 的 5.71%，2011 年人均耕地面积为 0.36 公顷，远远高于中国的 0.08 公顷；2013 年巴西人均 GDP 为11 250.00 美元，远高于中国的 6 794.10 美元；2013 年巴西人均农业 GDP 为545.00 美元，略低于中国的 680.1 美元。如表9-17 所示，这些数据充分表明：巴西作为发展中大国，人少地广，人口密度低，人均耕地面积远高于中国，农村人口比重和农业劳动力比重都低于中国，人均 GDP 高于中国，但人均农业 GDP 略低于中国。

表 9-17　2003~2013 年巴西农业生产经营情况

年份	人口密度	农业 GDP	农村人口比重	农业劳动力比重	人均耕地面积	人均 GDP	人均农业 GDP
2003	22	353	17.80%	20.70%	0.35	3 032.97	193.96
2004	22	394	17.50%	21.00%	0.37	3 608.70	214.13
2005	22	432	17.20%	20.50%	0.37	4 741.94	232.26
2006	22	513	16.86%	19.30%	0.36	5 797.87	272.87
2007	23	654	16.58%	18.30%	0.36	7 210.53	344.21
2008	23	832	16.25%	17.40%	0.37	8 593.75	433.33
2009	23	786	16.01%	17.00%	0.36	8 393.78	407.25
2010	23	973	15.69%		0.36	10 974.36	498.97
2011	23	1 150	15.38%	15.30%	0.36	12 588.83	583.76
2012	24	1 010	15.13%			11 306.53	507.54
2013	24	1 090	14.90%			11 250.00	545.00

注：该数据来源于世界银行的世界发展指标数据库。表中 GDP 都以美元现价计算，农业 GDP 的单位为亿美元，人均 GDP 和人均农业 GDP 的单位均为美元，人口密度的单位为人/千米^2，人均耕地面积的单位为公顷。农村人口比重是指居住在农村的人口占全国总人口的比重，农业劳动力比重是指农业劳动力占全国劳动力的比重

从图 9-10 中可以看出，1960~2013 年巴西的农业 GDP 占总 GDP 的比重整体上一直低于中国，并呈缓慢下降趋势，到 2013 年仅为 5.71%，远低于中国 2013 年的 10.00%；而巴西农村人口比重整体上也远远低于中国，并呈下降的趋势，到 2013 年仅为 14.90%，远低于中国 2013 年的 46.80%。这些数据表明，巴西的城市化水平远远高于中国。

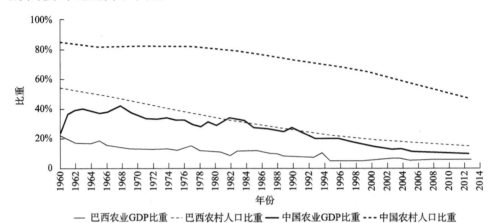

图 9-10　1960~2013 年巴西与中国农业 GDP 比重和农村人口比重变化趋势
图中数据是根据世界银行的世界发展指标数据库中相关数据计算得来的。农业 GDP 比重是指农业 GDP 占总 GDP 的比重，农村人口比重是指居住在农村的人口占全国总人口的比重

（二）农民合作经济组织发展情况

早在 19 世纪末期，巴西就已经产生了最早的合作社。20 世纪 30 年代以后，巴西开始出现农牧业合作社；20 世纪 50~70 年代巴西农村合作社地位不断巩固；从 20 世纪 80 年代中期开始，巴西农村合作社开始迅速发展。1971 年，巴西首次颁布了《合作社法》，不久之后，又于 1988 年通过修改宪法承认了合作社的法人资格、经营自主权及属性，同时政府明确指出积极支持合作社发展，但不干预合作社的发展。1972 年，巴西政府在农业部内设立了合作经济局，专门负责在中小农场主中发展合作社。据巴西农业部合作经济局统计，1988 年 3 月，巴西共有 3 046 个不同类型的合作社；12 月底达到 3 282 个，拥有正式社员 350 万户；这些合作社中包括 1 332 个经营农牧业的合作社和 42 个以农牧业为主兼营其他业的合作社。1989 年 7 月底，巴西各种类型的合作社已经超过 4 000 个，拥有社员 400 多万户，社员人数占全国总人数的 14%，占农村人数的 40%。自 1982 年起，巴西合作社生产和销售的农产品开始进入国际市场，1991 年合作社出口总额达到 5.7 亿美元。有资料表明，到 1994 年，巴西各种不同类型的合作社净资产已经达到 30 亿美元，年营业额达到 170 亿美元。1998~1999 年，巴西农牧业合作社主

要农产品的产量比重都有很大提升，如合作社的绵羊毛产量占全国绵羊毛总产量的65%，合作社的小麦产量占全国小麦总产量的62%，合作社的牛奶及奶制品产量占全国牛奶及奶制品总产量的50%，合作社的棉花产量占全国棉花总产量的39%，合作社的大豆产量占全国大豆总产量的30%。合作社生产的农产品不仅供应国内市场，还大量出口国外市场。1997年，巴西有2个合作社加入了国际合作社联盟，社员达到332万户。2010年，巴西各类合作社已经达到5 500多个，其中包括1 500个农牧业合作社，社员达到150万户，这些社员中80%都是中小型的农业生产经营者。到2011年，巴西的农牧业合作社已经达到1 523个，社员达到96.9万户。

巴西的合作社类型多样，包括农牧业合作社、信贷合作社、住房合作社、医疗合作社等13种合作社组织，其中，农牧业合作社具有重要的经济地位，社员规模也是巴西各类合作社中最大的。在巴西，农牧业合作社是一种统称，包括各种专业从事某一种农产品生产经营的农牧民组成的专业合作社，这些专业合作社涉及咖啡、葡萄、大豆等多种农产品。巴西拥有包括全国合作社总社、州合作总社、中心合作社、基层合作社在内的4个层次的合作社体系。1969年12月成立的全国合作社总社（Organisation of Brazilian Cooperatives，OCB）为最高层次的合作社，是分行业设立的。不同行业都有自己的全国性合作社总部，吸收州合作总社作为社员。其组织机构包括管理委员会、执行董事会和监事会等。而州合作总社吸收中心合作社作为社员，是不同行业的联合组织。巴西的全国合作总社和州合作总社并不从事具体的经营活动，只扮演着行业协会的角色，主要提供培训和信息等服务，并作为合作社意愿表达渠道来维护合作社的利益。而中心合作社包括至少3个基层合作社，基层合作社则由至少20户农户组成。巴西各个层级的合作社并不存在行政上的隶属关系，只是通过资产联合而形成（Lele，1981）。

巴西的农牧业合作社中比较常见的是供销合作社，其主要向农户和农场主提供产前的生产资料供应服务，产后的农产品保鲜、包装和加工服务、农产品储藏和运输服务及农产品销售服务等；也为农户和农场主提供市场信息服务和农业技术培训服务等。除了农牧业合作社以外，巴西还有渔业合作社。渔业合作社主要向农户和农场主提供渔业设备购置指导服务、渔业产品深加工服务、渔业产品冷冻和加工服务、渔业产品运输服务，以及渔业技术培训服务。巴西的合作社通常实行的是股份制，而且具有非营利的性质。巴西的股份制合作社制定了严格的规章制度，明确规定了社员所拥有的股份比例的最高限，以及合作社的收益留存比例的最低限。对每个社员的股份比例的最高限制一般定为总股本的1/3，对用作储备金的收益留存比例的最低限制为1/10，对用于农业技术推广的技术教育基金以及帮助有困难的社员的社会基金的收益留存比例的最低限定为5%。

（三）农业社会化服务体系建设情况

巴西的农业社会化服务体系包括农业科研和农业技术推广体系、农业信息服务体系、农业金融服务体系等。

巴西建立了完善的农业科研和农业技术推广体系，由国家各级政府部门和各个农业科研单位来具体承担。一方面，直接由国家进行分配和调度，再由各级政府相关部门向农业生产经营者推广先进的农业技术和农业生产经营理念；另一方面，由各个农业科研单位对先进的农业科学技术进行研发并进行推广，如巴西农牧研究公司就是巴西一家比较典型的私人农业科研单位。而且巴西还针对一些种植规模较大的农作物品种建立了专门的农业技术服务体系。例如，巴西为其第一大农作物大豆建立了专门的大豆生产技术服务体系。巴西政府在大豆主产区设立农业技术推广中心，并配备专业的农业技术人员为当地的农户提供种子、化肥等农业生产资料服务，以及农业信息服务和农业技术服务。

巴西建立了完善的农业信息服务体系。在巴西政府和相关科研部门的共同努力和推动下，巴西研制和开发了一系列信息技术和信息软件专门用于提供农业信息服务，如巴西农业机械贷款购买系统、巴西土地和草原信息管理系统、巴西牧业信息管理系统、巴西国际商务关税信息系统等。通过在这些信息技术和信息软件的基础上建立完善的信息服务网络，为巴西的农业生产经营者提供及时有效的农业信息服务。

巴西也建立了完备的农业金融服务体系。巴西政府通过设置不同类型的贷款帮助农户解决贷款困难的问题，包括主要用于农业生产经营者从播种到收获期间成本的支出，如生产资料的购买支出等的贷款，主要用于农业基础设施建设及农业生产设备购买的贷款，以及主要用于农产品加工和销售方面的贷款。同时，巴西政府还通过法律手段制定相应的保护农业生产经营的金融政策措施。例如，规定所有商业银行用于农业贷款的份额必须超过吸收存款的 1/4 以上，而且农业贷款利息必须比商业贷款利息低。并制定了一系列保障农户优先贷款的政策。

（四）农民合作经济组织在农业社会化服务体系中的作用

巴西的农民合作经济组织在农业社会化服务体系中的作用主要体现在以下几个方面。

一是巴西的农民合作经济组织作为供给主体，为内部成员提供一系列农业社会化服务，包括农产品销售服务、农业信息服务等。有研究表明，巴西的农业合作社主要给农户提供良种培育服务、农业技术服务、仓储运输服务、加工销售环节的服务等（Brannstrom，2001）。巴西的合作社通常以成本价格向社员提供生产资料服务、农产品销售服务及市场信息服务等。农业信息服务主要表现为：巴西的农业合作社和各类研究机构合作研发了专门应用于种植业、畜牧业及农业机械等方面的各类信息系统管理软件，并通过提升网上银行技术，极大地提高了巴西的农业信息化水平。农产品销售服务主要表现为：合作社通过兴办加工营销企业帮助社员进行农产品加工销售。据统计，1996 年，巴西农牧业合作社已办了900 多个农牧产品深加工企业，销售额达上亿美元。而且巴西合作社还通过与超市合作，以及通过自己投资建超市来出售自有品牌的产品等方式，帮助社员进行农产品销售。巴西国家超市协会的调查显示，2012 年巴西农业合作社的销售额达到了 12 亿雷亚尔，在 2011 年的基础上增长了 51%。

二是巴西农民合作经济组织作为农户的需求表达载体，帮助农户获取外部服务供给主体提供的农业社会化服务，这些外部服务主体是相对于农民合作经济组织而言的，包括政府、企业、科研机构等。巴西合作社帮助农户获取政府的支持主要体现为：巴西农业部通过对合作社的扶持惠及合作社社员。例如，巴西农业部通过设立相应的管理机构对合作社进行指导和管理。巴西约 50%的议会成员都是各类合作社的社员，他们在很大程度上影响着政府对合作社的政策和法律制定。而且这些议会成员可以把自己所在合作社社员的农业服务需求传达给政府，以此来帮助农户获取政府提供的农业服务。除此以外，巴西农民合作经济组织还通过与企业和科研机构合作，如巴西农牧研究公司等，帮助农户获取企业和科研机构的农业信息和农业技术服务。

第三节　国际经验总结和对中国的启示

针对前文对美国、日本、荷兰这三个发达国家以及对印度、泰国、巴西这三个发展中国家的分析和总结，提炼出不同国家农民合作经济组织发展及农业社会化服务体系建设的经验，并分析其对中国农民合作经济组织发展和农业社会化服务体系建设的启示。

一、国际经验总结

（一）发达国家经验总结

1. 美国经验总结

美国经济发达，地广人稀，耕地资源丰富，农业经营方式以大规模的家庭农场为主，农民合作经济组织的主要形式是农场主合作社。美国的农业合作经济历史悠久，已经有 200 余年的历史，现有的合作模式主要以大农场为基础进行跨区域的合作。这种跨区域的合作社拥有较强的管理能力和经济技术实力，能够突破区域的限制，发挥规模效应，为农场主提供优质的农业社会化服务。美国拥有众多以销售和加工合作为主的合作社；通常情况下美国的合作社只专营一到两种农产品，因此合作社都具有很高的专业化水平。政府并不对合作社进行过多的控制和干预，只是在法律上保障其合法地位，并适当地提供一些优惠性的政策。美国的农场主合作社不仅能够给内部成员提供包括购买、销售、信贷、技术、灌溉、运输、仓储、电力、电话等在内的农业服务，也能够作为农场主需求表达的载体，帮助农场主获取政府、企业、科研机构等服务供给主体提供的外部化农业服务，还能够形成和大型企业抗衡的力量，通过与其他农业社会化服务主体之间形成竞争协作关系，完善美国的农业社会化服务体系。

2. 日本经验总结

日本是典型的经济发达国家，虽然耕地资源有限、人口密度较高，但农业和渔业都比较发达，农业生产经营形式主要是分散的小农户经营，农业协同组合是日本农民合作经济组织的主要形式。日本的农业合作经济已经发展了100多年。日本的农协作为典型的农民合作经济组织，具有严密而系统的组织结构，而且覆盖面很广，几乎囊括了全国所有的农业生产部门，并吸纳了超过99%的农户作为成员。日本的农协组织主要以小规模经营农户为基础，具有规模相对较小、服务内容小而全的特征。日本的农协和政府一直保持着非常密切的关系，是特殊的具有半官半民性质的农民合作经济组织。农协经营活动的范围非常广泛，几乎包括了农户生产生活的全部内容。日本的农协形式多样，综合农协主要出现在农民居住分散的地区，主要提供涵盖农户生产生活等诸多方面的服务；专业农协主要出现在集中生产特色农产品的地区，主要为特定农产品生产经营者提供农产品销售服务和农业技术指导服务。日本农协还实行准社员制度，吸引农村的非农业居民和城市居民，利用农协刺激消费。日本的农协不仅能够为内部成员提供几乎可以涵盖产前、产中和产后各个环节的农业生产经营服务，也能够作为农户需求表达的载体获得政府提供的外部化农业服务。

3. 荷兰经验总结

荷兰经济发达，地狭人稠，耕地资源有限，大多是洼地，农业经营方式以家庭农场为主，农民合作经济组织的主要形式是家庭农场主合作社[①]。荷兰的农业合作经济已经发展了100多年，现有的家庭农场主合作社主要专注于不同的农产

---

① 历史上，荷兰农业生产的主导组织形式一直都是小型的家庭农场。后来政府出台了多种政策鼓励和促进家庭农场的扩大。现在，大型家庭农场经营成为荷兰的主要农业生产形式，这些大型家庭农场通常拥有较高的集约化程度和专业化水平。荷兰农业部资料表明，1996年荷兰有11.07万个农场，每个农场达到18公顷的平均土地规模。

品品种或者某种农业服务功能，具有很高的专业化水平。在品种专业化方面，以具有比较优势的花卉和水果蔬菜类合作社最为突出，而在服务功能专业化方面，合作社的服务范围涉及农业生产资料供应、农业生产经营、农产品销售、农业信贷和保险等多个环节和领域。荷兰的农民合作经济组织不仅能够作为供给主体为内部成员提供农业服务，而且能够作为农户需求表达的载体获得政府提供的外部化农业服务，还能够与一些私人公司形成竞争与协作的关系，共同为农场主提供各种农业社会化服务，满足农场主多样化的服务需求。

4. 美国、日本、荷兰三国比较

根据前文对美国、日本、荷兰这三个发达国家的农民合作经济组织和农业社会化服务的经验总结，可以从合作社模式、合作社经营服务内容、政府的作用、合作社的法律地位、合作社在农业社会化服务体系中的作用等方面进行比较，如表 9-18 所示。

表 9-18　美国、日本、荷兰农民合作经济组织和农业社会化服务比较

国家	美国	日本	荷兰
合作社模式	以大农场为基础的跨区域合作社；合作社专业化程度较高	以小规模农户为基础的全国性合作体系；以综合型合作社为主，专业型合作社并存	以家庭农场为基础的合作社；以产品或功能组成的专业型合作社为主
合作社经营服务内容	以销售和加工合作为主；专业化于一两种农产品	几乎包括了农户生产生活的全部内容	涉及产、供、销、信贷和保险等多个环节
政府的作用	政府干预不多，主要是政策保障	政府性质浓厚，农协和政府关系密切	政府干预不多，与政府有较多直接联系
合作社的法律地位	1922 年颁布《卡帕-沃尔斯坦德法》（即《农业合作法》）	1947 年颁布《农业协同组合法》；1948 年颁布《水产业协同组合法》；1950 年颁布《农林渔业组合再建整备法》；1961 年颁布《农协合助成法》；1978 年颁布《森林组合法》	1876 年颁布《合作社法》
合作社在农业社会化服务体系中的作用	作为供给主体对内向农场主提供农业服务；作为需求表达载体获取政府、企业、科研机构等提供的外部化农业服务；形成与企业抗衡的力量	作为供给主体对内向农协成员提供农业服务；作为需求表达载体接受政府提供的服务	作为供给主体对内向农场主提供农业服务；作为需求表达载体联结农民和政府；形成能与企业抗衡的力量

注：作者根据前文的分析内容整理而成

（二）发展中国家经验总结

1. 印度经验总结

印度经济发展速度较快，地广人稠，人均耕地面积有限，农业经营方式以分

散的农户经营为主，农民合作经济组织的主要形式是农民合作社。印度农业合作经济迄今已经有 100 多年的历史。学术界普遍认为印度拥有世界上最大的农业合作组织网络。印度的合作社体系包括中央合作社、邦级合作社、地区合作社和基层合作社四个层次。合作社类型既包括以不同主营农产品分类的产品专业性合作社，也包括各种服务功能不同的功能专业性合作社。印度还建立了比较完善的农业科研和推广体系、农业信息服务体系和农业金融服务体系，而且合作社在其中也发挥了比较重要的作用。印度的合作社一方面作为供给主体为内部成员提供不同类型的农业服务，如农业生产资料供应服务、农业技术服务、农业教育服务、农产品销售服务、金融服务等；另一方面作为分散农户的需求表达载体，帮助农户获取政府、企业、科研机构等其他外部农业服务主体提供的农业社会化服务。

2. 泰国经验总结

泰国虽然拥有丰富的耕地资源，但人口密度较高，农业比较发达，农业生产经营方式主要是分散的小农户经营，农民合作社是主要的农民合作经济组织形式。泰国的农业合作经济已经发展了近 100 年。泰国拥有国家级的合作社联合会、府级（省级）的合作社联盟、地区级（县级）的初级合作社这三个垂直层级组成的农民合作社体系。泰国的农民合作经济组织一方面能够作为农业社会化服务的供给主体为内部成员提供农业服务，这些服务主要体现在农业生产资料供应服务、农产品销售服务、农业金融服务等方面；另一方面还能够作为分散小农户的需求表达载体，帮助农户获取包括农产品销售服务、农业技术服务、农业金融服务等在内的外部化农业服务，这些农业服务往往由政府、企业、科研机构等外部农业服务主体提供。

3. 巴西经验总结

巴西的耕地资源有限，人口密度较高，农业在国民经济中占据重要地位，农业生产经营方式主要是家庭农场经营，农场主合作社是巴西农民合作经济组织的主要形式[1]。巴西的农业合作经济也已经发展了100多年。巴西拥有包括基层合作社、中心合作社、州合作总社、全国合作社总社在内的四个层级的合作社体系。合作社自上而下的组织关系只是由自下而上的资产联合而成立的，并不存在行政上的隶属关系。巴西的农民合作经济组织一方面能够作为农业社会化服务的供给主体为内部成员提供农业服务，这些服务主要体现在农业信息服务、农产品销售服务、农业金融服务等方面；另一方面还能够作为农户的需求表达载体，帮助农户获取企业、政府、科研机构等外部服务供给主体提供的农

---

① 巴西的农业生产经营主体形式比较多样化，包括大型农场、中型农场和小型农场。大型农场通常是耕种 1 万~100 万公顷土地的农场，中型农场是指耕种 0.01 万~1 万公顷土地的农场，小型农场是指耕种 0.01 万公顷以下土地的农场。

业社会化服务。

4. 印度、泰国、巴西三国比较

根据前文对印度、泰国、巴西这三个发展中国家的农民合作经济组织和农业社会化服务的经验总结，可以从合作社模式、合作社经营服务类型、政府的作用、合作社的法律地位、合作社在农业社会化服务体系中的作用等方面进行比较，如表9-19所示。

表9-19　印度、泰国、巴西农民合作经济组织和农业社会化服务比较

国家	印度	泰国	巴西
合作社模式	以小规模农户为基础的合作社；包括中央合作社、邦级合作社、地区合作社、基层合作社四个层次	以小规模农户为基础的合作社；包括国家级的合作社联合会、府级（省级）的合作社联盟、地区级（县级）的初级合作社三个层级	农场型合作社，包括全国合作社总社、州合作总社、中心合作社、基层合作社四个层级
合作社经营服务类型	印度的合作社种类较多，包括销售、加工和仓储、信贷、服务等，也包括以产品为主的专业合作社	泰国的合作社类型多样，涉及农业、渔业等多个领域，以及土地、消费者信贷服务等多种类型	巴西的合作社类型多样，包括农牧业、渔业等领域的生产、供销等
政府的作用	政府保障合作社的法律地位，并制定相应政策，提供资金和税收优惠等扶持	政府进行宏观指导，并提供各种支持和优惠政策	政府保障合作社的法律地位，并进行宏观指导，提供项目基金支持和税收优惠政策
合作社的法律地位	1904年颁布《信贷合作社法》；1912年颁布第一部《合作社法》；1921年颁布第二部《合作社法》	1916年颁布《协会修正法案》；1968年颁布《合作社法案》；1999年颁布修订之后的《合作社法案》	1971年颁布《合作社法》
合作社在农业社会化服务体系中的作用	作为供给主体对内向农户提供农业服务；作为需求表达载体获取政府、企业、科研机构等提供的外部化农业服务	作为供给主体对内向农户提供农业服务；作为需求表达载体获取政府、企业、科研机构等提供的外部化农业服务	作为供给主体对内向农场主提供农业服务；作为需求表达载体获取政府、企业、科研机构等提供的外部化农业服务

注：作者根据前文的分析内容整理而成

二、对中国的启示

基于对以美国、日本、荷兰为代表的发达国家，以及以印度、泰国、巴西为代表的发展中国家农民合作经济组织发展及其在农业社会化服务体系中作用的分析，得出对中国促进农民合作经济组织健康发展以及充分发挥农民合作经济组织在农业社会化服务体系中的作用的启示，其主要体现在六个方面：一是完善农民合作经济组织的法制建设；二是加强农民合作经济组织的联合；三是发挥农民合作经济组织的产业链优势；四是借鉴农民合作经济组织控股的企业化经营模式；五是发挥农民合作经济组织的科技服务作用；六是发挥农民合作经济组织的金融服务作用。

（一）完善农民合作经济组织的法制建设

通过完善农民合作经济组织的法制建设，营造良好的法制环境，保障农民合作经济组织的法律地位，充分发挥农民合作经济组织在农业社会化服务体系中的重要作用。国外农民合作经济组织的发展经验表明，各国的农民合作经济组织都是基于农民合作经济组织相关法律法规的完善而逐渐发展壮大起来的，各种法律法规的制定和完善，不仅能够为农民合作经济组织的发展提供良好的法制环境，而且能够为保障农民合作经济组织及其成员的利益提供基础，从而保障农民合作经济组织对内提供农业服务，并帮助成员获取外部化农业服务，充分发挥农民合作经济组织在农业社会化服务体系中的重要作用和功能。发达国家的合作运动开始较早，对合作社的立法也很早得到重视。例如，美国 1922 年就颁布了农业合作法《卡帕-沃尔斯坦德法》，日本 1947 年就颁布了《农业协同组合法》，荷兰于 1876 年颁布《合作社法》。发展中国家也制定了相应的合作社法律法规。印度的《信贷合作社法》于 1904 年颁布，1912 年颁布了第一部《合作社法》，1921 年又颁布了第二部《合作社法》，泰国的第一部合作社法《协会修正法案》于 1916 年颁布，1968 年和 1999 年泰国又相继颁布了《合作社法案》，巴西 1971 年就颁布了《合作社法》。中国针对合作社的专门性立法较晚，2006 年才通过了《中华人民共和国农民专业合作社法》，2017 年进行了第一次修订。进一步完善农民专业合作社发展的法律法规体系仍然显得尤为重要。

（二）加强农民合作经济组织的联合

加强农民合作经济组织之间的联合，提升农民合作经济组织的经营规模和运营能力，提升对内服务绩效及获取外部服务的能力。通过发达国家的农民合作经济组织历史发展状况可以看出，其大都经历了一个组织数量先增加后减少的过程，而组织的规模得以不断扩大，资产总额不断增加，经营实力也不断增强。这一变化主要是由于基层农民合作经济组织之间的合并、联合、优胜劣汰而形成的。例如，美国的农场主合作社经过合并和优胜劣汰之后形成了大型的跨区专业型合作社，规模相当大。而日本和荷兰的基层合作社也通过合并实现了业务的集中和经营规模的扩大，有效地提高了农业合作社的市场占有率和经营效率。这些规模大、实力强的合作社能够为社员提供高效的农业生产资料供应服务、农业技术服务、农产品销售服务等。现阶段中国的农民合作经济组织数量不断增加，规模也在不断扩大，但仍然存在运行不够规范、经营实力不强等缺陷，应该充分借鉴国外合作社发展的经验，加强同一地区同类农产品的多个合作社的联合，并重点培育和扶持产业优势明显、内部运行规范的合作社，充分发挥其为社员提供农业社会化服务的能力。

（三）发挥农民合作经济组织的产业链优势

通过建立专业化的农民合作经济组织，发挥农产品的比较优势，通过农民合作经济组织延长产业链，提升农产品的附加值，充分发挥其农业服务优势。例如，美国的农场主合作社主要为农场主提供销售和加工服务，以提高农产品利润。而荷兰在园艺和花卉产业上具有比较优势，因此荷兰的花卉和园艺类合作社发展较为突出，合作社兴办的花卉拍卖市场世界闻名。而且荷兰合作社注重以农业科技为指导提高农业生产效率和农产品附加值，因此荷兰的合作社以提供农业技术服务和农产品加工服务著称。相对而言，中国的农产品加工水平和发达国家差距较大，农业生产经营者难以获得加工阶段的利润，而且初级农产品销路不畅，价格较低，难以实现农产品国际化经营。农民合作经济组织可以通过给农户提供农产品加工服务，帮助农业生产者节约加工成本、提高农产品附加值，提升农户从事农业生产的积极性。因此，需要发挥农民合作经济组织的加工服务及销售服务功能，通过延长产业链提升农产品附加值，提升农户的农业经营收益。

（四）借鉴农民合作经济组织控股的企业化经营模式

农民合作经济组织控股的企业化经营模式，能够充分发挥农民合作经济组织和农业企业的比较优势，提高农民合作经济组织的国际市场竞争实力，提升其在帮助农户获取外部化农业服务时的市场地位和谈判能力。农民合作经济组织控股的企业化经营模式主要以美国的新一代合作社和荷兰的合作社控股公司为典型代表。这些农民合作经济组织的发展经验表明，合作社兴办或者控股农业企业不仅可以借助企业的市场化优势充分发挥资本的作用，给合作社带来可观的经济收益，还能够保持合作社的组织优势，通过合理的内部治理机制保障惠顾者农户的基本利益。并以合作社或龙头企业为纽带，将农业的产前、产中、产后各个环节连接为完整产业链条的一体化经营模式，不仅能够降低农户的生产成本与交易成本，还能够增强农产品的市场竞争力，提升农民合作经济组织在帮助农户获取外部化农业服务时的市场地位和谈判能力。中国的部分农民合作经济组织也开始兴办企业，或者吸纳企业作为单位成员，实现对企业的控股，但企业规模还不够大，而且主要集中于鲜活农产品和初加工农产品的生产与销售，科研能力有限导致科技水平不高，难以获得较高的经济附加值。应该借鉴国外合作社控股企业的成功经验，通过市场化运作把企业做大做强，并通过一体化经营模式提高农产品的附加值，让农户分享加工环节收益，并推动农产品销售的国际化。

（五）发挥农民合作经济组织的科技服务作用

充分发挥农民合作经济组织在农业科研推广体系中的作用，以农业科学技术进步推动农业发展。对发达国家的分析发现，美国、日本和荷兰拥有先进的科学技术，不仅源自政府对农业科研的鼓励，农民合作经济组织也在其中起到了非常重要的作用。荷兰通过充分发挥其比较优势，提升花卉和园艺方面的科技实力，不仅与荷兰农民自身科学文化素质较高有密切关系，合作社也在其中扮演了重要角色。荷兰农民受教育程度较高，大多数荷兰农民获得了本科及其以上学位，其中不乏获得了双学位或硕士、博士学位的高素质农民，他们善于及时了解和收集相关的农业信息，熟悉掌握现代种植、养殖技术及农畜产品加工技术，也会使用和修理各种农业机械。具有合作社性质的荷兰皇家养牛协会是一家专业的牛种改良研究机构，它不仅拥有高科技的机器设备，还拥有先进的实验室，并建立了庞大的数据库和计算机网络。不仅养牛农户请它提供农业技术服务，荷兰农渔部和国家信息系统也会请它提供咨询服务。相比而言，中国的农民合作经济组织在农业科研方面仍然落后，主要停留在聘请科研人员给合作社成员进行培训和技术指导的层面，主要依靠农业科研机构和高等院校的科研成果，核心知识产权仍然掌握在别人手中，不能充分利用高科技成果推动合作社的发展。中国应该借鉴国外的成功经验，增强合作社自身科研实力，提升农产品质量，更好地为农户的农业生产经营服务。

（六）发挥农民合作经济组织的金融服务作用

发挥农民合作经济组织在农村金融服务中的主体作用，完善农村金融服务体系建设。分析发现，大多数国家的农民合作经济组织最初都是基于信贷领域的合作，给成员提供信贷服务成为农民合作经济组织最初的基本功能，农民合作经济组织实际上是农户之间的金融互助组织。荷兰最初的农民合作经济组织是消费合作，但随后信用合作组织也开始兴起。而在这些国家现有的农村金融服务体系中，除了商业银行给农户提供农村金融服务以外，农民合作经济组织也发挥着重要作用，如荷兰的信贷合作社——拉博银行是荷兰第二大银行，在农村金融服务中发挥着重要作用。印度和泰国的合作运动都是从信贷领域开始兴起的，印度形成了各层次信贷合作社，泰国也形成了合作社银行系统。中国的农村信用合作社也开始兴起和发展，但并未在农村金融服务体系中占据重要的地位并发挥突出作用，相关的立法也并未健全和完善。中国应该借鉴国外的成功经验，稳步发展农村信用合作，更好地为农户提供金融信贷服务。

第四节　本 章 小 结

本章以美国、日本、荷兰这三个发达国家，以及印度、泰国、巴西这三个发展中国家为例，分析了各国农业生产经营情况、农民合作经济组织发展状况、农业社会化服务体系发展情况，以及农民合作经济组织在农业社会化服务体系中的作用，并总结了不同类型国家的经验，提出了有助于充分发挥中国农民合作经济组织在农业社会化服务体系中的重要作用的启示。结论如下。

第一，通过完善农民合作经济组织法制建设，营造良好的法制环境，保障农民合作经济组织的法律地位，充分发挥农民合作经济组织在农业社会化服务体系中的重要作用。国外农民合作经济组织的发展经验表明，各国的农民合作经济组织都是基于相关法律法规的完善而逐渐发展壮大起来的，各种法律法规的制定和完善，不仅能够为农民合作经济组织的发展提供良好的法制环境，还能够为保障农民合作经济组织及其成员的利益提供基础，从而保障农民合作经济组织对内提供农业服务，并帮助成员获取外部化农业服务，充分发挥农民合作经济组织在农业社会化服务体系中的重要作用和功能。

第二，通过不同的农民合作经济组织之间的联合提升其经营规模和运营能力，有助于提升农民合作经济组织的对内服务绩效和获取外部服务的能力。本章通过梳理美国、日本、荷兰等典型发达国家农民合作经济组织的发展历程发现：这些国家的农民合作经济组织数量初期大量增加，到一定阶段后便逐渐减少；同时农民合作经济组织的规模却不断扩大，资产总额不断增加，经营实力也不断增强。而该变化主要来源于这些国家基层合作经济组织之间的合并、联合及优胜劣汰。因此，农民合作经济组织的数量多少并不重要，重要的是农民合作经济组织的联合使其经营规模扩大、运营能力提升，最终形成能够和企业抗衡的市场力量。与此同时，强大的农民合作经济组织能够提升内部服务绩效和获取外部服务的能力，更好地为农户提供农业社会化服务。

第三，农民合作经济组织控股的企业化经营模式，能够充分发挥农民合作经济组织和农业企业的比较优势，提升其在帮助农户获取外部化农业服务时的市场地位和谈判能力。本章不仅梳理了美国、日本、荷兰等典型发达国家农民合作经济组织的发展历程，也分析了印度、泰国、巴西等发展中国家农民合作经济组织的特征。这些成功经验表明农民合作经济组织兴办或者控股农业企业具有多方面的好处。一是可以借助企业的市场化优势充分发挥资本的作用，提高农民合作经济组织的经济收益，同时保持组织优势，通过合理的内部治理机制保障惠顾者农户的基本利益。二是以农民合作经济组织或龙头企业为纽带，将农业的产前、产中、产后各个环节连接为完整产业链条的一体化经营模式，降低农户的生产成本与交易成本，同时能够增强农产品的市场竞争力，提升农民合作经济组织在帮助农户获取外部化农业服务时的市场地位和谈判能力。

第四，农民合作经济组织能够在农业科研推广体系和农村金融服务体系中发挥重要作用，有助于帮助农户获得农业科技和金融方面的社会化服务。一方面，农民合作经济组织促进了农业科研推广体系的完善，有助于帮助农户获得农业科技服务。通过对发达国家的农民合作经济组织的分析发现，美国、日本和荷兰拥有发达的科学技术，不仅源于政府对农业科研的鼓励，农民合作经济组织也在其中起到了非常重要的作用。荷兰通过充分发挥其比较优势，提升花卉和园艺方面的科技实力，不仅与荷兰农民自身科学文化素质较高有密切关系，合作社也在其中扮演了重要角色。另一方面，农民合作经济组织推动了农村金融服务体系的发展，有助于帮助农户获得金融服务。而不论发达国家还是发展中国家，大多数国家的农民合作经济组织都是从信贷领域开始发展起来的，农民合作经济组织最初的功能就是给成员提供信贷服务，实际上是农户之间的金融互助组织，这也成为农村金融服务体系的一个重要组成部分。

第十章　研究结论和政策建议

本书试图在现有研究的基础上建立一个统一的分析框架，以此来系统深入地分析农民合作经济组织在农业社会化服务体系中的角色定位及其作用原理。本书基于俱乐部理论、分工理论、交易成本理论、公共选择理论、合作社理论的角度，深入剖析农民合作经济组织在农业社会化服务体系中的作用原理；继而采用描述统计分析方法、计量经济学模型分析方法、典型案例分析方法、国际比较分析方法等，从实证角度对农民合作经济组织在农业社会化服务体系中的作用进行了实证检验，从而得到了一系列有创新性的研究结论，并提出了一套建设性的政策措施。

第一节　研　究　结　论

本书利用中国的微观调查数据和宏观统计数据，以及其他国家的宏观统计数据，采用理论分析、描述统计分析、计量经济学模型分析、典型案例分析、博弈分析及国际比较分析等多种方法，探讨了农民合作经济组织在农业社会化服务体系中的角色定位及其作用原理，形成了有价值的研究结论。主要包括以下几个方面。

第一，农业社会化服务的产生有其必然性和必要性。主要体现为四点：一是从农业生产经营背景来看，农业生产过程是自然再生产和经济再生产相互交织的特殊生产过程，因此农业具有生命特性、季节特性、劳动的非连续性、对自然条件的依赖性、特有的产品市场特性等。而当前中国的农业生产经营组织方式是家庭承包生产经营，这导致了农业生产规模超小化和农地细碎化特征明显，单个小农面临激烈的市场竞争具有弱质性和弱势性特征。在这样的背景下，单个小农没有能力自给自足某些农业服务，产生了对农业社会化服务的需求，从而诱发了农业社会化服务供给的产生。二是从分工和专业化角度来看，农业社会化服务的产生正是农业领域内分工深化的产物。农业经济发展诱使了农业分工的深化，促使农业社会化服务产生。农业分工的发展又进一步促进了农业生产的专业化和农业服务的社会化。三是从成本收益权衡的效率角度来看，农业服务的社会化供给成本更低、收益更高，能够提高农业生产经营效率，因此农业社会化服务有其产生的必要性。农业服务的社会化供给收益相对更高主要体现为农业服务的社会化供给能够获得更多规模经济效益和专业化经济效益。农业服务的社会化供给成本相对更低主要体现为农户可以因此而降低机会成本、资产专用性成本等。因此农户作为农业服务的需求主体，会权衡其自给自足农业服务和享受社会化农业服务的成本和收益，并在这两种方式中选择更有效率的方式。四是从制度变迁的角度来看，农业社会化服务的产生具有诱致性制度变迁过程所特有的营利性、自发性和渐进性的特征。

第二，农业社会化服务具有纯公共品、准公共品和私人品等多元经济属性，具有不同性质的农业社会化服务应采取不同的供给制度。根据纯公共品的定义，可以把完全具备非排他性与非竞争性的农业社会化服务归纳为具有纯公共品性质的农业社会化服务。因此具有纯公共品属性的农业社会化服务具体包括农产品安全设施体系服务、具有公共消费特征和公益性特征的农业基础设施建设服务、具有普及性和公益性特征的农业技术服务和农业信息服务等。而根据不同农业生产环节角度分类的产前、产中和产后服务中，也有一些农业社会化服务具有共同消费特征及公益性特征，也属于纯公共品性质的农业社会化服务。根据准公共品的定义，可以把不完全具备非排他性与非竞争性的农业社会化服务归纳为具有准公共品性质的农业社会化服务。具体包括排他性不强而消费具有一定竞争性的部分农业生产资料服务、农业技术服务、农业信息服务、农业机械服务、农产品销售服务等。而根据产业链角度分类的产前、产中和产后服务中，一些具有排他性不强而且消费具有一定竞争性的部分农业社会化服务也具有准公共品性质。根据私人品的定义，可以把完全具有排他性与竞争性的农业社会化服务归纳为具有私人品性质的农业社会化服务。从农业产业链角度来看，产前、产中、产后的可市场交易的生产环节服务，可商品化的生产资料供应服务、农产品销售服务、农业金融服务等都属于私人品性质的农业社会化服务。具有纯公共品性质的农业社会化服务应该由政府进行供给，而具有准公共品性质的农业社会化服务可以基于自愿交换理论、产权理论、自愿供给理论、多中心供给理论采取多种形式的供给制度，具有私人品性质的农业社会化服务应由市场进行供给。不同供给主体应有明确的边界，并在农业社会化服务供给体系中发挥不同的作用。

第三，农户对农业社会化服务需求迫切，而且有较强的支付意愿；但农业社会化服务供给和需求并不平衡。微观调查数据分析发现农户对不同类型、不同农业生产环节的农业社会化服务的需求都较为迫切。而农户所在地域、农户是否加入农民合作经济组织、生产经营目标类型的不同造成了其农业社会化服务需求优先序的差异。相对而言，西部地区农户比中部和东部地区农户对农业社会化服务的需求更为迫切；加入农民合作经济组织的农户由于享受了农民合作经济组织提供的服务，比非农民合作经济组织农户的服务需求更少。大多数农户对农业社会化服务具有较强的支付意愿，愿意为不同类型、不同农业生产环节的农业社会化服务支付不同程度的费用，甚至愿意支付增加收益的10%以上的费用。而农户所在的地域、是否加入农民合作经济组织、农户所拥有的劳动力资源禀赋的不同造成了农户支付意愿的差异。相对而言，中部地区和低劳动力禀赋的农户支付意愿较低；加入农民合作经济组织的农户由于享受了组织提供的低价服务甚至免费服务，对农业社会化服务的支付意愿较低。政府、村集体、企业、农业科研院所、农民合作经济组织等不同服务主体都为农户提供了不同类型的农业社会化服务。相对而言，农民合作经济组织和政府的农业社会化服务覆盖率最高，收费最低；而企业提供的农业社会化服务覆盖率最低，收费最高。总体来看，农户对现有农业社会化服务的满意度较高，但现有农业社会化服务供给仍然存在和农户的实际需求不相符、服务次数少、服务范围小、不能帮助农户明显增加收入等问题，因此现有农业社会化服务供给模式需要进一步完善，服务绩效需要进一步提升。

第四，农业社会化服务体系由多个不同主体构成，农民合作经济组织在其中发挥着重要作用。农业社会化服务体系的主体构成主要包括需求主体和供给主体。需求主体是指从事农业生产经营的农业从业者，主要是指农户，也包括农户的一些自发组织如农民合作经济组织，以及从事农业生产经营的农业企业等。供给主体是指农业社会化服务的提供者，具体包括政府部门、企业、村集体、农民合作经济组织、科研院所、其他经济社会组织等。农民合作经济组织在农业社会化服务体系中居于重要地位并发挥着重要作用。一是农民合作经济组织作为农业社会化服务的重要供给主体，不仅能够为其成员农户提供高效的具有俱乐部产品性质的农业社会化服务，也能够通过市场机制为非成员农户提供具有私人品性质的农业社会化服务。二是农民合作经济组织作为农户需求表达的载体，能够帮助农户接受政府、企业、科研机构等第三方组织或部门提供的外部化农业服务，并帮助农业社会化服务的供需双方降低交易成本，提高农业社会化服务效率。三是农民合作经济组织和农业社会化服务体系的其他利益相关主体之间能够形成竞争和协作的关系，促使农业社会化服务体系的健康和谐发展。

第五，农民合作经济组织作为农业社会化服务的重要供给主体，具有明显的俱乐部性质，能够给内部成员提供具有俱乐部产品性质的内部化农业服务。内部化农业服务是指农民合作经济组织只对组织内部成员提供，而不对非组织成员提供的农业服务。农民合作经济组织具有俱乐部性质，体现在三个方面：一是农民合作经济组织具有排他性。通过精细的排他和粗略的排他两种方式实现对非成员排他和对未支付费用的成员的排他。二是农民合作经济组织具有拥挤性。农民合作经济组织的拥挤包括匿名拥挤和非匿名拥挤。农民合作经济组织主要通过控制普通成员的数量以及成本和收益的权衡减少匿名拥挤，通过控制核心成员和单位成员的数量减少非匿名拥挤。三是农民合作经济组织具有趋同性，即组织成员具有共同利益。这是因为组织成员的相对同质性导致组织的利益诉求一致；组织特有的成本分摊和收益分享机制能够提升组织成员的福利，促使组织成员能够共同为组织发展努力；组织带给成员的归属感和成就感能够使成员追求共同利益。

第六，农民合作经济组织给成员提供的内部化农业服务绩效受成员状况、信息状况、俱乐部成本、需求显示等多种因素的影响。成员状况包括成员同质性和异质性的构成及成员规模。成员构成对内部化农业服务绩效的影响是不确定的，而成员规模的扩大会造成俱乐部的拥挤而降低农业服务绩效；信息不对称会降低农业服务绩效，当服务需求信息不对称时，农户并未对其消费的服务支付相应的成本，农民合作经济组织的服务成本不能得到有效弥补，对于供给方来说会降低其农业社会化服务的供给绩效。当服务供给信息不对称时，由于代理成本的存在，农户利益受到侵害，对于需求方而言会降低其获取的农业社会化服务绩效。由排他成本和契约成本构成的俱乐部成本虽然会增加服务投入，但能够对服务的供给者和消费者进行有效监督和约束，从而提高服务绩效。虽然促使农户需求偏好的真实显示需要支付成本，但是一旦能够使农户的真实需求偏好显示出来，就能够促进服务绩效的提高。

第七，农民合作经济组织能够作为农户需求表达的载体，帮助农户获取其他供给主体提供的外部化农业服务。外部化农业服务是指农民合作经济组织以外的其他供给主体向组织内部成员提供的农业社会化服务。外部化主要是从范围的角度来进行划定的，并通过农民合作经济组织的边界来进行鉴别。农民合作经济组织在获取外部化农业服务的过程中扮演着农户需求表达的载体，以及农业社会化服务供需匹配的桥梁等重要角色。具有公共品性质的农业社会化服务缺乏价格机制，而农户自身素质较低，无法正确表达某些具有长远利益的公共品性质的农业社会化服务需求，信息不对称导致理性经济人采取机会主义行为，致使农业生产经营者出于搭便车动机隐藏自己的真实需求，这些原因导致农户对公共品性质的农业社会化服务的需求表达存在困难。除此以外，农业社会化服务供需双方存在交易成本的约束、农户对农业社会化服务的需求具有多样性等原因导致了仅依靠农民合作经济组织向其内部成员提供农业社会化服务不能满足需求，因而帮助组织成员获取外部化农业服务有其必要性。而农民合作经济组织通过选择性激励方式能够帮助农户建立有效的需求表达机制，并且有助于农业社会化服务供需双方节约交易成本，并满足农户对农业社会化服务的多样性需求，因此帮助组织成员获取外部化农业服务有其可行性。

第八，农民合作经济组织与农业社会化服务体系中的其他利益相关主体之间存在着竞争与协作的关系。农业社会化服务体系中的利益相关主体主要包括作为供给方的政府、村集体、科研院所、农民合作经济组织、企业、其他经济社会组织，以及作为需求方的农户、农民合作经济组织等。竞争关系主要体现在农业社会化服务的市场化供给过程中，农民合作经济组织和其他供给主体如企业等之间形成的市场竞争关系。协作关系主要体现在农业社会化服务的供给和需求匹配过程中，农民合作经济组织和其他供给主体形成的协作关系。一方面，农民合作经济组织和政府相互协作，联合供给具有公共品性质的农业社会化服务；农民合作经济组织也可以和科研院所协作，联合供给具有准公共品性质的农业社会化服务；农民合作经济组织还可以和企业协作，联合供给具有私人品性质的农业社会化服务。通过这些协作不仅可以为组织成员提供农业服务，还可以给非组织成员提供农业服务。另一方面，农民合作经济组织作为农户需求表达的有效载体，帮助农户获取其他供给主体提供的农业社会化服务，在这个过程中农民合作经济组织难免会和其他供给主体之间进行沟通和协调，形成协作关系以促使农业社会化服务的有效供给。

第二节 政 策 建 议

针对本书的研究结论，笔者从完善农民合作经济组织对内服务功能、搭建农民合作经济组织获取外部化农业服务通道、营造农业社会化服务多元供给主体竞争协作环境这三个方面提出具体的操作性强的政策建议，以促进农民合作经济组织在完善农业社会化服务体系中充分发挥作用，从而进一步促进农业经济的发展和农业现代化的实现。

一、完善农民合作经济组织对内服务功能

关于完善农民合作经济组织对内服务功能方面的政策建议主要包括：建立农民合作经济组织的选择性激励机制，促使农户需求表达；优化农民合作经济组织的农业服务投入机制，制定差异化服务策略；强化农民合作经济组织的内部沟通机制，降低信息不对称等。

第一，建立农民合作经济组织的选择性激励机制，促使农户需求表达，从需求角度提高内部化农业服务绩效。

农业社会化服务供给难以满足需求的一个重要原因是普通成员的搭便车行为

使其需求表达存在困境，因此农民合作经济组织需要建立选择性激励机制，促使普通成员表达自身的需求，使农民合作经济组织决策层能够更好地了解农户的农业服务需求，提供更有针对性的农业社会化服务，从而提升农民合作经济组织对内提供农业社会化服务的绩效。选择性激励方式是指选择有奖有罚的激励方式，具体可以采取以下措施：一是通过完善组织成员股金制度引导普通成员增加出资额度，使核心成员与普通成员的出资比例相对均衡，吸引普通成员更加关注组织的农业社会化服务供给，避免出现因出资过少而不愿意支付成本表达自身服务需求产生的搭便车现象。二是通过规范盈余分配制度，保证按交易量分配的主导地位，限制资本报酬的比例，增强对组织普通成员的激励。普通成员出资额毕竟有限，对组织的贡献也主要是作为惠顾者与组织进行产品交易，因此保证按交易量分配的主导地位能够增强对组织普通成员的激励，减少普通成员不愿意表达真实需求的机会主义行为。例如，对保持稳定交易额的普通农户进行收益奖励，而对无法完成规定交易额的普通农户进行扣减受益额的惩罚。三是通过声誉机制进行激励，促使普通成员表达自身的真实农业服务需求。农民合作经济组织往往都是按照血缘、亲缘、地缘组织起来的，成员个人通常很看重自己被他人或集体的认可或评价，认为个人的良好声誉非常重要。农民合作经济组织可以通过设置一些特殊荣誉、提供培训机会、加强事迹宣传等方式从正面激励那些为组织做出贡献的成员；相反地，采取通报批评、对其惠顾额进行限制等方式对机会主义行为者进行惩罚。

第二，优化农民合作经济组织的农业服务投入机制，制定差异化服务策略，从供给角度提高内部化农业服务绩效。

农民合作经济组织的农业服务投入是其服务绩效的决定性因素，因此需要完善农民合作经济组织的农业服务投入机制，并制定差异化服务策略，从供给角度提高内部化农业服务绩效。农民合作经济组织的农业服务投入机制主要包括农业服务的融资机制、供给决策机制和监督机制等。

农民合作经济组织对内提供农业服务的基本保障来源于农业服务投入的资金筹集。经典合作社产权是从惠顾者角度出发进行设计的，它体现和突出了劳动的权利，而并未强调资本的权利，这是一种明显的"劳动雇佣资本"形式，因此长期内农民合作经济组织都必然存在资本缺乏的问题。农民合作经济组织对内提供农业服务的融资机制可以通过产权融资和非产权融资两种方式实现。产权融资方式可以采取以下措施：一是鼓励成员将盈余分配所得转为股金继续留在组织内，从而扩大股金数量；二是以公共产权形式筹集资金，即通过提取公积金来积累股份；三是把成员的投资水平和其交易权直接挂钩，即成员通过购买向组织交售农产品的交易权的方式来进行投资入股。非产权融资方式则主要依靠政府、正规金融、民间金融等多种渠道进行，通过政府的财政扶持向农民合作经济组织提供直接补贴或者项目资金和奖励资金，以及向金融机构贷款等方式进行融资，也可以采取建立合作事业互助基金、开设合作银行等方式帮助农民合作经济组织筹集农业服务投入资金。

需求导向型的民主决策应该是农民合作经济组织农业服务供给决策机制的基础。而现实中，农民合作经济组织的发起人和管理者掌握了更多的决策权。由于这些人往往是组织的最大投资者和关键性生产要素的所有者，也是组织资源的最大利用者和主要惠顾者，组织的发展离不开他们的资金、社会资源和经营能力，他们成为拥有组织实际控制权的"内部人"。为了让组织的农业服务供给能够满足更多普通成员的需求，避免"内部人"控制，应该建立需求决定供给的农业服务供给民主决策机制。这主要通过全体成员大会表决机制来实现，通过建立完备的民主决策程序，实行"一人一票"，对附加表决权的票数进行明确限制。并保证中小成员代表进入组织的理事会和监事会，增加组织决策的透明度，减少组织管理者的机会主义行为。

农业服务投入的监督机制包括财务监督制度、成员退出制度等。财务监督可以采取以下措施：①建立规范的财务管理制度，并严格遵照执行；②聘请专业的财会人员，并保障其工作的独立性；③实行财务公开和账目查询制度，向全体成员定期公开明细账目，允许成员对有异议的账目进行查询；④设立财务督查和审计制度，定期对财务人员进行督查，并对账目进行审计等。通过财务监督制度提高农民合作经济组织提供农业社会化服务的资金使用效率。成员退出制度主要是充分发挥成员退出权的作用，如规定成员行使退出权时除了可以返还初始投资额以外，还允许成员带走量化到个人账户的公共积累，通过这种方式时刻对农民合作经济组织的管理者或核心成员构成退出的威胁，从而对管理者或核心成员的农业社会化服务供给决策行为和农业服务供给的具体执行进行有效监督。

第三，强化农民合作经济组织的内部沟通机制，降低信息不对称，从供需匹配角度提高内部化农业服务绩效。

农民合作经济组织内部的信息不对称表现为两点：一是农民合作经济组织的决策层不能完全掌握全部成员的农业社会化服务需求信息，因此不能够提供完全符合农户需求的农业服务；二是农民合作经济组织的农业服务供给信息无法被组织成员完全掌握，因此组织成员不清楚组织提供的农业服务是否正好是他们所需要的，也不能完全了解组织提供的农业服务是否是组织承诺将要提供的农业服务。因此，可以通过正式制度和非正式制度相结合的制度形式，保障农民合作经济组织内部的有效沟通，从而降低组织内部的信息不对称，有效保证农业服务的供需匹配，提高内部化农业服务供给绩效。具体可以采取如下措施。

（1）通过建立正式制度加强组织成员信息向组织决策层的传递和沟通。主要通过两种方式实现：一种方式是组织可以采取专家讲座、座谈会、印发宣传资料和视频资料等方式对组织成员进行组织性质和原则及相关政策的宣传和引导，使组织成员了解组织的章程，了解自己在组织中的权利和义务，明确自己在组织中的主人翁地位，提高组织成员的民主自治意识，激发组织成员参与组织事务的积极性。另一种方式是组织可以通过完善全体成员大会和成员代表大会制度来实现组织成员信息向组织决策层的传递，促使组织成员积极主动地表达自己的服务需求、对现有农业服务的满意度及对管理层的建议和意见等。

（2）通过建立正式制度加强组织决策层向组织成员信息的传递和沟通。例如，实行财务公开和社务公开、创办内部刊物等，向成员介绍农民合作经济组织的经营管理情况、融资情况及资金使用情况、给农户提供农业服务情况，增强成员和管理者之间的信任，形成组织内部的凝聚力。

（3）从非正式制度方面强化组织内部的沟通和交流。例如，鼓励文化团体到农村或组织中演出，丰富组织成员的精神文化生活；以资金和人力支持组织发展自己的文化事业，以喜闻乐见的形式将分散的农户在文化生活方面凝聚起来，改变农民不良的娱乐习惯；鼓励、指导组织创建自己的文化；等等。通过这些方式拉近成员之间的距离，增强沟通和互信。

二、搭建农民合作经济组织获取外部化农业服务通道

关于搭建农民合作经济组织获取外部化农业服务通道方面的政策建议主要包括：完善政府扶持机制，兼顾效率与公平；加强农民合作经济组织自身实力建设，形成声誉机制；建立农民合作经济组织的教育培训体系，提高组织管理者和成员的素质；等等。

第一，完善政府扶持机制，兼顾效率与公平，使不同类型农民合作经济组织及不同角色成员都能受益。

政府对农民合作经济组织的扶持主要集中于那些规模大、效益好的少数农民合作经济组织，一些有政府背景、社会资源丰富的农民合作经济组织更容易获得政府的政策和资金扶持，更多真正有困难的农民合作经济组织往往很难获得政府的扶持，因而难以获得一些具有公共品性质的农业社会化服务。而且现有的发展较好的农民合作经济组织往往吸纳了一些具有更多资源禀赋的单位成员或核心成员，政府的扶持往往使这些核心成员获益更多，难以惠及数量更多的普通成员，因而更多的普通成员并未享受到政府提供的具有公共品性质的农业社会化服务的好处。因此，需要完善政府的扶持机制，兼顾效率和公平。采取差异化的扶持策略，重点扶持规模大、效益好的农民合作经济组织，还要兼顾一些中、小规模经营困难的农民合作经济组织；不仅使具有更多资源禀赋的核心成员受益，还要惠

及更多的普通成员。具体可以采取如下方式：政府应该对农民合作经济组织的资质进行公平、公正的评价，鼓励资质较好的农民合作经济组织采用贷款的方式进行筹资，并辅以政府直接的资金补贴。需要注意的是，政府评价农民合作经济组织的绩效不能只看农民合作经济组织的规模和经营业绩，而应综合考虑农民合作经济组织是否使普通农户受益，受益多少，不能使普通农户受益的农民合作经济组织，即使发展速度快、经营绩效好，也不应被鼓励和提倡。另外，可以将政府的扶持资金作为奖励基金，而不是补贴，以此来激励农民合作经济组织的发展。政府应该制定专门的政策规范引导和扶持普通农户组建的规模较小的农民合作经济组织，给予这类农民合作经济组织资金和政策方面的倾斜。对于普通农户组建的农民合作经济组织，应该向所在地各级干部积极宣传农民合作经济组织政策，鼓励他们积极为农民合作经济组织谋利益，并把发展农民合作经济组织作为发展当地经济的重要途径之一。

第二，加强农民合作经济组织自身实力建设，形成声誉机制，提升获取外部化农业服务时的市场地位和谈判能力。

通过对农民合作经济组织自身的制度建设、品牌建设等增强组织自身实力，形成组织良好的声誉，能够提升农民合作经济组织在获取外部化农业服务时的市场地位和谈判能力，为农户获取更高效的农业社会化服务。

加强农民合作经济组织自身的制度建设主要是建立科学完善的农民合作经济组织章程并严格遵照执行。国际合作社界日益强调章程规制重于法律规制，合作社章程成为约束农民合作经济组织及其成员行为的规范性文件和准则，也成为农民合作经济组织的组织制度基础，即农民合作经济组织的组织宪章。农民合作经济组织章程的制定应该结合组织生产经营的特点，由全体成员讨论决定，明确组织机构及其性质、成员资格及其权利义务、生产经营项目的管理与实施、收益分配与风险承担原则、变更及破产清算程序等。

随着农产品市场竞争的加剧，消费者对农产品的需求日益呈现多样化、多层次性、精致性的特征，农产品必须保证高品质、绿色、安全，并通过形成品牌和标准，形成更强的市场竞争力。因此农民合作经济组织应该强化自身品牌建设，加大优质农产品商标注册力度，并加强农产品质量监管，推进农产品标准化，不断增强农产品的市场竞争能力，从而不断增强农民合作经济组织的竞争能力，尤其是国际竞争能力。同时通过合作社文化建设增强成员的认同感、归属感和组织凝聚力，并使成员充分认同组织的品牌定位、品牌文化和品牌价值，减少农户的机会主义行为，在市场上树立良好的品牌形象。例如，通过品牌建设和品牌营销的系列讲座提高农户对农产品品牌的认知。并定期举办农业生产经营技术培训班和技术辅导员培训班，宣传农产品质量管理知识，帮助农户提升生产经营过程中的科技附加值。

第三，建立农民合作经济组织的教育培训体系，提高组织管理者和成员的素质，保障外部服务和内部需求的有效对接。

农民合作经济组织帮助成员获取外部化农业服务可以通过降低服务供需双方的交易成本来提升服务绩效，因此可以通过教育培训来提高组织管理者和成员的素质，从三个方面降低交易成本，以提升服务绩效：一是强化成员对农民合作经济组织的认同，提升组织成员对组织管理者的信任程度，并进一步增强组织成员之间的信任和合作意识，降低组织的沟通和协调成本；二是通过对组织成员的教育培训提升其文化素养和科技水平，改变其传统落后的农业生产经营观念，增强其采纳新技术、新产品的意愿和能力，降低农业社会化服务供需双方的交易成本；三是通过对组织管理者的教育培训，建立一支稳定、高素质、专业化的组织管理人才队伍，通过组织经营管理者能力的提升来增强组织的经营绩效，提升组织的市场地位，降低服务供需双方的谈判成本。

而建立农民合作经济组织的教育培训体系可以从以下三个方面展开：一是开办农民合作经济组织职业培训学校。通过聘请具有深厚合作组织理论基础、熟悉国际合作组织先进经验和中国合作组织发展实践、善于理论联系实践的教学科研人员进行授课，委托科研院所开设相关课程等方式，对农民合作经济组织的政策法规进行宣传，对农民合作经济组织的基本原则和国际经验进行梳理，并对农民合作经济组织的管理实践进行指导，培育农民合作经济组织的管理人员，并提升成员的素质。二是开设农业生产经营田间培训课堂。由于组织的成员主要以农民为主体，文化水平有限，针对组织成员的具体情况成立流动性的田间培训课堂，聘请各类农业技术专家，在农业耕作现场对农民进行技术讲解、现场演示、实地示范等，使农民在田间地头就能学到先进实用的技术，解决农业技术困难问题。三是设立农民合作经济组织考察实训基地。通过和国内外优秀合作组织建立合作关系，建立国际、国内的合作网络，对国外典型的农民合作经济组织进行考察和学习，以及对国内典型的农民合作经济组织实践进行对比，积累管理经验，提升成员的素质。

三、营造农业社会化服务多元供给主体竞争协作环境

关于营造农业社会化服务多元供给主体竞争协作环境方面的政策建议主要包括：完善相关要素市场，创造良好的市场环境；健全相关法律法规，营造规范的法制环境等。

第一，完善相关要素市场，创造良好的市场环境，充分发挥多元供给主体的服务作用。

农民合作经济组织和政府、企业、科研院所、村集体、其他经济社会组织等多元供给主体能够充分发挥提供农业社会化服务的作用，满足农户的多样化服务需求，依赖于良好的市场环境，需要土地、资金、劳动力等相关要素市场的完善与繁荣。

农村土地是农业生产经营的最基本要素，政府应该积极培育农村土地流转市场，克服农村土地细碎化对农业生产经营的不利影响，具体可以采取如下措施：完善农村土地市场的制度建设，包括农村土地流转价格评估制度、农村土地地籍管理制度、农村土地流转中介管理制度等；完善农村土地市场的法律法规建设，以保证农村土地流转市场交易各方的利益，促进土地市场健康有序地发展。

完善农村金融要素市场，为促进农业社会化服务供给主体多元化营造和谐的金融市场环境。例如，通过深化农村信用社改革，支持农村信用社改制为农村合作银行，恢复信用社的合作性质，并通过设立社区银行和发展农村商业银行提供完善的农村金融服务；通过相应的货币政策工具合理配置农业领域的金融资源，并通过相关政策法规及相应的激励措施，促使金融机构把信贷资金投向农业领域；通过建立完善的农村信贷担保机制，扩大有效担保物的范围等方式来加快农村信用体系的构建；通过完善政策性农业保险制度，加快建立农业再保险和巨灾风险的分散机制等方式来促进农村保险事业发展；规范民间借贷行为，并对农村金融组织形式和金融产品进行创新。

农村劳动力是农业生产经营的关键要素，健全和完善农村劳动力市场，克服城乡二元结构对农业生产经营的制约，具体可以采取如下措施：完善农村劳动力市场，打破城乡二元劳动力市场结构，使城乡劳动力能够自由流动，不仅鼓励农村剩余劳动力向城市转移，提高农业生产效率，而且鼓励农民工返乡创业，发展农村特色产业；对农村劳动力进行农业专业技术培训，以提高农村劳动力素质。

第二，健全相关法律法规，营造规范的法制环境，保障多元供给主体在竞争协作中的法律地位。

为了完善农业社会化服务体系，充分发挥农民合作经济组织在农业社会化服务体系中的作用，并促进多元化供给主体的竞争与协作，应该从两大方面健全相关法律法规，营造规范的法制环境：一方面，健全和完善多元供给主体相关的法律法规，明确其责任范围，确保其法律地位。尤其是需要完善农民合作经济组织相关法律法规，确保农民合作经济组织的主体地位，规范农民合作经济组织的行为，以保障农民的利益。另一方面，健全各类农业社会化服务相关的专项法律法规，规范各不同主体的市场行为，维护农业社会化服务供给各方的公平市场秩序。

（1）中国的农民合作经济组织相关法律法规还有待进一步健全和完善。农民合作经济组织既不同于现代公司型企业，也不同于普通的社团法人，而是一种特殊的经济组织，必须通过建立专门的法律法规来界定其财产关系，明确其责任形式、与政府的关系及政府的扶持政策等。现有的农民合作经济组织相关法律界定了农民合作经济组织是农产品生产者及其服务对象所有和控制，并通过利用合作社的服务而受益的企业。因此农民合作经济组织应该是一种特殊的法人，需要专门的法律法规规范其运营。而且，政府还应该制定相应的法律法规，明确其他农业社会化服务供给主体的法律地位，确保其在农业社会化服务体系中有效地发挥作用。另外，政府还应该对农业社会化服务的多元供给主体进行市场准入、市场秩序等方面的限制和规范。并通过行政立法来保障农业社会化服务相关主体的平等地位和自身利益。通过赋予其公平的市场主体地位，约束其活动，规范其行为，并维护各经济主体的合法利益不受侵犯，保障市场经济有秩序地运转。

（2）政府还应该对各类具体的农业社会化服务进行专项立法。各级政府应该通过推进农业技术推广法的立法进程与立法完善工作，确定各类农业技术推广主体的性质及其法律地位，明确不同主体进行农业技术推广工作的规范及法律责任等，以实现农业技术服务体系的健全和完善。各级政府也应该通过推进农业机械化促进法的立法进程与立法完善工作，确保对各类农业机械生产者的研究开发的资金投入和政策倾斜，对各类农业生产经营主体购买农业机械的资金和政策扶持，对各类从事农业机械服务的组织或个人给予税收优惠和各项财政补贴，并保障农业机械产品质量纠纷中农民的利益。各级政府还应该通过推进农业生产资料监管办法的立法进程与立法完善工作，确保包括种子、农药、肥料等生产资料的产品质量监督，保障农业生产资料消费者，也就是农业生产经营者的利益，并规范农业生产资料生产者的生产行为和市场行为。此外，各级政府还应该对农产品加工、农产品市场交易、农产品信息发布等各类涉及农业社会化服务的相关领域进行相应的立法，以健全和完善农业社会化服务相关的立法体系。

第三节　研究展望

由于本书研究者的时间、精力限制，以及研究条件、经费等多方面的限制，还有一些值得进一步深入研究的内容本书并未涉及，在今后的研究中可以逐步完善，进一步丰富本领域的理论和实证研究成果。

第一，研究内容的拓展。本书主要探讨了以农民合作社为核心的农民合作经济组织在农业社会化服务体系中的角色定位及其作用原理，后续的研究内容可以从以下几个方面进行拓展：一是进一步深入探讨不同形式的农民合作经济组织在农业社会化服务体系中的作用有何异同；二是进一步深入分析农民合作经济组织内部治理结构特征的不同对其农业服务供给的作用；三是进一步研究农民合作经济组织促进农业社会化服务体系完善对农业经济的发展和农业现代化的实现的作用机理。

　　第二，研究数据的丰富。本书所使用的微观抽样调查数据仅为 2013 年的横截面数据，而且样本量并不是很大，覆盖范围也并不是很广。后续研究中可以通过更大范围的抽样调查获取样本量更大、质量更可靠的微观数据，并考虑对样本的追踪调查形成面板数据，从而对本主题进行系统、深入的实证研究。具体可以从几个方面进行扩展：一是扩大调查范围，对不同区域进行比较；二是增加调查样本，用大样本数据来建立模型，增加模型的可信度；三是在问卷中增加更细致、更有针对性的问题；四是对调查样本进行追踪调查，形成面板数据。

参 考 文 献

奥尔森 M. 1995. 集体行动的逻辑[M]. 陈郁，郭宇峰，李崇新译. 上海：上海三联书店，上海人民出版社.

奥斯特罗姆 E. 2000. 公共事物的治理之道[M]. 余逊达，陈旭东译. 上海：上海三联出版社.

暴丽艳. 2009. 供销社在农业社会化服务体系中的作用及实现路径[J]. 经济问题，（2）：93-96.

蔡荣. 2011. "合作社+农户"模式：交易费用节约与农户增收效应——基于山东省苹果种植农户问卷调查的实证分析[J]. 中国农村经济，（1）：58-65.

陈新建，谭砚文. 2013. 基于食品安全的农民专业合作社服务功能及其影响因素——以广东省水果生产合作社为例[J]. 农业技术经济，（1）：120-128.

陈钊，陆铭，佐藤宏. 2009. 谁进入了高收入行业?——关系、户籍与生产率的作用[J]. 经济研究，44（10）：121-132.

崔登峰，王秀清，朱金鹤. 2012. 西部边疆民族地区农村基本公共服务优先序研究——基于新疆 42 个县市 96 个村镇的调研数据[J]. 农业经济问题，（3）：70-76.

董欢，郭晓鸣. 2014. 生产性服务与传统农业：改造抑或延续——基于四川省 501 份农户家庭问卷的实证分析[J]. 经济学家，（6）：84-90.

段大恺. 1990. 强化农业社会化服务促进农村经济全面发展[J]. 中国农村经济，（9）：53-57.

樊亢，戎殿新. 1994a. 论美国农业社会化服务体系[J]. 世界经济，（6）：4-12.

樊亢，戎殿新. 1994b. 美国农业社会化服务体系——兼论农业合作社[M]. 北京：经济日报出版社.

冯根福. 2004. 双重委托代理理论：上市公司治理的另一种分析框架——兼论进一步完善中国上市公司治理的新思路[J]. 经济研究，（12）：16-25.

高强，孔祥智. 2013. 我国农业社会化服务体系演进轨迹与政策匹配：1978~2013 年[J]. 改革，（4）：5-18.

龚道广. 2000. 农业社会化服务的一般理论及其对农户选择的应用分析[J]. 中国农村观察，（6）：25-34，78.

关锐捷. 2012. 构建新型农业社会化服务体系初探[J]. 农业经济问题，（4）：4-10，110.

郭红东，张若健. 2010. 中国农民专业合作社调查[M]. 杭州：浙江大学出版社.

郭翔宇. 2001. 农业社会化服务体系问题探索[M]. 哈尔滨：哈尔滨出版社.

郭翔宇，范亚东. 1999. 发达国家农业社会化服务体系发展的共同特征及其启示[J]. 农业经济问题，（7）：60-63.

国鲁来. 2003. 农业技术创新诱致的组织制度创新——农民专业协会在农业公共技术创新体系建设中的作用[J]. 中国农村观察，（5）：24-31，45-80.

韩国明，郭鹏鹏. 2011. 农民自主成立的合作社与"支部+合作社"治理绩效的比较分析——基于甘肃省民勤县的调查[J]. 中国农村观察，（6）：22-30.

韩俊. 2007. 中国农民专业合作社调查[M]. 上海：上海远东出版社.

韩瑜. 2010. 制度变迁与中国新型农民合作经济组织的发展动力研究[J]. 经济问题探索，（4）：35-40.

汉斯曼 H. 2001. 企业所有权论[M]. 于静译. 北京：中国政法大学出版社.

胡中应，余茂辉. 2013. 社会资本视角下的农业科技服务体系创新研究[J]. 经济问题探索，（2）：140-144.

扈映，黄祖辉. 2006. 动态化公共物品供求视角下的农技推广服务[J]. 科学学研究，24（6）：867-871.

黄季焜，胡瑞法，孙振玉. 2000. 让科学技术进入农村的千家万户——建立新的农业技术推广创新体系[J]. 农业经济问题，（4）：17-25.

黄季焜，邓衡山，徐志刚. 2010. 中国农民专业合作经济组织的服务功能及其影响因素[J]. 管理世界，（5）：75-81.

黄珺，朱国玮. 2008. 农民合作经济组织形成机理的实证分析[J]. 农业技术经济，（3）：54-57.

黄青禾. 1994. 农业社会化服务体系研究[M]. 北京：北京农业大学出版社.

黄胜忠. 2008. 转型时期农民专业合作社的组织行为研究：基于成员异质性视角[M]. 杭州：浙江大学出版社.

黄胜忠，徐旭初. 2008. 成员异质性与农民专业合作社的组织结构分析[J]. 南京农业大学学报（社会科学版），8（3）：1-7.

黄胜忠，林坚，徐旭初. 2008. 农民专业合作社治理机制及其绩效实证分析[J]. 中国农村经济，（3）：65-73.

黄武. 2010. 农户对有偿技术服务的需求意愿及其影响因素分析——以江苏省种植业为例[J]. 中国农村观察，（2）：54-62.

黄宗智. 2010. 龙头企业还是合作组织？[J]. 中国老区建设，（4）：25-26.

黄祖辉. 2008. 中国农民合作组织发展的若干理论与实践问题[J]. 中国农村经济，（11）：4-7，26.

黄祖辉，王祖锁. 2002. 从不完全合约看农业产业化经营的组织方式[J]. 农业经济问题，（3）：28-31.

黄祖辉，徐旭初. 2003. 大力发展农民专业合作经济组织[J]. 农业经济问题，（5）：41-45，80.

黄祖辉，梁巧. 2009. 梨果供应链中不同组织的效率及其对农户的影响——基于浙江省的实证调研数据[J]. 西北农林科技大学学报（社会科学版），9（1）：36-40.

黄祖辉，高钰玲. 2012. 农民专业合作社服务功能的实现程度及其影响因素[J]. 中国农村经济，（7）：4-16.

黄祖辉，张静，Kevin Chen. 2008. 交易费用与农户契约选择——来自浙冀两省15县30个村梨农调查的经验证据[J]. 管理世界，（9）：76-81.

黄祖辉，梁巧，吴彬，等. 2014. 农业合作社的模式与启示：美国、荷兰和中国台湾的经验研究[M]. 杭州：浙江大学出版社.

贾康，孙洁. 2006. 农村公共产品与服务提供机制的研究[J]. 管理世界，（12）：60-66.

蒋远胜. 2007. 西部地区社会主义新农村建设的内容与优先序——基于四川省387个村支书的问卷调查和小组访谈分析[J]. 中国农村经济，（1）：20-27.

孔祥智. 2009. 中国农业社会化服务——基于供给和需求的研究[M]. 北京：中国人民大学出版社.

孔祥智，郭艳芹. 2006. 现阶段农民合作经济组织的基本状况、组织管理及政府作用——23省农民合作经济组织调查报告[J]. 农业经济问题，（1）：54-59.

孔祥智，蒋忱忱. 2010. 成员异质性对合作社治理机制的影响分析——以四川省井研县联合水果合作社为例[J]. 农村经济，（9）：8-11.

孔祥智，徐珍源. 2010. 农业社会化服务供求研究——基于供给主体与需求强度的农户数据分析[J]. 广西社会科学，（3）：120-125.

孔祥智，方松海，庞晓鹏，等. 2004. 西部地区农户禀赋对农业技术采纳的影响分析[J]. 经济研究，（12）：85-95，122.

孔祥智，李圣军，马九杰. 2006. 农户对公共产品需求的优先序及供给主体研究——以福建省永安市为例[J]. 社会科学研究，（4）：47-51.

孔祥智，楼栋，何安华. 2012. 建立新型农业社会化服务体系：必要性、模式选择和对策建议[J]. 教学与研究，47（1）：39-46.

李炳坤. 1999. 农业社会化服务体系的建设与发展[J]. 管理世界，（1）：195-202.

李春海. 2011. 新型农业社会化服务体系框架及其运行机理[J]. 改革，（10）：79-84.

李东，卢小磊，张万福，等. 2011. 农业产业化龙头企业农技服务活动的农户满意度测评[J]. 农业技术经济，（8）：89-95.

李荣耀. 2015. 农户对农业社会化服务的需求优先序研究——基于15省微观调查数据的分析[J]. 西北农林科技大学学报（社会科学版），15（1）：86-94.

李容容，罗小锋，薛龙飞. 2015. 种植大户对农业社会化服务组织的选择：营利性组织还是非营利性组织？[J]. 中国农村观察，（5）：73-84.

李新春，苏琦，董文卓. 2006. 公司治理与企业家精神[J]. 经济研究，（2）：57-68.

李志萌. 1998. 论农业产业化社会服务体系建设[J]. 江西社会科学，（6）：36-38.

厉为民. 2003. 荷兰的农业奇迹[M]. 北京：中国农业科学技术出版社.

廖清成. 2006. 我国中部地区农村公共品供需偏好研究[J]. 浙江学刊, （1）: 54-59.

刘俊文. 2017. 农民专业合作社对贫困农户收入及其稳定性的影响——以山东、贵州两省为例[J]. 中国农村经济, （2）: 44-55.

刘自敏, 杨丹. 2013. 农民专业合作社对农业分工的影响——来自中国六省农户调查的证据[J]. 经济问题, （9）: 106-110.

刘自敏, 杨丹. 2014. 分工与合作的农户增收效应研究——基于农户自选择行为的分析[J]. 西南大学学报（自然科学版）, 36（6）: 201-208.

鲁可荣, 刘红凯. 2012. 浙江省农业社会化服务供需现状、问题与政策[J]. 广东农业科学, 39（20）: 222-225.

鲁可荣, 郭海霞. 2013. 农户视角下的农业社会化服务需求意向及实际满足度比较[J]. 浙江农业学报, 25（4）: 890-896.

鲁钊阳. 2013. 农业生产性服务业发展对城乡收入差距的影响[J]. 南京社会科学, （2）: 23-29.

吕微, 唐伟, 韩晋乐. 2010. 基于多方合作的农村服务体系供给研究[J]. 中国行政管理, （6）: 84-87.

牛若峰, 夏英. 2000. 农业产业化经营的组织方式和运行机制[M]. 北京: 北京大学出版社.

农业部农村经济研究中心课题组. 2005. 我国农业技术推广体系调查与改革思路[J]. 中国农村经济, （2）: 46-54.

庞晓鹏. 2006. 农业社会化服务供求结构差异的比较与分析——基于农业社会化服务供求现状的调查与思考[J]. 农业技术经济, （4）: 35-40.

邵喜武, 海青, 王海艳. 2010. 新型农民合作经济组织服务模式及其运行机制研究——以吉林省为例[J]. 社会科学战线, （5）: 80-85.

石绍宾. 2009. 农民专业合作社与农业科技服务提供——基于公共经济学视角的分析[J]. 经济体制改革, （3）: 94-98.

斯密 A. 1972. 国民财富的性质和原因的研究[M]. 郭大力, 王亚南译. 北京: 商务印书馆.

斯密德 A A. 1999. 财产、权力和公共选择——对法和经济学的进一步思考[M]. 黄祖辉, 等译. 上海: 上海三联书店, 上海人民出版社.

孙顶强, 卢宇桐, 田旭. 2016. 生产性服务对中国水稻生产技术效率的影响——基于吉、浙、湘、川 4 省微观调查数据的实证分析[J]. 中国农村经济, （8）: 70-81.

孙剑, 黄宗煌. 2009. 农户农业服务渠道选择行为与影响因素的实证研究[J]. 农业技术经济, （1）: 67-74.

唐宗焜. 2007. 合作社功能和社会主义市场经济[J]. 经济研究, （12）: 11-23.

唐宗焜. 2012. 合作社真谛[M]. 北京: 知识产权出版社.

仝志辉. 2007. 论我国农村社会化服务体系的"部门化"[J]. 山东社会科学, （7）: 50-52.

仝志辉. 2016. "去部门化": 中国农业社会化服务体系构建的关键[J]. 探索与争鸣, 1（6）: 60-65.

仝志辉，侯宏伟. 2015. 农业社会化服务体系：对象选择与构建策略[J]. 改革，（1）：132-139.

王玄文，胡瑞法. 2003. 农民对农业技术推广组织有偿服务需求分析——以棉花生产为例[J]. 中国农村经济，（4）：63-68，77.

王钊，刘晗，曹峥林. 2015. 农业社会化服务需求分析——基于重庆市191户农户的样本调查[J]. 农业技术经济，（9）：17-26.

魏秀芬. 2005. 我国农村市场信息服务和市场信息需求利用分析——结合天津市的调查[J]. 中国农村经济，（5）：54-62.

吴晨. 2013. 不同模式的农民合作社效率比较分析——基于2012年粤皖两省440个样本农户的调查[J]. 农业经济问题，（3）：79-86.

夏英，牛若峰. 1999. 我国农村合作经济组织改革和发展的思路[J]. 中国农村经济，（12）：40-43.

熊鹰. 2010. 农户对农业社会化服务需求的实证分析——基于成都市176个样本农户的调查[J]. 农村经济，（3）：93-96.

休谟 D. 1980. 人性论[M]. 关文运译. 北京：商务印书馆.

徐斌，应瑞瑶. 2015. 基于委托-代理视角的农业社会化服务满意度评价研究——以病虫害统防统治为例[J]. 中国软科学，（5）：67-76.

徐金海，蒋乃华，秦伟伟. 2011. 农民农业科技培训服务需求意愿及绩效的实证研究：以江苏省为例[J]. 农业经济问题，（12）：66-72，111.

徐翔临，刘卫国. 1995. 日本农协对中国建立农业社会化服务体系的启示[J]. 管理世界，（6）：175-182.

宣杏云，徐更生. 1993. 国外农业社会化服务[M]. 北京：中国人民大学出版社.

杨丹，刘自敏. 2017. 农户专用性投资、农社关系与合作社增收效应[J]. 中国农村经济，（5）：45-57.

杨小凯，黄有光. 1999. 专业化与经济组织：一种新兴古典微观经济学框架[M]. 北京：经济科学出版社.

杨小凯. 2003. 新兴古典经济学与超边际分析[M]. 北京：社会科学文献出版社.

苑鹏. 2000. 农田水利基本建设的组织制度创新探析——邯郸县抗旱服务专业协会个案研究[J]. 中国农村观察，（6）：40-44，78.

苑鹏. 2008. 农民专业合作经济组织发展的未来展望[J]. 农村经营管理，（11）：10-12.

苑鹏. 2011. 农民专业合作组织与农业社会化服务体系建设[J]. 农村经济，（1）：3-5.

张晨，秦路. 2014. 涉农企业自身、金融服务主体与农业"走出去"战略的关联度[J]. 改革，（5）：134-138.

张启文，吴刚. 2000. 农村信用合作社为农服务问题研究[J]. 农业经济问题，（9）：21-24.

张启文，钟一民，刘德宏. 1999. 发展中国家农业社会化服务体系发展的共同特征[J]. 农业经济问题，（12）：56-58.

张晓山, 苑鹏, 潘劲. 1997. 中国农村合作经济组织管理行为研究[J]. 中国农村经济, （10）：4-10.

张昕竹. 2000. 中国规制与竞争：理论与政策[M]. 北京：社会科学文献出版社.

张艺萍. 2001. 专业化生产与社会化服务：实现农民增收的重要途径[J]. 农业技术经济, （6）：46-49.

庄丽娟, 贺梅英. 2010. 我国荔枝主产区农户技术服务需求意愿及影响因素分析[J]. 农业经济问题, （11）：61-66.

庄丽娟, 贺梅英, 张杰. 2011. 农业生产性服务需求意愿及影响因素分析—— 以广东省 450 户荔枝生产者的调查为例[J]. 中国农村经济, （3）：70-78.

Albæk S, Schultz C. 1998. On the relative advantage of cooperatives[J]. Economics Letters, 59（3）：397-401.

Ameur C. 1994. Agricultural Extension：A Step Beyond the Next Step[M]. Washington：World Bank Publications.

Anderson J R, Feder G. 2004. Agricultural extension：good intentions and hard realities[J]. World Bank Research Observer, 19（1）：41-60.

Anderson J R, Feder G. 2007. Agricultural extension[C]//Evenson R E, Pingali P. Handbook of Agricultural Economics. Amsterdam：Elsevier.

Andreoni J. 1990. Impure altruism and donations to public goods：a theory of warm-glow giving[J]. The Economic Journal, 100（401）：464-477.

Arrow K J. 1974. The Limits of Organization[M]. New York：WW Norton & Company.

Atkinson A B, Stiglitz J E. 1980. Public Economics[M]. Cambridge：MIT Press.

Babbage C. 1833. On the Economy of Machinery and Manufactures[M]. London：Charles Knight.

Bai C E, Lu Y, Tao Z. 2009. Excludable public goods：pricing and social welfare maximization[J]. Economics Letters, 103（2）：72-74.

Baland J M, Platteau J P. 1999. The ambiguous impact of inequality on local resource management[J]. World Development, 27（5）：773-788.

Banerjee S, Chatterjee S. 2014. Agricultural extension in the changing scenario：is social marketing the answer? [C]. Institute of Rural Management Working Paper.

Banerjee A, Mookherjee D, Munshi K, et al. 2001. Inequality, control rights, and rent seeking：sugar cooperatives in Maharashtra[J]. Journal of Political Economy, 109（1）：138-190.

Bardsley N, Sausgruber R. 2005. Conformity and reciprocity in public good provision[J]. Journal of Economic Psychology, 26（5）：664-681.

Barkema A. 1993. Reaching consumers in the twenty-first century：the short way around the barn[J]. American Journal of Agricultural Economics, 75（5）：1126-1131.

Barney J B, Zhang S. 2008. Collective goods, free riding and country brands: the Chinese experience[J]. Management and Organization Review, 4 (2): 211-223.

Bastiat F. 1800. Harmonies of Political Economy[M]. New York: Jazzybee Verlag.

Becker G S. 1991. A Treatise on the Family[M]. Cambridge: Harvard University Press.

Becker G S, Murphy K M. 1992. The division of labor, coordination costs, and knowledge[J]. The Quarterly Journal of Economics, 107 (4): 1137-1160.

Bijman J, Hendrikse G. 2003. Cooperatives in chains: institutional restructuring in the Dutch fruit and vegetable industry[J]. Journal on Chain and Network Science, 3 (2): 95-107.

Bijman J, Lindgreen A, Hingley M K, et al. 2010. Agricultural cooperatives and market orientation: a challenging combination? [C]//Lindgreen A, Hingley M K, Harness D, et al. Market Orientation: Transforming Food and Agribusiness Around the Customer. Aldershot: Gower Publishing Company.

Birkhaeuser D, Evenson R E, Feder G. 1991. The economic impact of agricultural extension: a review[J]. Economic Development and Cultural Change, 39 (3): 607-650.

Blois K J. 1974. The marketing of services: an approach[J]. European Journal of Marketing, 8 (2): 137-145.

Boland L. 1997. Critical Economic Methodology: A Personal Odyssey[M]. London, New York: Routledge.

Bonin J P, Jones D C, Putterman L. 1993. Theoretical and empirical studies of producer cooperatives: will ever the Twain meet? [J]. Journal of Economic Literature, 31 (3): 1290-1320.

Bontems P, Fulton M. 2009. Organizational structure, redistribution and the endogeneity of cost: cooperatives, investor-owned firms and the cost of procurement[J]. Journal of Economic Behavior and Organization, 72 (1): 322-343.

Bourgeon J M, Chambers R G. 1999. Producer organizations, bargaining, and asymmetric information[J]. American Journal of Agricultural Economics, 81 (3): 602-609.

Bowen H R. 1943. The interpretation of voting in the allocation of economic resources[J]. The Quarterly Journal of Economics, 58 (1): 27-48.

Brannstrom C. 2001. Conservation-with-development models in Brazil's agro-pastoral landscapes[J]. World Development, 29 (8): 1345-1359.

Brasington D M. 1999. Joint provision of public goods: the consolidation of school districts[J]. Journal of Public Economics, 73 (3): 373-393.

Brookshire D S, Thayer M A, Schulze W D, et al. 1982. Valuing public goods: a comparison of survey and hedonic approaches[J]. The American Economic Review, 72 (1): 165-177.

Buchanan J M. 1965. An economic theory of clubs[J]. Economica, 32 (125): 1-14.

Cardenas J C, Stranlund J, Willis C. 2002. Economic inequality and burden-sharing in the provision of local environmental quality[J]. Ecological Economics, 40（3）: 379-395.

Carney D. 1995. The changing public role in services to agriculture: a framework for analysis[J]. Food Policy, 20（6）: 521-528.

Carpenter J P. 2007. Punishing free-riders: how group size affects mutual monitoring and the provision of public goods[J]. Games and Economic Behavior, 60（1）: 31-51.

Cary J W. 1998. Issues in public and private technology transfer: the cases of Australia and New Zealand[C]//Wolf S A. Privatization of Information and Agricultural Industrialization. Boca Raton: CRC Press.

Cechin A, Bijman J, Pascucci S, et al. 2013. Quality in cooperatives versus investor-owned firms: evidence from broiler production in Paraná, Brazil[J]. Managerial and Decision Economics, 34（3~5）: 230-243.

Chaddad F R, Cook M L. 2004. Understanding new cooperative models: an ownership-control rights typology[J]. Applied Economic Perspectives and Policy, 26（3）: 348-360.

Chagwiza C, Muradian R, Ruben R. 2016. Cooperative membership and dairy performance among smallholders in Ethiopia[J]. Food Policy, 59: 165-173.

Chowa C, Garforth C, Cardey S. 2013. Farmer experience of pluralistic agricultural extension, Malawi[J]. The Journal of Agricultural Education and Extension, 19（2）: 147-166.

Cook M L, Iliopoulos C. 2001. Ill-defined property rights in collective action: the case of US agricultural cooperatives[C]//Menar C. Institutions, Contracts and Organizations: Perspectives from New Institutional Economics. Cheltenham: Edward Elgar Publishing.

Cook M L, Chaddad F R, Iliopoulos C. 2004. Advances in cooperative theory since 1990: a review of agricultural economics literature[C]//Hendrikse G W J. Restructuring Agricultural Cooperatives. Rotterdam: Erasmus University Rotterdam.

Cornes R, Sandler T. 1984. Easy riders, joint production, and public goods[J]. The Economic Journal, 94（375）: 580-598.

Cotterill R W. 1987. Agricultural cooperatives: a unified theory of pricing, finance, and investment[C]// Royer J S. Cooperative Theory: New Approaches. Washington: U.S. Department of Agriculture, Agricultural Cooperative Service.

Cremer H, Crémer J. 1992. Duopoly with employee-controlled and profit-maximizing firms: Bertrand vs Cournot competition[J]. Journal of Comparative Economics, 16（2）: 241-258.

Cunguara B, Moder K. 2011. Is agricultural extension helping the poor? Evidence from rural Mozambique[J]. Journal of African Economies, 20（4）: 562-595.

Dantwala M L. 1952. Agricultural credit in India-the missing link[J]. Pacific Affairs, 25（4）: 349-359.

Davidson A P, Ahmad M, Ali T. 2001. Dilemmas of agricultural extension in Pakistan: food for thought[R]. AGREN Network Paper, No. 116.

Di Falco S, Smale M, Perrings C. 2008. The role of agricultural cooperatives in sustaining the wheat diversity and productivity: the case of southern Italy[J]. Environmental and Resource Economics, 39 (2): 161-174.

Diaz-Serrano L, RodrAguez-Pose A Ä. 2011. Decentralization, happiness and the perception of institutions[R]. IZA Discussion Papers, No. 5647.

Douglass C. 1990. North, Institutions, Institutional Change and Economic Performance[M]. Cambridge: Cambridge University Press.

Ellickson B, Grodal B, Scotchmer S, et al. 1999. Clubs and the market[J]. Econometrica, 67 (5): 1185-1217.

Evenson R E. 2001. Economic impacts of agricultural research and extension[J]. Handbook of Agricultural Economics, 1: 573-628.

Farrington J, Christoplos I, Kidd A, et al. 2002. Creating a Policy Environment for Pro-poor Agricultural Extension: The Who? What? And How? [M]. London: Overseas Development Institute.

Feder G, Just R E, Zilberman D. 1985. Adoption of agricultural innovations in developing countries: a survey[J]. Economic Development and Cultural Change, 33 (2): 255-298.

Feder G, Willett A, Zijp W. 1999. Agricultural extension: generic challenges and some ingredients for solutions[R]. World Bank Policy Research Working Paper, No. 2129.

Feng L, Friis A, Nilsson J. 2016. Social capital among members in grain marketing cooperatives of different sizes[J]. Agribusiness, 32 (1): 113-126.

Fornell C. 1990. The blending of theoretical and empirical knowledge in structural equations with unobservables[C]//Wold H O A. Theoretical Empiricism: A General Rationale for Scientific Model-building. New York: Paragon House.

Fraja G D, Delbono F. 1990. Game theoretic models of mixed duopoly[J]. Journal of Economic Surveys, 4 (1): 1-17.

Francesconi G N, Heerink N. 2011. Ethiopian agricultural cooperatives in an era of global commodity exchange: does organisational form matter? [J]. Journal of African Economies, 20 (1): 153-177.

Fulton M E. 1999. Cooperatives and member commitment[J]. Journal of Business Economics, 4: 418-437.

Fulton M, Giannakas K. 2001. Organizational commitment in a mixed oligopoly: agricultural cooperatives and investor-owned firms[J]. American Journal of Agricultural Economics, 83 (5): 1258-1265.

Giannakas K, Fulton M. 2005. Process innovation activity in a mixed oligopoly: the role of cooperatives[J]. American Journal of Agricultural Economics, 87（2）: 406-422.

Goering G E. 2008. Welfare impacts of a non-profit firm in mixed commercial markets[J]. Economic Systems, 32（4）: 326-334.

Gronroos C. 2000. Service Management and Marketing: A Customer Relationship Management Approach[M]. Hoboken: John Wiley and Sons, Ltd.

Gummesson E. 1987. Using internal marketing to develop a new culture—the case of Ericsson quality[J]. Journal of Business and Industrial Marketing, 2（3）: 23-28.

Hakelius K, Hansson H. 2016. Measuring changes in farmers' attitudes to agricultural cooperatives: evidence from Swedish agriculture 1993-2013[J]. Agribusiness, 32（4）: 531-546.

Hamilton W D. 1964. The genetical evolution of social behaviour[J]. Journal of Theoretical Biology, 7（1）: 17-52.

Hansmann H. 1996. The Ownership of Enterprise[M]. Cambridge: The Belknap Press.

Hellin J, Lundy M, Meijer M. 2009. Farmer organization, collective action and market access in Meso-America[J]. Food Policy, 34（1）: 16-22.

Helmberger P. 1966. Future roles for agricultural cooperatives[J]. Journal of Farm Economics, 48（5）: 1427-1435.

Helmberger P, Hoos S. 1962. Cooperative enterprise and organization theory[J]. Journal of Farm Economics, 44（2）: 275-290.

Helsley R W, Strange W C. 1991. Exclusion and the theory of clubs[J]. Canadian Journal of Economics, 24: 888-899.

Hill T P. 1977. On goods and services[J]. Review of Income and Wealth, 23（4）: 315-338.

Hoffmann R. 2005. Ownership structure and endogenous quality choice: cooperatives versus investor-owned firms[J]. Journal of Agricultural and Food Industrial Organization, 3（2）: 1098.

Hu R, Yang Z, Kelly P, et al. 2009. Agricultural extension system reform and agent time allocation in China[J]. China Economic Review, 20（2）: 303-315.

Hu R, Cai Y, Chen K Z, et al. 2012. Effects of inclusive public agricultural extension service: results from a policy reform experiment in western China[J]. China Economic Review, 23（4）: 962-974.

Hulme D. 1983. Agricultural extension: public service or private business? [J]. Agricultural Administration, 14（2）: 65-79.

Isaac R M, Walker J M. 1988. Communication and free-riding behavior: the voluntary contribution mechanism[J]. Economic Inquiry, 26（4）: 585-608.

Judd R C. 1964. The case for redefining services[J]. Journal of Marketing, 28（1）: 58-59.

Karantininis K, Zago A. 2001. Endogenous membership in mixed duopsonies[J]. American Journal of Agricultural Economics, 83（5）: 1266-1272.

Keser C, van Winden F. 2000. Conditional cooperation and voluntary contributions to public goods[J]. The Scandinavian Journal of Economics, 102（1）: 23-39.

Keynan G, Olin M, Dinar A. 1997. Cofinanced public extension in Nicaragua[J]. The World Bank Research Observer, 12（2）: 225-247.

Khanna M. 2001. Sequential adoption of site-specific technologies and its implications for nitrogen productivity: a double selectivity model[J]. American Journal of Agricultural Economics, 83（1）: 35-51.

Kidd A D, Lamers J P A, Ficarelli P P, et al. 2000. Privatising agricultural extension: caveat emptor[J]. Journal of Rural Studies, 16（1）: 95-102.

Klerkx L, Leeuwis C. 2008. Matching demand and supply in the agricultural knowledge infrastructure: experiences with innovation intermediaries[J]. Food Policy, 33（3）: 260-276.

Knutson R D. 1986. Restructuring agricultural economics extension to meet changing needs[J]. American Journal of Agricultural Economics, 68（5）: 1297-1306.

Kreps D M, Wilson R. 1982. Reputation and imperfect information[J]. Journal of Economic Theory, 27（2）: 253-279.

Labarthe P, Laurent C. 2013. Privatization of agricultural extension services in the EU: towards a lack of adequate knowledge for small-scale farms? [J]. Food Policy, 38（1）: 240-252.

Labarthe P, Groot J C J, Stobbelaar D J, et al. 2009. Extension services and multifunctional agriculture. Lessons learnt from the French and Dutch contexts and approaches[J]. Journal of Environmental Management, 90（2）: 193-202.

Landesman C A. 1995. The voluntary provision of public goods[D]. Dissertation of Princeton University.

Lee K. 1991. Transaction costs and equilibrium pricing of congested public goods with imperfect information[J]. Journal of Public Economics, 45（3）: 337-362.

Lele U. 1981. Cooperatives and the poor: a comparative perspective[J]. World Development, 9（1）: 55-72.

Lewis B D, Pattinasarany D. 2009. Determining citizen satisfaction with local public education in Indonesia: the significance of actual service quality and governance conditions[J]. Growth and Change, 40（1）: 85-115.

Lindahl E. 1958. Just taxation—a positive solution[C]//Musgrave R A, Peacock A T. Classics in the Theory of Public Finance. London: Palgrave Macmillan.

Lipsky M, Smith S R. 1989. Nonprofit organizations, government, and the welfare state[J].

Political Science Quarterly, 104（4）: 625-648.

Liu Z, Yang D, Wen T. 2018. Agricultural production mode transformation and production efficiency: a labor division and cooperation lens[J]. China Agricultural Economic Review, 11（1）: 160-179.

Ma W, Abdulai A. 2016. Does cooperative membership improve household welfare? Evidence from apple farmers in China[J]. Food Policy, 58: 94-102.

Ma W, Abdulai A. 2017. The economic impacts of agricultural cooperatives on smallholder farmers in rural China[J]. Agribusiness, 33（4）: 537-551.

Maalouf W D, Contado T E, Adhikarya R. 1991. Extension coverage and resource problems: the need for public-private cooperation[C]//Rivera W M, Gustafson D J. Agricultural Extension: Worldwide Institutional Evolution and Forces for Change. Amsterdam: Elsevier Science Ltd.

Mackinnon J. 2003. How does aid affect the quality of public expenditure? What we know and what we do not know[R]. Washington.

Macneil I R. 1974. The many futures of contracts[J]. Southern California Law Review, 47（1）: 17-31.

Marshall A. 1920. Principles of Economics[M]. 8th ed. London: Macmillan and Co.

McNutt P. 1999. Public goods and club goods[J]. Encyclopedia of Law and Economics, 1: 927-951.

Mérel P R, Saitone T L, Sexton R J. 2009. Cooperatives and quality-differentiated markets: strengths, weaknesses, and modeling approaches[J]. Journal of Rural Cooperation, 37（2）: 201-224.

Mitchell W C. 1989. Chicago political economy: a public choice perspective[J]. Public Choice, 63(3): 283-292.

Mittal V, Kamakura W A. 2001. Satisfaction, repurchase intent, and repurchase behavior: investigating the moderating effect of customer characteristics[J]. Journal of Marketing Research, 38（1）: 131-142.

Montgomery M R, Bean R. 1999. Market failure, government failure, and the private supply of public goods: the case of climate-controlled walkway networks[J]. Public Choice, 99（3~4）: 403-437.

Müller M, Hanisch M, Malvido A, et al. 2017. The structural effect of cooperatives on price volatility in the European dairy sector[J]. Applied Economics Letters, （1）: 1-4.

Mussa M, Rosen S. 1978. Monopoly and product quality[J]. Journal of Economic Theory, 18（2）: 301-317.

Nakano Y, Tsusaka T W, Aida T, et al. 2018. Is farmer-to-farmer extension effective? The impact of training on technology adoption and rice farming productivity in Tanzania[J]. World Development, 105: 336-351.

North D C. 1990. Institutions, Institutional Change and Economic Performance[M]. Cambridge: Cambridge University Press.

Offerman T, Sonnemans J, Schram A. 1996. Value orientations, expectations and voluntary contributions in public goods[J]. The Economic Journal, 106（437）: 817-845.

Oliver P. 1980. Selective incentives in an apex game an experiment in coalition formation[J]. Journal of Conflict Resolution, 24（1）: 113-141.

Ollila P, Nilsson J. 1997. The position of agricultural cooperatives in the changing food industry of Europe[C]//Nilsson J, van Dijk G. Strategies and Structures in the Agro-Food Industries. Assen: Van Gorcum and Comp.

Olson M. 1965. Logic of Collective Action: Public Goods and the Theory of Groups[M]. Cambridge: Harvard University Press.

Ortiz O. 2006. Evolution of agricultural extension and information dissemination in Peru: an historical perspective focusing on potato-related pest control[J]. Agriculture and Human Values, 23（4）: 477-489.

Ostrom E. 1998. A behavioral approach to the rational choice theory of collective action: presidential address, American Political Science Association, 1997[J]. American Political Science Review, 92（1）: 1-22.

Ostrom E. 2000. Collective action and the evolution of social norms[J]. The Journal of Economic Perspectives, 14（3）: 137-158.

Ostrom V, Tiebout C M, Warren R. 1961. The organization of government in metropolitan areas: a theoretical inquiry[J]. The American Political Science Review, 55（4）: 831-842.

Ostrom E, Walker J, Gardner R. 1992. Covenants with and without a sword: self-governance is possible[J]. American Political Science Review, 86（2）: 404-417.

Ozor N, Garforth C J, Madukwe M C. 2013. Farmers' willingness to pay for agricultural extension service: evidence from Nigeria[J]. Journal of International Development, 25（3）: 382-392.

Pigou A C.1920. The Economics of Welfare[M]. London: Macmillan and Co.

Postner H H, Gilfix D. 1975. Factor Content of Canadian International Trade: An Input-Output Analysis[M]. Ottawa: Economic Council of Canada.

Rabin M. 1993. Incorporating fairness into game theory and economics[J]. The American Economic Review, 83（5）: 1281-1302.

Rasmussen W. 1991. Farmers, Cooperatives, and USDA: A History of Agricultural Cooperative Service[M]. Washington: USDA ACS Agricultural InformationBulletin.

Regan W J. 1963. The service revolution[J]. The Journal of Marketing, 27: 57-62.

Rey P, Tirole J. 2007. Financing and access in cooperatives[J]. International Journal of Industrial Organization, 25（5）: 1061-1088.

Rhodes R A W. 1996. The new governance: governing without government[J]. Political Studies, 44 (4): 652-667.

Rhodes V J. 1983. The large agricultural cooperative as a competitor[J]. American Journal of Agricultural Economics, 65 (5): 1090-1095.

Ricardo D. 1891. On the Principles of Political Economy and Taxation[M]. New York: Cambridge University Press.

Rivera W M, Qamar M K, van Crowder L. 2002. Agricultural and Rural Extension Worldwide: Options for Institutional Reform in the Developing Countries[M]. Rome: Food and Agriculture Organization of the United Nations.

Rogers R T, Petraglia L M. 1994. Agricultural cooperatives and market performance in food manufacturing [J]. Journal of Agricultural Cooperation, 9: 1-12.

Rokkan A I, Buvik A. 2003. Inter-firm cooperation and the problem of free riding behavior: an empirical study of voluntary retail chains[J]. Journal of Purchasing and Supply Management, 9 (5): 247-256.

Rosen S. 1982. The Division of Labor and the Extent of the Market[M]. Chicago: University of Chicago.

Saha A, Love H A, Schwart R. 1994. Adoption of emerging technologies under output uncertainty[J]. American Journal of Agricultural Economics, 76 (4): 836-846.

Saitone T L, Sexton R J. 2009. Optimal cooperative pooling in a quality-differentiated market[J]. American Journal of Agricultural Economics, 91 (5): 1224-1232.

Samuelson P A. 1951. Economics: An Introductory Analysis[M]. 2nd ed. New York: McGraw-Hill Book Company, Inc.

Samuelson P A. 1954. The pure theory of public expenditure[J]. Review of Economics and Statistics, 36 (4): 387-389.

Samuelson P A. 1958. The fundamental approximation theorem of portfolio analysis in terms of means variances and higher moments[J]. Review of Economic Studies, 37 (4): 537-542.

Sanderson K, Fulton M E. 2003. Producer adaptation to the new agriculture: application of the cooperative model to changes in market specifications, regulation and service access[R]. Report Prepared for the Canadian Cooperative Association and the Le Conseil Canadien de la Cooperation, University of Saskatchewan, Centre for the Study of Cooperatives.

Sandler T, Tschirhart J T. 1980. The economic theory of clubs: an evaluative survey[J]. Journal of Economic Literature, 18 (4): 1481-1521.

Sandler T, Tschirhart J. 1997. Club theory: thirty years later[J]. Public Choice, 93 (3~4): 335-355.

Say J B. 2001. A Treatise on Political Economy[M]. London: Transaction Publishers.

Scotchmer S. 1997. On price-taking equilibria in club economies with nonanonymous crowding[J].

Journal of Public Economics, 65（1）: 75-88.

Senior N W. 1836. An Outline of the Science of Political Economy[M]. London: W. Clowes and Sons.

Sexton R J. 1986. Cooperatives and the forces shaping agricultural marketing[J]. American Journal of Agricultural Economics, 68（5）: 1167-1172.

Sexton R J. 1990. Imperfect competition in agricultural markets and the role of cooperatives: a spatial analysis[J]. American Journal of Agricultural Economics, 72（3）: 709-720.

Sexton R J, Sexton T A. 1987. Cooperatives as entrants[J]. The RAND Journal of Economics, 18（4）: 581-595.

Sexton R J, Iskow J. 1988. Factors critical to the success or failure of emerging agricultural cooperatives[R]. Giannini Foundation Information Series No.88, University of California-Davis.

Shleifer A. 1998. State versus private ownership[J]. Journal of Economic Perspectives, 12（4）: 133-150.

Smith A. 1776. An Inquiry Into the Nature and Causes of the Wealth of Nations[M]. London: George Routledge and Sons.

Smith L D. 1998. Decentralization and Rural Development: The Role of the Public and Private Sector in the Provision of Agricultural Support Services[M]. Rome: Food and Agriculture Organization of the United Nations.

Snider A, Gutiérrez I, Sibelet N, et al. 2017. Small farmer cooperatives and voluntary coffee certifications: rewarding progressive farmers of engendering widespread change in Costa Rica? [J]. Food Policy, 69: 231-242.

Spielman D J, Kelemwork D, Alemu D. 2011. Seed, fertilizer, and agricultural extension in Ethiopia[R]. ESSP II Working Paper.

Staatz J M. 1984. Theoretical perspective on the behavior of farmers' cooperatives[D]. PhD. Dissertation of Michigan State University.

Stahel W R. 2010. The Performance Economy[M]. Hampshire: Palgrave Macmillan.

Sturges P, Chimseu G. 1996. The chain of information provision in the villages of Malawi: a rapid rural appraisal[J]. The International Information and Library Review, 28（2）: 135-156.

Sykuta M E, Cook M L. 2001. A new institutional economics approach to contracts and cooperatives[J]. American Journal of Agricultural Economics, 83（5）: 1273-1279.

Tennbakk B. 1995. Marketing cooperatives in mixed duopolies[J]. Journal of Agricultural Economics, 46（1）: 33-45.

Tiebout C M. 1956. A pure theory of local expenditures[J]. Journal of Political Economy, 64（5）: 416-424.

Trivers R L. 1971. The evolution of reciprocal altruism[J]. The Quarterly Review of Biology, 46（1）:

35-57.

Tullock G. 1996. Corruption theory and practice[J]. Contemporary Economic Policy, 14（3）: 6-13.

Umali D L, Schwartz L. 1994. Public and Private Agricultural Extension: Beyond Traditional Frontiers[M]. Washington: The World Bank.

Valentinov V. 2007. Why are cooperatives important in agriculture? An organizational economics perspective[J]. Journal of Institutional Economics, 3（1）: 55-69.

Vanek J. 1970. The General Theory of Labor-managed Market Economies[M]. Ithaca: Cornell University Press.

Vining A R, Weimer D L. 1992. Welfare economics as the foundation for public policy analysis: incomplete and flawed but nevertheless desirable[J]. The Journal of Socio-Economics, 21（1）: 25-37.

Vorlaufer M, Wollni M, Mithofer D. 2012. Determinants of collective marketing performance: evidence from Kenyas coffee cooperatives[C]. Selected Paper Prepared for Presentation at the IAAE Triennial Conference, Foz do Iguacu, Brazil.

Ward B. 1958. The firm in Illyria: market syndicalism[J]. The American Economic Review, 48（4）: 566-589.

William D, Mark R, Jeffrey S. 2003. Measuring citizen preferences for public services using surveys: does a "gray peril" threaten funding for public education? [J]. Public Budgeting and Finance, 23（1）: 45-72.

Williamson O E. 1979. Transaction-cost economics: the governance of contractual relations[J]. Journal of Law and Economics, 22（2）: 233-261.

Williamson O E. 1985. The Economic Institutions of Capitalism: Firms, Markets, Relational Contracting[M]. New York: Free Press.

Wills R L. 1985. Evaluating price enhancement by processing cooperatives[J]. American Journal of Agricultural Economics, 67（2）: 183-192.

Wilson M. 1991. Reducing the costs of public extension services: initiatives in Latin America[C]// Rivera W M, Gustafon D J. Agricultural Extension: Worldwide Institutional Innovation and Forces for Change. Amsterdam: Elsevier.

Yang D, Liu Z M. 2012. Does farmer economic organization and agricultural specialization improve rural income? Evidence from China[J]. Economic Modelling, 29（3）: 990-993.

Young A A.1928. Increasing returns and economic progress[J]. Economic Journal, 38（152）: 523-542.

Zusman P. 1992. Constitutional selection of collective-choice rules in a cooperative enterprise[J]. Journal of Economic Behavior and Organization, 17（3）: 353-362.

附　　录

附录一　农民合作社和农业社会化服务情况调查
（农户问卷）

问卷编号：＿＿＿＿＿＿＿＿＿

被访者（签名）：＿＿＿＿＿＿＿被访者联系电话：＿＿＿＿＿＿＿＿
访问地点：请具体到省市（县）区（乡/镇）村组＿＿＿＿＿＿＿＿
访问时间：＿＿年＿月＿日＿时
访问员（签名）：＿＿＿＿＿＿
电话：＿＿＿＿＿＿＿＿＿

亲爱的农民朋友：

您好！

我们是西南大学国家社会科学课题组，我们想了解一下您家的农业生产经营情况，以便政府部门采取相应措施提高您的家庭收入。本调查是一项纯学术研究调查，您的回答对我们的科学研究有极大的价值。我们保证严格遵照《中华人民共和国统计法》为您的回答保密，请您根据实际情况回答我们的问题，访问结束后您将会得到一定的酬劳。感谢您的配合！

国家社会科学基金"农民合作社和农业社会化服务"项目组

0 部分　甄别问题

1. 去年您家的农业种植和养殖收入占您家庭总收入的＿＿＿＿＿＿%。【访问员注意：若低于20%，则结束访问】

2. 去年您家生产的农产品中，有＿＿＿＿＿＿%销售出去了。【访问员注

意：若低于 10 %，则结束访问】

3. 您（家）现在是否为农民合作社成员？＿＿（A是，B否）。有会员证（社员证）么？＿（A 有，B 无）；＿＿＿＿年＿＿月加入的，该合作社名称为＿＿＿＿＿＿＿＿＿＿。

A 部分　农户生产经营情况

1. 您家拥有农地总共＿＿＿＿＿＿＿＿亩，其中转出农地＿＿＿＿＿＿＿＿亩（包括：出租＿＿＿＿＿亩，入股＿＿＿＿＿＿＿＿亩）；现在正在经营的农地总共＿＿＿＿＿＿亩，其中转入农地＿＿＿＿＿＿亩。

2. 您家农业生产经营的主要内容有什么？【访问员注意：依次填写收入最高的前三种农产品，并标明计量单位】

种植农作物	第一种	第二种	第三种	养殖农畜水产品	第一种	第二种	第三种
种植内容				养殖内容			
种植面积/亩				养殖占地面积/（平方米/亩）			
				养殖规模/（头/只/条/箱）			

3. 请问您愿意在现有基础上增加种植（或养殖）规模吗？＿＿＿＿＿＿
A 非常愿意　B 比较愿意　C 无所谓　D 不太愿意　E 非常不愿意

4. 接下来请您谈谈近两年您的家庭收入和支出情况（单位：元）。

年份	总收入（家庭年收入）	种植业收入（家庭年收入）	养殖业收入（家庭年收入）	非农工资收入（上班或打工收入）	种植业投入（如购买种子、农药、化肥、地膜等农业生产资料，雇工，租用农机等）	养殖业投入（如购买种畜、种禽、兽药等农业生产资料，雇工，租用农机等）
2012 年（去年）						
2011 年（前年）						

5. 现在您家共拥有农业设施设备（如拖拉机、插秧机、脱粒机、耕机、收割机、选果机、粮食烘干机、运输车、大棚等）＿＿＿＿＿＿件/套，折合现值共＿＿＿＿＿＿＿元。

6. 请问您家生产的农产品最远销往何地？＿＿＿＿＿＿＿
A 本村　B 本乡　C 本县　D 本市　E 本省　F 外省　G 外国

7. 您对您家经济状况的评价如何？＿＿＿＿＿＿＿
A 很富裕　B 比较富裕　C 一般　D 比较贫穷　E 很贫穷

8. 您觉得以下哪项描述最符合您家从事农业生产经营时的情况？_____

A（自给自足型）农业生产只是保证我和家人自己吃和用，没有必要从事太多农业生产经营活动

B（追求利润型）我和家人都希望我家的农业收入越多越好，虽然我们需要为此付出更多辛苦的劳动

C（劳苦规避型）干农活太辛苦了，我和家人都想少干点农活，我们愿意花钱请人帮忙、购买或租用农机减轻我们的农业劳动负担

D（风险规避型）投资农业新产品、新技术、新设备虽然可能会赚钱，但也有可能会亏本，我们宁愿少赚点也不愿去冒这个险

B 部分　农业社会化服务需求和供给状况

1. 请依次回答您家对以下农业社会化服务的需求、支付意愿、服务满意度评价（请在相应方框内填上相应编码）。

编码 1：需求程度　5=迫切需要；4=比较需要；3=一般；2=不太需要；1=完全不需要

编码 2：支付意愿　0=不愿支付费用；1=愿意支付增加收益的 5%；2=愿意支付增加收益的 5%~10%；3=愿意支付增加收益的 10%以上

编码 3：服务满意程度　5=非常满意；4=比较满意；3=一般；2=不太满意；1=完全不满意

农业社会化服务项目	需求程度（编码1）	支付意愿（编码2）	是否接受合作社该项服务	对该项服务的满意程度（编码3）	农业社会化服务项目	需求程度（编码1）	支付意愿（编码2）	是否接受合作社该项服务	对该项服务的满意程度（编码3）
农业生产产前服务（如种子、种苗、种畜等供应、生产计划安排）					农业生产产后服务（如保鲜、储存、分级、加工、包装、运输等服务）				
农业生产产中服务（如播种、施肥、打药、锄草、剪枝、灌溉、机耕、收获、畜禽疾病防治、畜禽屠宰、农产品质量监测等）					农业生产资料服务（如农药、化肥、塑料薄膜、饲料等供应）				

续表

农业社会化服务项目	需求程度（编码1）	支付意愿（编码2）	是否接受合作社该项服务	对该项服务的满意程度（编码3）	农业社会化服务项目	需求程度（编码1）	支付意愿（编码2）	是否接受合作社该项服务	对该项服务的满意程度（编码3）
农业技术服务（如种植技术、养殖技术、植物病虫害防治技术、动物疫病防治技术服务等）					农业信息服务（如技术信息、价格信息、天气信息、雇工信息、政策法律信息服务等）				
农业金融服务（如提供信用担保、介绍贷款渠道、组织农户联保贷款、提供农业保险服务等）					农业机械服务（如提供农用机械租赁、买卖等服务）				
农产品销售服务（农产品质量认证、品牌、广告宣传、统一销售、联系买家、讨价还价等）					农业基础设施建设服务（帮农户修建道路、沟渠、水池、通信设施、农田水利设施等）				

2. 请按照您家对以下农业社会化服务的需求程度由大到小排序：＿＿＿＿＿＿。

A 生产计划安排服务　　　　B 种苗提供服务

C 生产资料采购服务　　　　D 生产管理服务

E 农产品加工服务　　　　　F 农产品销售服务

G 农业信息服务　　　　　　H 农业金融服务

I 农业技术服务　　　　　　J 农业机械服务

K 农业基础设施建设服务　　L 其他服务，请注明＿＿＿＿

3. 去年您家购买的种苗和种畜中有＿＿＿＿＿%是通过合作社采购的；购买的农业生产资料（如化肥、农药、地膜、农机等）中有＿＿＿＿＿%是通过合作社采购的；去年您家销售出去的农产品中有＿＿＿＿＿%是通过合作社销售的。

4. 您家是否曾经使用农用机械帮忙干农活？（□是；□否）去年购买农机共花费＿＿＿＿＿元；去年租用农机共花费＿＿＿＿＿元；去年通过合作社购买农机共花费＿＿＿＿＿元，租用农机＿＿＿＿＿元。

5. 您家是否曾经请雇工帮忙干农活？（□是；□否）去年一共雇工_____人次，共花费_____元。其中，通过合作社请雇工____人次，花费_____元。

6. 您是否接受过和农业生产经营相关的技能培训？（□是；□否）去年一共接受过____次培训，共花费_____元。其中，接受合作社提供的培训____次，花费_____元。

7. 您是否获得过农业信息服务？（□是；□否）去年共获取____次信息服务，共花费_____元。其中，获取合作社提供的信息服务_____次，花费_____元。

8. 您家是否获得过农业贷款或借款？（□是；□否）最近两年共获得农业贷款或借款共____元。其中，通过合作社获得农业贷款或借款共_____元。

9. 您家是否购买过农业保险？（□是；□否）您家是否通过合作社购买过农业保险？（□是；□否）近两年您家共交纳农业保险费____元；近两年您家获得的农业保险赔偿金额共_____元。

10. 请对下列服务主体提供的农业社会化服务的满意程度进行评价（请在相应方框内填上相应编码）。

编码4：收费合理程度　　4=很合理；3=比较合理；2=不太合理；1=很不合理

编码5：服务人员素质　　5=很高；4=较高；3=一般；2=较低；1=很低

编码6：服务是否满足需求　　3=完全满足；2=部分满足；1=不满足

编码7：服务总体满意度　　5=非常满意；4=比较满意；3=一般；2=不太满意；1=完全不满意

服务供给主体	是否获得该主体服务	服务是否收费	收费合理程度（编码4）	服务人员素质（编码5）	服务是否满足需求（编码6）	服务总体满意度（编码7）
政府部门（如农业委员会、畜牧兽医站、农业技术推广站等）						
村集体						
农业院校及科研院所						
企业						
农民合作社						

11. 您希望这些供给主体提供的农业服务能够帮助您达到何种效果？（可多选）_____

A 提高农产品产量　　　B 减轻劳动强度　　　C 降低生产成本

D 降低农业风险　　　E 扩大农业生产规模　　F 农产品卖个好价钱

G 增加农业收入　　　H 增强谈判能力

I 其他（请注明）＿＿＿＿＿＿＿＿＿＿＿＿＿＿＿＿＿

12. 您对这些供给主体提供的农业服务有何期望或建议？（可多选）
＿＿＿＿＿＿＿＿

　　A 服务内容要贴近生产实际　　B 服务的次数要增加
　　C 服务要保持连贯性　　　　　D 提供服务人员素质要高
　　E 服务的收费要降低　　　　　F 服务时间要结合劳作时间
　　G 服务形式要灵活多样　　　　H 服务范围要广
　　I 请写出您的其他期望或建议：＿＿＿＿＿＿＿＿

C 部分　农民专业合作经济组织为成员服务情况

【C 部分问题仅加入合作社的成员回答】

1. 当初您加入×××××××××合作社【请念出该合作社名称】的最主要原因是
什么？请依次选择：＿＿＿＿＿＿＿＿
　　A 解决农产品销售困难问题　　B 解决资金困难问题　　C 获得技术
　　D 获得种苗等生产资料支持　　E 获得市场信息　　　　F 提高农产品质量
　　G 提高市场地位　　　　　　　H 获得合作社提供的各项农业服务
　　I 希望得到归属感　　　　　　J 能够更好地和农户互相帮助
　　K 经人介绍或受人影响　　　　L 获得政府项目资助
　　M 是当地政府要我加入的　　　N 其他（请注明）：＿＿＿＿＿＿＿＿＿
　　→加入该合作社是否满足了您入社时设想的目标？＿＿＿＿
　　A 完全满足　　B 大部分满足　　C 满足了一小部分　　D 未满足
　　→加入该合作社后，您具体得到了合作社提供的哪些服务？＿＿＿＿＿
　　A 生产计划安排服务　　　　　B 种苗提供服务
　　C 生产资料采购服务　　　　　D 生产管理服务
　　E 农产品加工服务　　　　　　F 农产品销售服务
　　G 农业信息服务　　　　　　　H 农业金融服务
　　I 农业技术服务　　　　　　　J 农业机械服务
　　K 农业基础设施建设服务　　　L 其他服务，请注明：＿＿＿＿＿＿＿＿＿
　　M 没有得到什么具体的服务

2. 您家加入合作社前一年家庭年收入为＿＿＿＿＿＿＿＿万元，其中农业收入
＿＿＿＿＿＿＿＿万元；加入合作社后一年家庭年收入为＿＿＿＿＿＿＿＿万元，其中农业收入
＿＿＿＿＿＿＿＿万元。

3. 去年（2012 年）您家从该合作社所获收入为＿＿＿＿＿＿＿＿元。
其中，您从该合作社中所持股份分红中获得＿＿＿＿＿＿＿＿元；按交易量二次返利中

获得_____元；领取工资或误工补贴_____元；因加入合作社而使家庭纯收入净增加_____元。

4. 您在该合作社一共出资_____元，出资比例为_____%，持股比例为_____%。

其中，现金出资_____元，土地入股作价_____元，技术入股作价_____元，机械设备入股作价_____元；其他（请注明）：_____入股_____元。

5. 请在以下问题中选填相应选项：

A 非常愿意 B 比较愿意 C 无所谓 D 不太愿意 E 非常不愿意

您是否愿意向合作社缴纳会费？_____您愿意缴纳最多_____元/年。

您是否愿意向合作社投资（出资、入股）？_____您愿意投资最多_____元。

您是否愿意与合作社保持稳定的交易量？_____您是否愿意按合作社统一生产规划进行农业生产？_____

您是否愿意按合作统一生产标准和技术要求进行农业生产？_____

6. 您在该合作社中的地位和角色是什么？（可多选）_____

A 大股东   B 小股东   C 非股东   D 理事会成员

E 管理人员   F 行政人员   G 随大流加入者   H 一般成员

7. 您去年接受合作社的培训_____次；接受合作社技术指导_____次；去年参加合作社成员（代表）大会_____次。

8. 您是否了解该合作社的章程？_____您是否了解合作社的各项内部管理制度？_____您是否了解合作社经营状况？_____

A 非常了解 B 比较了解 C 一般了解 D 不太了解 E 完全不了解

9. 您信任合作社的理事长么？_____您信任合作社的监事会么？_____

A 非常信任 B 比较信任 C 一般 D 不太信任 E 完全不信任

10. 您预计未来两年内是否会退出合作社？_____

A 肯定不会退出 B 可能不会 C 不清楚 D 有可能会

E 肯定会退出

11. 在加入合作社之前，您与附近农户之间的合作达到了何种程度？_____

A 很高，经常互相帮助 B 较高，有时互相帮助

C 较低，偶尔互相帮助 D 很低，基本不合作，各干各的

12. 与本县其他同类型的优秀合作社相比，您对本合作社的评价为：

编码 8：满意度评价　1=很不满意；2=较不满意；3=一般；4=较满意；5=很满意

合作社发展情况	满意度评价（编码 8）	合作社发展情况	满意度评价（编码 8）
1. 为成员服务方面		4. 带动当地产业发展方面	
2. 提高成员收入方面		5. 合作社理事长能力和贡献方面	
3. 为非成员服务方面		总体评价	

13. 加入合作社给您（家）带来了哪些负面影响？ ＿＿＿＿＿＿＿

＿＿＿＿＿＿＿＿＿＿＿＿＿＿

14. 合作社提供的农业服务给您（家）带来了哪些负面影响？ ＿＿＿＿

＿＿＿＿＿＿＿＿＿＿＿＿＿＿＿＿＿＿

D 部分　农民专业合作经济组织带动非成员情况

【D 部分问题仅未加入合作社的非成员回答】

1. 您与附近农户之间的合作达到了何种程度？ ＿＿＿＿

A 很高，经常互相帮助　B 较高，有时互相帮助

C 较低，偶尔互相帮助　D 很低，基本不合作，各干各的

2. 您为什么没有加入合作社？ ＿＿＿＿

A 不知道有什么合作社，也不知道如何加入

B 我家农业生产规模不大，没必要加入

C 合作社的收益分配方式不合理

D 合作社其实是发起人赚钱的工具，根本不会为成员谋利益

E 现在的农民合作社都是空壳，没有实质性的帮助

F 加入合作社要受到太多约束

G 其他原因（请注明）：＿＿＿＿＿＿＿＿＿

3. 您愿意接受合作社提供的农业服务吗？ ＿＿＿＿

A 非常愿意　B 比较愿意　C 无所谓　D 不太愿意　E 非常不愿意

4. 既然您没有加入合作社，那么作为非合作社成员，您曾经获得过农民合作社提供的哪些农业服务？ ＿＿＿＿【若被访者选 M，请直接跳至 E 部分】

A 生产计划安排服务　　　B 种苗提供服务

C 生产资料采购服务　　　D 生产管理服务

E 农产品加工服务　　　　F 农产品销售服务

G 农业信息服务　　　　　　H 农业金融服务

I 农业技术服务　　　　　　J 农业机械服务

K 农业基础设施建设服务　　L 其他服务（请注明）：_____

M 没有得到什么具体的服务

5. 您为这些获得过的农业服务支付了多少费用呢？_____

A 免费　　　B 比成员多支付费用　　　C 和成员支付相同费用

D 比成员少支付费用

6. 您认为这种收费标准合理么？_____

A 很合理　B 比较合理　C 一般　D 不太合理　E 很不合理

7. 您对您曾经获得的这些农业服务的总体满意度如何评价呢？_____

A 非常满意　B 比较满意　C 一般　D 不太满意　E 很不满意

8. 合作社提供的农业服务给您（家）带来了哪些负面影响？_____

_____

E 部分　农户基本情况

1. 请问您的性别_____【访问员注意：此问题不用读出，直接填写】，年龄_____【访问员注意：请询问周岁】，政治面貌_____。

婚姻状况_____（1=已婚；2=离婚；3=丧偶；4=未婚）。

受教育程度____（1=不识字；2=小学；3=初中；4=高中（中专）；5=大专及以上）

2. 您是否掌握独特技能或专长（如木工、泥瓦工、养殖技术）？

A 无　　　B 有，具体是_____

3. 您家的家庭人口【户口本上登记的家庭人口】有_____人，其中有劳动能力的有_____人，去年从事过农业劳动的有_____人，具有高中及以上学历的有_____人。

4. 请问您家去年有_____个人在外打工？【访问员注意：若无人在外打工，则填0】　他们最远在哪里打工？_____

A 本村　B 本乡　C 本县　D 本市　E 本省　F 外省　G 外国

5. 请问您愿意加入农民合作社吗？_____

A 非常愿意　B 比较愿意　C 无所谓　D 不太愿意　E 非常不愿意

6. 您是否了解农民合作社相关政策法规？_____

A 非常了解　B 比较了解　C 不太了解　D 完全不了解

附录二　农民合作社和农业社会化服务情况调查
（合作社问卷）

问卷编号：＿＿＿＿＿＿＿＿

被访者（签名）：＿＿＿＿＿＿＿被访者联系电话：＿＿＿＿＿＿＿＿

访问地点：请具体到省市（县）区（乡/镇）村＿＿＿＿＿＿＿＿＿

访问时间：＿＿＿年＿＿月＿＿日＿＿时

访问员（签名）：＿＿＿＿＿＿

电话：＿＿＿＿＿＿

尊敬的合作社理事长：

您好！

我们是西南大学国家社会科学课题组，我们想了解一下合作社的经营管理、为农户提供农业服务等情况，以便政府部门采取相应措施进一步促进合作社的发展。本调查是一项纯学术研究调查，您的回答对我们的科学研究有极大的价值。我们保证严格遵照《中华人民共和国统计法》为您的回答保密，请您根据实际情况回答我们的问题，访问结束后您将会得到一定的酬劳。感谢您的配合！

国家社会科学基金 "农民合作社和农业社会化服务"项目组

0 部分　甄别问题

1. 合作社全称为＿＿＿＿＿＿＿＿＿，召开成立大会时间为＿＿＿年＿＿月【访问员注意：若2012年1月以后成立，则结束访问】，在工商部门登记注册时间为＿＿＿年＿＿＿月。

2. 合作社成立时有成员＿＿＿＿＿＿人/户，现在有成员＿＿＿＿＿＿＿＿人/户。【注意：若成员不足 10 人/户，则结束访问】

A 部分　农民合作社基本情况

1. 您在合作社的职务是＿＿＿＿＿＿＿＿＿＿＿＿＿＿＿＿＿。

2. 合作社目前的理事长的性别＿＿＿＿，年龄＿＿＿＿【访问员注意：请询问周岁】，是否为中共党员＿＿＿＿＿＿；受教育程度＿＿＿＿＿＿。

A 没有接受过正式教育　　　　B 小学　　　　　　　C 初中

D 高中/中专　　　　　　　　E 大学/大专　　　　　F 硕士及以上

3. 请问合作社目前的理事长有过以下哪些经历（可多选）？_____

A 个体经营户（含农村经纪人）　B 私营企业主

C 村集体企业管理人员　　　　　D 乡镇政府工作人员

E 村干部　　　　　　　　　　　F 其他社会团体负责人

G 在金融部门任职　　　　　　　H 做过其他生意

I 原供销社负责人　　　　　　　J 当兵

K 其他（请注明）_____

4. 请问合作社的主要经营内容为_____。

5. 合作社发起人是否成立了其他组织（公司、协会等）？（□是；□否），

名称为_____。

6. 合作社的成员覆盖范围为_____，合作社生产的农产品最远销往何地？

_____

A 本村　B 本乡　C 本县　D 本市　E 本省　F 外省　G 外国

7. 请您谈谈合作社的固定资产情况。【访问员注意：总面积请注明计量单

位：米或者亩】

项目	个数	占地总面积	项目	个数	占地总面积
厂房			冻库		
常温仓库			生产示范基地		

8. 合作社拥有专利_____项；拥有注册商标___个；拥有未注册但已经使

用的品牌___个；拥有农产品质量认证_____个；合作社拥有的农产品质量认证

包括以下哪些（可多选）？_____

A 有机产品认证　B 绿色产品认证　C 无公害产品认证

D 森林产品认证　E 国家地理标志产品认证

合作社拥有的农产品质量认证的最高级别为_____；品牌的最高级别为

_____；示范基地的最高级别为_____；被评定为哪一级别的示范合作社？

_____被评定为哪一级别的优秀合作社？_____

A 国家级　B 省级　C 市级　D 县级

9. 合作社成立之前，本地农户的合作传统如何？_____

A 很高，经常互相帮助　B 较高，有时互相帮助

C 较低，偶尔互相帮助　D 很低，基本不合作，各干各的

10. 合作社属于哪种模式？_____

A 社区集体组织主导型　　　　B 政府主导型

C 农村专业大户牵头型　　　　D 由原供销社转变型

E 涉农企业主导型　　　　　　F 农产品加工营销型

G 其他（请注明）____

B 部分　农民合作社运营管理情况

1. 请问农户加入合作社有哪些要求？（可多选）_____

A 以前没要求，现在有要求　B 一直都没有任何要求

C 达到一定的种养规模　　　D 缴纳会费

E 缴纳社员证工本费　　　　F 缴纳社员身份股金

G 其他要求（请注明）：_____

2. 成员是否能够自由退出合作社？_____

A 完全自由，没有任何限制　　B 有一定限制　　　C 不能退社

D 长时间不参加合作社活动，视为主动退社

E 不遵守合作社规范和要求，劝其退社

3. 合作社是否给成员发放会员证（社员证）？（□是；□否）合作社的单位成员（如企业、事业单位或社会团体成员）共有_____个，合作社成员中出资或持股的会员有_____人/户。

4. 下面请您谈谈合作社的成员出资状况（单位：元）。

年份	出资总额	农民成员出资额	单位成员（企业/事业单位/社会团体等）出资额	理事会成员出资额	现金出资总额
成立时					
现在					

5. 请填写出资比例最大的单位成员（企业/事业单位/社会团体等）的情况：

单位名称：_____；出资总额_____万元；出资比例_____%，持股比例_____%。其中，非现金出资情况：设备入股作价_____万元，技术入股作价_____万元，商标入股作价_____万元，渠道入股作价_____万元，其他（请注明）：_____入股_____万元。

6. 合作社中第一大股东持股比例为_____%，他在合作社中的职位是_____；前5大股东持股比例合计为_____%。

7. 下面我们想了解一下合作社的收入和支出状况（单位：元）。

年份	年经营收入	年净利润	合作社年农业服务支出（为农户提供农业生产经营服务的支出）	合作社其他支出（行政管理等支出）
2011				
2012				

8. 合作社去年盈余分配（二次返利）情况（可多选）：_____
A 无二次返利
B____%（或____元）按股分红
C____%（或____元）按交易量返利
D____%（或____元）工资或误工补贴
E____%（或____元）奖励和风险补贴
F____%（或____元）提取公积金
G____%（或____元）提取公益金
H 其他（请注明）：_____占____%（或____元）

9. 合作社是否雇佣工人帮助从事农业生产活动？（□是；□否）去年雇佣工人_____人次，支付工人工资_____元；去年聘请农业技术人员_____人，支付农业技术人员工资_____元；去年为合作社农产品营销（广告、市场推广、讨价还价等）花费_____元。

10. 合作社专门的工作人员共_____人，外聘生产经营管理等服务人员_____人，外聘专家_____人。

11. 合作社现有理事会成员_____人，理事会成员中有_____人是普通农民（无政府、企业等背景）。去年召开理事会会议_____次，合作社自成立以来平均每年召开理事会会议_____次。

12. 合作社现有监事会成员_____人；监事会成员中有_____人是普通农民（无政府、企业等背景），有_____人是非合作社成员。去年召开监事会会议_____次，合作社自成立以来平均每年召开监事会会议____次。

13. 合作社去年财务信息公开____次，去年召开成员（代表）大会____次，平均每年召开成员（代表）大会____次。

14. 请依次判断以下对合作社的描述，表述正确的打钩，错误的打叉：

1. 合作社从成立至今更换过理事长		6. 理事长领取工资或误工补贴	
2. 合作社从成立至今变更过理事会成员	更换/增加/减少	7. 合作社聘有专职的会计人员	
3. 合作社从成立至今变更过监事会成员	更换/增加/减少	8. 合作社保存有完整的会计资料	
4. 合作社有经理	无/兼任/外聘	9. 合作社每个成员都设立了个人账户	
5. 经理领取工资或误工补贴		10. 合作社有成员退社现象	

15. 合作社和成员的利益联结方式为（可多选）_____
   A 实行保护价收购 　　　　　B 按惠顾额返还给社员盈余
   C 股份分红 　　　　　　　　D 建立风险补贴/救助基金
   E 提供无偿或低偿服务 　　　F 产品购销实行价格优惠
   G 其他（请注明）：_____

16. 合作社运营资金的来源主要包括（可多选）_____
   A 社员股金或会费 　　　　　　B 牵头人和发起人投资
   C 银行或信用社贷款 　　　　　D 加工、流通企业投资
   E 农业技术部门投资 　　　　　F 政府财政扶持
   G 其他（请注明）：_____

17. 请问合作社设有哪些机构（可多选）？_____
   A 行政办公室 　　　　B 财务部 　　　　C 销售部
   D 生产技术部 　　　　E 产品质检部 　　　F 其他（请注明）：____

18. 合作社有以下哪些成文的内部管理制度（可多选）？_____
   A 生产管理制度 　　B 物资管理制度 　　C 财务管理制度
   D 盈余分配制度 　　E 其他（请注明）：_____

19. 合作社的主要决策方式为（可多选）_____
   A 全体成员 2/3 以上表决通过 　　B 由少数人商量进行决策
   C 理事会商量决策 　　　　　　　D 大股东决定
   E 成员（代表）大会讨论 　　　　F 其他（请注明）：_____

20. 合作社进行表决时每个成员的投票数为_____
   A 一人一票 　　　　　　　　　B 一股一票
   C 一人多票 　　　　　　　　　D 一股多票
   E 按人和股份结合实行多票 　　F 其他（请注明）：_____

21. 请问合作社成员的股份能否交易？_____
   A 只能在成员间交易 　　　　　　B 也可向非成员交易
   C 约定了在一定期限内不能交易 　D 不能交易

22. 与本县其他同类型的优秀合作社相比，请您对本合作社近年来的发展情况做简要评价：

编码1：满意度评价　1=很不满意；2=较不满意；3=一般；4=较满意；5=很满意

合作社发展情况	满意度评价（编码1）	合作社发展情况	满意度评价（编码1）
1. 为成员服务方面		3. 成员的满意度方面	
2. 提高成员收入方面		4. 合作社自身盈利能力方面	

续表

合作社发展情况	满意度评价（编码1）	合作社发展情况	满意度评价（编码1）
5. 合作社自身业务增长速度方面		7. 为非成员服务方面	
6. 带动当地产业发展方面		总体评价	

C 部分　农民合作社经营和服务情况

1. 合作社拥有多少为农户服务的专用设施设备？____

A 很多　B 比较多　C 有一些　D 不多　E 没有

2. 去年合作社成员人均年纯收入为____元；去年本村农户的人均年纯收入为____元。去年合作社成员销售的农产品中，合作社统一销售的占____%；合作社成员采购的农业生产资料中，合作社统一采购的占____%。

3. 请根据去年合作社对成员和非成员的服务情况，填上相应编码或具体人数：

编码2：服务成员覆盖率　0=未提供该服务；若提供了该服务，请填写具体百分之几的合作社成员接受了该服务

编码3：收费标准　0=不收取任何费用；1=按服务成本收取费用；2=低于市场价格收取费用；3=按市场价格收取费用；4=高于市场价格收取费用

农业社会化服务项目	服务成员覆盖率（编码2）	成员收费标准（编码3）	接受服务的非成员人数	非成员收费标准（编码3）	农业社会化服务项目	服务成员覆盖率（编码2）	成员收费标准（编码3）	接受服务的非成员人数	非成员收费标准（编码3）
农业生产产前服务（如种子、种苗、种畜等供应、生产计划安排）					农业生产产后服务（如保鲜、储存、分级、加工、包装、运输等服务）				
农业生产产中服务（如播种、施肥、打药、锄草、剪枝、灌溉、机耕、收获、畜禽疾病防治、畜禽屠宰、农产品质量监测等服务）					农业生产资料服务（如农药、化肥、塑料薄膜、饲料等供应）				

续表

农业社会化服务项目	服务成员覆盖率（编码2）	成员收费标准（编码3）	接受服务的非成员人数	非成员收费标准（编码3）	农业社会化服务项目	服务成员覆盖率（编码2）	成员收费标准（编码3）	接受服务的非成员人数	非成员收费标准（编码3）
农业技术服务（如种植技术、养殖技术、植物病虫害防治技术、动物疫病防治技术服务等）					农业信息服务（如技术信息、价格信息、天气信息、雇工信息、政策法律信息服务等）				
农业金融服务（如提供信用担保、介绍贷款渠道、组织农户联保贷款、提供农业保险服务等）					农业机械服务（如提供农用机械租赁、买卖等服务）				
农产品销售服务（农产品质量认证、品牌、广告宣传、统一销售、联系买家、讨价还价等）					农业基础设施建设服务（如帮农户修建道路、沟渠、水池、通信设施、农田水利设施等）				

4. 请问合作社享受过政府的哪些支持项目（可多选）？＿＿＿＿

A 没有得到政府任何支持　　　B 财政补助、补贴

C 项目资金支持　　　　　　　D 贷款支持

E 基础设施建设资金支持　　　F 税收优惠

G 其他（请注明）＿＿＿＿＿

5. 合作社从成立至今，获政府扶持资金＿＿＿＿万元；获政府项目资金＿＿＿＿万元；获政府奖励资金＿＿＿＿万元；优惠贷款＿＿＿＿万元。

6. 您认为政府对本合作社的扶持力度如何？＿＿＿＿

A 非常大　B 比较大　C 一般　D 比较小　E 很小

7. 您认为政府对本合作社的行政干预程度如何？＿＿＿＿

A 过分干预　B 较多干预　C 一般　D 较少干预　E 基本不干预

8. 政府相关管理部门是否对合作社的财务状况进行检查或审计？＿＿＿＿

A 每年检查几次　　　　　　B 每年检查一次

C 几年才检查一次　　　　　　D 从未检查过

9. 成立合作社有哪些好处（可多选）？_____

A 技术交流　　　　　　　　B 信息交流

C 互相帮助　　　　　　　　D 更容易销售农产品

E 降低农业劳动辛苦程度　　F 降低市场风险

G 提高市场地位和谈判能力　H 提高农户收入

I 单个农户不受欺负　　　　J 产业发展更壮大

K 更有归属感　　　　　　　L 其他（请注明）：_____

10. 请问合作社目前的经营还存在哪些困难（可多选）？_____

A 缺资金　　　　　B 缺管理人才　　　　C 缺技术

D 农户不信任　　　E 规模不大　　　　　F 利润不高

G 市场竞争激烈　　H 农业风险太大　　　I 政府支持不到位

J 其他（请注明）：____

D 部分　本村基本情况

1. 请问本村在本乡镇/街道的相对经济发展水平如何？_____

A 最好　B 中等偏上　C 中等　D 中等偏下　E 最差

2. 请问本村的地形属于哪种？____

A 平原　B 丘陵　C 山地　D 盆地　E 其他（请注明）：___

3. 请问本村的区域类型属于哪种？____

A 普通村庄　B 城乡接合部　C 乡镇驻地　D 其他（请注明）：____

4. 本村行政面积为_____亩，耕地面积为_____亩；本村共有农户_____户，共有村民_____人，本村受教育程度为高中及以上的人占_____%。

5. 本村离最近的农贸市场的距离为_____千米，离最近的批发市场的距离为_____千米。

6. 本村的农民合作社共有_____个；本合作社是第_____个成立的合作社；本合作社是成员规模排第_____位的合作社。